U0540591

QUANGUO FAYUAN SHE CHANQUAN XINGSHI
ZAISHEN ANJIAN
CAIPAN SILU YU FALÜ SHIYONG

全国法院涉产权刑事 再审案件

裁判思路与法律适用

最高人民法院审判监督庭 / 编

北京

图书在版编目（CIP）数据

全国法院涉产权刑事再审案件裁判思路与法律适用 / 最高人民法院审判监督庭编. -- 北京：法律出版社，2024. -- ISBN 978-7-5197-9286-2

Ⅰ. D925.218

中国国家版本馆 CIP 数据核字第 2024VV1650 号

全国法院涉产权刑事再审案件裁判思路与法律适用 QUANGUO FAYUAN SHE CHANQUAN XINGSHI ZAISHEN ANJIAN CAIPAN SILU YU FALÜ SHIYONG	最高人民法院 审判监督庭 编	策划编辑　冯雨春　李沂蔚 责任编辑　李沂蔚 装帧设计　鲍龙卉

出版发行　法律出版社　　　　　　　　　　开本　710 毫米 × 1000 毫米　1/16
编辑统筹　法律应用出版分社　　　　　　　印张　23.5　　　字数　332 千
责任校对　裴　黎　　　　　　　　　　　　版本　2024 年 9 月第 1 版
责任印制　刘晓伟　　　　　　　　　　　　印次　2024 年 9 月第 1 次印刷
经　　销　新华书店　　　　　　　　　　　印刷　天津嘉恒印务有限公司

地址：北京市丰台区莲花池西里 7 号 (100073)
网址：www.lawpress.com.cn　　　　　　　　销售电话:010-83938349
投稿邮箱：info@lawpress.com.cn　　　　　　客服电话:010-83938350
举报盗版邮箱：jbwq@lawpress.com.cn　　　　咨询电话:010-63939796
版权所有·侵权必究

书号：ISBN 978-7-5197-9286-2　　　　　　　定价:98.00 元

凡购买本社图书，如有印装错误，我社负责退换。电话:010-83938349

编 委 会

主　　任　胡仕浩

副 主 任　董　华　骆　屯　董朝阳　司明灯

编委会委员　仇晓敏　邢海莹　周　庆　张代恩
　　　　　　　何　波　王朝辉　马成波　陈　娅
　　　　　　　罗　灿　夏建勇　石　冰

撰 稿 人　（以姓氏笔画为序）
　　　　　　　丁琳源　王文俊　王兴元　邓　亮
　　　　　　　左颖慧　叶海情　田　锋　刘文兴
　　　　　　　刘艾涛　刘　刚　刘雅楠　关　睿
　　　　　　　池菡洁　克仰志　李　杲　李艳芳
　　　　　　　李美香　李继生　李静然　李　霞
　　　　　　　杨晓东　杨晓洁　佘世韬　余义莲
　　　　　　　张学梅　张燕妮　周　亮　郎心昊
　　　　　　　姜　国　莫君早　隋福田　蒋　伟
　　　　　　　曾　执　臧珏杨　廖广京　魏　海

前 言

产权制度是社会主义市场经济的基石,保护产权是坚持社会主义基本经济制度的必然要求。以习近平同志为核心的党中央高度重视产权保护。习近平总书记深刻指出:"法治是最好的营商环境,各类市场主体最期盼的是平等法律保护,一次不公正的执法司法活动,对当事人而言,轻则权益受损,重则倾家荡产。"[①]2016年11月4日,中共中央、国务院出台的《关于完善产权保护制度依法保护产权的意见》,明确指出要妥善处理历史形成的产权案件,坚持有错必纠,抓紧甄别纠正一批社会反映强烈的产权纠纷申诉案件,剖析一批侵害产权的案例。此后,党中央先后出台的《关于营造企业家健康成长环境弘扬优秀企业家精神更好发挥企业家作用的意见》《关于营造更好发展环境支持民营企业改革发展的意见》《关于新时代加快完善社会主义市场经济体制的意见》等一系列重要文件,反复强调要加强涉产权冤错案件甄别纠正工作。党的十九届五中全会将"推动涉企冤错案件依法甄别纠正常态化机制化"纳入了"十四五"规划。2023年7月,中共中央、国务院出台《关于促进民营经济发展壮大的意见》,进一步提出要"完善涉企案件申诉、再审等机制,健全冤错案件有效防范和常态化纠正机制"。

人民法院坚持以习近平新时代中国特色社会主义思想为指导,深入学习贯

---

① 中共中央宣传部、中央全面依法治国委员会办公室:《习近平法治思想学习纲要》,人民出版社、学习出版社2021年版,第85页。

彻习近平法治思想，紧紧围绕"公正与效率"的工作主题，充分发挥司法能动作用，坚决贯彻落实中共中央关于加强产权司法保护，依法甄别纠正涉产权冤错案件的重大决策部署。最高人民法院成立了涉产权案件再审纠错专项工作领导小组，先后制定发布了《关于依法平等保护非公有制经济促进非公有制经济健康发展的意见》《关于充分发挥审判职能作用切实加强产权司法保护的意见》《关于依法妥善处理历史形成的产权案件工作实施意见》《关于为改善营商环境提供司法保障的若干意见》《关于充分发挥审判职能作用为企业家创新创业营造良好法治环境的通知》等一系列司法文件，还先后发布了9批83个涉产权保护典型案例，对保护产权和企业家权益工作提供了全面的司法政策指引，明确了涉产权冤错案件甄别纠正工作的目标任务、总体要求、工作原则、工作程序和案件审理中应当审慎把握的政策标准，确保案件办理取得良好的法律效果、政治效果和社会效果，推进产权保护法治化水平。

在最高人民法院的指导下，各级人民法院坚持依法、平等、全面保护原则，科学谋划、精心组织、扎实推进，甄别纠正涉产权冤错案件工作取得显著成效。2017年年底，最高人民法院决定对张文中案、顾雏军案、江苏牧羊集团案三件在全国有重大影响的涉产权案件启动再审并依法改判，传递出人民法院坚决纠正涉产权冤错案件的强烈信号，受到社会各界广泛好评。2017年到2023年，全国法院通过审判监督程序纠正涉产权刑事冤错案件298件430人。其中不乏具有普遍指导意义，充分体现人民法院坚持实事求是、依法纠错，切实保护民营企业和企业家合法权益的典型案例。2023年10月，最高人民法院再次发布一批12个涉民营企业产权和企业家权益保护再审典型案例，持续释放强烈信号，及时回应社会关切，指导全国法院进一步提升"从政治上看、从法治上办"，依法做好涉产权冤错案件再审纠正工作的能力和水平。

面对国际国内经济形势的瞬息万变，面对党和国家对产权保护工作更高的要求，面对人民群众对甄别纠正涉产权冤错案件的更新期待，人民法院迫切需要进一步深入学习贯彻习近平法治思想，正确理解党中央关于依法保护产权的目标要求，准确领会政策精神实质，全面总结以往工作经验，深入反思当前存在的问题,以求进一步厘清模糊认识,树立正确的司法理念,统一裁判标准,准确把握政策界限,"抓前端,治未病",提升涉产权冤错案件甄别纠正工作质效,做深做实为大局服务、为人民司法。为此,编委会在广泛收集各地法院优秀案例的基础上,精心汇编了本书。本书收录了2017年以来各地法院通过再审纠正的30个涉产权刑事典型案例。通过对裁判要旨的精准归纳、案件情况的简要介绍、主要问题的精准归纳和裁判理由的权威评析,阐释了人民法院对涉产权刑事再审案件的裁判思路、法律适用和政策把握标准,为各级法院法官审理类似案件提供示范参考依据,也可为其他司法工作者和法学理论研究者提供重要参考,还可对企业经营者等市场主体诚信守法经营产生引导和教育作用。本书案例均由来自审判一线的法官亲笔撰稿,案情分析最为全面,裁判说理最为深刻,并由资深法官进行审编,对法律适用和政策掌握最为权威。为助力司法工作者以及广大读者进一步提高政治站位,深入领会政策精神,本书还收录了与产权司法保护相关的中共中央、国务院相关文件以及最高人民法院司法政策性文件原文,方便读者快速准确查阅。

由于文字能力有限,编写时间匆忙,本书难免存在疏漏或者不当之处,敬请广大读者批评、指正。

本书编委会

2023年12月20日

目 录
CONTENTS

案例 1 **刑事裁判涉财产部分执行中案外人提出权利主张时的救济程序**
　　——王志学等走私普通货物、走私废物再审改判财产性判项案 ········ 001

案例 2 **虚报注册资本罪,违规披露、不披露重要信息罪,挪用资金罪的构成要件与认定**
　　——顾雏军等虚报注册资本,违规披露、不披露重要信息,挪用资金再审部分改判无罪案 ········ 007

案例 3 **没有非法占有的主观故意,也没有骗取集体财产的客观行为,不构成贪污罪**
　　——许其但对非国家工作人员行贿、贪污再审部分改判无罪案 ········ 020

案例 4 **没有证据证明被告人采取欺骗手段获取贷款的,不构成骗取贷款罪**
　　——黄裕泉骗取贷款再审改判无罪案 ········ 028

案例 5 **骗取票据承兑数额巨大但有足额担保且未造成银行损失的行为性质认定**
　　——蒋启智骗取票据承兑再审改判无罪案 ········ 037

案例 6 信用证诈骗罪中非法占有目的的认定以及信用证诈骗罪与一般信用证民事欺诈之界分
——董其亨等信用证诈骗再审部分改判无罪案 045

案例 7 信用卡诈骗罪的构成要件与认定
——王成军信用卡诈骗再审改判无罪案 054

案例 8 未经税务机关行政处罚的逃税行为,审判时《刑法修正案(七)》已经施行的,不应追究刑事责任
——洁达公司、李献明逃税再审改判无罪案 063

案例 9 逃税罪的处罚阻却事由能适用于逃税单位直接负责的主管人员和其他直接责任人员
——孟丙祥逃税再审改判无罪案 070

案例 10 侵犯商业秘密罪中商业秘密及行为不法性的认定
——翟兴华侵犯商业秘密再审改判无罪案 079

案例 11 欺诈借款但不具有非法占有目的,不构成合同诈骗罪
——王亚亮合同诈骗再审改判无罪案 087

案例 12 企业以拆借资金为目的,签订和履行合同的行为如何正确定性
——倪菊葆等合同诈骗、非法吸收公众存款再审部分改判无罪案 096

案例 13 使用真实身份签订合同,且积极履约,虽未全额支付货款但有合理理由的不认定主观上具有非法占有目的
——李厚胜合同诈骗再审改判无罪案 108

目　录

案例 14　未能依约履行剩余货款系客观原因,且没有充分证据证明其收受对方给付的货物后逃匿的,不构成诈骗罪
　　　　——陈家洪合同诈骗再审改判无罪案 ······················· 115

案例 15　准确判断行为人合同履行能力,对于暂时存在困难而仍积极履行合同的,不应否认其实际履行能力
　　　　——赵守帅合同诈骗再审改判无罪案 ······················· 120

案例 16　没有建筑资质承包建筑工程不必然构成合同诈骗罪
　　　　——潘亚海合同诈骗再审改判无罪案 ······················· 126

案例 17　行为人未取得商品房预售许可证销售房屋,但依法未明确规定追究刑事责任的,不构成犯罪
　　　　——顾辉非法经营再审改判无罪案 ························· 133

案例 18　货物交易型案件中经济纠纷与诈骗犯罪的界限
　　　　——赵明利诈骗再审改判无罪案 ··························· 140

案例 19　虚构借款理由向他人借款,虽未如约清偿,但具备清偿能力,亦未携款逃匿的,不能认定行为人具有非法占有目的
　　　　——肖军诈骗再审改判无罪案 ····························· 148

案例 20　民营企业不规范行为与犯罪的界限
　　　　——张文中诈骗、挪用资金、单位行贿再审改判无罪案 ········· 153

案例 21　民事纠纷同经济犯罪的区别与认定
　　　　——赵寿喜诈骗再审改判无罪案 ··························· 171

案例 22 骗取补贴类诈骗犯罪非法占有目的的认定思路
——刘国明诈骗再审改判无罪案
...... 180

案例 23 职务侵占罪的对象限定及竞合型刑民交叉案件审理思路
——董国贤职务侵占再审改判无罪案
...... 187

案例 24 公司实际出资人将公司项目和资金流转给关联公司,未损害第三人利益的,不构成犯罪
——麦赞新职务侵占、挪用资金再审改判无罪案
...... 196

案例 25 销售人员未持续领取劳动报酬,在企业默许下占有溢价销售款,不构成职务侵占罪
——冉方贤职务侵占再审改判无罪案
...... 206

案例 26 被侵占财产权属存在争议的,不构成职务侵占罪
——王银祥职务侵占再审改判无罪案
...... 213

案例 27 委托代理人取得股东身份及基于此行使民事权利行为性质的认定
——段琪桂职务侵占再审改判无罪案
...... 222

案例 28 公司实际控制人为方便经营使用与工商部门存档的营业执照不同的证照,但未实施危害社会行为的,不构成犯罪
——张志超伪造国家机关证件再审改判无罪案
...... 233

案例 29 根据从旧兼从轻原则,抽逃出资罪不适用于实行注册资本认缴登记制的公司
——马思驰等人聚众扰乱社会秩序、抽逃出资、骗取贷款再审改判无罪案
...... 239

目　录

案例30　采矿权人在行政机关对其采矿权延续申请暂缓办理期间的开采行为是否属于非法采矿行为
　　　　——汤立珍等三人非法采矿再审改判无罪案 ········ 252

附录　相关重要文件

中共中央　国务院关于完善产权保护制度依法保护产权的意见 ········ 260

中共中央　国务院关于营造企业家健康成长环境弘扬优秀企业家精神更好发挥企业家作用的意见 ········ 265

中共中央　国务院关于营造更好发展环境支持民营企业改革发展的意见 ········ 273

中共中央　国务院关于新时代加快完善社会主义市场经济体制的意见 ········ 280

中共中央　国务院关于加快建设全国统一大市场的意见 ········ 293

中共中央　国务院关于促进民营经济发展壮大的意见 ········ 303

最高人民法院关于充分发挥审判职能作用切实加强产权司法保护的意见 ········ 311

最高人民法院关于依法妥善处理历史形成的产权案件工作实施意见 ········ 316

最高人民法院关于为改善营商环境提供司法保障的若干意见 ········ 320

最高人民法院关于充分发挥审判职能作用为企业家创新创业营造良好法治环境的通知 ………………………………………… 326

最高人民法院关于认真学习贯彻习近平总书记在民营企业座谈会上重要讲话精神的通知 ………………………………………… 329

最高人民法院关于为推动经济高质量发展提供司法服务和保障的意见 ………………………………………………………………… 332

最高人民法院关于认真学习贯彻习近平总书记重要讲话精神服务保证各类市场主体实现更大发展的通知 ………………………… 339

最高人民法院　国家发展和改革委员会关于为新时代加快完善社会主义市场经济体制提供司法服务和保障的意见 …………… 342

最高人民法院关于为加快建设全国统一大市场提供司法服务和保障的意见 ………………………………………………………… 352

案例 1

刑事裁判涉财产部分执行中案外人提出权利主张时的救济程序

——王志学等走私普通货物、走私废物再审改判财产性判项案

裁判要旨

刑事裁判涉财产部分执行中,案外人对执行标的主张权利,如执行标的是刑事裁判明确处置的财产,则应当依照《最高人民法院关于刑事裁判涉财产部分执行的若干规定》第十五条的规定处理,由作出判决的人民法院通过裁定补正;无法通过裁定补正的,应当通过审判监督程序处理。

一、基本案情

申诉人(案外人)叶某玉。

原审被告人王志学,原系"鸿海168"船船主。

原审被告人李贵荣,原系"鸿海168"船船长。

原审被告人陈辉仕,原系"鸿海168"船业务员。

原审被告人黎红彪,原系"鸿海168"船轮机长。

原审被告人张俊贤,原系"鸿海168"船大副。

广东省深圳市人民检察院指控被告人王志学、李贵荣、陈辉仕、黎红彪、张俊贤犯走私废物罪、走私普通货物罪向深圳市中级人民法院提起公诉。

深圳市中级人民法院经审理查明:

"鸿海168"船是一艘来往港澳的小型船舶,挂靠在某通公司,该船实际控制人是被告人王志学,该船本航次的李贵荣、陈辉仕、黎红彪、张俊贤等八名船员均系其聘请。2013年4月16日,某富公司以国际中转货柜的名义向黄埔老港海关申报29个货柜出境,由"鸿海168"船承运。"鸿海168"船于2013年4月17日下午,驶抵香港,在香港屯门内河码头加装了23个40尺重柜。随后于21时30分左右抵达深圳蛇口SET外贸码头,停靠7号泊位,申报在广州黄埔装运的29个货柜准备作国际中转。22时左右,该船擅自离开7号泊位,驶达属于同一港区的妈湾0号泊位内贸码头。同案人孙某民安排人员将"鸿海168"船本航次在香港装运的23个货柜货物的载货清单(以"广西梧州—深圳蛇口航线、装载大理石"为名)发送给某建公司员工陈某。随后,陈某、温某辉按照王志学的指示,用某建公司的名义将上述23个货柜的相关资料转发给妈湾0号泊位内贸码头,并在内贸码头办理内贸货物的卸货手续。22时50分左右,该船卸至第11个货柜时,被深圳市公安边防支队当场抓获。经查验,涉嫌走私货柜内包括奶粉、花旗参、汽车配件、摩托车散件、电池、计算机类、办公用电器电子产品等物品和废物。经深圳海关对其中部分货柜计核,偷逃税额达人民币10 934 883.98元。经深圳出入境检验检疫局鉴别,"鸿海168"船运输的废弃摩托车散件、电池、计算机类、办公用电器电子产品等货物属于国家禁止进口固体废物,数量经清点为287.126吨。

深圳市中级人民法院认为,被告人王志学、李贵荣、陈辉仕、黎红彪、张俊贤无视国家法律法规,逃避海关监管,擅自将境外货物及废物运输入境,偷逃税额特别巨大且偷运废物情节特别严重,其行为构成走私废物罪、走私普通货物罪。依照《刑法》第一百五十三条第一款第三项,第一百五十二条第二款,第二十五条第一款,第二十六条第一款、第四款,第二十七条,第六十四条之规定,判决如下:

一、被告人王志学犯走私普通货物罪,判处有期徒刑十二年,并处罚金人民币1000万元;犯走私废物罪,判处有期徒刑七年,并处罚金人民币50万元;决定执行有期徒刑十五年,并处罚金人民币1050万元。

案例1　刑事裁判涉财产部分执行中案外人提出权利主张时的救济程序

二、被告人李贵荣犯走私普通货物罪,判处有期徒刑十年,并处罚金人民币50万元;犯走私废物罪,判处有期徒刑五年,并处罚金人民币10万元;决定执行有期徒刑十二年,并处罚金人民币60万元。

三、被告人陈辉仕犯走私普通货物罪,判处有期徒刑十年,并处罚金人民币50万元;犯走私废物罪,判处有期徒刑五年,并处罚金人民币10万元;决定执行有期徒刑十二年,并处罚金人民币60万元。

四、被告人黎红彪犯走私普通货物罪,判处有期徒刑七年,并处罚金人民币10万元;犯走私废物罪,判处有期徒刑三年,并处罚金人民币5万元;决定执行有期徒刑八年,并处罚金人民币15万元。

五、被告人张俊贤犯走私普通货物罪,判处有期徒刑七年,并处罚金人民币10万元;犯走私废物罪,判处有期徒刑三年,并处罚金人民币5万元;决定执行有期徒刑八年,并处罚金人民币15万元。

六、扣押在案的"鸿海168"船作为作案工具依法予以没收,上缴国库。

七、扣押在案的走私物品,由扣押机关依法予以没收,上缴国库。

宣判后,被告人王志学等人不服,提出上诉。

广东省高级人民法院经审理作出刑事裁定:驳回上诉、维持原判。

上述裁判生效后,案外人叶某玉申诉提出:"鸿海168"船系其与王志学合伙出资于2009年10月购买,双方约定各占一半股份,后将该船挂靠在某通公司名下,并进行所有权登记。在王志学等人进行走私活动前,其将该船舶承包给王志学经营,由王志学每年支付租金40万元。该船舶购买后正常经营多年,并非为走私犯罪而购买;其对王志学利用该船舶进行走私犯罪不知情,也未参与走私犯罪及从中获取经济利益,故其合法财产权不应因王志学等人的犯罪行为受到牵连和损害,请求撤销原判第六项内容,改判将"鸿海168"船进行拍卖或折价变卖,将所得价款一半返还给他。广东省高级人民法院经审查作出再审决定。

广东省高级人民法院经再审查明,原判认定王志学、李贵荣、陈辉仕、黎红彪、张俊贤犯走私废物罪、走私普通货物罪的事实清楚,证据确实、充分,予以确认。另查明,"鸿海 168"船是申诉人叶某玉与原审上诉人王志学共同所有。

广东省高级人民法院再审认为,《刑法》第六十四条规定,违禁品和供犯罪所用的本人财物,应当予以没收。"鸿海 168"船作为本案走私犯罪工具,并非原审上诉人王志学所独有,而是申诉人叶某玉与王志学共同所有,原判将"鸿海 168"船中属于叶某玉的份额一并予以没收,缺乏法律依据,侵犯了叶某玉合法的财产所有权。原判认定事实清楚,证据确实、充分,定罪准确,量刑适当,审判程序合法。但对扣押在案的作案工具"鸿海 168"船的处置不当,应予纠正。依照《刑法》第一百五十三条第一款第三项,第一百五十二条第二款,第二十五条第一款,第二十六条第一款、第四款,第二十七条,第六十四条及《中华人民共和国刑事诉讼法》第二百四十五条①、第二百二十五条②第一款第二项之规定,广东省高级人民法院作出刑事判决:维持一审判决第一项、第二项、第三项、第四项、第五项、第七项;撤销二审裁定及一审判决第六项;扣押在案的作案工具"鸿海 168"船中属于原审上诉人王志学的份额,依法予以没收,上缴国库。

二、主要问题

已发生法律效力的刑事判决、裁定侵害案外人合法财产权益,案外人在执行程序中提出权利主张,应通过何种程序进行救济?

三、裁判理由

《刑法》第六十四条规定,犯罪分子违法所得的一切财物,应当予以追缴或者责令退赔;对被害人的合法财产,应当及时返还;违禁品和供犯罪所用的本人财物,应当予以没收。实践中,由于客观条件所限或主观不重视等原因,司法机关有时未能对涉案每项财产的权属均甄别得清清楚楚,且又因相关财产的合法权属人对进行中的刑事诉讼程序不知情或者无法参与,导致出现人民法院的判

---

① 2018 年《中华人民共和国刑事诉讼法》第二百五十六条。
② 2018 年《中华人民共和国刑事诉讼法》第二百三十六条。

案例1　刑事裁判涉财产部分执行中案外人提出权利主张时的救济程序

决将案外人合法财产当作犯罪所得、犯罪工具予以没收的情况。正如本案情形，原审上诉人王志学虽供述"鸿海168"船系其与叶某玉共有，但该船舶实际登记在某通公司，某通公司也明确表示其仅是挂靠人，叶某玉又未能参与刑事诉讼程序主张权利，导致原审判决将该船舶作为犯罪工具予以没收。此后，案件进入执行程序，执行法院对该船舶进行拍卖时，叶某玉提出权利主张。

2014年11月6日起施行的《最高人民法院关于刑事裁判涉财产部分执行的若干规定》对在执行程序中案外人权利主张提供了两个救济程序。一是《最高人民法院关于刑事裁判涉财产部分执行的若干规定》第十四条第一款规定的"案外人对执行标的主张足以阻止执行的实体权利，向执行法院提出书面异议的，执行法院应当依照民事诉讼法第二百二十五条的规定处理"。二是第十五条规定的"案外人或被害人认为刑事裁判中对涉案财物是否属于赃款赃物认定错误或者应予认定而未认定，向执行法院提出书面异议，可以通过裁定补正的，执行机构应当将异议材料移送刑事审判部门处理；无法通过裁定补正的，应当告知异议人通过审判监督程序处理"。

《最高人民法院关于刑事裁判涉财产部分执行的若干规定》第十四条规定的通过执行异议程序救济，应是发生在被告人在被判处财产刑或者责令退赔等，执行法院对被告人财产进行执行时，案外人对执行标的主张权利等情形。但如果执行标的是生效刑事判决明确处置的财产，则显然无法通过执行异议程序救济，而需按第十五条规定处理，即通过对刑事裁定补正方式解决，无法补正的通过审判监督程序处理。本案中，执行标的"鸿海168"船是被生效刑事判决直接予以罚没，故对叶某玉的权利主张，通过执行异议程序无法得到充分救济。同时，由于对叶某玉提出的权利主张等事实需要通过审判程序予以查明，故本案无法通过裁定进行补正，而应启动再审程序处理。

此外，案外人对生效刑事判决、裁定是否可提出申诉的问题。《刑事诉讼法》第二百五十三条仅规定当事人及其法定代理人、近亲属对已发生法律效力的判决、裁定，可以向人民法院或者人民检察院提出申诉，未对案外人申诉问题作出规定。实践中确实存在案外人合法权益受生效判决、裁定侵害的情况，《最高人民法院关于适用〈中华人民共和国刑事诉讼法〉的解释》第三百七十一条第一款作出补充规定,明确"案外人认为已经发生法律效力的判决、裁定侵害其合法权益,提出申诉的,人民法院应当审查处理"。故本案依据案外人的申诉提起再审并作出判决,程序也符合法律规定。

关联索引:(2017)粤刑再9号刑事判决

撰稿:叶海情
审编:邢海莹

案例 2

虚报注册资本罪，违规披露、不披露重要信息罪，挪用资金罪的构成要件与认定

——顾雏军等虚报注册资本，违规披露、不披露重要信息，挪用资金再审部分改判无罪案

裁判要旨

1. 虚报注册资本罪的构成要件内容需要参照前置法的相关规定来确定。2005年修订的《公司法》对无形资产在注册资本中所占比例的限制性规定已经发生重大改变，根据从旧兼从轻原则，刑法对虚报注册资本行为的评价也应该作出相应的调整。此外，顾雏军等人虚报注册资本的行为，与当地政府支持顺德某某公司违规设立登记有关，其行为也未减少该公司的资本总额。故顾雏军等人虚报注册资本行为情节显著轻微、危害不大，不认为是犯罪。

2. 根据从旧兼从轻原则，顾雏军等人提供虚假财务会计报告的行为应当适用提供虚假财会报告罪的刑法规定及相关司法解释。据此，必须有证据证实提供虚假财会报告的行为造成了"严重损害股东或者其他人利益"的危害后果，才能追究相关人员的刑事责任。而"严重损害股东或者其他人利益"是指"造成股东或者其他人直接经济损失数额在五十万元以上"，或者"致使股票被取消上市资格或者交易被迫停牌"的情形。但在案证据不足以证实本案已达到上述标准，原审以股价连续三天下跌为由认定已造成"严重损害股东或者其他人利益"的后果，缺乏事实和法律依据。根据证据裁判原则，由于在案证据不足以证实顾雏军等人提供虚假财会报告的行

为造成"严重损害股东或者其他人利益"的法定后果,不能认定构成犯罪。

3. 公司及其经营者开展经营活动应当遵纪守法、诚实守信。公司资金的支配和使用必须依法依规进行,公司经营者不能擅自在关联公司之间调用资金,更不能将公司资金转归个人使用。公司经营者利用职务上的便利,擅自将公司资金挪归个人使用,进行营利活动的,不属于正常资金拆借,构成挪用资金罪。顾雏军、张宏未经公司董事会讨论决定,擅自挪用某龙电器2.5亿元和江西某龙公司4000万元,作为顾雏军的个人出资,用于注册顾雏军完全控股的扬州某某甲公司,且在扬州某某甲公司成立后,成功收购了扬州某某乙公司等上市公司,具有严重的社会危害性,其二人的行为构成挪用资金罪。

4. 2002年全国人民代表大会常务委员会出台《关于〈中华人民共和国刑法〉第三百八十四条第一款的解释》(以下简称2002年立法解释)后,挪用资金归个人使用应当参照适用该立法解释,符合三种情形之一的才构成犯罪。原审未参照适用2002年立法解释的规定,且认定顾雏军指使姜宝军挪用6300万元的事实不清、证据不足,亦无证据证实姜宝军在挪用该资金过程中谋取了个人利益,故根据证据裁判原则,其二人实施的上述行为不构成挪用资金罪。

一、基本案情

原审被告人顾雏军,原系某龙电器董事长、顺德某某公司法定代表人、天津某某公司法定代表人、江西某某公司董事长和法定代表人、扬州某某甲公司法定代表人、扬州某某乙公司法定代表人。

案例 2　虚报注册资本罪,违规披露、不披露重要信息罪,挪用资金罪的构成要件与认定

原审被告人姜宝军,原系某龙电器首席财务官、扬州某某乙公司董事。

原审被告人张宏,原系江西某龙公司董事长兼总裁、某龙电器董事、江西某某公司董事。

原审被告人刘义忠,原系某龙电器董事长助理。

原审被告人张细汉,原系深圳某某公司副总裁。

原审被告人严友松,原系某龙电器董事、副总裁。

原审被告人晏果茹,原系某龙电器财务资源部副总监。

原审被告人刘科,原系某龙电器财务资源部副部长。

广东省佛山市人民检察院指控被告人顾雏军等人犯虚报注册资本罪、提供虚假财会报告罪、挪用资金罪、职务侵占罪,向佛山市中级人民法院提起公诉。

广东省佛山市中级人民法院经审理查明:

2001年10月至11月,被告人顾雏军等人凭借广东省原顺德市容桂镇人民政府出具的担保函,以占注册资本75%的无形资产(9亿元)和25%的货币资金(3亿元)注册设立顺德某某公司。根据当时的法律规定,设立有限责任公司注册资本中无形资产的比例不得超过20%。2002年5月至12月,被告人顾雏军、刘义忠、姜宝军、张细汉等人为完善顺德某某公司设立登记手续,降低无形资产比例,采用来回倒款、签订虚假供货协议等手段,虚报货币注册资本6.6亿元。

2002年至2004年,被告人顾雏军为了夸大上市公司某龙电器的经营业绩,指使被告人姜宝军、严友松、张宏、晏果茹、刘科等人以加大2001年的亏损额、压货销售、本年费用延后入账、作假废料销售等方式虚增利润,然后向社会提供含有虚增利润的虚假财务会计报告,剥夺了社会公众和股东对上市公司真实财务状况的知情权,对社会作出了错误的诱导,给股东和社会造成了严重的损失。

2003年,被告人顾雏军为了收购扬州某某乙公司,指示被告人张宏等人以顾雏军父子名义申请设立注册资本为10亿元的扬州某某甲公司。为了筹集8亿元货币注册资本,顾雏军于同年6月17日至20日指使姜宝军等人从某龙电器调动2.5亿元、指使张宏从江西某龙公司内部划拨4000万元,加上从其他途径筹集的资金共8亿元,在顾雏军、张宏的操作下,经天津某某公司转入扬州某

某甲公司的验资账户,作为顾雏军父子的个人出资以用于注册成立扬州某某甲公司。

2005年3月至4月,被告人顾雏军指使被告人姜宝军向扬州某某丙公司借款,被扬州某某丙公司法定代表人王某某拒绝。其后,顾雏军、姜宝军未经扬州某某乙公司董事会同意,以扬州某某乙公司的名义起草付款通知书交给王某某,要求扬州某某丙公司将本应付给扬州某某乙公司的股权转让款及部分投资分红款共6300万元支付给扬州某某甲公司。同年4月25日,扬州某某丙公司将6300万元划入扬州某某甲公司银行账户。

佛山市中级人民法院经审理认为,被告人顾雏军、刘义忠、姜宝军、张细汉在完善顺德某某公司注册登记手续,降低无形资产比例的过程中,虚报货币注册资金6.6亿元,数额巨大,其行为均已构成虚报注册资本罪;顾雏军为夸大某龙电器的业绩,指使被告人姜宝军、严友松、张宏、晏果茹、刘科虚增利润,向社会提供上市公司某龙电器虚假的财务会计报告,给股东和社会造成严重损失,其行为均已构成违规披露、不披露重要信息罪;顾雏军、张宏挪用某龙电器2.5亿元和江西某龙公司4000万元,用于顾雏军个人注册成立扬州某某甲公司,顾雏军为谋取个人利益伙同姜宝军挪用扬州某某乙公司6300万元给扬州某某甲公司使用,顾雏军、姜宝军、张宏的行为均已构成挪用资金罪。公诉机关指控的上述犯罪事实及罪名成立,应予支持。公诉机关指控的其他犯罪事实及罪名不成立,不予采纳。判决如下:一、被告人顾雏军犯虚报注册资本罪,判处有期徒刑二年,并处罚金人民币660万元;犯违规披露、不披露重要信息罪,判处有期徒刑二年,并处罚金人民币20万元;犯挪用资金罪,判处有期徒刑八年,决定执行有期徒刑十年,并处罚金人民币680万元。二、以虚报注册罪,违规披露、不披露重要信息罪,挪用资金罪,判处被告人姜宝军、张宏、刘义忠、严友松、张细汉、晏果茹、刘科等人有期徒刑或缓刑等刑罚。三、被告人曾俊洪无罪。

一审宣判后,顾雏军、姜宝军、刘义忠、张细汉、严友松不服,提出上诉。

广东省高级人民法院经审理作出刑事裁定:驳回上诉,维持原判。

原审被告人顾雏军刑满释放后,提出申诉。最高人民法院经审查作出再审

案例2　虚报注册资本罪,违规披露、不披露重要信息罪,挪用资金罪的构成要件与认定

决定,提审本案。

最高人民法院再审中,顾雏军等原审被告人均提出,原判定罪错误,应当依法改判无罪。

最高人民检察院出庭检察员提出:1.顾雏军等人的虚报注册资本行为,情节显著轻微,危害不大,可以不追究刑事责任。2.原审以违规披露、不披露重要信息罪对顾雏军等人定罪处刑,在认定事实和适用法律上存在错误,应按无罪处理。3.原审认定顾雏军、张宏挪用某龙电器和江西某龙公司合计2.9亿元的事实清楚,证据确实、充分,定罪准确,量刑适当;但对于顾雏军、姜宝军等人挪用扬州某某乙公司6300万元的行为,原审适用法律错误,且在案证据不能证实顾雏军等人挪用资金归个人使用,不应按犯罪处理。

最高人民法院经再审查明:

(一)关于虚报注册资本的事实

2001年,原审被告人顾雏军为收购某龙电器股权,决定设立以顾雏军及其父亲顾某某为股东、注册资本12亿元的顺德某某公司。同年10月22日,顺德某某公司凭借广东省原顺德市容桂镇人民政府(后更名为容桂区办事处)出具的担保函,在未经评估与验资的情况下完成公司设立登记并取得营业执照。2002年4月,由于顺德某某公司注册资本中无形资产所占比例达75%,远超当时法定20%的限制,工商部门不予年检,后根据容桂区办事处出具的函件,原顺德市工商部门核准了顺德某某公司的年检。

为了完善顺德某某公司的设立登记手续,降低无形资产在注册资本中的比例,2002年5月至12月,在原审被告人顾雏军安排下,原审被告人刘义忠、姜宝军、张细汉等人采用将某龙电器1.87亿元在天津某某公司和顺德某某公司账户之间来回转账的方式,形成天津某某公司投资顺德某某公司6.6亿元的银行进账单,并制作顺德某某公司收到天津某某公司6.6亿元投资款的收据和顺德某某公司向天津某某公司购买制冷剂而预付6.6亿元货款的供货协议,据此,顺德市公诚会计师事务所出具了相应的验资报告。根据该验资报告及天津某某公司董事会决议、顺德某某公司股东决议等不实证明文件,原顺德市工商行政管理局于2002年12月23日核准顺德某某公司的变更登记。变更登记完成后,顾雏军将被置换的6.6亿元无形资产转作顺德某某公司的资本公积金。

2005年10月27日,全国人民代表大会常务委员会对《公司法》进行了修订,允许有限责任公司注册资本中非货币财产作价出资的比例最高可达70%。

(二)关于违规披露、不披露重要信息的事实

某龙电器由于2000年、2001年连续亏损,被深圳证券交易所(以下简称深交所)以"ST"标示,如果2002年继续亏损,将会退市。在顺德某某公司收购某龙电器法人股,成为某龙电器第一大股东之后,原审被告人顾雏军为了夸大某龙电器的业绩,在2002年至2004年,安排原审被告人姜宝军、严友松、张宏、晏果茹、刘科等人采取年底封存库存产品、开具虚假销售出库单或者发票、第二年予以大规模退货退款等方式虚增利润,并将该利润编入某龙电器财务会计报告向社会公布。

2006年6月15日,中国证券监督管理委员会(以下简称证监会)以某龙电器"未按照有关规定披露信息,或者所披露的信息有虚假记载、误导性陈述或者有重大遗漏"等为由,对某龙电器及顾雏军等人作出行政处罚决定,并于同年10月16日作出维持原行政处罚决定的行政复议决定。2007年4月3日,国务院作出行政复议裁决,维持证监会作出的上述行政处罚决定和行政复议决定。

本案侦查期间,侦查机关曾委托会计师事务所对某龙电器实施上述行为"严重损害股东或者其他人利益"的危害后果进行鉴定,但所出具的司法(会计)鉴定意见存在鉴定人不具备司法鉴定人执业资格、鉴定机构选择不符合法律规定等问题。侦查机关还收集了陈某1、陈某2、张某某、陈某3等四名股民的证言,但存在相同侦查人员在相同时间和地点对不同证人取证、连续询问时间超过24小时等问题。

(三)关于挪用资金的事实

1.涉及某龙电器的2.5亿元和江西某龙公司的4000万元

2003年,原审被告人顾雏军为收购扬州某某乙公司的股权,决定在江苏省

案例 2　虚报注册资本罪,违规披露、不披露重要信息罪,挪用资金罪的构成要件与认定

扬州市申请设立以顾某某、顾雏军父子为股东的扬州某某甲公司,注册资本10亿元。其中,货币出资8亿元,无形资产出资2亿元。

同年6月18日,为筹集8亿元货币注册资本,时任某龙电器董事长的原审被告人顾雏军在未经某龙电器和江西某龙公司董事会同意,且在没有真实贸易背景的情况下,指使有关人员从某龙电器调动资金2.5亿元划入江西某龙公司的银行账户,指使时任江西某龙公司董事长兼总裁的原审被告人张宏从江西某龙公司筹集资金4000万元,由张宏具体负责,将该2.9亿元资金在江西某龙公司、江西某某公司和天津某某公司三家公司的临时银行账户间连续划转,并于当日转入天津某某公司在中国银行扬州分行开设的25897608×××××账户(以下简称608账户)。同年6月18日至20日,顾雏军又指使张宏以江西某某公司的名义贷款约4亿元,连同从某某系其他公司调拨的1亿余元,采用相同的操作手法转入天津某某公司608账户。

同年6月20日,608账户内共有资金8.03亿元,原审被告人顾雏军指使原审被告人张宏等人将其中8亿元分两笔各4亿元划转至扬州某某甲公司验资账户。经验资后,扬州某某甲公司成立,其中顾雏军货币出资7亿元、无形资产出资2亿元,占90%股权;顾某某货币出资1亿元,占10%股权。同年6月23日、24日,顾雏军指使张宏等人将挪用某龙电器的2.5亿元和江西某龙公司的4000万元归还。

2. 涉及扬州某某乙公司的6300万元

2005年3月至4月,扬州某某乙公司与扬州某某丙公司签订股权转让合同,约定扬州某某乙公司将其持有的扬某公司股权转让给扬州某某丙公司,扬州某某丙公司需向扬州某某乙公司支付股权转让款及部分投资分红共计6404万元。其间,受原审被告人顾雏军指派,原审被告人姜宝军以扬州某某甲公司的名义向扬州某某丙公司借款,但被扬州某某丙公司法定代表人王某某拒绝。2005年4月下旬,时任扬州某某乙公司董事的姜宝军在未经扬州某某乙公司董事会讨论的情况下,以扬州某某乙公司的名义起草付款通知书交给王某某,要求扬州某某丙公司在2005年4月26日前将本应支付给扬州某某乙公司的股权

转让款和部分投资分红中的 6300 万元划转到扬州某某甲公司的银行账户。同年 4 月 25 日，扬州某某丙公司根据该付款通知书要求，将 6300 万元支付给扬州某某甲公司。付款后，扬州某某丙公司收到扬州某某乙公司 6300 万元的结算收据。同年 4 月 26 日、27 日，该 6300 万元从扬州某某甲公司账户分别转至江苏某某公司和江西某某公司，用于归还银行贷款和公司借款。

最高人民法院再审认为，顾雏军等人实施了虚报注册资本的行为，但情节显著轻微，危害不大；某龙电器在 2002 年至 2004 年实施了虚增利润并将其编入财务会计报告予以披露的行为，但原审认定该行为严重损害股东或者其他人利益的事实不清，证据不足；顾雏军指使姜宝军挪用扬州某某乙公司 6300 万元资金的事实不清，证据不足，且无证据证实姜宝军在挪用资金过程中谋取了个人利益；顾雏军、张宏利用职务上的便利，挪用某龙电器 2.5 亿元和江西某龙公司 4000 万元资金归个人使用，进行营利活动的事实清楚，证据确实、充分。2019 年 4 月 8 日，最高人民法院作出再审判决，撤销原判对原审被告人顾雏军犯虚报注册资本罪，违规披露、不披露重要信息罪的定罪量刑部分以及挪用资金罪的量刑部分，对顾雏军犯挪用资金罪改判有期徒刑五年；撤销原判对原审被告人张宏犯违规披露、不披露重要信息罪的定罪量刑部分，维持原判以挪用资金罪对张宏判处有期徒刑二年，缓刑二年的定罪量刑部分；撤销原判对原审被告人姜宝军、刘义忠、张细汉、严友松、晏果茹、刘科的定罪量刑，均宣告无罪。

二、主要问题

顾雏军等人的行为是否构成虚报注册资本罪，违规披露、不披露重要信息罪，挪用资金罪？

三、裁判理由

（一）顾雏军等人虚报注册资本行为情节显著轻微、危害不大，不认为是犯罪

根据《刑法》第一百五十八条的规定，申请公司登记使用虚假证明文件或者

案例 2　虚报注册资本罪，违规披露、不披露重要信息罪，挪用资金罪的构成要件与认定

采取其他欺诈手段虚报注册资本，欺骗公司登记主管部门，取得公司登记，虚报注册资本数额巨大、后果严重或者有其他严重情节的，构成虚报注册资本罪。

笔者认为，原审认定顾雏军、刘义忠、姜宝军、张细汉在申请顺德某某公司变更登记过程中，使用虚假证明文件以不实货币置换无形资产出资的事实是客观存在的，但纵观全案，顾雏军等人的行为属于情节显著轻微、危害不大的情形，根据《刑法》第十三条的规定，不认为是犯罪。主要理由是：

1. 本案侦查期间，法律对无形资产在注册资本中所占比例的限制性规定已经发生重大改变。2005年修订的《公司法》将无形资产在注册资本中所占比例的上限由原来的20%提高到70%，使本案以不实货币置换的超出法定上限的无形资产所占比例由原来的55%降低至5%。可见，本案原审审理时，顾雏军等人虚报注册资本行为的违法性和社会危害性已明显降低。

2. 顾雏军等人虚报注册资本的行为，与当地政府支持顺德某某公司违规设立登记有关。由于当地政府的不当支持，使顺德某某公司在手续不完善的情况下完成了设立登记和年检。其后，顾雏军等人为完善设立登记手续，调整无形资产出资比例，在申请该公司变更登记过程中实施了虚报注册资本的行为。

3. 顾雏军等人虚报注册资本的行为，并未减少顺德某某公司的资本总额。在以虚报注册资本的方式完成变更登记后，顾雏军作为顺德某某公司的股东，将以不实货币置换的6.6亿元无形资产出资转为资本公积金继续留在公司中，没有使公司的资本总额减少。

综上，原审认定顾雏军、刘义忠、姜宝军、张细汉的行为构成虚报注册资本罪，属适用法律错误，应依法予以纠正。

（二）根据法律规定，必须有证据证实提供虚假财会报告的行为造成了"严重损害股东或者其他人利益"的危害后果，才能追究相关人员的刑事责任

1997年修订后的《刑法》第一百六十一条增设了提供虚假财会报告罪。设立该罪的目的是监督公司依法经营，使证券市场得以健康、稳定发展，保护公司、股东和债权人的利益，维护社会主义市场经济秩序。2006年6月29日，全国人民代表大会常务委员通过《刑法修正案（六）》，对该条进行了修改；其后，

相关司法解释将该条规定的"提供虚假财会报告罪"修改为"违规披露、不披露重要信息罪"。

笔者认为,根据从旧兼从轻原则,顾雏军等人提供虚假财务会计报告的行为应当适用提供虚假财会报告罪的刑法规定及相关司法解释。原审认定在顾雏军的安排下,姜宝军、严友松、张宏、晏果茹、刘科等人在 2002 年至 2004 年,将虚增利润编入财会报告后向社会披露的事实存在。但是,根据《刑法》关于提供虚假财会报告罪的规定,必须有证据证实提供虚假财会报告的行为造成了"严重损害股东或者其他人利益"的危害后果,才能追究相关人员的刑事责任。参照最高人民检察院、公安部 2001 年《关于经济犯罪案件追诉标准的规定》[①],"严重损害股东或者其他人利益"是指"造成股东或者其他人直接经济损失数额在五十万元以上的",或者"致使股票被取消上市资格或者交易被迫停牌的"情形。但最高人民法院经再审查明,在案证据不足以证实本案已达到上述标准,主要理由是:

1. 在案证据不足以证实本案存在"造成股东或者其他人直接经济损失数额在五十万元以上的"情形。由于侦查机关收集司法(会计)鉴定意见和四名股民证言的程序违法,原第一审未予采信。原第二审在既未开庭审理也未说明理由的情况下,采信其中三名股民的证言,确属不当。最高人民法院再审期间,检察机关提交的民事调解书系在本案原判生效之后作出,未能体现顾雏军等人的真实意愿,且不一定能够客观反映股民的实际损失,故认定本案"造成股东或者其他人直接经济损失数额在五十万元以上的"证据不足。

2. 本案不存在"致使股票被取消上市资格或者交易被迫停牌的"情形。某龙电器被证监会立案调查后,向深交所提出了停牌一小时的申请,经深交所同意,某龙电器股票停牌一小时后即恢复交易,不属于交易被迫停牌的情形,也没有造成股票被取消上市资格的后果。

3. 原审以股价连续三天下跌为由认定已造成"严重损害股东或者其他人利

---

① 现已失效。

案例2 虚报注册资本罪,违规披露、不披露重要信息罪,挪用资金罪的构成要件与认定

益"的后果,缺乏事实和法律依据。根据深交所2005年5月的股市交易数据,某龙电器股价自停牌当日起确实出现了连续三天下跌的情况,但跌幅与三天前相比并无明显差异,且从第四天起即开始回升,至第八天时已涨超停牌日。

综上,原审认定某龙电器提供虚假财会报告的行为严重损害股东或者其他人利益的事实不清,证据不足,不应追究顾雏军等人的刑事责任。

(三)公司经营者利用职务上的便利,擅自将公司资金挪归个人使用,进行营利活动的,不属于正常资金拆借,构成挪用资金罪

根据《刑法》第二百七十二条的规定,挪用资金罪是指公司、企业或者其他单位的工作人员,利用职务上的便利,挪用本单位资金归个人使用或者借贷给他人,数额较大、超过三个月未还,或者虽未超过三个月,但数额较大、进行营利活动,或者进行非法活动的行为。

笔者认为,原审认定顾雏军、张宏挪用某龙电器和江西某龙公司2.9亿元的事实清楚,证据确实、充分,其行为已构成挪用资金罪。主要理由是:

1.顾雏军作为某龙电器董事长,指使下属违规挪用某龙电器和江西某龙公司的2.9亿元资金;张宏作为江西某龙公司董事长兼总裁,接受顾雏军指使,违规将涉案2.9亿元转出使用,符合《刑法》规定的"利用职务上的便利,挪用本单位资金"的情形。

2.涉案2.9亿元被违规转出后,在顾雏军、张宏专门开设的临时银行账户间连续划转,资金流向清晰,且未混入其他往来资金,最终被转入扬州某某甲公司的验资账户,作为顾雏军注册成立扬州某某甲公司的个人出资。涉案资金的实际使用人是顾雏军个人,属于《刑法》规定的"挪用本单位资金归个人使用"。

3.顾雏军指使张宏挪用2.9亿元资金归个人用于公司注册,是顾雏军为收购上市公司扬州某某乙公司作准备,属于挪用资金进行营利活动,符合《刑法》关于挪用资金"虽未超过三个月,但数额较大、进行营利活动"的规定,且挪用数额巨大。

产权制度是社会主义市场经济的基石。在社会主义市场经济及社会主义资本市场不断走向成熟的背景下,顾雏军指使张宏挪用上市公司某龙电器的巨

额资金归个人使用,注册成立个人完全控股的公司,以收购扬州某某乙公司等其他上市公司,不仅侵害了某龙电器的企业法人产权,损害了广大股民的切身利益,而且严重扰乱了资本市场秩序,对公平有序的营商环境造成了重大不良影响,社会危害性大,应依法予以惩处。

(四)认定挪用资金"归个人使用",应当参照适用2002年立法解释有关挪用公款"归个人使用"的规定,只有符合该规定中三种情形之一的,才构成挪用资金罪

2002年立法解释对挪用公款"归个人使用"作出了新的解释,只有符合下列三种情形之一的,才属于挪用公款归个人使用,即"(一)将公款供本人、亲友或者其他自然人使用的;(二)以个人名义将公款供其他单位使用的;(三)个人决定以单位名义将公款供其他单位使用,谋取个人利益的"。

笔者认为,原审在认定顾雏军、姜宝军挪用资金"归个人使用"时,未参照适用2002年立法解释,且原审认定顾雏军指使姜宝军挪用资金的事实不清,证据不足,亦无证据证实姜宝军在挪用资金过程中谋取了个人利益,故在案证据不能证实顾雏军、姜宝军实施了本起挪用资金行为。主要理由是:

1.2004年9月8日,全国人民代表大会常务委员会法制工作委员会刑法室《关于挪用资金罪有关问题的答复》指出,"刑法第二百七十二条规定的挪用资金罪中的'归个人使用'与刑法第三百八十四条规定的挪用公款罪中的'归个人使用'的含义基本相同"。由此可见,原审在认定顾雏军、姜宝军挪用资金归个人使用时,参照适用1998年5月9日起施行的《最高人民法院关于审理挪用公款案件具体应用法律若干问题的解释》,而未参照适用2002年立法解释,属于适用法律错误。

2.姜宝军仅在补充侦查期间有一次供认其出具付款通知书是经请示顾雏军同意后实施,而后一直供称其出具付款通知书是个人行为,顾雏军并不知情。而顾雏军始终辩解其只是让姜宝军向扬州某某丙公司借款,不知道姜宝军擅自向扬州某某丙公司出具付款通知书一事,且在案也无其他证据证实姜宝军出具付款通知书系请示顾雏军同意后实施。因此,原审认定顾雏军指使姜宝军挪用

案例2　虚报注册资本罪,违规披露、不披露重要信息罪,挪用资金罪的构成要件与认定

涉案资金的证据不足。

3. 涉案6300万元是以扬州某某乙公司的名义转至扬州某某甲公司使用,不是将资金从单位转至个人使用,也不是以个人名义将资金转至其他单位使用,不符合2002年立法解释规定的前两种情形。涉案6300万元虽然是以单位名义转至其他单位使用,但该资金始终在单位之间流转,无证据证实原审被告人姜宝军在资金流转过程中谋取了个人利益,故也不符合2002年立法解释规定的第三种情形。

综上,原审认定顾雏军、姜宝军挪用扬州某某乙公司6300万元的行为构成挪用资金罪,属于认定事实和适用法律错误,应依法予以纠正。

关联索引:(2018)最高法刑再4号刑事判决

撰稿:刘艾涛
审编:司明灯

案例 3

没有非法占有的主观故意，也没有骗取集体财产的客观行为，不构成贪污罪
——许其但对非国家工作人员行贿、贪污再审部分改判无罪案

> **裁判要旨**　行为人没有骗取村委会集体财产的主观故意，也没有伙同村委会干部及他人采取夸大工程款、虚增工程造价骗取集体财产的情况，依法不构成贪污罪。

一、基本案情

原审被告人许其但，原系某某公司法定代表人、经理。

广东省阳春市人民检察院指控被告人许其但犯向非国家工作人员行贿罪、贪污罪向阳春市人民法院提起公诉。

阳春市人民法院经审理查明：

（一）行贿犯罪事实

1. 2008年，被告人许其但挂靠江城某某建筑公司承建江城区某某街道某某村委会办公楼工程，某某村委会主任陈某甲（另案处理）利用职务之便到政府相关部门帮助许其但办理规划报建等手续并协调有关关系，使许其但缓交并至今未交办公楼的城市道路建设资金11万元。2009年年初的一天晚上，为感谢陈

某甲提供的帮助,许其但在阳江市鸳鸯湖边停车场送 4 万元人民币给陈某甲。

2. 2009 年,某某村委会因无钱支付办公楼的工程款,便决定拍卖 2250 平方米的土地抵顶被告人许其但承建办公楼的 300 多万元工程款。许其但以某某公司的名义以 435 万元的价格竞得该 2250 平方米土地的国有建设用地使用权。2010 年,许其但在该土地开发建设荔枝花苑商住楼,村委会主任陈某甲利用职务上的便利协调与税务、国土、规划、城建、房管等相关部门的关系,使许其但得以顺利办理相关手续和减免有关税费。为感谢陈某甲提供的帮助,2011 年春节前的一天,许其但在陈某甲的办公室送 2 万元人民币给陈某甲。2011 年端午节前的一天,许其但在江台公路边陈某甲家的附近送 3 万元人民币给陈某甲。综上,被告人许其但共送 9 万元人民币给陈某甲。

(二)职务侵占犯罪事实

2006 年,阳江市政府为了城市发展的需要,决定征收江城区某某街道某某村委会下属的军塘上寨村、军塘下寨村、木贲村、山后村、屋背塘村的土地,该五个村的村民则要求政府帮助修建本村村道及地下排水工程。为顺利完成征地工作,阳江市政府同意安排部分资金和土地来解决工程款问题,并于 2007 年 11 月 2 日和 3 日,由阳江市征地储备中心向某某村委会签订了承诺书。某某村委会主任陈某甲和何某(另案处理)及被告人许其但考虑到安排的土地会升值,陈某甲决定由其三人带资承建以上五个村的村道及地下排水工程,以便得到市政府承诺的款项及补偿工程款的土地。其中,陈某甲负责军塘上寨村、军塘下寨村,何某负责木贲村,许其但负责山后村、屋背塘村。工程完工后,2011 年 9 月 29 日,阳江市国土资源局以阳国土资函字〔2011〕228 号文规定:拟安排给某某村委会 18 850 平方米的集体留用地开发收益用于解决道路和排水沟问题。2012 年 9 月 29 日,阳江市国土资源局又以阳国土资征字〔2012〕73 号文明确作为集体留用地安排 95 653 平方米土地(包括该案所涉 18 850 平方米土地)无偿返拨给某某村委会全资注册的某冠公司。陈某甲、许其但和何某得知不能用土地抵顶工程款,并得知国土部门将 18 850 平方米土地无偿划拨给了某某村委会后,许其但和何某多次催促陈某甲让其想办法将 18 850 平方米土地归他们所有。为了占有阳江市政府划拨给某某村委会的18 850平方米土地的全部开发收益,三人编造虚假的工程预结算资料,虚增了工程造价款。同年11月15日,陈某甲利用村委会书记兼主任的职务之便主持召开某某村委会两委会议,强行通过了将18 850平方米土地划给承建五个村村道及排水工程的老板即陈某甲、许其但和何某。同时决定将该土地连同村委会其他集体留用地一起与阳江市某某投资发展有限公司合作开发商品楼,18 850平方米土地的开发收益全部属于陈某甲、许其但和何某三人所有,三人分别占10 850平方米、5000平方米、3000平方米土地的收益。经丰帆工程咨询公司鉴定,上述五个村的村道及排水工程总造价为2 324 816.90元人民币。经兴华评估公司评估,该18 850平方米土地在2012年11月15日的市场总地价为3900.07万元。该18 850平方米的市场总地价减去五个村的工程总造价后的差额为36 675 883.10元。由于与阳江市某某投资发展有限公司合作开发该18 850平方米土地停留在签订协议阶段即事发,陈某甲、何某、许其但三人尚未实际取得开发收益。

阳春市人民法院认为,被告人许其但为谋取不正当利益,在承建某某村委会办公楼等事项的过程中,为感谢某某村委会主任陈某甲向政府相关部门协调关系,三次共送给陈某甲9万元,其行为已构成行贿罪;被告人许其但又伙同陈某甲、何某,利用陈某甲职务上的便利,企图共同骗取、侵吞阳江市国土资源局另行划拨给某某村委会土地的开发收益,后因事发而未得逞,其行为已构成职务侵占罪(未遂),依法应以惩处,并实行数罪并罚。依照《刑法》第三百八十九条、第三百九十条、第二百七十一条第一款、第二十三条、第二十五条第一款、第二十七条、第六十三条第一款、第六十七条第三款、第六十九条的规定,判决如下:

被告人许其但犯行贿罪,判处有期徒刑二年;犯职务侵占罪(未遂)判处有期徒刑三年;总和刑期五年,决定执行有期徒刑四年。

宣判后,广东省阳春市人民检察院提出抗诉认为,一审判决认定被告人许其但构成职务侵占罪定性错误,量刑不当,其行为应构成贪污罪(未遂)。广东省阳江市人民检察院经审查认为阳春市检察院抗诉正确,予以支持。

案例 3　没有非法占有的主观故意,也没有骗取集体财产的客观行为,不构成贪污罪　　\023

被告人许其但以其不构成行贿罪、职务侵占罪或贪污罪,即使构成犯罪,也是构成对非国家工作人员行贿罪为由提出上诉。

阳江市中级人民法院审理查明的事实及证据与一审认定的事实及证据一致。

阳江市中级人民法院认为,上诉人许其但为谋取不正当利益,给予某某村委会主任陈某甲9万元,其行为已构成向非国家工作人员行贿罪;其伙同陈某甲、何某,利用陈某甲职务上的便利,使用骗取手段,欲非法占有18 850平方米土地,其行为已构成贪污罪,但因其意志以外的原因未得逞,系犯罪未遂。原判认定事实清楚,证据确实、充分,审判程序合法,但对许其但的犯罪事实定性不当,应予纠正。抗诉机关的抗诉意见有理,予以采纳;许其但及其辩护人所提部分上诉理由及辩护意见,予以采纳。阳江市中级人民法院作出刑事判决:许其但犯向非国家工作人员行贿罪,判处有期徒刑六个月;犯贪污罪,判处有期徒刑三年。决定执行有期徒刑三年一个月。

上述判决生效后,阳江市中级人民法院作出再审决定,对本案进行再审。

阳江市中级人民法院再审查明的事实与原二审一致。

再审期间,原审被告人许其但及其辩护人提出:1.原审判决认定许其但犯有贪污罪,事实不清,证据不足。许其但没有贪污的主观故意,没有与陈某甲合谋侵占、贪污集体财产的主观故意。许其但没有伙同陈某甲夸大工程款,侵占18 850平方米土地的客观行为。2.阳江市中级人民法院对陈某甲和何某均已通过审判监督程序改判不构成贪污罪,许其但依法亦不构成贪污罪。

阳江市人民检察院出庭意见:原审被告人许其但一直供述称其给陈某甲送钱叫陈某甲帮其办事,涉嫌向非国家工作人员行贿,阳江市中级人民法院对该行为已经终审,且受贿人陈某甲经再审发回重审,后又经一审、二审,终审仍认定构成非国家工作人员受贿罪,因此,许其但的行为构成向非国家工作人员行贿罪。许其但涉嫌贪污罪的事实,因系与陈某甲、何某共同贪污,现陈某甲、何某二人涉嫌贪污的行为,经广东省高级人民法院再审发回重审,后又经一审、二审,均没有认定陈某甲、何某的行为构成贪污罪,许其但在起诉书认定的三人共同贪污事实中,所起的作用是居于陈某甲、何某二人之后,如果陈某甲、何某的行为都不能认定构成贪污罪(未遂),则许其但的行为也不可能构成贪污罪。现终审认定陈某甲、何某不构成贪污罪的终审判决已生效,许其但作为涉嫌共同贪污的共犯,其贪污罪的罪名也是不能成立的,再审应予纠正。

阳江市中级人民法院经再审查明,原二审判决认定原审被告人许其但向非国家工作人员行贿的事实清楚,据以定罪的证据均经庭审当庭宣读、出示、质证和认证,检察机关和原审被告人在该法院再审审理期间均未提供新的证据,足以认定许其但犯向非国家工作人员行贿罪。对于许其但是否构成贪污罪,根据阳江市人民检察院、原审被告人许其但及其辩护人的出庭意见,结合本案的事实和证据,综合评判如下:

1. 2007年11月,阳江市征地储备中心出具两份《承诺书》承诺:安排18 550平方米预留地给军塘上寨村等五条自然村村道建设,以"补偿村道建设不足部分的资金"。上述承诺虽然没有明确提出以地抵顶工程款,但是存在以土地价值补偿某某村委会相关工程款支出的意思。2009年6月19日广东省人民政府下发《广东省征收农村集体土地留用地管理办法(试行)》后,农村留用地转让则必须通过招拍挂形式进行转让,不得直接抵顶转让。国土部门有关人员也明确答复陈某甲"禁止以村集体土地使用权抵偿所欠工程款"。2012年8月8日,某某村委会与由其开办的某冠公司联合向阳江市国土局提交关于95 653平方米(含用以抵顶工程款的土地指标)集体留用地的建设用地批准申请书。同年9月29日,阳江市国土资源局批复同意将95 653平方米国有建设用地使用权无偿返拨给某某村委会全资注册的某冠公司,作为集体留用地;同日颁发了建设用地批准书。据此,原审被告人许其但及陈某甲等人客观上不能得到土地使用权。2012年11月15日和12月4日,虽然陈某甲主持某某村委会研究协调以土地指标抵顶工程款,但这只是研究支付工程款的方式。涉案的村道及排水工程案发前已完工,工程款全部由施工方垫支,原审被告人许其但的主观故意是为了解决工程款的问题,并非直接侵吞集体土地。

2. 目前相关工程结算资料不全,对陈某甲等人如何使用假工程结算申领工程款、工程款如何被确认均缺乏充分的证据证实。陈某甲供述中承认其指使何某、黄某飞对相关工程结算;何某没有供述许其但参与编制虚假结算书;许其但则供述工程是村长林某盛、林某里叫其带资做的,没有叫人做结算书,其只是将开支列出一张清单交给村委会,山后村和屋背塘村三份结算书不是其叫人做的。以上证据不足以证明许其但伙同陈某甲等人采取夸大工程款、歪曲事实真相等方式,通过他人编造了虚假的工程结算资料,虚增村道和排水沟工程造价,使工程造价与上述土地价值相当,用以申领工程款的事实。

综上,原二审认定原审被告人许其但伙同陈某甲等人侵吞集体财产 18 850 平方米土地的事实不清,证据不足。故原二审认定许其但犯贪污罪,属于认定事实和适用法律错误,应依法予以纠正。阳江市人民检察院出庭检察员的意见和许其但及其辩护人的辩解、辩护意见,法院均予以采纳。

阳江市中级人民法院再审认为,原二审判决认定许其但犯向非国家工作人员行贿罪事实清楚,证据确实、充分,定罪准确,量刑适当,审判程序合法,应依法予以维持;原二审判决认定许其但犯贪污罪,认定事实和适用法律错误,应依法予以纠正。经审判委员会讨论决定,依照《中华人民共和国刑事诉讼法》第二百五十六条第一款、《最高人民法院关于适用〈中华人民共和国刑事诉讼法〉的解释》第三百八十九条之规定,判决:维持原二审判决对原审被告人许其但犯向非国家工作人员行贿罪的定罪、量刑部分;撤销原二审判决对原审被告人许其但犯贪污罪的定罪、量刑部分。改判原审被告人许其但犯向非国家工作人员行贿罪,判处有期徒刑六个月。

二、主要问题

贪污罪的主体是特殊主体,许其但并非国家工作人员或受委托管理、经营国有财产的人员,只有与上述人员勾结、伙同贪污的,才以贪污罪的共犯论处。

三、裁判理由

坚持罪刑法定原则、坚持证据裁判原则、紧扣犯罪构成要件是刑事审判工作必须遵循的原则。贪污罪的构成要件为：贪污罪的主体是国家工作人员或受委托管理、经营国有财产的人员；贪污罪的主观方面必须是直接故意，并具有非法占有公共财物的目的；贪污罪的客体方面既侵犯了公共财物的所有权，又侵犯了国家机关、国有企业事业单位的正常活动以及职务的廉洁性；贪污罪的客观方面表现为利用职务之便，侵吞、窃取、骗取或者以其他手段非法占有公共财物的行为。本案中，时任阳江市江城区某某街道办某某村委会书记兼主任的陈某甲，属于受委托管理、经营国有财产的人员。根据《刑法》第三百八十二条的相关规定，与国家工作人员或受委托管理、经营国有财产的人员勾结，伙同贪污的，以共犯论处。故许其但是否构成贪污罪，主要争议点在于许其但主观方面是否具有非法占有公共财物的目的，客观方面是否有伙同陈某甲等人侵吞、窃取、骗取或者以其他手段非法占有公共财物的行为。

1. 主观方面。阳江市征地储备中心出具两份《承诺书》有以土地价值补偿某某村委会相关工程款支出的意思。2009年6月19日广东省人民政府下发文件规定农村留用地转让必须通过招拍挂形式进行转让，不得直接抵顶转让。2012年9月29日，阳江市国土资源局批复同意将95 653平方米（含用以抵顶工程款的土地指标）国有建设用地使用权无偿返拨给某某村委会全资注册的某冠公司，作为集体留用地并颁发了建设用地批准书。2012年11月15日和12月4日，虽然陈某甲主持某某村委会会议研究协调以土地指标抵顶工程款，但这只是研究支付工程款的方式。涉案的村道及排水工程案发前已完工，工程款全部由施工方垫支，许其但通过陈某甲帮忙的主观故意是为了解决工程款的问题，并非直接骗取集体土地使用权。

2. 客观方面。目前相关工程结算资料不全，对陈某甲等人如何使用假工程结算申领工程款、工程款如何被确认均缺乏充分的证据证实。陈某甲供述中承认其指使何某、黄某飞对相关工程结算；何某没有供述许其但参与编制虚假结算书；原审被告人许其但则供述工程是村长林某盛、林某里叫其带资做的，其没有叫人做结算书，只是将开支列出一张清单交给村委会，山后村和屋背塘村三份结算书不是其叫人做的。现有证据不足以证明原审被告人许其但伙同陈某

案例3 没有非法占有的主观故意,也没有骗取集体财产的客观行为,不构成贪污罪 \ 027

甲等人采取夸大工程款、歪曲事实真相等方式,通过他人编造了虚假的工程结算资料,虚增村道和排水沟工程造价,使工程造价与上述土地价值相当用以申领工程款的事实。

3. 另案处理的被告人陈某甲、何某二人涉嫌贪污犯罪的判决,经广东省高级人民法院再审发回重审,后又经一审、二审,最终认定陈某甲、何某不构成贪污罪,终审判决已生效,故许其但作为涉嫌贪污罪的共犯,其贪污罪的罪名也不能成立。

关联索引:(2019)粤17刑再2号刑事判决

撰稿:佘世韬
审编:邢海莹

案例 4

没有证据证明被告人采取欺骗手段获取贷款的，不构成骗取贷款罪
—— 黄裕泉骗取贷款再审改判无罪案

> **裁判要旨**
>
> 在与报案人存在委托加工承揽关系的前提下，被告人持报案人出具的提单质押贷款，并提供保证担保，金融机构在向报案人核实确认质押提单后支付贷款，属于民事借贷行为。报案人与被告人对提单形成的真实性产生争议，属二者间的加工承揽合同纠纷，应当通过民事审判途径查明认定。没有证据证明被告人采取欺骗手段获取贷款，不构成骗取贷款罪。

一、基本案情

原审被告人黄裕泉，原系农业服务站负责人。

广东省珠海市金湾区人民检察院指控被告人黄裕泉犯骗取贷款罪，向广东省珠海市金湾区人民法院提起公诉。

金湾区人民法院经审理查明：

被告人黄裕泉经营的农业服务站多年来一直与粤某公司存在业务往来。黄裕泉在每年榨季将农业服务站收取的甘蔗送往粤某公司榨取白砂糖，然后支付加工费、税费等，从而获得粤某公司出具的《平沙糖厂白砂糖调拨单》和《产品寄存提单》。农业服务站持此二类单据从粤某公司提取白砂糖。黄裕泉之女黄

案例4　没有证据证明被告人采取欺骗手段获取贷款的，不构成骗取贷款罪

某某任聚群合作社负责人。

2008年12月4日，黄裕泉代表农业服务站与粤某公司签订了《甘蔗来料加工协议》，约定在2008—2009年榨季，粤某公司为农业服务站加工白砂糖，每吨白砂糖收取加工费535元，预计入厂甘蔗约2.3万吨。从2008年12月开始，农业服务站向粤某公司供应甘蔗，事后黄裕泉从粤某公司提取白砂糖923.995吨（相当于8496吨甘蔗）。

2009年3月13日，黄某某代表聚群合作社向金湾农信社申请贷款500万元用于资金周转。黄裕泉以农业服务站名义为此笔贷款提供质押担保，质押物为其持有的粤某公司所开具的《平沙糖厂白砂糖调拨单》和《产品寄存提单》16套，涉及2100吨白砂糖，并附有粤某公司出具的《证明》，证实以上质押所用调拨单和提单"只能凭单提货，不得挂失"。因黄裕泉系金湾农信社的老客户，金湾农信社在对聚群合作社的贷款申请及黄裕泉的质押材料进行书面审查后，经审批于2009年3月13日向聚群合作社发放贷款500万元。经农业服务站向金湾农信社申请和说明，由聚群合作社直接以支付甘蔗款名义向冯某甲、钟某某、冯某乙、梁某某划拨203.106万元；以支付化肥款名义向珠海市斗门区白蕉供销社、白蕉农业服务站划拨46.47538万元；并于2009年3月16日向农业服务站划入245万元。同日，农业服务站又分两笔向黄某某个人账户共划入228万元，并向金湾农信社说明是用于归还黄某某的借款。金湾农信社的转账单据显示，2008年6月16日至20日，黄某某确向农业服务站转入218.53万元。

2009年3月20日，粤某公司副总经理郑某、李某某等人向金湾农信社称黄裕泉所持有的此部分白砂糖提单系虚假的。金湾农信社随即向黄裕泉核对，黄裕泉则声称是真实的。金湾农信社职员崔某某、张某某等人又前往粤某公司了解，粤某公司答复称以上提单是该公司开具，但内容是虚开的，不能提货。

2009年3月，黄裕泉以农业服务站的名义向金湾区人民法院提起民事诉讼，以其所持有并由粤某公司开具、属于农业服务站所有的22套《平沙糖厂白砂糖调拨单》和《产品寄存提单》（包含已向金湾农信社提供用于质押的16套单据，总计2500吨白砂糖）为据，请求法院判令粤某公司履行支付此2500吨白砂

糖的义务。同年7月21日,粤某公司向公安机关报案,称黄裕泉的行为涉嫌贷款诈骗犯罪。2009年8月20日,公安机关立案侦查。同年10月27日,金湾区人民法院以黄裕泉提起的上述民事诉讼不属经济纠纷而有经济犯罪嫌疑为由,裁定驳回原告农业服务站的起诉。农业服务站不服,上诉至珠海市中级人民法院。珠海市中级人民法院于2010年9月9日作出(2010)珠中法民二终字第8号民事裁定,驳回上诉,维持原裁定。自2009年9月开始,聚群合作社除归还以上借款部分利息外,停止向金湾农信社还款,导致金湾农信社至今无法收回贷款本息。2010年12月14日,公安机关对黄裕泉予以传唤,后取保候审。

2014年7月,金湾农信社起诉要求还本付息。金湾区人民法院于2014年9月1日作出(2014)珠金法民二初字第211号民事判决,判令聚群合作社向金湾农信社偿还借款本金500万元及利息,黄裕泉、黄某某和郑某某承担连带清偿责任。另认定,多年以来,黄裕泉即以个人名义或农业服务站名义多次向金湾农信社申请贷款,贷款额度不一,2008年多次申请贷款共计400万余元。其中也有多次采用粤某公司出具的《平沙糖厂白砂糖调拨单》、《产品寄存提单》及《证明》进行质押的方式进行担保。金湾农信社曾对黄裕泉的经营状况、还贷能力进行过详细的调查,黄裕泉均能履行还款义务,尚未出现过逾期不予归还贷款的情况。

金湾区人民法院认为,公诉机关指控被告人黄裕泉犯骗取贷款罪证据不足,宣告黄裕泉无罪。

宣判后,金湾区人民检察院提起抗诉。珠海市中级人民法院经开庭审理,以原判认定事实的证据不足为由,发回金湾区人民法院重审。

金湾区人民法院经重审查明的事实与原一审基本一致,认为骗取贷款罪的"欺骗手段"是指行为人在申请贷款时,谎报贷款用途、夸大偿付能力、使用虚假的证明文件,或使用虚假的产权证明作担保等情形。就本案来看,要判断被告人黄裕泉的行为是否构成骗取贷款罪,关键是要分析其所持有的22套合计2500吨的白砂糖提单是否真实。如果事实上并未真正提供相应的甘蔗数量,属虚开单据,黄裕泉在明知的情况下向金融机构提供担保,就构成骗取贷款罪;反

案例 4　没有证据证明被告人采取欺骗手段获取贷款的,不构成骗取贷款罪　\ 031

之则不构成骗取贷款罪。综合全案证据,足以证明黄裕泉所持有的 22 套白砂糖提单并非真实产生,而是属于虚开。黄裕泉明知以上单据系虚假而予以隐瞒,并向金融机构提供担保,利用贷款人聚群合作社取得贷款 500 万元,目前尚未归还,使巨额金融资金陷入巨大风险,属情节严重,构成骗取贷款罪。黄裕泉归案后如实供述犯罪事实,依法可以从轻处罚。从造成本案后果的原因来看,虽然黄裕泉系主要因素,粤某公司极其不负责任虚开单据也为黄裕泉的犯罪提供了便利,结合黄裕泉系老年人犯罪,不宜对其判处实刑。依照《刑法》第一百七十五条之一第一款,第六十七条第三款,第七十二条第一款、第三款,第七十三条第二款、第三款的规定,判决如下:

被告人黄裕泉犯骗取贷款罪,判处有期徒刑二年,缓刑三年,并处罚金人民币 20 万元。

宣判后,被告人黄裕泉以无罪为由提出上诉。珠海市中级人民法院经审理作出刑事裁定:驳回上诉,维持原判。

上述裁判生效后,原审被告人黄裕泉以无罪为由提出申诉。广东省高级人民法院作出再审决定,提审本案。

再审期间,原审被告人黄裕泉及其辩护人提出,黄裕泉用以质押贷款的涉案提单是真实形成的,并提供了保证担保,没有采取欺骗手段获得金融贷款;本案属民事纠纷,金融机构不能收回贷款本息的重大损失是公安机关违规插手干预造成的,黄裕泉的行为不构成骗取贷款罪。

广东省人民检察院再审出庭意见认为,原审被告人黄裕泉主张涉案提单并非虚开的证据不足,其明知涉案提单不能提货,仍用以质押贷款,给金融机构造成重大损失,应当以骗取贷款罪定罪处罚。原审判决、裁定认定事实清楚,证据确实、充分,适用法律正确,量刑适当,应予维持。

广东省高级人民法院经再审查明的事实与金湾区人民法院原一审查明的事实基本一致。

广东省高级人民院再审认为,原审被告人黄裕泉用涉案提单作质押向金湾农信社贷款的行为不符合骗取贷款罪的构成要件。司法机关在本案犯罪事实不明确,特别是金湾农信社没有提出刑事控告的情况下,按骗取贷款罪对黄裕泉进行立案侦查并追究刑事责任欠缺合理性和必要性。原审判决、裁定认定黄裕泉犯骗取贷款罪事实不清、证据不足,适用法律错误,应予撤销。黄裕泉及其辩护人提出应当改判黄裕泉无罪的意见具有事实和法律依据,予以采纳。广东省人民检察院认为应当维持原判的意见理据不足,不予采纳。广东省高级人民法院作出刑事判决:撤销原一审、二审裁判,改判原审被告人黄裕泉无罪。

二、主要问题

1. 如何认定骗取贷款罪的犯罪对象?
2. 如何认定骗取贷款罪的犯罪手段?
3. 如何区分刑事犯罪与民事纠纷?

三、裁判理由

(一)应根据骗取贷款罪侵害的法益性质分析认定金融机构是否为本案被害人

根据我国《刑法》第一百七十五条之一的规定,骗取贷款罪是指行为人以欺骗手段取得银行或者其他金融机构贷款,给银行或者其他金融机构造成重大损失或者有其他严重情节的行为。该罪的犯罪对象是金融机构,犯罪客体是国家金融管理秩序和金融机构的财产权。本案报案人是出具提单的粤某公司,报案内容是黄裕泉向其骗取提单用于质押贷款,而粤某公司系生产加工企业,显然不是骗取贷款罪的侵害对象。本案的金融机构是金湾农信社,而该社认为其给聚群合作社的贷款调查、上报、审批、发放均符合管理规定,在与聚群合作社签订质押担保合同前,粤某公司出具的《证明》证实提糖单据是真实的,并明确注明该提单"只能凭单提货,不得挂失",属于常规的借贷法律关系,至于黄裕泉是否定罪应由司法机关依法裁决。鉴于黄裕泉是聚群合作社和农业服务站的实际控制人,对黄裕泉是否定罪可能影响聚群合作社向其偿债能力及其质权的实

案例 4　没有证据证明被告人采取欺骗手段获取贷款的,不构成骗取贷款罪

现。因此,确认金湾农信社是否为本案的被害人是认定被告人黄裕泉是否构成骗取贷款罪的关键构成要素。对此,控方和原判持客观判断立场,认为即使被害人不承认被害,亦应根据客观存在的损害情况作出认定,金湾农信社由于黄裕泉所施行为客观上遭受重大损失,应认定为本案的被害人;辩方则持主观判断立场,认为是不是被害人,当事人感受最直接、最清楚,被害人不承认被害,表明其放弃法律对其法益的保护,应予尊重,金湾农信社不认为其被骗取贷款,故不属于本案的被害人。笔者认为,应根据犯罪所侵害法益的公、私性质(公法益不可处分,私法益具有可处分性),从主观、客观两个方面作出具体判断。骗取贷款罪的犯罪对象是金融机构,对金融机构本身来说,关系财产权的保护,属于私法益;从金融机构所承载的社会责任来说,关系金融安全和秩序,属于公法益,具有公私兼具的属性,故应从主观、客观两个方面进行判断。首先,从主观方面看,本案发放贷款的金湾农信社并没有报案和行使"被害人"的诉讼权利,而是主张其办理贷款的手续是完全合法合规的,能够通过行使质押权来保障其债权的实现;如果对黄裕泉定罪反而会影响其债权和质押权的正常行使。由此可见,金湾农信社主观上不认为其是被害人。其次,从客观方面看,黄裕泉控制的聚群合作社与金湾农信社签订的《借款合同》贷款期限为 1 年,即从 2009 年 3 月 13 日起至 2010 年 3 月 13 日止,一次性偿还全部借款本金,除用涉案提单质押担保外,还有黄裕泉、黄某某、郑某某等自然人提供保证担保,公安机关以涉嫌犯骗取贷款罪对黄裕泉进行刑事立案的时间为 2009 年 8 月 20 日,金湾区人民法院以该案不属经济纠纷而有经济犯罪嫌疑、裁定驳回原告农业服务站起诉的时间为 2009 年 10 月 27 日,聚群合作社尚未到还本期限;而在公安机关刑事立案前,聚群合作社能够按合同约定归还借款利息,故在刑事立案时公安机关认为聚群合作社届时无法归还贷款本息缺乏事实依据。虽然最终发生聚群合作社没有如期归还贷款本息的事实,但不能排除系因公安机关的提前刑事介入导致其行使民事权利受阻所致。因此,结合黄裕泉以往贷款均无违约的事实,将金湾农信社不能收回贷款本金的损害结果完全归责于黄裕泉有失公允,从客观角度亦难以将金湾农信社评价为黄裕泉所施行为的被害人。

（二）应根据刑事证据规则分析认定被告人使用涉案提单质押向金融机构贷款的行为是否属于欺骗手段

刑事公诉案件的举证责任应由公诉机关承担,应达到事实清楚,证据确实、充分的证明标准,被告人没有自证其罪的责任和义务,案件事实存疑时应作出有利于被告人的认定。本案有两个争议事实：一是关于提单开具之因（为什么出具提单）。公诉机关指控和粤某公司主张：黄裕泉与粤某公司口头约定,由黄裕泉借款人民币420万元给粤某公司,粤某公司提供2500吨白糖的调拨单及配套提单作为抵押担保。黄裕泉对指控事实予以否认。经查,指控认定该事实的主要依据是粤某公司的报案报告和粤某公司高管和财务人员的证言,属于当事人陈述的范畴,没有其他证据印证属实,不能作为定案依据。二是关于提单开具之果（提单是否为虚开的）。公诉机关指控和粤某公司主张提单是根据黄裕泉的要求虚开的,提供大量书证、证人证言,以及司法鉴定检验报告、审计报告等证据材料予以证明。黄裕泉则否认提单是虚开的,并提供粤某公司出具的书证和大量证人证言等证据材料予以证明。

针对指控证据,笔者认为,从客观证据分析：1.粤某公司报案时提供的《甘蔗来料加工协议》《当日共入蔗量合计》《产品寄存提单》《平沙糖厂白砂糖调拨单》《证明》,与黄裕泉提供的证据相同,形式和内容均不能得出黄裕泉所持涉案提单是虚开的结论。2.粤某公司报案时提供的《委托协议书》、发票,只能证明粤某公司与黄裕泉之间存在代扣甘蔗和收购甘蔗的事实,亦得不出涉案提单是虚开的结论。3.一审法院调取黄裕泉与粤某公司加工承揽合同纠纷案中提交、粤某公司开具的《加工糖明细表》《甘蔗生产经营部（收、付）款结算单》、白糖调拨单及增值税专用发票（复印件）,能够证明黄裕泉2008—2009年榨季已提取的白砂糖数量及相关手续,但不能得出黄裕泉在粤某公司2008—2009年榨季的白砂糖已经全部提取和涉案提单是虚开的结论。4.公安机关的调取、返还物品、文件清单,只能证明公安机关向粤某公司和农业服务站调取和返还相关书证、物证的事实,不能证明涉案提单系虚开的事实。5.证人钟某等人提供的书证,只能证明钟某等人在2008—2009年榨季以黄裕泉的名义直接送到粤某

案例 4　没有证据证明被告人采取欺骗手段获取贷款的,不构成骗取贷款罪　　\035

公司甘蔗的数量,不能证明黄裕泉在该榨季向粤某公司供应甘蔗的总量。6. 司法鉴定检验报告显示公安机关向粤某公司调取的两台电脑主机储存 2008—2009 年榨季的磅码数据进行过大量删改,粤某公司和公诉机关对此不能作出合理解释和说明,据此可以认定粤某公司的磅码系统显示数据的真实性、完整性存疑。7. 专项审计报告中根据磅码单统计的数据比粤某公司在农业服务站和黄裕泉诉其加工承揽合同纠纷案件中提交的 2008—2009 年榨季进蔗汇总表统计的数据少了 3 万多吨,粤某公司和公诉机关对其中存在的巨大误差没有作出合理解释,不能排除粤某公司提交审计的财务资料存在不全、不实问题。

　　从主观证据方面分析:1. 证人郑某等人证言,经查,这些证人均系粤某公司的管理人员或业务人员,均与本案存在直接利害关系,所作证言虽有相互印证之处,但表述笼统、缺乏细节,且缺乏客观证据予以印证或佐证,不能排除相互串通的可能性,真实性存疑。2. 证人林某等人证言,其证称磅码系统的"毛重""实重"等重量数据无法修改的说法与司法鉴定检验报告的结论不一致。3. 证人钟某等人证言,只能证明各自向黄裕泉供应甘蔗的情况,不能证明黄裕泉向粤某公司供应甘蔗的总量。

　　综上,现有证据无法得出原审被告人黄裕泉所持提单系虚假形成的结论。因此,原公诉机关指控和原判认定黄裕泉明知涉案提单虚开而用于质押贷款的基本事实不清、证据不足。

　　(三)应根据谦抑、审慎、善意的司法理念分析认定被告人的涉案行为性质

　　本案是在农业服务站诉粤某公司加工承揽合同纠纷诉讼过程中,因粤某公司举证不能而面临败诉的情况下转向公安机关报案引发。控方和原判均坚持刑事优先的立场,以查明事实真相。原审被告人黄裕泉及其辩护人认为本案属民事纠纷,司法机关运用刑事手段插手干预是不当的。笔者认为,本案不属于刑事法律调整的范围,司法机关运用刑事手段插手干预欠缺合理性和必要性,违反了刑法的谦抑性原则。

　　首先,从贷款过程和手续来看,没有违反有关规定。原审被告人黄裕泉以其实际控制的聚群合作社名义向金湾农信社借款,并以其负责的农业服务站持

有的、粤某公司出具并证明真实的提单提供质押担保,以及其本人及亲属名义提供的保证为担保,金湾农信社对借款材料的真实性和履约能力进行了审核,黄裕泉将所借款项也均用于约定的用途,没有违反金融贷款法律法规,其与金湾农信社之间的法律关系没有超出民事法律调整的范畴。

其次,从提单的法律性质和质押效力来看,提单是物权凭证,具有指示交付的功能。提单质押是债务人或者第三人将其持有的物权凭证交由债权人保管,用于保证债务履行的担保形式。只要提单是出具人(加工、仓管、承运人等)出具的,其即负有对提单指向货物的交付义务,至于提单是基于何种基础法律关系出具的,以及提单指向货物是否真实存在,对善意的债权人来说,并不影响质押担保效力。本案金湾农信社已经对该质押提单的形式真实性进行了审核,粤某公司承认确为其所出具的,并且还出具了"只能提货、不能挂失"的证明,对金湾农信社来说,粤某公司负有对其交付质押提单指向货物的法定义务,金湾农信社可以通过行使质押权获得法律救济。

最后,从农业服务站及原审被告人黄裕泉与粤某公司的关系来看,双方存在加工承揽、买卖、保管、拆借等多种民事法律关系,涉案提单是双方存在民事关系的凭证,至于是否真实产生,亦属双方民事争议的事实,应当通过民事审判途径查明认定。

关联索引:(2017)粤刑再6号刑事判决

撰稿:魏　海
审编:石　冰

案例 5

骗取票据承兑数额巨大但有足额担保且未造成银行损失的行为性质认定

——蒋启智骗取票据承兑再审改判无罪案

> **裁判要旨**　行为人使用虚假材料申请银行承兑汇票并贴现,但提供了足额抵押担保,缴纳了保证金,且按时兑付核销,未给银行造成实际损失,亦未利用款项进行非法活动,对金融安全没有实际危害的,不应以骗取票据承兑罪追究刑事责任。

一、基本案情

原审被告人蒋启智,原系桂林某金属材料有限公司(以下简称某甲公司)法定代表人。

广西壮族自治区桂林市象山区人民检察院指控被告人蒋启智犯骗取票据承兑罪向象山区人民法院提起公诉。

象山区人民法院经审理查明:

某甲公司系自然人出资的有限责任公司,被告人蒋启智是该公司的法定代表人。2011年5月18日,某甲公司与某某银行股份有限公司(以下简称某某银行)签订《额度授信合同》,约定某某银行向某甲公司提供3600万元的银行承兑汇票授信额度,授信期限自2011年5月18日至2013年5月17日,并由临桂县某某搬运服务有限公司、灵川县某某酒店有限公司提供土地使用权作为抵押担保。同日,某甲公司与某某银行某某支行签订《银行承兑协议》,由某甲公司向某某银行某某支行申请承兑二张票面金额各为1000万元的银行承兑汇票(汇票到期日为2011年11月18日),同时约定保证金为1000万元,并由临桂县某某搬运服务有限公司、灵川县某某酒店有限公司提供土地使用权作为抵押担保。广西某某置业有限公司于2011年5月18日向某甲公司在某某银行的账户转账存入1000万元作为保证金。被告人蒋启智明知某甲公司与桂林市某某贸易有限公司签订的《代销协议》没有实际履行,仍将该《代销协议》及四张虚假的广西增值税专用发票提交给某某银行某某支行,骗取二张票面金额分别为1000万元的银行承兑汇票,黄某萍等人将上述二张银行承兑汇票贴现,得款1932.654万元。之后,某甲公司于汇票到期日将上述二张银行承兑汇票兑付核销。

2011年6月2日,某甲公司与某某银行某某支行签订《银行承兑协议》,由某甲公司向某某银行某某支行申请承兑二张票面金额分别为700万元和500万元的银行承兑汇票(汇票到期日为2011年12月2日),同时约定保证金为600万元,并由临桂县某某搬运服务有限公司、灵川县某某酒店有限公司提供土地使用权作为抵押担保。某甲公司于同日在某某银行的账户存入600万元作为保证金。被告人蒋启智再次将没有实际交易的《钢材买卖合同》及二张虚假的广西增值税专用发票提交给某某银行某某支行,骗取二张票面金额分别为700万元、500万元的银行承兑汇票,黄某萍等人将上述二张银行承兑汇票贴现,得款1200万元。之后,某甲公司于汇票到期日将上述二张银行承兑汇票兑付核销。

象山区人民法院认为,被告人蒋启智违反国家金融管理法规,以欺骗手段取得银行3200万元承兑汇票并贴现,情节特别严重,其行为已触犯《刑法》第一百七十五条之一第一款之规定,构成骗取票据承兑罪。公诉机关指控被告人蒋启智犯骗取票据承兑罪成立,予以支持。被告人蒋启智归案后虽对其行为性质有不同的辩解,但其基本能够如实供述主要犯罪事实,依照《刑法》第六十七条

案例5　骗取票据承兑数额巨大但有足额担保且未造成银行损失的行为性质认定

第三款的规定,可以从轻处罚,依法对被告人蒋启智予以从轻处罚。被告人蒋启智虽以欺骗手段取得银行3200万元承兑汇票并贴现,但在承兑汇票到期日均已按时兑付了票款,未给银行造成经济损失,酌情对被告人蒋启智予以从轻处罚。综合考虑本案的犯罪事实、情节及社会危害程度,对被告人蒋启智判处缓刑不致再危害社会。依照《刑法》第一百七十五条之一第一款,第六十七条第三款,第七十二条第一款、第三款,第七十三条第二款、第三款,第五十二条,第五十三条之规定,判决如下:

被告人蒋启智犯骗取票据承兑罪,判处有期徒刑三年,缓刑三年,并处罚金人民币30万元。

宣判后,被告人蒋启智不服,提出上诉。

广西壮族自治区桂林市中级人民法院经审理作出刑事裁定:驳回上诉,维持原判。

上述裁判发生法律效力后,原审被告人蒋启智提出申诉。广西壮族自治区高级人民法院作出再审决定,提审本案。

再审期间,原审被告人蒋启智辩称,原审裁判认定事实和适用法律错误,请求改判其无罪。1.原判认定事实错误。承兑票据是基于真实的《额度授信合同》《抵押合同》《银行承兑协议》和某甲公司提供充足承兑保证金后办理的,《代销协议》《钢材买卖合同》的印章均为真实,蒋启智不存在非法占有目的;无证据证明购销合同、增值税专用发票是蒋启智提交,6张增值税专用发票复印件是在某某银行开具承兑汇票后提供的,交易合同、发票不足以让银行产生错误认识;承兑汇票本息已全部偿还,未给银行造成损失。2.原判以涉案数额达到立案标准32倍为由,认定其"情节特别严重"于法无据,即使罪名成立,也已过刑事追诉时效。3.汇票的办理、贴现、款项使用均是某乙公司安排和掌握,本案主犯没有追责,影响对蒋启智定罪量刑。

广西壮族自治区人民检察院再审出庭意见认为:原审裁判据以定罪量刑的证据不确实、不充分,定性不当,适用法律错误,量刑不当,建议法院依法改判。1.在案证据不能证明《代销协议》、《钢材买卖合同》和6张增值税专用发票系蒋启智或某甲公司伪造及提交。2.银行基于某甲公司的资质、信誉、提供的高额抵押担保、足额保证金等签订《额度授信合同》并开具汇票,《钢材买卖合同》《代销协议》系真实未履行的合同,发票真实与否不影响银行出票,认定银行系因被欺骗而开具汇票的证据不充分,不足以认定蒋启智存在骗取行为。3.原审裁判定性不当,适用法律错误。蒋启智在向某某银行申请银行承兑汇票的过程中,虽存在一定违规行为,但不至于使银行基于该违规行为产生错误认识并作出错误决定,本案涉案金额虽高达3200万元,但该3200万元关联的汇票均已按时核销兑付,未危及金融安全。原审裁判以涉案金额超过立案标准32倍为由认定蒋启智构成骗取票据承兑罪情节特别严重,定性不当,适用法律错误。蒋启智的行为不属于骗取票据承兑情节特别严重,应不再追诉。

广西壮族自治区高级人民法院再审查明的事实与一审、二审相同。

广西壮族自治区高级人民法院再审认为,原审被告人蒋启智以欺骗手段获取银行票据承兑,但未给银行造成重大损失,亦不具备其他严重情节。原判认定蒋启智构成骗取票据承兑罪,属适用法律错误。广西壮族自治区高级人民法院作出刑事判决:撤销原一审、二审裁判,改判原审被告人蒋启智无罪。

二、主要问题

1. 以欺骗手段取得票据承兑的数额达到立案追诉标准是否必然构成骗取票据承兑罪?

2. 如何准确认定骗取票据承兑数额巨大但有足额担保且未造成银行损失的行为性质?

三、裁判理由

骗取票据承兑罪规定在《刑法》第一百七十五条之一,其为全国人大常委会2006年6月29日通过并公布施行的《刑法修正案(六)》第十条所增设,自2021年3月1日起施行的《刑法修正案(十一)》第十一条对该本条第一款作了修正。

案例5 骗取票据承兑数额巨大但有足额担保且未造成银行损失的行为性质认定 \041

该罪在客观上表现为行为人以欺骗手段取得银行或者其他金融机构票据承兑,给银行或者其他金融机构造成重大损失或有其他严重情节的行为。虽然《刑法修正案(十一)》第十一条将该条第一款第1档法定刑中的"或者有其他严重情节"删除,但骗取票据承兑入罪的行为表现并没有实质变化。骗取票据承兑行为主要是通过伪造经济合同和法律文件,使银行在核票的过程中产生错误认识,并开具承兑汇票的行为。该罪不要求行为人主观上具有非法占有目的。

本案中,原审认定蒋启智以虚假申请材料骗取银行3200万元票据承兑的事实清楚。但蒋启智提供真实担保、足额保证金且已按期兑付核销承兑汇票,骗取的资金未用于其他非法活动,没有造成银行实际损失,蒋启智的行为不具有刑事处罚的必要性,不应以骗取票据承兑罪追究其刑事责任。具体分析如下:

1. 蒋启智以虚假贸易合同、税票违规获取银行承兑汇票后借给他人使用,存在欺骗银行的行为。在案证据中,送审财务资料、广西增值税专用发票、购销合同、桂林市税务局出具的关于查证增值税专用发票的复函、桂林市某某贸易有限公司出具的情况说明、证人曾某(某某贸易公司的法人代表)的证言足以证实,某甲公司向某某银行提交的申请开具3600万元承兑汇票的送审材料中,与桂林市某某贸易有限公司签订的《代销协议》、与某某贸易公司签订的《钢材买卖合同》未实际履行,6张广西增值税专用发票不真实。虽然在案证据无法证实虚假申报材料是谁伪造,但证人邓某、黄某萍、陈某春的证言,《额度授信合同》、《抵押合同》及《银行承兑协议》、承兑汇票登记簿、贴现及资金往来明细、银行账户交易明细等书证足以证实,某甲公司的蒋启智、蒋某与某乙公司的邓某、黄某萍相互配合办理承兑汇票,其中3200万元贴现后转回某甲公司;担保公司的王某琪、许某等证人均证实某甲公司办理承兑汇票是为了拆借给某乙公司使用。作为某甲公司法定代表人的蒋启智亦供认其知晓承兑汇票拆借给某乙公司,公司向银行提交审核资料办理承兑汇票,其通过借款提供保证金,承认《额度授信合同》上的个人签章和公章的真实性。

在案证据足以证实,主体上,蒋启智作为某甲公司的法定代表人及本案承兑汇票的申请人,主体适格。主观上,骗取票据承兑罪区别于贷款诈骗罪,不要求行为人主观上有非法占有目的。蒋启智在本案中明知某甲公司向银行申请承兑汇票是为了借给某乙公司融资,资金并非某甲公司经营使用,向银行提供的贸易合同必然不可能履行,为使承兑汇票顺利办理,仍然提供公司印章让他人办理相关材料和手续,并向广西某某置业有限公司借款提供保证金,骗取承兑汇票,其使用虚假材料骗取银行承兑汇票的主观心态是直接故意。客观上,蒋启智将某甲公司作为平台,虚假承兑获取银行资金供他人使用的行为,已经违反银行承兑汇票要求存在真实贸易背景的规定,虚假的贸易合同和资金用途足以让银行基于错误认识开具和承兑汇票。蒋启智使用虚假材料虚构资金用途骗取银行3200万元承兑汇票并贴现的事实清楚、证据充分。

2. 不宜单以骗取数额达到立案追诉标准即认定构成本罪。认为本案被告人蒋启智构成骗取票据承兑罪的重要依据是2010年《最高人民检察院、公安部关于公安机关管辖的刑事案件立案追诉标准的规定(二)》①(以下简称《标准二》)第二十七条第一项的规定:取得票据承兑数额在100万元以上的应予立案追诉。蒋启智骗取票据承兑达3200万元,显然符合这一规定,应予立案追诉。那么是否必然构成骗取票据承兑罪呢?笔者认为不尽然。根据《最高人民法院关于在经济犯罪审判中参照适用〈最高人民检察院、公安部关于公安机关管辖的刑事案件立案追诉标准的规定(二)〉的通知》第二条的规定,各级人民法院在参照适用《标准二》的过程中,如认为《标准二》的有关规定不能适应案件审理需要,要结合案件具体情况和本地实际,依法审慎稳妥处理好案件的法律适用和政策把握,争取更好的社会效果。由此可见,《标准二》并非罪与非罪的强制规定,人民法院在适用《标准二》时可以有一定的灵活性,即使案件符合《标准二》规定的立案追诉标准,人民法院在审判时仍应准确理解刑法规定骗取票据承兑罪的立法意图,综合考虑全案事实和情节作出裁判,避免唯数额论。具体到本案中,被告人蒋启智以欺骗手段获取票据承兑3200万元,已超过100万元

---

① 现已失效。

的立案追诉标准,但他提供了超出承兑汇票价值的抵押担保,足额缴纳了双方约定的保证金1600万元,并在承兑汇票到期日按时进行了兑付核销。由此可见,蒋启智的行为未给金融安全造成任何损害,以骗取票据承兑罪对其定罪处罚是不适当的。

3. 蒋启智提供真实抵押担保,足额缴纳保证金,且承兑汇票均如期兑付核销,未给银行造成实际损失,亦未利用款项进行非法活动,未对骗取票据承兑罪的法益造成损害。立法机关认为,本罪的客体不仅是银行等金融机构的信贷资金,还包括银行的票据承兑、信用证等其他信用。就设立本罪的目的而言,既要保护银行等金融机构信贷资金的安全,还要保障银行等金融机构的信誉体系。行为人以欺骗手段骗取银行或者其他金融机构信用证、票据承兑、保函等,一旦不能还款,银行或者其他金融机构将承担相应的还款或者付款责任,其结果也是给银行或者其他金融机构造成损失。也就是说,它不仅侵害了国家整个金融行业的信誉,存在引发系统性金融风险的可能,同时,还会给银行或者其他金融机构自身造成重大财产损失。[①] 危害金融安全最直接的体现是导致银行或者金融机构贷款资金无法收回,出现"坏账",或存在资金严重损失危险。本案中,蒋启智申请银行承兑汇票时提供了真实的土地使用权作为抵押担保,该土地使用权已经评估,价值足以覆盖授信额度,其所按期支付的保证金达到承兑汇票总额的50%,银行基于某甲公司的资质、信誉、提供的高额抵押担保、足额保证金等签订《额度授信合同》并开具承兑汇票并不会出现无法收回资金的高风险。汇票到期时蒋启智亦全部兑付核销,未给银行的财产所有权及其收益造成损失。其行为确有不规范之处,但并未损害骗取票据承兑罪所要保护的法益。

4. 出具承兑汇票的银行未提出控告,欺骗行为未造成严重影响,蒋启智的行为不具备刑事处罚必要性。本案骗取票据承兑行为和结果发生于2011年。2018年3月,某乙公司股东报案称蒋启智作为某乙公司隐名股东涉嫌职务侵占、虚假诉讼,蒋启智通过虚构2011年办理汇票拆借致某乙公司尚欠某甲公司

[①] 全国人大常委会法制工作委员会刑法室:《〈中华人民共和国刑法〉释义及实用指南》,载https://www.faxin.cn/lib/twsy/twsycontent.aspx? gid = A190610&tiao = 10。

债务未归还的事实,欺骗法院作出《民事调解书》和《执行裁定书》,从而侵占某乙公司资金。公安机关在侦查过程中发现某甲公司涉嫌骗取票据承兑罪,遂立案侦查。涉案的某某银行一直未报案控告,骗取承兑汇票行为亦未引发其他纠纷,本案缺乏被害方,蒋启智违规办理承兑汇票的行为不具备刑事处罚的必要性。《最高人民检察院关于充分发挥检察职能服务保障"六稳""六保"的意见》提出,要依法保护企业正常生产经营活动,依法慎重处理贷款类犯罪案件。在办理骗取贷款等犯罪案件时,充分考虑企业"融资难""融资贵"的实际情况,注意从借款人采取的欺骗手段是否属于明显虚构事实或者隐瞒真相,是否与银行工作人员合谋、受其指使,是否非法影响银行放贷决策、危及信贷资金安全,是否造成重大损失等方面,合理判断其行为危害性,不苛求企业等借款人。对于借款人因生产经营需要,在贷款过程中虽有违规行为,但未造成实际损失的,一般不作犯罪处理。综上,原审认定蒋启智构成骗取票据承兑罪,属适用法律错误,应依法予以纠正。

关联索引:(2022)桂刑再4号刑事判决

撰稿:丁琳源

审编:石 冰

案例6

信用证诈骗罪中非法占有目的的认定以及信用证诈骗罪与一般信用证民事欺诈之界分
——董其亭等信用证诈骗再审部分改判无罪案

裁判要旨

行为人虚构交易事实,使用伪造的单据、票证骗取金融机构开立信用证,并以该信用证作质押担保,获得金融机构发放的贷款。如行为人在开立信用证时提供了担保,以信用证质押获得的贷款的大部分亦用于生产经营,而非被挥霍或非法转移、使用,则不能证明行为人具有非法占有的目的,依法不构成信用证诈骗罪。

一、基本案情

原审被告单位鼎立中药公司。

原审被告单位鼎立置业公司。

原审被告人董其亭,原系鼎立中药公司法定代表人。

原审被告人毕玉芬,原系淄博旭某商贸有限公司法定代表人,董其亭之妻。

山东省淄博高新技术产业开发区人民检察院指控被告人董其亭等犯信用证诈骗罪等罪向淄博高新技术产业开发区人民法院提起公诉。

淄博高新技术产业开发区人民法院经审理查明:

(一)信用证诈骗

2008年2月29日,鼎立中药公司法定代表人董其亭指使其公司人员伪造淄博旭某商贸有限公司销售给鼎立中药公司净化除湿机组、风机盘管、烘干机组等设备（价值1000万元）的商品买卖合同，并伪造鼎立中药公司入库单，虚开淄博旭某商贸有限公司增值税专用发票二张，于同年3月18日向中国工商银行股份有限公司淄博张店支行（以下简称张店工行）申请办理国内信用证，淄博热某有限公司为该信用证开证合同承担连带保证责任。鼎立中药公司交纳给张店工行400万元保证金后，中国工商银行为其开具鲁A00004330信用证，金额为1000万元，受益人为淄博旭某商贸有限公司。

2008年3月25日，被告人董其亭、毕玉芬以淄博旭某商贸有限公司之名，以上列骗取的信用证为质押担保，并提供信用证项下的虚假单据凭证、财务报表等资料，与中国工商银行签订国内信用证项下卖方融资（非议付）业务合同，淄博旭某商贸有限公司于同年3月26日取得张店工行贷款1000万元，期限六个月。后将其中5 147 686元转移给董其亭掌控的汉某某公司，用于该公司经营。

信用证开证银行为鼎立中药公司支付信用证解付款1000万元后，扣除鼎立中药公司交纳的保证金400万元，鼎立中药公司尚有600万元未偿还。

2008年9月1日，张店工行向淄博市中级人民法院提起诉讼，要求解除与鼎立中药公司签订的国内信用证开证合同，并提前偿还贷款600万元及利息，淄博市中级人民法院于同年10月16日作出（2008）淄商初字第149号民事判决。该判决生效后，淄博热某有限公司作为保证人履行了判决义务。2010年3月1日，淄博市中级人民法院以淄博高新技术产业开发区公安局发现董其亭有信用证诈骗犯罪嫌疑并已立案侦查，董其亭的行为涉及该院（2008）淄商初字第149号民事判决认定的事实为由，作出（2010）淄民重字第7号民事裁定，中止（2008）淄商初字第149号民事判决的执行，另行组成合议庭再审。

又查明，汉某某公司因发生债务纠纷，董其亭为防止法院查封该公司财产，将该公司房产46套以网上签售形式转移给其子董某，并将该公司售房款580余万元转移给董某。

（二）骗取贷款（略）

（三）抽逃出资事实（略）

淄博高新技术产业开发区人民法院认为，被告单位鼎立中药公司及其直接

案例 6　信用证诈骗罪中非法占有目的的认定以及信用证诈骗罪与一般信用证　　\047
　　　　民事欺诈之界分

主管人员董其亭、淄博旭某商贸有限公司直接主管人员毕玉芬采取伪造工业品买卖合同,伪造入库单,虚开增值税专用发票的手段,虚构商品交易事实,骗取信用证,进行信用证诈骗活动,数额特别巨大,被告单位鼎立中药公司及董其亭、毕玉芬之行为,构成信用证诈骗罪;被告单位鼎立中药公司及其直接主管人员董其亭均构成骗取贷款罪;被告单位鼎立中药公司、鼎立置业公司、董其亭构成抽逃出资罪。毕玉芬在信用证诈骗犯罪中起辅助作用,系从犯,应当减轻处罚。依照《刑法》相关规定,判决如下:

被告单位鼎立中药公司犯信用证诈骗罪、骗取贷款罪、抽逃出资罪,分别判处罚金 50 万元、罚金 30 万元、罚金 40 万元,决定执行罚金 120 万元;鼎立置业公司犯抽逃出资罪,判处罚金 50 万元;被告人董其亭犯信用证诈骗罪,判处有期徒刑十一年,犯骗取贷款罪,判处有期徒刑四年,并处罚金 30 万元,犯抽逃出资罪,判处有期徒刑二年,并处罚金 50 万元,决定执行有期徒刑十四年,并处罚金 80 万元;被告人毕玉芬犯信用证诈骗罪,判处有期徒刑五年;扣押在案的资金 580 万余元及 46 套房屋,依法收缴,返还被害单位。

宣判后,被告单位鼎立中药公司、被告单位鼎立置业公司、被告人董其亭、被告人毕玉芬均不服,向淄博市中级人民法院提起上诉。

淄博市中级人民法院经审理认为,原审判决定罪准确,量刑适当,审判程序合法,作出裁定:驳回上诉,维持原判。

上述裁判生效后,原审被告单位鼎立中药公司、原审被告人董其亭以不构成信用证诈骗罪、扣押在案的资金及房产处置错误为由,向山东省高级人民法院申诉。山东省高级人民法院作出再审决定,指令济南市中级人民法院再审。

再审期间,原审被告单位鼎立中药公司辩称,鼎立中药公司主观上无非法占有的故意,办理信用证的目的系为短期融资,客观上未给银行造成损失,原审判决认定其构成信用证诈骗罪错误。

原审被告人董其亭辩称:1.原审法院判决董其亭构成信用证诈骗罪,事实不清、证据不足,适用法律错误。(1)2008 年 11 月 30 日,淄博热某有限公司转款 600 万元至鼎立中药公司,同日,鼎立中药公司通过银行账户偿还给张店工行,这是鼎立中药公司自己偿还给张店工行的600万元贷款,并非代偿,即使认定是淄博热某有限公司的代偿,也是淄博热某有限公司承担连带责任所产生的义务。信用证质押贷款1000万元的借贷和偿还时间分别是2008年3月26日、2008年9月25日;信用证垫款600万元的借贷和偿还时间分别为2008年9月23日、2008年11月30日;而董其亭将汉某某公司的收入存入董某账户的时间是2008年5月,这时借贷尚未发生,将房产网签给董某的时间是2009年7月,此时借贷早已偿还。从时间逻辑上讲,不可能发生逃避债务,更不能认定董其亭主观上具有非法占有目的。(2)二审法院认为,信用证诈骗罪是以数额或情节作为定罪量刑的依据,并非以是否给银行造成损失作为犯罪构成要件。根据该表述,银行没有损失,董其亭没有非法占有财产仍然构成信用证诈骗罪,进而说明非法占有目的不是信用证诈骗罪的构成要件,这种结论是错误的。信用证诈骗罪不需要以非法占有为目的,则意味着,在数额相同的情况下,对以非法占有为目的的信用证诈骗罪和不以非法占有为目的信用证欺诈行为要处以基本相同的刑罚,违背罪刑相适应原则。(3)董其亭认可客观上有骗取信用证的行为,但信用证诈骗罪的构成要件要求主观上还要有非法占有的目的,原审法院仅认定有骗取信用证犯罪事实清楚,证据确实充分,即认定构成信用证诈骗罪,违反了主客观相一致规则,属于客观归罪。2.判决"收缴涉案扣押的资金和房产"适用法律错误。(1)"依法收缴"是以信用证诈骗罪成立为前提,当董其亭不构成信用证诈骗罪时,不能收缴财产。(2)"返还被害单位"仍然以信用证诈骗罪成立为前提,在本案中,董其亭返还了张店工行本金,张店工行还收取了信用证开证费,不可能成为被害单位。

济南市人民检察院再审出庭意见认为:原一审、二审认定事实不清。1.鼎立中药公司、董其亭利用骗取的信用证融资时公司经营状况、偿债能力不清;2.鼎立中药公司与互保单位淄博热某有限公司之间的债权债务不清,淄博热某有限公司履行担保责任后,不确定淄博热某有限公司是否对鼎立中药公司有未清偿的债务;3.鼎立中药公司申办信用证后转移了580万余元的资金和46套房产,在淄博热某有限公司履行担保责任后,鼎立中药公司有清偿能力而不清

案例6　信用证诈骗罪中非法占有目的的认定以及信用证诈骗罪与一般信用证　　\ 049
　　　民事欺诈之界分

偿,从一定角度说明其有非法占有的主观故意;4.董其亭实施骗取信用证行为时,鼎立中药公司名下的245亩土地使用权归属状况不清,该土地是否已经被政府实质收回,导致公司没有清偿能力事实不清;5.张店工行在提前起诉鼎立中药公司还款之后又为该公司垫款原因不清;6.之所以扣押查封汉某某公司资产是因为贷款所得款项流入了汉某某公司,资金在几个公司之间混用,在认定犯罪的情况下,可以认为赃款流入了汉某某公司,因此,扣押查封汉某某公司的资产并无不妥。

济南市中级人民法院再审查明的事实和证据与原一审、二审裁判认定的事实和证据相同。

济南市中级人民法院再审认为,鼎立中药公司与淄博旭某商贸有限公司虽为获取信用证虚构了交易事实,但鼎立中药公司开立的信用证由淄博热某有限公司予以担保,淄博旭某商贸有限公司信用证质押贷款的1000万元绝大部分亦用于各公司的生产经营,没有证据证明银行贷款被挥霍或非法使用,鼎立中药公司和淄博旭某商贸有限公司获取信用证的行为与汉某某公司所谓转移财产的行为不具备关联性。因此,鼎立中药公司与淄博旭某商贸有限公司没有非法占有银行贷款的主观故意。鼎立中药公司与淄博旭某商贸有限公司虚构交易事实获取信用证的行为及淄博热某有限公司为鼎立中药公司担保的行为可由民事法律关系调整。综上,鼎立中药公司、董其亭、毕玉芬的行为依法不构成信用证诈骗罪。原审判决适用法律错误,应予纠正。原一审、二审裁判基于信用证诈骗罪事实而判处的"扣押在案的资金580万余元及46套房屋,依法收缴,返还被害单位"或"涉案赃款应当予以追缴或责令退赔"没有事实及法律依据,应予纠正。被告单位鼎立中药公司及其直接主管人员被告人董其亭以欺骗手段骗取银行贷款,情节特别严重,其行为均构成骗取贷款罪。鼎立中药公司、鼎立置业公司、董其亭均构成抽逃出资罪。

经该院审判委员会讨论决定,对鼎立中药公司依照《刑法》第一百七十五条之一、第一百五十九条、第二十五条第一款、第六十九条,《刑事诉讼法》第二百四十五条,《最高人民法院关于适用〈中华人民共和国刑事诉讼法〉的解释》第三百八十九条第一款第三项之规定,对董其亭依照《刑法》第一百七十五条之一、第一百五十九条、第二十五条第一款、第六十九条,《刑事诉讼法》第二百四十五条,《最高人民法院关于适用〈中华人民共和国刑事诉讼法〉的解释》第三百八十九条第一款第三项之规定,对鼎立置业公司依照《刑法》第一百五十九条、第二十五条第一款,《刑事诉讼法》第二百四十五条,《最高人民法院关于适用〈中华人民共和国刑事诉讼法〉的解释》第三百八十九条第一款第一项之规定,对毕玉芬依照《刑事诉讼法》第二百四十五条,《最高人民法院关于适用〈中华人民共和国刑事诉讼法〉的解释》第三百八十九条第一款第三项之规定,济南市中级人民法院作出刑事判决:维持原审判决中对鼎立置业公司的定罪量刑及对鼎立中药公司、董其亭骗取贷款罪、抽逃出资罪的定罪量刑部分;撤销原审判决中对鼎立中药公司、董其亭、毕玉芬信用证诈骗罪的定罪量刑部分、决定执行部分和涉案财物的处理部分;以骗取贷款罪、抽逃出资罪决定判处鼎立中药公司罚金70万元;以骗取贷款罪、抽逃出资罪决定判处董其亭执行有期徒刑五年,并处罚金80万元;毕玉芬无罪。

二、主要问题

1. 信用证诈骗罪中的非法占有目的如何认定?
2. 虚构交易事实骗取信用证的行为是否构成骗取金融票证罪?
3. 如何准确界分信用证诈骗犯罪与一般信用证民事欺诈?

三、裁判理由

(一)虚构交易事实骗取信用证只有具备非法占有的目的才构成信用证诈骗罪

本案中,鼎立中药公司、董其亭、毕玉芬通过伪造工业品买卖合同,伪造入库单,虚开增值税专用发票等手段,虚构商品交易事实,骗取银行信用证的事实是清楚的,其行为是否构成信用证诈骗罪,关键在于是否以非法占有为目的。

案例6 信用证诈骗罪中非法占有目的的认定以及信用证诈骗罪与一般信用证民事欺诈之界分

原一审对鼎立中药公司、董其亭及毕玉芬的行为是否构成信用证诈骗罪,从客观要件上进行了分析,但未对其骗开信用证的主观目的进行分析。原二审认为,鼎立中药公司和董其亭、毕玉芬以信用证质押贷款后,支付董其亭、毕玉芬实际管理的汉某某公司土地款和淄博旭某商贸有限公司以前的贷款,未归还银行垫款,后转移财产以逃避债务的行为,能够反映其主观上均具有非法占有的目的。再审认为,鼎立中药公司与淄博旭某商贸有限公司虽用虚假欺诈的方法向银行申请开立信用证,进而又以骗取的信用证获得银行融资,但相关贷款因担保人履行保证责任而消灭,银行并未遭受实际经济损失,且信用证项下的融资贷款绝大部分用于董其亭实际控制公司的生产经营。因此,二公司没有非法占有银行贷款的主观故意。张店工行因担心鼎立中药公司违约,向法院起诉提前解除国内信用证开证合同并提前偿还贷款,相应的民事判决已经生效并履行完毕,更说明鼎立中药公司与淄博旭某商贸有限公司的行为完全可以用民事法律关系调整。原审判决还认为,董其亭为防止法院查封公司财产,于2008年5月将汉某某公司收入存入个人账户(主要是董某账户),2009年7月又将公司46套住房网上签售给董某,足见董其亭具有非法占有主观故意。但从时间上看,汉某某公司将公司收入存入董某账户时鼎立中药公司与张店工行借贷尚未发生,将房产网签给董某时鼎立中药公司和淄博旭某商贸有限公司借贷均已偿还,因此,鼎立中药公司和淄博旭某商贸有限公司骗取信用证的行为与汉某某公司所谓转移财产的行为不具备关联性,不能证明鼎立中药公司、董其亭具有非法占有的主观故意。综上,鼎立中药公司与淄博旭某商贸有限公司虚构交易事实骗取信用证的行为缺乏非法占有的目的,不能构成信用证诈骗罪。

(二)虚构交易事实骗取信用证的行为不构成骗取金融票证罪

有意见认为,本案虽不构成信用证诈骗罪,但是骗取信用证的手段行为可以单独评价为骗取金融票证罪。要考察本案当事人是否构成骗取金融票证罪,关键是看其行为是否符合骗取金融票证罪的犯罪构成。《刑法》第一百七十五条之一规定,以欺骗手段取得银行或者其他金融机构贷款、票据承兑、信用证、保函等,给银行或者其他金融机构造成重大损失或者有其他严重情节的构成骗取金融票证罪。根据这一犯罪构成,本罪必须是造成重大损失或者有其他严重情节的,才能构成犯罪。根据本案认定的事实,被告人采取了欺骗手段,但并未给金融机构造成重大损失,则其行为是否符合金融票证罪的犯罪构成,应主要考量是否具有其他严重情节。刑法及相关解释对此并无明确规定。笔者认为,"其他严重情节"应当是损失金额之外的,在社会危害性、刑事处罚必要性上与之相当的危害后果、犯罪情节。如骗用金融资金的手段十分恶劣、使巨额金融资金陷入巨大风险、多次欺骗金融机构、曾受处罚后又欺骗金融机构等情形,必须坚持审慎原则,以避免刑事打击的扩大化。本案中没有证据证明被告人具有其他严重情节,故不能认定构成骗取金融票证罪。

(三)准确界分信用证诈骗犯罪与一般信用证民事欺诈

司法实践中,要正确认定信用证诈骗罪,必须注意区分信用证诈骗罪与一般信用证民事欺诈的界限。从表象上看,二者具有一定的相似性,如客观上都有欺诈行为存在;结果上都可对特定财物有不法占有状态。准确界分的关键,在于判断当事人是否有非法占有公私财物的目的,这也是二者的本质区别。

一般信用证民事欺诈行为并不必然构成信用证诈骗罪。信用证诈骗罪,是贪利性犯罪,认定是否构成该罪,必须综合案件证据、事实,判定行为人是否具有非法占有公私财物的目的,必须坚持主观、客观一致原则,避免单纯根据损失结果客观归罪,只有具备非法占有目的的才能认定为信用证诈骗罪。如果存在真实的合同背景,当事人也有真实的意愿进行商事交易,即使存在"软条款"信用证,或者伪造、变造某些附随单据、文件的情况,也应当通过民事争议途径解决;更甚者,如果受益人、开证申请人或者其他第三方伪造单据、串通提交假单据,在缺乏真实基础交易情况下骗得银行开立信用证、信用证项下的"打包贷款",即使数额达到信用证诈骗罪的立案标准,也不能贸然认定其为犯罪行为,还要进一步围绕行为动机、资金货物的使用情况、生产经营情况、履行基础合同情况等判定当事人主观目的,如果没有证据证明确有非法占有目的,也不能认定为信用证诈骗罪。

本案中,涉案企业、当事人虽有伪造合同、入库单、发票骗取信用证的行为,

案例 6　信用证诈骗罪中非法占有目的的认定以及信用证诈骗罪与一般信用证民事欺诈之界分

但主观上并无非法占有银行款项的目的,应认定为不规范的融资行为,对行为产生的后果应通过民事法律关系及行政手段进行调整。本案通过再审程序纠正涉企业家产权案件,对涉案的民营企业及企业家依法宣告无罪,体现了人民法院秉持刑法谦抑性原则、审慎采用刑罚手段、平等保护民营企业及企业家合法权益的宗旨。

关联索引:(2015)济刑再字第 2 号刑事判决

撰稿:李　杲　李继生
审编:石　冰

案例 7

信用卡诈骗罪的构成要件与认定
——王成军信用卡诈骗再审改判无罪案

裁判要旨

行为人构成恶意透支型信用卡诈骗犯罪,主观上要有非法占有的目的,客观上要有实施"超额或者超限透支"且"经两次以上催收不还"的行为。判断是否"以非法占有为目的",应当综合持卡人信用记录、还款能力和意愿、申领和透支信用卡的状况、透支资金的用途、透支后的表现、未按规定还款的原因等情节作出判断。不得单纯依据持卡人未按规定还款的事实认定非法占有目的。行为人采用真实的个人信息申领信用卡进行透支,且现有证据无法证明行为人主观上具有非法占有的目的,其透支行为不应认定为恶意透支型信用卡诈骗。

一、基本案情

原审被告人王成军,系某隆公司法定代表人。

辽宁省丹东市元宝区人民检察院指控王成军犯信用卡诈骗罪向丹东市元宝区人民法院提起公诉。

元宝区人民法院经审理查明:

被告人王成军于 2015 年在工商银行丹东分行申请办理了一张信用卡用于持卡消费及取现。2016 年 1 月 8 日至 5 月 4 日,王成军利用 ATM 机取现、POS

案例7　信用卡诈骗罪的构成要件与认定

机刷卡消费等方法,先后共透支本金人民币133 524.12元;同月5日,王成军向工商银行丹东分行还款人民币5300元,尚有透支款人民币128 224.12元未偿还。其间,工商银行丹东分行工作人员通过电话、短信多次对王成军进行催收,王成军仍未归还,且超过3个月。截至2016年9月14日,王成军使用该信用卡透支本金合计人民币174 778.52元。2016年10月17日,工商银行丹东分行工作人员向公安机关报案。同年10月24日,王成军在家中被公安人员抓获,并于当日还清全部透支款。

元宝区人民法院认为,被告人王成军以非法占有为目的,违反信用卡管理规定,超过规定期限透支,经发卡行催收超过三个月仍不归还,数额巨大,其行为已构成信用卡诈骗罪,应予惩处。公诉机关指控被告人王成军的犯罪事实清楚,证据确实、充分,罪名成立,适用法律得当,予以支持。鉴于被告人王成军案发后已偿还全部透支款,酌情予以从轻处罚。依照《中华人民共和国刑法》第一百九十六条第一款第四项、第二款之规定,判决如下:被告人王成军犯信用卡诈骗罪,判处有期徒刑五年,并处罚金人民币10万元。

宣判后,王成军不服,提起上诉。丹东市中级人民法院经审理作出刑事裁定:驳回上诉,维持原判。

上述裁判发生法律效力后,原审被告人王成军提出申诉。辽宁省高级人民法院作出再审决定,指令大连市中级人民法院再审。

再审期间,原审被告人王成军辩称,持卡人王成军与工商银行丹东分行之间是信用卡借贷关系,属于一般透支借款且已归还,并不是以非法占有为目的,也不是经发卡银行两次有效催收后,超过三个月仍未归还,不构成信用卡诈骗罪恶意透支的法定要件,请求依法撤销一审、二审裁判,宣判王成军无罪。

大连市人民检察院再审出庭意见认为:原审被告人的申诉理由具有合理性,证明王成军"非法占有目的"的证据不足。根据《最高人民法院、最高人民检察院关于办理妨害信用卡管理刑事案件具体应用法律若干问题的解释》的规定,持卡人以非法占有为目的,超过规定限额或者规定期限透支,并且经发卡银行两次催收后超过三个月仍不归还的,应当认定为"恶意透支"。因此,关于信用卡诈骗的"恶意透支",不能仅凭到期催收仍未还款就直接认定,作为诈骗罪的特殊罪名,仍需要满足"以非法占有为目的"。本案中涉及三个重要问题:一是办卡的目的和当时的还款能力;二是透支钱款的具体用途和去向;三是透支使用时有无还款能力和意愿。(1)该信用卡是2015年2月王成军本人办理的,侦查机关仅调取2016年1月8日以后的交易明细,但在该日之前余额为正,显示王成军在2015年正常使用过该信用卡,且不欠款;王成军供述自2016年开始透支该卡用于支付工人工资和家庭支出,个人和公司的财产是混同的,从2016年才开始有大额的透支,信用卡余额为负。现有证据难以认定王成军办卡时即要恶意透支套取钱款,也难以认定王成军没有偿还能力恶意办卡使用。(2)根据王成军的供述,2016年年初,某隆公司冷库被检查为不合格,辽宁省检验检疫局要求改造冷库,其向朋友唐某借款30万元,后套现透支主要用于向唐某还款10万元,以及支付工资款等经营使用;其表姐盖某宏(公司留守人员)的证言、某隆公司提供企业改造图纸及相关收据等证明,公司于2015年10月被辽宁省检验检验局暂停进出口资质,自2016年6月至9月,冷库改造花费28万余元,公司自2014年开始处于半停产状态,费用不足,就找王成军个人要钱。原二审法院认为,王成军提出的透支款主要用于生产经营的辩解,没有提出证据支持。但实际上,侦查机关没有就"公司因被检查不合格被暂停了进出口资质而不得不进行改造"这一重要的情节进行核实,而某隆公司主动提供了相关的改造图纸、费用表和收据,有一定证据支持2016年6月23日至9月,王成军实际控制的冷库改造花费28万余元,尽管在卷的土建、装修等费用单据最早的是2016年6月23日,而此时卡里已经欠款13万余元,但不排除王成军先行借款或透支信用卡取现等多途径筹钱后,再进行冷库改造,后继续透支还款的可能性;而且王成军提出因冷库改造向唐某借款30万元,后透支10万元偿还唐某一节,唐某拒绝作证,侦查机关也没有调取相关转账记录、借款凭证等证据予以核实,使该情节因证据不足而存疑,但王成军的无罪辩解也因此无法排除。(3)王成军2016年1月8日一次性大额套现13.4万元后,2—5月有多次还款行为,总计偿还9万余元;自5月5日之后,再未还款,银行自6月开始催收。

6月10日的催收电话中,王成军接听后表示同意还款。随后一段时间王成军不接听银行的电话,但在8月16日曾接听电话,并承诺要在8月22日携带相关手续办理还款事项变更,后没有按承诺去办理;又辩称跟银行商量想继续分期还款,但银行不同意,要求一次性付清,其当时无法一次性付清;10月19日,在电话中答复资金紧张,会在10月底前还清欠款,后于当月24日被抓捕当日全部还清。上述情节显示,王成军在大额套现后的几个月,还在按期还款,后自称资金紧张(自6月23日开始冷库施工花费28万余元),又因为银行改变了还款方式,其无法继续还款。但王成军也没有藏匿、改变联系方式或一走了之,而是在与银行商量分期支付无果后,大多数时候不再接听电话。然而,信用卡透支使用并按月还款,本身是一种民事关系,尽管王成军因前期违约,银行单方面变更了还款方式,无可厚非,但是也应当给予双方重新协商解决的机会。王成军在10月19日的催收电话中表示,自己会在月底前还款,而银行工作人员朱某某证实"因为我们银行能够联系上王成军,王成军也承诺还款,所以银行没有上门催收",说明银行方实际上也是在与王成军联系解决的。然而,未到月底,就将王成军抓捕到案,而当月24日抓捕后,王成军当天全额还款,既说明他有还款的能力,也符合他月底前还款的承诺,所以银行方又向侦查机关出具了说明,认为王成军不属于恶意透支。上述情节的存在,难以得出"王成军完全没有还款意愿和还款能力"的结论。综上所述,王成军"非法占有目的"难以成立。综上,王成军确实存在超过规定期限透支,经发卡银行两次催收超过三个月仍不归还,数额巨大的行为,但本案现有证据难以证明其具有非法占有的目的,认定信用卡诈骗罪证据不足,请再审法院依法办理,建议再审法院改判无罪。

大连市中级人民法院再审补充查明:

被告人王成军使用该信用卡透支本金合计人民币174 778.52元。以上透支款项大部分用于王成军经营的某隆公司冷库改造及支付工人工资和公司日常开销。2016年10月17日,工商银行丹东分行工作人员向丹东市公安局元宝分局报案,丹东市公安局元宝分局于2016年10月21日立案。

2016年10月19日,工商银行95588客服问王成军大概什么时间能还欠款,王成军表示,现在资金有点缺口,看能不能做个分期,会在10月底前还清欠款。客服人员亦在电话中表示:"那好,我这边记录一下。"

元宝公安分局对某隆公司员工盖某宏的询问笔录记载,某隆公司于2015年7月至2016年9月一直处于改造阶段,因公司经营不善、公司没有盈利,公司改造花费的27万元左右均系王成军私人通过现金方式支付的,盖某宏出示了在2016年6—9月公司改造项目支出费用的相关收据,共计人民币22万余元。

工商银行丹东分行工作人员朱某某证实"因为我们银行能够联系上王成军,王成军也承诺还款,所以银行没有上门催收"。

2016年12月21日,工商银行丹东分行银行卡营业部向丹东市公安局元宝分局经济犯罪侦查大队出具《关于王成军信用卡催收情况说明》记载:"95588电话是我行逾期透支催收系统,该系统由总行统一管理。至于银行卡业务部报案处理情况95588并不了解,对于卡部已经报案的客户,如果客户一直不还款,95588每个月仍会打电话进行催收。客户与该系统的语音通话记录卡部无法提供,需要本人向95588提出申请查询。"

2017年1月9日,工商银行丹东分行银行卡营业部向丹东市元宝区人民检察院出具的《王成军信用卡透支事项说明》载明:"经后期了解,我行95588于2016年10月19日,人工电话催收,王成军答复暂时资金紧张,同意10月底前还清欠款本息。但此事宜我行信用卡部当时并不知情,鉴于王成军已还清欠款本息,不是企图非法占有为目的以及没有恶意躲避债务等行为,因此我行认为王成军的行为不构成恶意透支。"

大连市中级人民法院再审认为,根据《最高人民法院、最高人民检察院关于办理妨害信用卡管理刑事案件具体应用法律若干问题的解释》(以下简称2009年《解释》)第六条的规定,持卡人以非法占有为目的,超过规定限额或者规定期限透支,并且经发卡银行两次催收后超过三个月仍不归还的,应当认定为"恶意透支"。有以下情形之一的,应当认定为"以非法占有为目的":(1)明知没有还款能力而大量透支,无法归还的;(2)肆意挥霍透支的资金,无法归还的;(3)透支后逃匿、改变联系方式,逃避银行催收的;(4)抽逃、转移资金,隐匿财产,逃避还款的;(5)使用透支的资金进行违法犯罪活动的;(6)其他非法占有资金,拒不归还的行为。

本案中,王成军并无"以非法占有为目的"的主观恶意。第一,王成军申领信用卡的行为并无虚构事实、隐瞒真相的情况。案涉信用卡系2015年2月王成军本人办理,2016年1月8日以前的交易明细显示余额为正,表明王成军2016年1月8日以前正常使用该信用卡,不存在欠款事实。第二,王成军并未肆意挥霍透支的资金或使用透支的资金进行违法犯罪活动,亦未抽逃、转移资金,隐匿财产,逃避还款。因王成军经营的某隆公司被辽宁省检验检疫局检查为不合格,需要进行冷库改造,王成军将透支的款项大部分用于公司设备改造、工人工资和公司日常开销,没有奢侈品消费或者无节制消费。某隆公司员工盖某宏询问笔录及2016年6—9月公司改造项目支出费用的相关收据证实,某隆公司于2015年7月至2016年9月一直处于改造阶段,因公司经营不善、没有盈利,公司改造花费均系王成军私人通过现金方式支付。第三,王成军亦不存在"透支后改变联系方式或逃匿"等情形。工商银行工作人员朱某某亦证实"因为我们银行能够联系上王成军,王成军也承诺还款,所以银行没有上门催收"。工商银行丹东分行银行卡营业部已向元宝区人民检察院澄清其举报是在工商银行丹东分行银行卡营业部不知道工商银行总行已经与王成军达成10月底还款协议的情况下的不实举报。工商银行丹东分行已明确表示,王成军已还清欠款本息,不是企图非法占有为目的以及没有恶意躲避债务等行为,王成军的行为不构成恶意透支。第四,王成军不存在"明知没有还款能力而大量透支"的情形。工商银行电话录音证实,2016年10月19日,王成军收到工商银行总行统一管理的95588人工电话催收,答复暂时资金紧张,同意10月底前还清欠款本息,工商银行客服也表示同意。2016年10月24日,王成军尚未到约定还款期限即一次性偿还本息22万元,表明其并非没有还款能力。上述事实均表明,王成军并不存在"以非法占有为目的"的情形。

综上,王成军客观上虽存在超过规定期限透支,经发卡银行两次催收超过三个月仍然不归还,数额巨大的行为,但现有证据无法认定王成军的透支行为系"以非法占有为目的"的恶意透支行为,原审认定其构成信用卡诈骗罪证据不足。大连市中级人民法院遂作出刑事判决,撤销原一审、二审裁判,改判原审被告人王成军无罪。

二、主要问题

王成军虽然客观上具有透支行为,但其是否属于恶意透支,是否具有非法占有的目的?

三、裁判理由

信用卡诈骗犯罪是一种常见的金融犯罪,近年来此类犯罪逐年增多;其中,恶意透支型信用卡诈骗犯罪占很大比例,已严重威胁到金融管理秩序和市场经济的良性发展。《刑法》第一百九十六条第一款将"恶意透支"规定为信用卡诈骗罪的一种类型,第二款规定:"前款所称恶意透支,是指持卡人以非法占有为目的,超过规定限额或者规定期限透支,并且经发卡银行催收后仍不归还的行为。"这一规定是对恶意透支的解释性规定,也是对恶意透支行为以信用卡诈骗罪追究刑事责任的必要条件的规定。

恶意透支型信用卡诈骗罪必须同时具备两个条件:第一,主观上行为人"以非法占有为目的";第二,客观上行为人实施了"超额或者超限透支"且"经两次以上催收不还"的行为。以上两个条件缺一不可。如果持卡人仅仅是经催收不还,但没有非法占有的目的,则不是恶意透支而是善意透支;如果持卡人具有非法占有的目的,但银行没有对持卡人进行催收,或者开始透支时具有非法占有的目的,但在两次催收后三个月内已经归还,则因不符合法定构成要件而不宜认定为恶意透支。

关于恶意透支型信用卡诈骗罪中"以非法占有为目的"的具体认定,2009年《解释》第六条第二款规定:"有以下情形之一的,应当认定为刑法第一百九十六条第二款规定的'以非法占有为目的':(一)明知没有还款能力而大量透支,无法归还的;(二)肆意挥霍透支的资金,无法归还的;(三)透支后逃匿、改变联系方式,逃避银行催收的;(四)抽逃、转移资金,隐匿财产,逃避还款的;(五)使用透支的资金进行违法犯罪活动的;(六)其他非法占有资金,拒不归还的行为。"2018年,最高人民法院、最高人民检察院对这一司法解释进行了修正:"持卡人以非法占有为目的,超过规定限额或者规定期限透支,经发卡银行两次有效催收后超过三个月仍不归还的,应当认定为刑法第一百九十六条规定的'恶意透支'。对于是否以非法占有为目的,应当综合持卡人信用记录、还款能力和意愿、申领和透支信用卡的状况、透支资金的用途、透支后的表现、未按规定还款的原因等情节作出判断。不得单纯依据持卡人未按规定还款的事实认定非法占有目的。"2018年司法解释对该条的修改与2009年《解释》在理念上是一脉相承的,更强调了对"非法占有目的"的综合判断,并明确规定了"不得单纯依据持卡人未按规定还款的事实认定非法占有目的"。本案原审时2018年司法解释尚未出台,本案再审时当然不能适用该解释,而只能适用2009年《解释》;但是从上述规定可以看出,这两个司法解释对"非法占有目的"的规定内涵和立法精神是相同的,再审判决基于2009年《解释》作出的裁判理由是正确充分的。

综合考虑本案相关情节,王成军不具有以非法占有为目的的主观恶意。第一,王成军的信用卡申领行为无虚构事实、隐瞒真相等情况,案涉信用卡系2015年2月王成军本人办理,2016年1月8日以前的交易明细显示正常使用该信用卡,不存在欠款事实。第二,王成军将透支的款项大部分用于公司设备改造、工人工资和公司日常开销,并未肆意挥霍透支的资金或使用透支的资金进行违法犯罪活动,亦未抽逃、转移资金,隐匿财产,逃避还款。因王成军经营的某隆公司被辽宁省检验检疫局检查为不合格,需要进行冷库改造,王成军将透支的款项大部分用于公司设备改造、工人工资和公司日常开销,没有奢侈品消费或者无节制消费。第三,透支后王成军并未逃匿、改变联系方式,逃避银行催收,相反银行工作人员能够联系上王成军,且王成军也在电话中承诺还款。工商银行丹东分行已明确表示,王成军已还清欠款本息,不具有企图非法占有为目的也无恶意躲避债务等行为,王成军的行为不构成恶意透支。第四,关于王成军的还款能力,2016年10月19日王成军收到工商银行总行统一管理的95588人工电话催收,答复暂时资金紧张,并同意10月底前还清欠款本息,工商银行客服也表示同意。而2016年10月24日,王成军尚未到约定还款期限即一次性偿还本息22万元,表明其并非没有还款能力。上述事实均表明,王成军并不存在2009年《解释》第六条规定的"以非法占有为目的"的情形。

综上,虽客观上存在超过规定期限透支,经发卡银行两次催收超过三个月仍不归还,数额巨大的行为,但现有证据无法认定王成军的透支行为系"以非法占有为目的"的恶意透支行为,故其不构成信用卡诈骗罪。

关联索引:(2021)辽02刑再10号刑事判决

撰稿:周　亮
审编:陈　娅

案例 8

未经税务机关行政处罚的逃税行为,审判时《刑法修正案(七)》已经施行的,不应追究刑事责任
—— 洁达公司、李献明逃税再审改判无罪案

裁判要旨

2009年2月28日施行的《刑法修正案(七)》对刑法第二百零一条的规定进行了修正,增加了第四款对逃税初犯附条件不予追究刑事责任的特别条款。对于《刑法修正案(七)》出台前实施、出台后未经审判的逃税行为,应当适用该特别条款,行为人符合法律规定情形的,人民法院应依法宣告其无罪。

一、基本案情

原审被告单位洁达公司。

原审被告人李献明,原系洁达公司董事长、法定代表人。

湖北省荆州市沙市区人民检察院指控被告人李献明、被告单位洁达公司犯逃避缴纳税款罪向沙市区人民法院提起公诉。

荆州市沙市区人民法院经审理查明:

被告人李献明系被告单位洁达公司法定代表人,并占股94.23%。经审计,2003年至2007年,洁达公司应缴纳税款803 413.14元,逃避缴纳税款共计446 292.51元,少缴税款占应缴税款的55.55%。2007年9月11日,荆州市地方税务局稽查局将洁达公司、李献明涉嫌逃税案移送公安机关。同年9月25

日,公安机关立案侦查,洁达公司、李献明于同年9月30日、11月1日先后补缴税款共计458 069.08元。公安机关于2008年7月28日将本案移送审查起诉,检察机关于2008年8月21日将本案退回补充侦查。其间,《刑法修正案(七)》于2009年2月28日施行。公安机关于2009年5月7日将本案重新移送审查起诉。检察机关于2009年6月29日向法院提起公诉。

荆州市沙市区人民法院经审理认为,洁达公司违反税收管理法规,采取欺骗、隐瞒手段进行虚假纳税申报和不申报的手段,逃避缴纳税款共计446 292.51元,其行为均构成逃避缴纳税款罪。李献明作为洁达公司法定代表人,应负直接责任,亦构成逃避缴纳税款罪。依照《刑法》第二百一十一条、第二百零一条第一款、第五十二条、第五十三条之规定,判决如下:被告单位洁达公司犯逃避缴纳税款罪,判处罚金人民币45万元;被告人李献明犯逃避缴纳税款罪,判处有期徒刑三年,并处罚金人民币45万元;追缴逃避缴纳税款446 292.51元上缴国库。

一审宣判后,被告单位洁达公司及被告人李献明不服,提出上诉。

荆州市中级人民法院经审理,裁定撤销原判,发回重审。

荆州市沙市区人民法院经重审查明的事实与该院第一次审理查明的事实基本一致。

荆州市沙市区人民法院认为,被告单位洁达公司采取欺骗、隐瞒手段进行虚假纳税申报或不申报,逃避缴纳税款446 292.51元,逃避缴纳税款占应纳税额的55.55%,其行为已构成逃税罪;被告人李献明作为被告单位洁达公司的直接负责的主管人员,亦构成逃税罪。依照《刑法》第二百一十一条、第二百零一条、第十二条、第三十七条、第五十二条、第六十四条之规定,判决如下:被告单位洁达公司犯逃税罪,判处罚金65万元;被告人李献明犯逃税罪,免予刑事处罚;退缴的逃税税款446 292.51元,依法上缴国库。

宣判后,被告单位洁达公司、被告人李献明不服,提出上诉。二审期间,洁达公司和李献明均申请撤回上诉,荆州市中级人民法院作出刑事裁定,准许洁达公司和李献明撤回上诉。

案例 8 未经税务机关行政处罚的逃税行为,审判时《刑法修正案(七)》已经施行的,不应追究刑事责任 \065

后洁达公司以经营困难为由,向荆州市沙市区人民法院申请减免罚金20万元。荆州市沙市区人民法院作出刑事裁定,减少洁达公司罚金20万元。

上述判决生效后,原审被告单位洁达公司和原审被告人李献明提出申诉。湖北省高级人民法院作出再审决定,指令荆州市荆州区人民法院对本案进行再审。

荆州市荆州区人民法院经再审查明的事实与原审查明的事实基本一致,并作出刑事裁定,驳回洁达公司、李献明的申诉,维持原判。

宣判后,洁达公司和李献明不服,提出上诉。荆州市中级人民法院经审理,裁定驳回上诉,维持荆州市荆州区人民法院作出的刑事裁定。

洁达公司和李献明不服,继续提出申诉。湖北省高级人民法院作出再审决定,提审本案。后作出刑事裁定:驳回申诉,维持荆州市中级人民法院作出的刑事裁定。

洁达公司和李献明仍不服,以原审认定其逃税数额错误,且应当根据2009年修正后的《刑法》第二百零一条第四款的规定,改判其无罪等为由,向最高人民法院申诉。最高人民法院经审查,作出再审决定,指令湖北省高级人民法院对本案进行再审。

湖北省高级人民法院经再审查明的事实与荆州市沙市区人民法院一审查明的事实基本一致。

湖北省高级人民法院再审认为,原一审、二审及再审认定洁达公司少缴税款446 292.51元的事实清楚,证据确实、充分,但适用法律错误,对洁达公司、李献明应当适用《刑法》第二百零一条第四款的规定,不予追究刑事责任。依照《刑法》第十二条、第二百零一条第四款和《刑事诉讼法》第二百五十三条第(三)项、第二百五十六条及《最高人民法院关于适用〈中华人民共和国刑事诉讼法〉的解释》第三百八十四条第二款、第三百八十九条第一款第(三)项之规定,于2020年12月30日作出刑事判决:撤销原审、再审裁判,改判洁达公司、李献明无罪。

二、主要问题

对于《刑法修正案（七）》出台前实施，且未经税务机关给予行政处罚、直接移交司法机关处理的逃税行为，审判时《刑法修正案（七）》已经施行的，能否适用修正后《刑法》第二百零一条第四款对逃税初犯附条件不予追究刑事责任的特别条款？

三、裁判理由

（一）根据立法原意，由税务机关给予行政处罚是决定是否启动刑事诉讼的前置程序

2009年2月28日施行的《刑法修正案（七）》对《刑法》第二百零一条作了修正，其中最主要的修正就是增加了第四款对逃税初犯附条件不予追究刑事责任的特殊条款。2009年修正后的《刑法》第二百零一条第一款、第四款分别规定："纳税人采取欺骗、隐瞒手段进行虚假纳税申报或者不申报，逃避缴纳税款数额较大并且占应纳税额百分之十以上的，处三年以下有期徒刑或者拘役，并处罚金；数额巨大并且占应纳税额百分之三十以上的，处三年以上七年以下有期徒刑，并处罚金。""有第一款行为，经税务机关依法下达追缴通知后，补缴应纳税款，缴纳滞纳金，已受行政处罚的，不予追究刑事责任；但是，五年内因逃避缴纳税款受过刑事处罚或者被税务机关给予二次以上行政处罚的除外。"

通过比对修正前后的《刑法》第二百零一条的规定及查阅修订前后的《企业所得税法》《企业所得税实施条例》《税收征收管理法》的相关条款，可以看出，《刑法修正案（七）》之所以在《刑法》第二百零一条中增加第四款对有逃税犯罪行为的被告人附条件不予追究刑事责任的特别条款，主要是为了限定逃税罪的处罚范围，体现宽严相济的刑事政策，既维护正常的税收征收管理秩序，保证税务机关依法追缴税款，同时给予纳税人纠正错误纳税行为的机会。

结合对立法原意的理解，是否接受税务机关给予的行政处罚就成了能否启动刑事诉讼的前置程序。对于逃税人，应当先由税务机关依法下达追缴通知，

案例 8　未经税务机关行政处罚的逃税行为，审判时《刑法修正案（七）》已经施行的，不应追究刑事责任

如果逃税人补缴应纳税款，缴纳滞纳金，已接受行政处罚，且不存在五年内因逃避缴纳税款受过刑事处罚或者被税务机关给予二次以上行政处罚情形的，就不再追究刑事责任。换言之，接受税务机关的行政处罚成了对逃税初犯不予追究刑事责任的前提条件，或者说是刑罚阻却事由。

（二）从行政处罚与刑事处罚的适用范围来看，只有在行政处罚不足以调整的情形下，才能依法适用刑事处罚

行政处罚与刑事处罚是两种性质不同的法律制裁方法，二者存在密切的联系，也有明显的区别。刑事处罚是一种性质更为严重的制裁方法，其目的在于惩罚与预防犯罪，而行政处罚的目的在于特定行政目的的达成；刑事处罚适用于构成犯罪的违法行为，而行政处罚一般适用于尚未构成犯罪的违法行为。当某种行为既违反了行政法规又触犯了刑事法律，在适用程序上应适用刑事优先的原则，但如果一种法律关系用行政处罚就足以调整，则不需要运用刑事处罚，因为刑事处罚是最严厉的国家制裁方法，处罚的只能是犯罪行为，其社会危害性比被追究其他法律责任的行为的社会危害性大。对犯罪的人既可以科处刑罚，也可能科处其他法律制裁措施，但对于仅有一般违法行为的人，只能处以刑罚以外的法律制裁。

本案中，税务稽查部门发现洁达公司少缴税款时，并未给予其纠正纳税行为的机会，而是直接移送侦查机关作为刑事案件立案侦查。在侦查机关就少缴税款行为询问洁达公司法定代表人李献明之后，洁达公司足额缴纳了全部应纳税款，国家的税收征管秩序并未受到严重破坏，税款也并未流失，纳税人积极纠正了其错误的纳税行为，所有法律关系均得到了恢复，洁达公司和李献明的行为并未严重到必须给予刑事处罚的程度，依法不能用刑法来调整。如果扩大刑罚的适用，必然导致权力的滥用，侵犯公民的合法权利，违背刑罚预防犯罪的目的。

（三）从刑法时间效力角度，本案应适用 2009 年修正后的《刑法》第二百零一条第四款

本案中，税务稽查部门在发现洁达公司与李献明有逃税行为，可能涉嫌犯

罪后,没有对逃税人进行纳税追缴、行政处罚,而是直接将案件移送公安机关刑事立案,洁达公司与李献明在侦查阶段向公安机关缴纳了全部应纳税款。税务机关直接将本案移交公安机关处理的行为发生在2007年,当时《刑法修正案(七)》尚未出台,税务机关的做法无可厚非。

但是,公安机关最终将本案移送审查起诉的时间为2009年5月7日,检察机关提起公诉的时间为2009年6月29日,法院第一次作出一审裁判的时间为2009年9月19日,即公安机关移送审查起诉、检察机关提起公诉、法院作出一审裁判的时间均在《刑法修正案(七)》施行之后。如前所述,相对于修正前的《刑法》规定,修正后的《刑法》第二百零一条第四款赋予了逃税人通过全面接受税务机关的行政处罚和履行补缴税款义务而免于刑事追究的选择,更加有利于逃税人。而且,现有证据表明洁达公司此前仅因少缴税款受到过一次行政处罚,不属于五年内因逃避缴纳税款受过刑事处罚或者被税务机关给予二次以上行政处罚的情形。因此,对于本案这种情况,公安机关、检察机关、审判机关不应直接移送审查起诉、提起公诉或作出有罪判决,而应当根据刑法的从旧兼从轻原则,适用修正后《刑法》第二百零一条第四款的规定。

(四)从裁判一致性角度,应当参照类似案件的裁判结果

2014年,某省高级人民法院就该院提审的原审被告人王某、赵某等人、原审被告单位某房屋开发有限公司所犯逃税罪的法律适用问题(应否适用修正后的《刑法》第二百零一条第四款)向最高人民法院进行请示。后根据请示情况,该省高级人民法院已对上述案件中所涉逃税罪名依法改判无罪。在上述案件中,税务机关未对当事人进行税务追缴、行政处罚。虽然侦查阶段《刑法修正案(七)》尚未施行,但起诉、审判阶段《刑法修正案(七)》已经施行,故应当按照从旧兼从轻原则,适用对被告人有利的法律规定。即应当适用修正后的《刑法》第二百零一条第四款对逃税初犯不予追究刑事责任的特别条款,首先由税务机关依法下达追缴通知,如果当事人补缴了应纳税款,缴纳了滞纳金,已受到税务机关行政处罚,就可以不予追究刑事责任。

案例 8 未经税务机关行政处罚的逃税行为,审判时《刑法修正案(七)》已经施行的,不应追究刑事责任

（五）从保护营商环境,纠正涉产权冤错案件的角度,本案应依法改判洁达公司、李献明无罪

本案中,洁达公司曾经是一家优秀的科技服务型企业,拥有专利技术,其法定代表人李献明亦曾是荆州市政协委员,但因本案未经行政处置程序而直接追究洁达公司及李献明个人的刑事责任,对企业的经营、发展造成了不良影响。洁达公司和李献明实际上早已退缴全部税款并交纳罚金,国家流失的税款得以收回,逃税企业已受到经济性制裁。在当前营造法治化营商环境、保障和促进民营企业健康发展、纠正涉产权冤错案件的大背景之下,对于原判的法律适用错误,应依法予以纠正,以切实维护涉企案件当事人的合法权益,尽最大可能把司法行为对于企业可能造成的负面影响降到最低。本案对申诉单位洁达公司和申诉人李献明改判无罪,是最高人民法院和湖北省高级人民法院积极贯彻落实中央关于产权保护的决策精神,努力营造法治化营商环境,平等保护民营企业和民营企业家合法权益的重要举措;也体现了人民法院充分发挥审判监督工作职能,严守法律底线,实事求是纠正冤错案件的坚定决心。

综上,本案应当适用修正后的《刑法》第二百零一条第四款对逃税初犯不予追究刑事责任的特别条款,税务机关发现纳税义务人有逃税行为,可能涉嫌犯罪的,应先行对逃税人进行纳税追缴、行政处罚,对税务机关未经行政处置程序而直接由侦查机关立案侦查的案件,在符合立法精神的情况下,人民法院应依法宣告无罪。

关联索引:(2019)鄂刑再 5 号刑事判决

撰稿:李静然　刘　刚　李艳芳
审编:司明灯

案例 9

逃税罪的处罚阻却事由能适用于逃税单位直接负责的主管人员和其他直接责任人员
——孟丙祥逃税再审改判无罪案

> **裁判要旨**　在单位逃税案中,《刑法》第二百零一条第四款关于处罚阻却事由的规定,能适用于单位直接负责的主管人员和其他直接责任人员。人民法院在审理过程中查明,直接负责的主管人员和其他直接责任人员对税务机关追缴情况不知情或无法决定单位是否补缴税款的,应对其作出无罪判决。

一、基本案情

原审被告人孟丙祥,系淮安市某制品有限公司法定代表人。

江苏省淮安市淮安区人民检察院指控被告人孟丙祥犯非法经营罪向淮安区人民法院提起公诉。

淮安区人民法院经审理查明:

2005年7月8日,淮安市某制品有限公司成立。2011年8月29日,淮安市某制品有限公司经核准变更为奥某马公司,法定代表人是刘某某。自2006年7月19日起至2010年8月27日止,被告人孟丙祥是淮安市某制品有限公司法定代表人。

2006年4月,淮安市某制品有限公司通过出让方式取得位于原淮安市楚州

案例9 逃税罪的处罚阻却事由能适用于逃税单位直接负责的主管人员和其他直接责任人员

区(现为淮安市淮安区)工业园区边寿民路12号国有土地一宗,宗地面积为7166平方米,土地用途为"工业用地"。自2007年8月开始,在淮安市某制品有限公司未取得建设工程规划许可证、建筑工程施工许可证的情况下,被告人孟丙祥擅自改变土地用途,在宗地西南侧建成五层三单元共30套房屋的住宅楼一幢。住宅楼竣工前,孟丙祥与承建方签协议,约定用其中20套房(包括未建的东楼10套)抵冲厂房及在建住宅楼的工程款。

2009年1月开始,在淮安市某制品有限公司未取得商品房预售许可证的情况下,以"预交房款""购房定金""预收住房集资款"抵冲工程款或欠款的方式,被告人孟丙祥先后以淮安市某制品有限公司名义将住宅楼28套房屋出售给他人,2009年房屋销售收入达人民币1 579 360元,2010年房屋销售收入达人民币2 504 463.56元。

被告人孟丙祥售房不进行纳税申报,使淮安市某制品有限公司逃避缴纳营业税、城市维护建设税、土地使用税。其中,2009年,淮安市某制品有限公司逃避缴纳税款人民币86 793.76元,逃税率为46.1%;2010年,淮安市某制品有限公司逃避缴纳税款人民币136 286.8元,逃税率为48.5%。

2012年10月16日,淮安市淮安地方税务局向奥某马公司送达淮安区地税处〔2012〕15号税务行政处理决定书,限令15日内将上述税款及滞纳金缴纳入库。期满后,奥某马公司仍未缴纳。

淮安区人民法院认为,被告人孟丙祥以淮安市某制品有限公司名义非法经营房地产,不进行纳税申报,逃避缴纳税款数额较大并且占应纳税额10%以上,作为单位的直接责任人,其行为构成逃税罪。公诉机关指控被告人孟丙祥犯逃税罪的事实清楚,证据确实、充分,指控的罪名和适用的法律正确,予以采纳。被告人孟丙祥归案后如实供述罪行,对其从轻处罚,并决定适用缓刑。淮安区人民法院以被告人孟丙祥犯逃税罪,判处有期徒刑二年,缓刑三年,并处罚金人民币5万元。

宣判后,孟丙祥未上诉。

上述判决发生法律效力后,淮安市人民检察院以对孟丙祥判处刑罚错误为由向淮安市中级人民法院提出抗诉。淮安市中级人民法院作出再审决定,指定洪泽区人民法院对本案进行再审。

再审期间,原审被告人孟丙祥辩称,原审程序违法,认定事实不清,证据不足,适用法律错误,应当予以撤销并宣告其无罪。1.本案定罪量刑的基本事实不清,没有证据证明被告人有逃避税款不接受行政处罚的故意。2.本案程序违法,逃税罪中行政处罚告知是构成犯罪的前置程序,公安机关和税务机关故意不告知孟丙祥有行政处罚的情况存在,将罪名推到孟丙祥身上。3.原审法院明知孟丙祥没有收到行政处罚告知,仍然以逃税罪追究孟丙祥刑事责任,属适用法律错误。

淮安市人民检察院再审出庭意见:原审刑事判决确有错误,理由如下:1.淮安市某制品有限公司及更名后的奥某马公司的法定代表人、股东多次发生变动,但公司的实际负责人一直是孟丙祥,该事实清楚、证据充分。淮安市淮安地方税务局的税务行政处理决定书虽然在2012年10月16日由刘某某代表奥某马公司在该文书的送达回证上盖公司印章签收,但作为公司实际负责人的孟丙祥自2011年10月17日即一直被羁押,刘某某无法将税务行政处理决定书转交孟丙祥。因此,奥某马公司及公司实际负责人孟丙祥没有在税务部门规定的15日期限内履行税务行政处理决定的事实,并非该公司及孟丙祥的自身原因所造成的。2.淮安市公安局淮安分局2012年11月7日在淮安市淮安区看守所提审了孟丙祥,但公安办案人员没有向孟丙祥送达税务行政处理决定书;提审笔录也不能证实公安人员口头向孟丙祥告知了税务行政处理决定书的全部内容。因此,在此情形下,淮安市公安局淮安分局对奥某马公司以逃税罪决定立案并追究该公司实际负责人孟丙祥的刑事责任是错误的。3.即使淮安市公安局淮安分局办案人员在2012年11月7日向孟丙祥口头告知了淮安市淮安地方税务局税务行政处理决定书的有关内容,但在没有按照税法的规定给予奥某马公司及该公司实际负责人孟丙祥15日履行期限的情形下,淮安市公安局淮安分局当天即对奥某马公司以逃税罪决定立案,剥夺了孟丙祥依据《刑法》第二百零一条第四款规定可以行使的逃税罪处罚阻却事由的法定权利,其立案也是错误

案例9　逃税罪的处罚阻却事由能适用于逃税单位直接负责的主管人员和其他直接责任人员　\073

的。因此,淮安市公安局淮安分局2012年11月7日在奥某马公司实际负责人孟丙祥没有收到淮安市淮安地方税务局税务行政处理决定书,在尚不具备法律规定的逃税罪立案条件的情形下,即对奥某马公司以逃税罪决定立案,并追究该公司实际负责人孟丙祥逃税罪的刑事责任,剥夺孟丙祥依据《刑法》第二百零一条第四款规定可以行使的逃税罪处罚阻却事由的法定权利,程序严重违法,影响了孟丙祥逃税罪的成立,淮安市淮安区人民法院据此以逃税罪对孟丙祥判处刑罚显然错误。

洪泽区人民法院再审补充查明：

淮安市淮安地方税务局没有向原审被告人孟丙祥送达淮安区地税处〔2012〕15号税务行政处理决定书,淮安市公安局淮安分局在没有确认孟丙祥知晓淮安市淮安区地方税务局税务行政处理决定书的全部内容且未按照法律规定给予奥某马公司实际负责人孟丙祥15日履行期限的情况下,即对奥某马公司以逃税罪决定立案。

洪泽区人民法院再审认为,依据《刑法》第二百零一条规定,纳税人、扣缴义务人采取欺骗、隐瞒手段进行虚假纳税申报或者不申报,逃避缴纳税款数额较大并且占应纳税额10%以上的,构成逃税罪,但同时也规定,经税务机关依法下达追缴通知后,补缴应纳税款,缴纳滞纳金,已受行政处罚的,不予追究刑事责任。本案中,原审被告人孟丙祥在没有收到并知晓该税务行政处理决定书的全部内容,也未被告知可以行使逃税罪处罚阻却事由的法定权利的情形下,原审判决以逃税罪判处原审被告人孟丙祥刑罚,属于适用法律错误,应予纠正。检察机关抗诉意见成立,予以采纳。洪泽区人民法院作出刑事判决：撤销原判,改判原审被告人孟丙祥无罪。

宣判后,孟丙祥以事实认定不清为由上诉。

淮安市中级人民法院再审查明：

孟丙祥系淮安市某制品有限公司(后变更为奥某马公司)的实际负责人。原淮安市公安局楚州分局于2011年10月17日对孟丙祥非法经营案立案侦查,当日对其拘留,11月24日执行逮捕,孟丙祥被羁押在淮安市淮安区看守所。

2012年7月20日,淮安市公安局淮安分局将淮安市某制品有限公司涉嫌逃税线索移送给淮安市淮安地方税务局。同日,淮安市淮安区人民检察院以孟丙祥犯非法经营罪向淮安市淮安区人民法院提起公诉。淮安市淮安地方税务局于2012年9月20日立案稽查,并于2012年10月15日作出淮安区地税处〔2012〕15号税务行政处理决定书。奥某马公司股东刘某某于次日在税务文书送达回证上盖奥某马公司印章签收。奥某马公司未履行税务处理决定,淮安市淮安地方税务局于2012年11月2日将该案移送淮安市公安局淮安分局。淮安市公安局淮安分局于2012年11月7日在淮安市淮安区看守所讯问孟丙祥,并于当日对奥某马公司逃税案立案侦查。淮安市淮安区人民检察院于2012年11月13日以淮检诉刑变诉〔2012〕4号变更起诉书指控孟丙祥犯逃税罪。淮安市淮安区人民法院于2012年12月19日作出(2012)淮法刑初字第394号刑事判决。

淮安市中级人民法院再审认为,《刑法》第二百零一条第四款规定了逃税罪处罚阻却事由,该事由属于阻却刑事责任追究的事由。检察机关抗诉认为,本案在尚不具备法律规定的逃税罪立案条件的情形下,对奥某马公司以逃税罪立案,并追究孟丙祥逃税罪的刑事责任,剥夺了孟丙祥可以行使的逃税罪处罚阻却事由的法定权利,程序违法,原审以逃税罪对孟丙祥判处刑罚显然是错误的。淮安市洪泽区人民法院再审经审理亦查明,淮安市公安局淮安分局在未确认孟丙祥知晓税务行政处理决定的全部内容且未按照法律规定给予奥某马公司实际负责人孟丙祥15日履行期限的情况下,即决定对奥某马公司逃税案立案。淮安市洪泽区人民法院采纳检察机关的抗诉意见,依法撤销原审判决,宣告孟丙祥无罪,并无不当。由于本案不符合立案追诉条件,淮安市洪泽区人民法院再审已撤销原审判决,宣告孟丙祥无罪,故原审认定及孟丙祥上诉所涉及的孟丙祥售房不进行纳税申报等事实问题与再审改判缺乏关联,也不影响再审的处理结果,无须在本案再审中进行审理确认。综上,淮安市洪泽区人民法院再审改判孟丙祥无罪正确,应予维持。淮安市中级人民法院作出刑事裁定:驳回上诉,维持洪泽区人民法院改判孟丙祥无罪的刑事判决。

案例9　逃税罪的处罚阻却事由能适用于逃税单位直接负责的主管人员和其他　　\075
　　　　直接责任人员

二、主要问题

1. 单位逃税案件中,对直接负责的主管人员和其他直接责任人员能否适用《刑法》第二百零一条第四款关于处罚阻却事由的规定?

2. 逃税单位直接负责的主管人员和其他直接责任人员对税务机关追缴情况不知情或无法决定单位能否补缴税款的,应如何处理?

三、裁判理由

本案案涉公司售房未缴纳税款和拒不补税的事实客观存在,证据较为充分。但本案的关键在于如何认定直接负责的主管人员孟丙祥的法律责任。

(一)单位逃税案件中,对直接负责的主管人员和其他直接责任人员能否适用《刑法》第二百零一条第四款关于处罚阻却事由的规定

根据《刑法》第二百零一条第四款规定,当发现纳税人具有虚假纳税申报或者不申报行为后,税务机关应当根据纳税人的逃税事实依法下达追缴通知,要求其补缴应纳税款,缴纳滞纳金,并且接受行政处罚。如果当事人按照税务机关下发的追缴通知和行政处罚决定书的规定,积极采取措施,补缴税款,缴纳滞纳金,接受行政处罚的,则不作为犯罪处理;如果当事人拒不配合税务机关的上述要求,或者仍逃避自己的纳税义务的,则税务机关有权将此案件转交公安机关立案侦查进入刑事司法程序。需要特别指出的是,本条宽大处理的规定仅针对初犯者,五年内曾因逃避缴纳税款受过刑事处罚或者被税务机关给予二次以上行政处罚的除外,如果达到本条第一款规定的逃税数额和比例,即作为涉嫌犯罪移交公安机关立案处理。从《刑法》第二百零一条规定可知,即使行为符合了该条第一款规定的罪状,构成了逃税犯罪,也不能直接进行刑事处罚。只有不符合该条第四款所规定的"不予追究刑事责任"的条件时,才能追究刑事责任进行刑事处罚,因此该条第四款为处罚阻却事由,是对已构成犯罪、本应追究刑事责任的逃税人作出宽大处理的特别规定。

本案中,淮安市淮安区人民检察院指控孟丙祥系奥某马公司逃税的直接责

任人,单独对孟丙祥提起公诉,未对奥某马公司提起公诉。作为单位直接负责的主管人员,孟丙祥能否适用《刑法》第二百零一条第四款关于处罚阻却事由的规定,审判中存在两种观点。第一种观点认为,对直接负责的主管人员追究刑事责任,并非因其存在逃税行为,而是因其系犯罪单位的直接负责主管人员应承担的责任。第四款规定的处罚阻却事由权利,只能由犯罪主体即纳税人享有,孟丙祥个人显然不是纳税人,对其不宜适用第四款之规定。第二种观点认为,犯罪单位直接负责的主管人员和其他直接责任人员应当适用《刑法》第二百零一条第四款关于处罚阻却事由的规定。

笔者同意第二种观点。主要理由如下:

第一,遵循立法原意。《刑法》第二百零一条第四款关于处罚阻却事由的规定系对逃税罪不予追究刑事责任的特殊规定,其目的在于督促逃税初犯积极补缴税款,保证国家税收收入。对逃税单位的直接负责的主管人员和其他直接责任人员适用该条款,通过给予避免刑事追诉的机会,督促其积极形成补税的单位意志和行为,较好地实现立法目的。

第二,罪责刑相一致。单位犯罪是在单位整体意志支配下实施的。而单位依赖于其成员而存在,单位意志由其内部自然人决定,犯罪行为亦由其内部自然人实施。在犯罪的"单位"这一框架下存在两类主体,一是单位主体,二是单位内部自然人主体。加之,我国刑法对单位犯罪采取双罚制,对单位犯罪既要处罚单位,又要处罚直接负责的主管人员和其他直接责任人员。在这种背景下,作为犯罪单位的直接责任人,其应当享有犯罪单位享有的法律权利,故而可以适用《刑法》第二百零一条第四款关于处罚阻却事由的规定。如果认为直接负责的主管人员和其他直接责任人员不能适用第四款之规定,那么从理论上来说,单位构成逃税罪且已补税,检察机关仍然能依照《最高人民法院关于适用〈中华人民共和国刑事诉讼法〉的解释》第三百四十条对直接责任人以自然人犯罪提起公诉,追究其逃税罪的法律责任。在法院判决时,因其不适用《刑法》第二百零一条第四款之规定,仍可对其判处刑罚,结果显然不公。

第三,基于有利于被告人原则。罪刑法定要求禁止对刑法类推解释,但一

案例9　逃税罪的处罚阻却事由能适用于逃税单位直接负责的主管人员和其他直接责任人员

般认为禁止类推解释的唯一例外是允许有利于被告人的类推解释。逃税罪的犯罪主体系纳税人，包括具有纳税义务的单位和个人。即便认为《刑法》第二百零一条第四款处罚阻却事由仅能适用于具有纳税义务的单位和个人，不包含直接负责的主管人员和其他直接责任人员，但是，当追究逃税单位直接负责的主管人员和其他直接责任人员时，其仍可基于有利于被告人的原则主张对该条第四款处罚阻却事由类推适用。

因此，孟丙祥作为逃税单位直接负责的主管人员，应当适用《刑法》第二百零一条第四款关于处罚阻却事由的规定。

(二)逃税单位直接负责的主管人员和其他直接责任人员对税务机关追缴情况不知情或无法决定单位能否补缴税款的，应如何处理

在逃税案件的审判实践中，出现了逃税行为的直接负责的主管人员或其他直接责任人员与逃税单位相分离的情况，如出现离职、失去人身自由等情形。此时，在税务机关仅向逃税单位送达税务追缴通知的情况下，作为直接负责的主管人员或其他直接责任人员不知晓税务机关的追缴通知，更不能决定单位是否补税。本案中，税务机关仅向奥某马公司送达了追缴通知，公司未按要求补税。作为奥某马公司逃税的直接负责的主管人员和公司实际控制人的孟丙祥因涉嫌非法经营已被羁押，并不知晓税务追缴通知，检察机关在此种情形下对孟丙祥以涉嫌逃税提起公诉，该如何处理？

审理过程中存在三种意见。第一种意见认为，孟丙祥应被追究刑事责任。该意见认为，奥某马公司非法经营房地产，不进行纳税申报，逃避缴纳税款数额较大并且占应纳税额10%以上，孟丙祥作为单位的直接责任人，其行为构成逃税罪，应予追究刑事责任。第二种意见认为，奥某马公司已构成逃税罪，但直接负责的主管人员孟丙祥未能适用处罚阻却事由的规定，现检察机关仅对孟丙祥个人提起公诉的情况下，应对其免予刑事处罚。第三种意见认为，对孟丙祥不应启动刑事追诉程序，已启动的，应判决无罪。

笔者同意第三种意见。具体理由如下：

第一，责任主义。在单位犯罪的情况下，只能对具有责任的直接主管人员

和其他直接责任人员给予刑罚,而不能处罚没有责任的主管人员和其他直接责任人员。具体到逃税案件中,对逃税者追究刑事责任应满足有逃税行为和拒不补缴税款两个条件。本案中,奥某马公司拒不补税的决策和行为与孟丙祥无关,其并非奥某马公司不补税的直接负责的主管人员和其他直接责任人员,不应当承担奥某马公司拒不补税的法律责任。

第二,孟丙祥主观上不具有期待可能性,其缺乏刑法上的可谴责性。从主观上看,孟丙祥不知晓税务机关的追缴情况,也没有决定公司不补税的意志。从客观上看,在税务机关对奥某马公司追缴税款时,孟丙祥已因涉嫌非法经营被公安机关立案侦查并被逮捕,其未委托律师,无法与外界取得联络,不具有补缴税款的客观条件。法不强人所难,本案中孟丙祥缺乏刑法上的可谴责性。

第三,本案追诉程序违法。《刑法》第二百零一条第四款关于处罚阻却事由的规定系阻却刑事责任追究的规定。具有这类处罚阻却事由时,不得启动刑事诉讼程序。本案中,在孟丙祥未收到追缴通知的情况下,即被立案、公诉,属于剥夺了其应享有的处罚阻却事由的法定权利,孟丙祥不符合被刑事追诉的条件。

综上,淮安市公安局淮安分局在未确认孟丙祥知晓税务行政处理决定的全部内容且未按照法律规定给予奥某马公司实际负责人孟丙祥15日履行期限的情况下,即对孟丙祥启动刑事追诉程序,属于剥夺了其享有的行使处罚阻却事由的法定权利。本案不符合立案追诉条件,再审法院依法宣告孟丙祥无罪,适用法律正确。

关联索引:(2022)苏08刑再1号刑事裁定

撰稿:姜 国 王文俊
审编:陈 娅

案例 10

侵犯商业秘密罪中商业秘密及行为不法性的认定
——翟兴华侵犯商业秘密再审改判无罪案

> **裁判要旨**
>
> 商业秘密是一种无形信息,必须以一定载体的方式出现,如配方、图形、程序、设备、方法、技术、流程等,但载体本身并非秘密本身,权利人必须先行明确其主张商业秘密保护信息的具体内容,并提交相应证据加以证实。受法律保护的商业秘密必须具备不为公众所知悉、被采取了相应的保密措施、具有商业价值的构成要件,缺乏任何一个构成要件均不能认定为商业秘密。在行为人可通过正当途径接触商业秘密的情况下,应以行为人是否违反保密义务来判断其行为是否具有违法性。如果不能证明保密义务的内容,而行为人的技术又与权利人的技术并非相同或实质相同,则不能认定行为人之行为构成犯罪。

一、基本案情

原审被告人翟兴华,系某丙公司股东。

山东省威海经济技术开发区人民检察院指控被告人翟兴华犯侵犯商业秘密罪向威海经济技术开发区人民法院提起公诉。

威海经济技术开发区人民法院经审理查明：

2006年7月，某甲公司及其子公司某乙公司经过长期的技术研发，掌握了用于玻璃生产的干煤粉喷吹技术，并将该技术成果以"××方法及××系统"于2006年7月29日向国家知识产权局申报发明专利，2008年10月25日获得授权。

为了购买××系统所需的部分配套设备，2006年7月24日，某乙公司与被告人翟兴华所在的某丙公司签订了《工业品买卖合同》。同年9月，被告人翟兴华利用到某乙公司生产车间调试设备的机会，掌握了该技术，并违反约定私自出售给多家企业，非法获利1000余万元。

威海经济技术开发区人民法院经审理认为，被告人翟兴华利用商业往来的机会，掌握了某甲公司的商业秘密，并违反权利人的要求，私自对外出售，造成特别严重后果，其行为已构成侵犯商业秘密罪。公诉机关指控被告人翟兴华犯侵犯商业秘密罪的基本事实清楚，证据确凿。辩护人关于被告人翟兴华无罪的辩护意见，与证据证实的事实不符，不予采纳，辩护人关于侵犯商业秘密损失数额的部分辩护意见，予以采纳。该院以被告人翟兴华犯侵犯商业秘密罪，判处有期徒刑三年，并处罚金人民币50万元。

宣判后，被告人翟兴华不服，提出上诉。威海市中级人民法院作出刑事裁定：驳回上诉，维持原判。

上述裁判发生法律效力后，原审被告人翟兴华提出申诉。山东省高级人民法院作出再审决定，指令威海市中级人民法院再审。

再审期间，原审被告人翟兴华辩称：1.生效的最高人民法院裁定和江苏省高级人民法院判决已否定了原审刑事判决、裁定认定的主要事实。2.原审据以定罪量刑的证据不足。翟兴华在侦查阶段的供述系非法证据应予排除，原审关键证人系某甲公司高管，与本案有利害关系，所证不客观真实。3.原审适用法律错误，涉案技术信息在某甲公司专利公开前已系公知技术，认定为商业秘密依据不足。在民事判决已认定翟兴华未侵害某甲公司主张的商业秘密时，刑事判决的错误应当予以纠正。

案例10　侵犯商业秘密罪中商业秘密及行为不法性的认定

威海市人民检察院再审出庭意见：原判决、裁定认定翟兴华构成侵犯商业秘密罪的事实不清，证据不足。1.原审未能查清某甲公司被翟兴华掌握的商业秘密具体内容是什么，事实不清。证人葛某某、技术总工翟某某等人主张该公司被翟兴华窃取的商业秘密为××方法及其××系统的发明专利和各种技术参数，而原审并未查清上述技术参数的相关内容。2.原审认定某甲公司所称的商业秘密不为公众所知悉的证据不足。某甲公司专利的关键内容是××方法，是将冶金领域××技术转用到××行业，专利中的××系统装置本身是翟兴华所精通的。现有证据可以认定翟兴华最先是从某甲公司获知该方法，但该方法并非不为公众所知悉。维特罗环球有限公司于2002年3月25日在中国已经申请授予其××熔的方法、系统以及所用的燃烧器的发明，专利优先权进入中国阶段的日期是2003年9月23日，公开日是2004年6月20日，授权公告日是2006年7月19日。在原审二审期间，国家知识产权局撤销了对某甲公司的专利认定，理由是其不具有新颖性和创造性，其中的对比文件也引用了上述瑞士专利。虽然专利的新颖性和创造性与商业秘密的非公知性内涵并不等同，但是在案并无证据证实上述瑞士专利是否影响某甲公司××方法具有刑事犯罪中商业秘密所要求的不为公众所知悉性。3.原审认定翟兴华向某玻璃厂出售的技术信息与某甲公司的商业秘密具有同一性的证据不足，原审未调取到翟兴华销售给某玻璃厂技术信息的具体内容，翟兴华亦未提供，故无法将翟兴华出售给某玻璃厂的技术与某甲公司主张的商业秘密进行技术比对，二者是否具有同一性证据不足。

威海市中级人民法院再审查明：

2006年7月，某甲公司及其子公司某乙公司经过长期的技术研发，掌握了××技术，并将该技术成果申请发明专利，公开日为2007年1月31日。2011年10月19日，国家知识产权局作出决定，宣告某甲公司该项专利无效。

为了购买××系统所需的部分配套设备，某乙公司与翟兴华联系，于2006年7月24日与翟兴华所在的某丙公司签订了《工业品买卖合同》。同月26日，翟兴华向某乙公司工作人员提供了《某甲公司××工艺流程图》《××图纸》

《××逻辑控制顺序》等一整套技术资料。同年9月,翟兴华到某乙公司生产车间调试设备,某乙公司工作人员告知翟兴华"某技术方法及系统装置在专利审查期间,技术没有公开,希望翟兴华能保守技术上的秘密,不要泄露给他人",翟兴华口头答应。

2007年1月,某玻璃厂的工作人员与翟兴华联系替代燃料熔制××事宜,并一起到武汉钢铁厂参观。同年2月8日和2月28日,翟兴华、某丙公司与某玻璃厂签订了两份《工业品买卖合同》,约定某丙公司负责××系统整体设计。

威海市中级人民法院再审认为,侵犯商业秘密罪,是指实施了以不正当手段获取权利人的商业秘密,或者披露、使用或允许他人使用以前述手段获取的商业秘密,或者违反约定或违反权利人有关保守商业秘密的要求,披露、使用或允许他人使用其所掌握的商业秘密,并给权利人造成重大损失的行为。因此,判断被告人的行为是否构成侵犯商业秘密罪,关键要审查权利人的技术信息是否属于商业秘密以及被告人是否实施了上述侵犯商业秘密的行为。在本案中,重点审查:一是权利人某甲公司要求翟兴华保守的技术信息是否属于商业秘密;二是翟兴华披露的技术与权利人某甲公司要求其保守的技术信息是否相同。首先,商业秘密,是不为公众所悉,能为权利人带来经济利益,具有实用性并经权利人采取保密措施的技术信息和经营信息。受法律保护的商业秘密必须具备非公知性、保密性、实用性、商业价值性的构成要件,缺乏任何一个构成要件均不能构成商业秘密。本案中,翟兴华并未与某甲公司签订书面保密协议类文件,其被要求保密的技术内容仅有某甲公司工作人员陈述为"××方法及××系统""正在申请专利",但某甲公司所称商业秘密的具体范畴或内容是否仅指某甲公司正在申请的专利技术,还是超过某甲公司申请专利所涉技术的范围,哪些技术点构成商业秘密,原审判决、裁定未能查清。之后(2017)苏民再49号民事判决确定某甲公司主张的商业秘密与某甲公司申请专利的技术一致,现判断翟兴华之行为是否构成犯罪亦应当以专利权利要求书中记载的权利要求内容予以审查与判断。

其次,认定翟兴华实施了侵犯某甲公司商业秘密的行为的证据不足。一是认定案涉技术信息具有非公知性证据不足。翟兴华知晓××领域的相关技术,其在到某甲公司调试前曾向某甲公司发送了电子邮件,其中包含《某甲公司××工艺流程图》《××图纸》《××逻辑控制顺序》等内容,而生效的(2017)苏民再49号民事判决已认定翟兴华向某甲公司交付的技术工艺与某甲公司的专利技术内容基本相同,故存在翟兴华之前即掌握该项技术信息的可能。二是认定翟兴华向他人披露的技术系某甲公司申请的专利技术的证据不足。翟兴华确为某玻璃厂提供了替代××技术和设备,但原判决、裁定未查明翟兴华向某玻璃厂提供的技术具体内容,现生效的(2017)苏民再49号民事判决认定某玻璃厂的技术与某甲公司的专利技术之间并不相同,故认定翟兴华违反约定披露了某甲公司技术信息的依据不足。

最后,(2017)苏民再49号民事判决业已认定翟兴华并无侵犯某甲公司商业秘密的民事侵权行为,而侵犯商业秘密犯罪是情节严重的侵犯商业秘密侵权行为,在民事裁判对翟兴华的行为是否构成民事侵权作出否定评价的情况下,刑事诉讼中认定翟兴华侵犯某甲公司商业秘密的客观性和确定性已存合理怀疑,即认定翟兴华侵犯商业秘密罪的证据达不到确实充分之程度,不能认定其构成犯罪。

综上,原审判决、裁定认定翟兴华犯侵犯商业秘密罪事实不清,证据不足。翟兴华及其辩护人提出的无罪申诉理由及检察员提出的本案事实不清、证据不足的出庭意见,予以采纳。威海市中级人民法院作出刑事判决:撤销原一审、二审裁判,改判原审被告人翟兴华无罪。

二、主要问题

翟兴华之行为是否构成侵犯商业秘密罪?

三、裁判理由

(一)商业秘密刑法保护的要求

1979年《刑法》没有将侵犯商业秘密的行为规定为犯罪。随着经济的发展,有些企业采取盗窃、利诱、胁迫等不正当手段,非法获取竞争企业的商业秘密,以取得竞争优势的不正当竞争行为时有发生,有的给相关企业造成重大损失,同时,这种行为也严重违反公平竞争原则,扰乱市场秩序。针对这种情况,1993年9月全国人民代表大会常务委员会通过了《反不正当竞争法》,该法对侵犯商业秘密的行为规定了行政处罚。

然而,商业秘密的性质及其自身存在状态的独特性要求,刑法应当给予其更为强有力的保护。相对于专利与商标这些传统的工业产权,商业秘密具有保护范围广泛、无须进行前置性法律确认、保护期限无时间限制等优势。在当今市场经济环境下,企业可能未必拥有专利,但绝大多数拥有商业秘密,且不少专利的创意首先也都来源于商业秘密,越来越多的市场主体更偏好于通过商业秘密保护其技术信息与经营信息,因此,商业秘密在当今社会可谓企业核心竞争力之一。1997年修订《刑法》时,为鼓励创新,维护公平竞争的社会主义市场经济秩序,将《反不正当竞争法》上述内容纳入了《刑法》,对侵犯商业秘密的行为作出刑法上的规定,从保护对象的范围、特征、可罚行为类型、危害后果等方面构建了商业秘密刑法保护的基本制度。我国刑法对侵犯商业秘密罪的设立为商业秘密的保护提供了强有力的法律武器。

1997年《刑法》关于侵犯商业秘密的规定实施二十多年来,我国经济取得了很大发展。随着我国市场经济的发展和各类市场主体的壮大,知识产权的重要性和全社会对于知识产权保护的意识和需求大为提升,需要进一步强化知识产权保护。其中,商业秘密是经营者知识和智慧的结晶,是企业无形资产的重要组成部分,商业秘密作为具有商业价值并经权利人采取相应保密措施的技术信息、经营信息等商业信息,对企业的生存和发展,在市场竞争中取得一定的优势地位和竞争力,是相当重要的,有的商业秘密甚至会影响到一个企业的生死存亡,需要在法律上给予更严格的保护。

2020年1月,中、美两国签署的《中华人民共和国政府和美利坚合众国政府经济贸易协议》专节规定"商业秘密和保密商务信息",就商业秘密刑法保护开启我国在双边条约层面承担此类义务的先河。对商业秘密的保护已关系到我

案例 10　侵犯商业秘密罪中商业秘密及行为不法性的认定　　\085

国国际竞争力。2020年6月28日,第十三届全国人大常委会第二十次会议审议了《刑法修正案(十一)(草案)》并公布征求意见,该修正案草案拟将我国《刑法》第二百一十九条从结果犯修改为情节犯并提高最高法定刑。我国上述修法动向,代表着商业秘密刑法保护发展新方向。

为营造良好的创新法治环境和营商环境,并适应实践中的新情况,与近年来《反不正当竞争法》关于商业秘密条文的修改相衔接,进一步总结司法实践中的经验,2021年3月1日起施行的《刑法修正案(十一)》对侵犯商业秘密犯罪做了较大修订,如将之前的入罪条件之一,即行为人的行为给权利人造成重大损失,用"情节严重"代替,既满足了双边条约的要求,又加大了对侵犯商业秘密罪的打击范围和力度,适应新时期对包括商业秘密在内知识产权加强保护的需要。

(二)涉案技术信息是否属于商业秘密

商业秘密是不为公众所知悉,能为权利人带来经济利益,具有实用性并经权利人采取保密措施的技术信息和经营信息。受法律保护的商业秘密必须具备非公知性、保密性、实用性、商业价值性的构成要件,缺乏任何一个构成要件均不能构成商业秘密。认定本案行为人之行为是否构成侵犯商业秘密罪,首先要判断涉案技术信息是否属于商业秘密。

本案中,翟兴华系为提供设备支持而接触某甲公司的技术秘密,但翟兴华并未与某甲公司签订书面保密协议类文件,其被要求保密的技术内容仅有某甲公司的工作人员的陈述为"××方法及××系统""正在申请专利",但某甲公司所称商业秘密的具体范畴或内容是什么,是否仅指某甲公司正在申请的专利技术,还是超过某甲公司申请专利所涉技术的范围,抑或是抽象的技术跨域使用,原审判决、裁定均未能查清。即使按某甲公司主张其技术信息即为其专利技术,认定案涉技术信息具有非公知性的证据亦不足。翟兴华知晓高炉冶炼领域的相关技术,其在到某甲公司调试前曾向某甲公司发送了电子邮件,其中包含《某甲公司××工艺流程图》《××图纸》《××逻辑控制顺序》等内容,经比对,翟兴华向某甲公司交付的技术工艺与某甲公司的专利技术内容基本相同,故不能排除翟兴华事先已自行掌握该项技术信息的可能性。因此,不能认定某甲公司所称技术信息符合法定商业秘密的条件。

(三)如何评价翟兴华的案涉行为

本案中,某甲公司主张其商业秘密与公司申请专利的技术一致,判断翟兴华之行为是否构成犯罪,应当以专利权利要求书中记载的权利要求内容为准来审查与判断。翟兴华的确为某玻璃厂提供了替代燃料熔制玻璃的技术和设备,但原判决、裁定未查明翟兴华向某玻璃厂提供的技术具体内容,且有证据证实某玻璃厂的技术与某甲公司的专利技术之间并不相同,不能认定翟兴华披露了某甲公司技术信息。故,认定翟兴华实施了侵犯某甲公司商业秘密行为的证据不足。

本案系一审、二审均认定被告人有罪但再审宣告无罪的案件,虽然被告人的有罪判决被纠正,但对被告人本人、其家人及其企业均造成了不可弥补的损失。党的二十大报告指出:"优化民营企业发展环境,依法保护民营企业产权和企业家权益,促进民营经济发展壮大。"2019年2月25日,在中央全面依法治国委员会第二次会议上,习近平总书记要求"把平等保护贯彻到立法、执法、司法、守法等各个环节,依法平等保护各类市场主体产权和合法权益",指出"各类市场主体最期盼的是平等法律保护。一次不公正的执法司法活动,对当事人而言,轻则权益受损,重则倾家荡产"。最高人民法院也明确"坚持防止将经济纠纷当作犯罪处理,坚决防止将民事责任变为刑事责任"。具体到侵犯商业秘密类案件,我们要正确对待以刑事手段解决与保密协议和竞业禁止协议有关的商业秘密纠纷案件。要坚持刑事谦抑的原则,谨慎对企业负责人或相关技术人员处以刑罚,可以发挥惩罚性赔偿机制的补偿、惩治功能,填平企业损失,营造良好营商环境。

关联索引:(2021)鲁10刑再5号刑事判决

撰稿:张燕妮

审编:陈 娅

案例 11

欺诈借款但不具有非法占有目的，不构成合同诈骗罪

——王亚亮合同诈骗再审改判无罪案

> **裁判要旨**　合同诈骗罪非法占有故意的认定应从行为人的客观行为表现来推定，实践中可结合行为人的履约能力、履约行为、对取得财物的处置情况、合同未履行原因及事后态度等情况，加以综合评判。

一、基本案情

原审被告人王亚亮，原系品某公司实际控制人。

吉林省辉南县人民检察院指控被告人王亚亮犯合同诈骗罪，向辉南县人民法院提起公诉。

辉南县人民法院经审理作出一审判决，认定被告人王亚亮犯合同诈骗罪，判处有期徒刑五年，并处罚金人民币 20 万元。

一审宣判后，被告人王亚亮不服，提出上诉。

吉林省通化市中级人民法院经审理，裁定撤销原判，发回重审。

辉南县人民法院经重新审理查明：

品某公司成立于 2010 年，王某明（系王亚亮之兄）是该公司的法定代表人，

被告人王亚亮是公司的实际控制经营人。2013年12月24日,王亚亮用品某公司开发的27套商品房作为抵押,与被害人王某签订借款合同,向王某借款500万元,借期两个月。王某按照合同约定扣除一个月利息后向王亚亮转账475万元。借款到期后,双方续签第二份借款合同,约定增加3套商品房作抵押,即以30套商品房作抵押,延长还款日期至2014年4月30日。合同到期后,王亚亮及品某公司没有履行借款合同,直至案发。在王亚亮提供抵押借款的30套商品房中,有26套商品房已售出或抵债。王亚亮及品某公司共给付王某人民币515万元。王亚亮用于抵押的房屋,有3套房屋没有出售或抵债,是真实的抵押。2016年9月6日,王亚亮向王某赔偿155万元,并取得了王某的谅解。

辉南县人民法院经审理认为,被告人王亚亮在为品某公司筹集借款过程中,提供虚假财产作抵押与他人签订抵押借款合同,合同到期后不能如期履行,其行为符合合同诈骗罪的构成要件,应以合同诈骗罪追究刑事责任。王亚亮作为公司的实际控制人,对于其提供虚假抵押物当时不知情的辩解,因无证据支持不予采纳。王亚亮在对外签订借款合同时提供虚假担保,到期后又不能如期履行债务,其行为已是犯罪行为,不应纳入民商事调整范围。王亚亮是否有偿还能力与犯罪构成无关,在执行过程中提供205套房屋用于抵押和清偿只是犯罪后的悔改表现。在用于抵押的房屋有3套是真实抵押,对于该部分的涉案金额应予扣除,按抵押房屋面积与抵押金额的比例,酌情扣减涉案金额707 873.55元,诈骗金额认定为4 042 126.45元,辩护人的辩护意见部分予以采纳,鉴于王亚亮以单位的名义对外签订借款抵押合同,资金归单位使用,王亚亮作为品某公司的实际控制人,应该以单位犯罪直接责任人科以刑罚。基于品某公司已退赔全部赃款,赔偿了被害人损失,并且取得被害人谅解,认罪态度良好并有悔改表现确实不致再危害社会,可以依法从轻处罚。综上,综合考虑本案的犯罪情节及危害后果,判决如下:被告人王亚亮犯合同诈骗罪,判处有期徒刑三年,缓刑三年,并处罚金人民币5万元。

一审宣判后,被告人王亚亮未提出上诉。

判决发生法律效力后,原审被告人王亚亮提出申诉。主要理由是:申诉人

案例 11　欺诈借款但不具有非法占有目的,不构成合同诈骗罪　　　　　　　　　\ 089

不存在非法占有的故意,没有虚构事实及欺诈的行为。1. 本案属于借款合同纠纷,申诉人借款是为了交纳土地出让金,借款实际用途与约定的借款理由一致,申诉人未能及时偿还借款是因为在建工程变现难度大及政府未及时退还全部土地出让金。2. 资产负债表不真实,没有将在建工程价值计算在内,品某公司的实际净资产远高于此笔借款,具有偿还能力。3. 品某公司共计交纳土地出让金1.171亿元,政府退还了1.1亿元,交纳的大部分土地出让金都是以短期借贷的方式筹集,待政府退还时偿还,申诉人没有理由单独诈骗此笔借款。通化市中级人民法院经审查,认为原审判决适用法律确有错误,遂于2018年6月11日作出再审决定。

通化市人民检察院于2018年7月9日向通化市中级人民法院提出抗诉。主要理由是:1. 原审被告人王亚亮主观上没有非法占有的故意。首先,从500万元的用途上看,王亚亮并没有将该款据为己有,而是用于品某公司上交通化县政府土地出让金。其次,从公司资产上看,公司在借款时和借款后,均有足够的资产,足以能够覆盖本案涉及款项。2. 王亚亮客观上没有实施合同诈骗行为。虽然王亚亮有重复抵押和逾期未还款行为,但其没有非法占有的故意;王亚亮借款是因缺少资金短期周转,土地出让金退回便能还上,且品某公司有足够资产偿还借款,公司上述抵押物作为还款承诺和还款保障是有依据的。王亚亮没有逃匿,并承诺置换抵押物,积极配合还款,案发后已将借款归还,双方达成谅解协议。

通化市中级人民法院经再审查明:

品某公司的法定代表人为王某明,原审被告人王亚亮为实际控制经营人,王某明系王亚亮之兄。2011年,品某公司开发位于通化县快大茂镇某景湾小区(系通化县西山棚改建设项目)。为了征用土地,公司于2013年12月24日至2014年2月18日,向通化县财政局交纳了1.171亿元的土地出让金。为解决公司交纳土地出让金的困局,王亚亮通过朋友梁某向被害人王某借款。2013年12月24日,王亚亮用品某公司开发的27套商品房作为抵押,与王某签订借款合同,借款500万元,借期两个月,王某按合同约定扣除一个月的利息25万元

（月利息5分）后，向王亚亮转账475万元。2013年12月25日，王亚亮将此款及自筹的20万元合计495万元汇至农行通化县土地收储交易中心账户。借款到期后，由于王亚亮没有及时还款，双方签订第二份合同，约定增加3套商品房，即以30套商品房作为抵押，延长还款日期至2014年4月30日，借款合同和抵押合同上均有公司印章和王某明、王亚亮的签字。借款合同到期后，王某以民事借款纠纷为由将品某公司、王某明、王亚亮诉至辉南县人民法院。2014年7月14日，弘某公司用银行存款700万元为品某公司、王某明、王亚亮担保，辉南县人民法院于同年7月15日作出裁定，冻结此款。辉南县人民法院于同年11月6日作出民事调解书，王某与王某明、王亚亮、品某公司约定至同年12月30日偿还500万元及利息。同年11月12日，辉南县人民法院作出裁定，解除对弘某公司银行存款700万元的冻结。由于公司资金困难，王某明、王亚亮、品某公司没有及时还款。王某申请法院执行。品某公司配合辉南县人民法院执行该案件，曾经提供房屋和车库，一共205套。法院执行过程中发现抵押给王某的30套商品房中，6套系回迁房、7套已售出、13套已顶账，认为此案涉嫌合同诈骗犯罪，遂于2015年2月2日将案件移送公安机关立案侦查。同年6月，王亚亮与吉林仲某投资有限公司杨某顺等人签订协议，将公司股份、债权债务及所开发的某景湾小区工程项目转让。品某公司于同年9月23日通过王亚亮妻子崔某华将借款汇给王某，并与王某达成谅解协议。

通化市中级人民法院再审认为，原审被告人王亚亮借款的目的是缴纳土地出让金；在借款到期后，又用其公司资金及其他房产重新置换抵押；案发后将借款及利息归还债权人，并取得了债权人的谅解，亦未逃匿。王亚亮主观上无非法占有的故意，客观上亦无犯罪行为。其行为不符合《刑法》第二百二十四条任何一种情形，故原审判决证据不足、适用法律错误，应予纠正。抗诉机关抗诉成立。经该院审判委员会讨论，依照《刑法》第二百二十四条、《刑事诉讼法》第二百四十五条及《最高人民法院关于适用〈中华人民共和国刑事诉讼法〉的解释》第三百八十九条之规定，于2018年8月16日作出刑事判决，撤销原判，改判原审被告人王亚亮无罪。

二、主要问题

1. 本案是个人行为还是单位行为?
2. 品某公司及原审被告人是否具有非法占有他人财物的目的?
3. 如何把握民事欺诈与刑事诈骗的区别?

三、裁判理由

（一）本案是单位行为而非被告人的个人行为

对于如何区分单位行为与个人行为的问题,一般要求综合考虑以下因素:(1)是否出于为单位谋取非法利益的目的;(2)是否由单位的决策机构按单位的决策程序作出决定;(3)是否以单位的名义;(4)行为是否在单位成员的职务活动范围内,或者与单位的业务活动相关;(5)违法所得的利益是否归属于单位。至于各个因素之间的权重,相对而言,违法所得的利益是否归属于单位与是否由单位的决策机构按单位的决策程序作出决定,被认为是判断是否属于单位行为最为重要的两个因素。[1] 本案中,品某公司经工商合法登记,系具有企业法人资格的私营公司。王亚亮作为品某公司主管负责人,所作出的决策代表单位意志。借款用于单位交纳土地出让金以取得土地使用权,即为单位谋取利益,房屋建成后取得的收益也归单位所有。且借款合同、抵押合同均盖有单位印章及单位法人签字,故王亚亮的借款行为应属品某公司的单位行为。

（二）品某公司及原审被告人不具有非法占有他人财物的目的

本案中,品某公司及原审被告人王亚亮的行为是否构成合同诈骗罪,关键取决于以下两个犯罪构成要件的认定:一是品某公司和王亚亮在签订、履行借款合同过程中是否采取了欺骗手段;二是品某公司和王亚亮是否具有非法占有的目的。

王亚亮代表品某公司签订借款合同时提供30套商品房作为抵押物,其中

---

[1] 参见陈兴良:《刑法总论精释》,人民法院出版社2011年版,第571页。

26套存在权利瑕疵(因系在建工程,均未办理过户手续)。王亚亮未将此情况告知合同相对人,其行为类似《刑法》第二百二十四条规定的"以伪造、变造、作废的票据或者其他虚假的产权证明作担保的"这一情形,即存在欺诈行为。借款合同到期后,品某公司及王亚亮未能及时归还借款。原审法院据此认定王亚亮的行为构成合同诈骗罪,但是《刑法》对于合同诈骗罪还规定了"以非法占有为目的"这一主观要件,原审法院忽略了对这一关键因素的审查,导致错判。

再审审理中,法院对品某公司及原审被告人王亚亮的非法占有目的进行了审查。"非法占有目的"这一主观故意的认定需要通过行为人的客观行为来推定。从客观行为上看,首先,王亚亮在签订、履行借款合同的过程中一直具有偿还能力,其固定资产的价值远高于借款数额,即其具有履约能力,不属于明知没有归还能力。其次,王亚亮借款500万元是因公司需交纳土地出让金,实际上也用于交纳该笔款项,其没有改变借款用途的行为。再次,品某公司及王亚亮逾期未还借款,不是出于主观故意,而是有一定的客观原因,因与借款时的预想出现了偏差,原打算以政府退还的出让金偿还,结果政府未及时退还,导致资金出现缺口,未能及时偿还借款。最后,借款合同到期后,王亚亮没有逃匿的行为,且法院在执行过程中发现用于抵押的26套房屋存在权利瑕疵时,王亚亮积极提出要置换抵押物,案发后王亚亮也归还了全部借款,即其事后有积极解决问题的态度。综合行为人的上述行为,可以推断王亚亮不具有非法占有钱款的目的,即不符合合同诈骗罪的构成要件,不构成犯罪。

(三)应当准确把握民事欺诈与合同诈骗的区别

合同是双方当事人就民事权利义务关系达成的协议。在社会主义市场经济中,合同被日益广泛地运用于各种商业交易活动,一旦出现合同纠纷,合同相对方有时会自我定义为"被害人",并倾向于寻求刑事手段处理。而合同诈骗与民事欺诈的界定往往是审判实务中难以厘清的难点,缺乏一个权威、清晰的界定标准,这也是合同诈骗罪控诉多发的原因之一。合同诈骗与民事欺诈既有联系又有区别,两者行为人都存在欺诈的行为,根本区别在于民事欺诈不具有非法占有的目的,一般情况下只是由于客观原因,一时无法偿还;合同诈骗是以非

案例 11 欺诈借款但不具有非法占有目的，不构成合同诈骗罪

法占有为目的，不是因为客观的原因不能归还，而是根本不打算偿还。

1. 欺诈行为的认定

在司法实践中，对于合同诈骗罪的认定，可分为先后两个阶层进行分析。首先，要查明行为人是否实施了合同诈骗罪的法定行为，认定是否具有欺诈行为在位阶上应优先于非法占有目的的认定。其次，如果没有法定的欺诈行为，就不需要再讨论是否具有非法占有目的的问题。故欺诈行为既是认定行为人是否符合合同诈骗罪的构成要件的需要，也是认定行为人是否具有非法占有目的的前提。

民事欺诈与合同诈骗的行为虽然都具有欺骗性，但二者欺骗的内容和程度是不同的。《刑法》第二百二十四条规定了下列诈骗行为：（1）以虚构的单位或者冒用他人名义签订合同的；（2）以伪造、变造、作废的票据或者其他虚假的产权证明作担保的；（3）没有实际履行能力，以先履行小额合同或者部分履行合同的方法，诱骗对方当事人继续签订和履行合同的；（4）收受对方当事人给付的货物、货款、预付款或者担保财产后逃匿的；（5）以其他方法骗取对方当事人财物的。前四项是具体的欺诈行为，对于第五项兜底条款的把握可以从欺骗的内容和程度上进行分析。从内容上看，民事欺诈一般是针对局部事实的欺骗，而合同诈骗则是整体事实的欺骗。从程度上看，合同诈骗的欺骗手段在签订、履行合同过程中起着根本性、绝对性的作用。而民事欺诈行为人使用的欺骗手段，一般是合同相对人在处分财产时的参考因素而非决定因素，对合同的履行不存在根本性的影响。

2. 非法占有目的的认定

行为人是否具有非法占有目的是民事欺诈与合同诈骗的关键区别，关于"非法占有目的"的认定，有以下两个规定可供参考。2001年《全国法院审理金融犯罪案件工作座谈会纪要》规定，在司法实践中，认定是否具有非法占有为目的，应当坚持主客观相一致的原则，既要避免单纯根据损失结果客观归罪，也不能仅凭被告人自己的供述，而应当根据案件具体情况具体分析。根据司法实践，对于行为人通过诈骗的方法非法获取资金，造成数额较大资金不能归还，并

具有下列情形之一的,可以认定为具有非法占有的目的:(1)明知没有归还能力而大量骗取资金的;(2)非法获取资金后逃跑的;(3)肆意挥霍骗取资金的;(4)使用骗取的资金进行违法犯罪活动的;(5)抽逃、转移资金、隐匿财产,以逃避返还资金的;(6)隐匿、销毁账目,或者搞假破产、假倒闭,以逃避返还资金的;(7)其他非法占有资金、拒不返还的行为。但是,在处理具体案件的时候,对于有证据证明行为人不具有非法占有目的的,不能单纯以财产不能归还就按金融诈骗罪处罚。2010年《最高人民法院关于审理非法集资刑事案件具体应用法律若干问题的解释》第四条第一款、第二款规定,以非法占有为目的,使用诈骗方法实施本解释第二条规定所列行为的,应当依照《刑法》第一百九十二条的规定,以集资诈骗罪定罪处罚。使用诈骗方法非法集资,具有下列情形之一的,可以认定为"以非法占有为目的":(1)集资后不用于生产经营活动或者用于生产经营活动与筹集资金规模明显不成比例,致使集资款不能返还的;(2)肆意挥霍集资款,致使集资款不能返还的;(3)携带集资款逃匿的;(4)将集资款用于违法犯罪活动的;(5)抽逃、转移资金、隐匿财产,逃避返还资金的;(6)隐匿、销毁账目,或者搞假破产、假倒闭,逃避返还资金的;(7)拒不交代资金去向,逃避返还资金的;(8)其他可以认定非法占有目的的情形。

  在司法实践中,行为人往往会辩解其不具有非法占有的目的,这时就要从行为人的客观行为表现来推定行为人的主观故意。这两个规定列举了金融诈骗案件中常见的可以认定为具有非法占有目的的情形,对实践具有重要指导意义。但值得注意的是,上述情形与行为人的非法占有目的之间只是或然性的联系而不是必然性的联系,即为分析行为人非法占有目的提供方向与线索。对行为人主观目的的判断还需要综合全案情况进行推断,不能仅以行为人实施了某一行为而简单地推导出其具有非法占有的目的。实践中,可以结合行为人的履约能力、履约行为、对取得财物的处置情况、合同未履行原因及事后态度等情况,加以综合评判。

  (1)行为人的履约能力。履约能力可以从行为人是否具有履约的现实可能性或期待可能性进行认定。应注意以下两点:一是行为人在签订合同时有履约能力,但在履行合同过程中,由于客观原因丧失了履约能力,导致不能归还他人财物的,不能认定其具有非法占有的目的;二是行为人虽不具备实际条件,但有证据证明其在履行期限内具有相应的生产经营能力,履约有可靠的保障,应认定其具有履约能力。

(2)行为人的履约行为。有履行能力并不代表就有履行的行为。若行为人虽有履行合同的能力,但签订合同后没有为履行合同做任何努力或者为掩人耳目而履行小部分合同,一般可以推定其具有非法占有的目的。若行为人在签订合同后,积极创造条件履行合同,那么即使存在欺骗行为,一般也只能认定为民事欺诈。

(3)行为人对财物的主要处置方式。合同诈骗的行为人没有履行合同的诚意,所以不会按照合同的约定处置取得的财物。如果行为人将骗取的全部或大部分财物进行转移、隐匿,或用于挥霍、归还欠款、进行非法活动等,一般可以认定行为人具有非法占有目的;如果行为人将财物用于实际经营活动,即使是高风险的经营活动,并造成财物无法归还的,一般也不能认定其具有非法占有的目的。

(4)未履约原因及事后态度。行为人没有履行合同并不一定是合同诈骗,还需具体分析其没有履行合同的主观、客观原因。如果合同未能履行是由于行为人的自身原因导致,客观上能履行而不积极履行,并表现出不愿承担责任的态度,拒不返还财物或找各种理由搪塞应付等,一般可推定具有非法占有的故意。如果合同不能履行是客观原因导致的,且行为人事后积极承担义务、采取补救措施,主动弥补对方损失,一般认定不具有非法占有的故意。

关联索引:(2018)吉05刑抗1号刑事判决

撰稿:田　锋　关　睿
审编:司明灯

案例 12

企业以拆借资金为目的，签订和履行合同的行为如何正确定性

——倪菊葆等合同诈骗、非法吸收公众存款再审部分改判无罪案

> **裁判要旨**　合同诈骗罪的主观方面，是指行为人具有非法占有合同对方当事人财物的目的；客观方面是指在签订、履行合同过程中存在骗取对方当事人财物的行为。企业之间约定高额利息，采用空货操作的形式，实现拆借资金的目的，主观上无非法占有他人财物的故意，客观上也未实施虚构事实、隐瞒真相等合同诈骗行为，因此不构成合同诈骗罪，其拆借资金行为与以购买原料等名义非法吸收公众存款行为的目的、性质相同，符合非法吸收公众存款罪的构成要件。

一、基本案情

原审被告单位天某油剂厂、天某钛金公司、英某贸易公司、英某化工公司。

原审被告人倪菊葆，原系天某油剂厂、天某钛金公司、英某贸易公司、英某化工公司法定代表人。

江苏省吴江市人民检察院指控原审被告单位天某油剂厂、天某钛金公司、英某贸易公司、英某化工公司、原审被告人倪菊葆犯合同诈骗罪、非法吸收公众存款罪向江苏省吴江市人民法院提起公诉。

吴江市人民法院经审理查明：

案例 12　企业以拆借资金为目的,签订和履行合同的行为如何正确定性 \097

（一）合同诈骗犯罪事实

2007年,被告人倪菊葆在担任被告单位天某油剂厂、英某贸易公司、英某化工公司法定代表人期间,以投资购买原料为名,采用空货操作的形式以天某油剂厂、英某贸易公司、英某化工公司的名义同被害人尤某某开设的被害单位恒某公司签订买卖合同,先后多次骗得被害单位共计人民币1303.38万元,除归还被害单位人民币774.4464万元,购买原料花费人民币20.3184万元,余款用于归还其在非法吸收公众存款过程中所产生的本金、利息,造成被害单位损失共计人民币528.9336万元。

（二）非法吸收公众存款犯罪事实

1995年至2008年,被告人倪菊葆在担任被告单位天某油剂厂、天某钛金公司、英某化工公司法定代表人时,以购买原料等名义,约定高额利息为诱饵,采用支付部分本金、利息的手段,先后多次向被害人朱某、卢某、吴某、徐某甲、徐某乙等人变相非法吸收公众存款共计人民币7004.8801万元,其中被告单位天某油剂厂变相非法吸收公众存款共计人民币2017.5461万元,被告单位天某钛金公司变相非法吸收公众存款共计人民币2365万元,被告单位英某化工公司变相非法吸收公众存款共计人民币100万元,并个人变相非法吸收公众存款共计人民币2522.334万元,还本付息共计人民币4136.647299万元,造成损失共计人民币2868.232801万元。

吴江市人民法院认为,被告单位天某油剂厂、英某贸易公司、英某化工公司以非法占有为目的,在签订、履行合同过程中骗取对方当事人财物,数额特别巨大,其行为均已构成合同诈骗罪;被告单位天某油剂厂、天某钛金公司、英某化工公司、被告人倪菊葆变相非法吸收公众存款,数额巨大,其行为均已构成非法吸收公众存款罪;被告人倪菊葆系上述单位直接负责的主管人员,应当以合同诈骗罪及非法吸收公众存款罪论处。被告单位天某油剂厂、英某化工公司、被告人倪菊葆犯二罪,依法应数罪并罚。依法判决如下:

一、被告单位英某贸易公司犯合同诈骗罪,判处罚金人民币40万元;

二、被告单位英某化工公司犯合同诈骗罪,判处罚金人民币40万元,犯非

法吸收公众存款罪,判处罚金人民币10万元,决定执行罚金人民币50万元;

三、被告单位天某油剂厂犯合同诈骗罪,判处罚金人民币40万元,犯非法吸收公众存款罪,判处罚金人民币40万元,决定执行罚金人民币80万元;

四、被告单位天某钛金公司犯非法吸收公众存款罪,判处罚金人民币40万元;

五、被告人倪菊葆犯非法吸收公众存款罪,判处有期徒刑八年,并处罚金人民币40万元,犯合同诈骗罪,判处有期徒刑十三年,并处罚金人民币40万元,决定执行有期徒刑二十年,并处罚金人民币80万元;

六、责令被告单位天某油剂厂、英某贸易公司、英某化工公司、天某钛金公司、被告人倪菊葆退赔本案尚未被追回的赃款,发还本案各被害人及被害单位。

宣判后,被告人倪菊葆不服,以不构成合同诈骗罪为由提出上诉。江苏省苏州市中级人民法院经审理作出刑事裁定:驳回上诉,维持原判。

上述裁判生效后,原审被告人倪菊葆向苏州市中级人民法院提出申诉,认为其不构成合同诈骗罪,对原审判决认定的非法吸收公众存款部分没有异议。苏州市中级人民法院经审查,作出再审决定,对本案再审。

再审期间,原审被告人倪菊葆及其辩护人对原审判决认定非法吸收公众存款罪的定性与犯罪事实均无异议,但认为倪菊葆不构成原审判决认定的合同诈骗罪。主要理由是本案所涉交易名为"货物买卖合同"实为"借款合同",尤某某与倪菊葆及原审被告单位之间均系借款关系。倪菊葆的行为不符合《刑法》关于合同诈骗罪构成要件的规定;倪菊葆主观上并无非法占有他人财物的犯罪故意,客观上也未实施虚构事实、隐瞒真相的合同诈骗行为。综上,请求撤销原一审判决、二审裁定,依法再审改判。

苏州市人民检察院出庭意见:原审罪名认定不当,对相同行为不宜分别认定为合同诈骗、非法吸收公众存款两个罪名。天某油剂厂、倪菊葆等主观上有非法占有的故意,其行为应认定为集资诈骗。但根据《最高人民法院关于适用〈中华人民共和国刑事诉讼法〉的解释》的规定,除人民检察院抗诉的以外,再审一般不得加重原审被告人的刑罚。因此,建议本案以非法吸收公众存款罪对原审被告人倪菊葆及原审被告单位定罪量刑。

苏州市中级人民法院经再审查明：

（一）关于非法吸收公众存款犯罪事实

再审期间，原审被告人倪菊葆对原判认定的非法吸收公众存款的事实及定性均未提出异议。再审查明非法吸收公众存款的事实及证据与原判认定一致，予以确认。

（二）关于合同诈骗犯罪事实

2007年，原审被告人倪菊葆在担任原审被告单位天某油剂厂、英某贸易公司、英某化工公司法定代表人期间，以投资购买原料为名，采用空货操作的形式以天某油剂厂、英某贸易公司、英某化工公司的名义同尤某某开设的恒某公司签订买卖合同，先后多次变相非法吸收恒某公司资金共计人民币1303.38万元，除归还人民币774.4464万元，购买原料花费人民币20.3184万元，余款用于归还其在非法吸收公众存款过程中所产生的本金、利息，造成恒某公司损失共计人民币528.9336万元。

苏州市中级人民法院再审认为，原审被告单位、原审被告人倪菊葆借贷资金均用于归还企业债务与经营，主观上无非法占有他人财物的故意，并未实施虚构事实、隐瞒真相等合同诈骗行为。案发前倪菊葆企业均处于正常经营，并已如约履行多笔拆借合同项下资金，不能认定倪菊葆在签订合同时已不具有清偿的能力。恒某公司借款与本案非法吸收公众存款行为目的、性质相同。因此，原审被告单位与恒某公司之间拆借资金的行为应计入非法吸收公众存款的数额，而不构成合同诈骗罪。依照《刑事诉讼法》第二百五十六条第一款和《最高人民法院关于适用〈中华人民共和国刑事诉讼法〉的解释》第三百八十九条，《刑法》第一百七十六条第一款、第二款，第二十五条第一款，第二十六条第一款、第四款，第三十条，第三十一条，第六十四条，《最高人民法院关于审理非法集资刑事案件具体应用法律若干问题的解释》第一条，第三条之规定，苏州市中级人民法院作出刑事判决：

一、撤销原一审、二审刑事判决；

二、原审被告单位天某油剂厂犯非法吸收公众存款罪，判处罚金人民币40万元；

三、原审被告单位天某钛金公司犯非法吸收公众存款罪，判处罚金人民币40万元；

四、原审被告单位英某贸易公司犯非法吸收公众存款罪，判处罚金人民币10万元；

五、原审被告单位英某化工公司犯非法吸收公众存款罪，判处罚金人民币10万元；

六、原审被告人倪菊葆犯非法吸收公众存款罪，判处有期徒刑九年（已执行完毕），并处罚金人民币40万元；

七、对原审被告单位天某油剂厂、天某钛金公司、英某贸易公司、英某化工公司、原审被告人倪菊葆的违法所得予以追缴，不足部分责令各原审被告单位、原审被告人在其所参与犯罪造成损失范围内予以退赔各被害人、被害单位。

二、主要问题

1. 倪菊葆及主管企业是否构成合同诈骗罪？
2. 倪菊葆及主管企业与恒某公司之间拆借资金的行为应如何定性？

三、裁判理由

（一）倪菊葆及主管企业向恒某公司拆借资金的行为不符合合同诈骗罪中主观、客观构成要件的规定

本案原一审、二审判决、裁定认为倪菊葆及主管企业以非法占有为目的，与恒某公司在签订、履行合同过程中骗取对方财物，数额特别巨大，其行为均已构成合同诈骗罪。再审审理认为倪菊葆及主管企业不构成合同诈骗罪。

1. 在案证据无法证实倪菊葆及主管企业具有非法占有借款的主观目的

《刑法》第二百二十四条规定，合同诈骗罪是以非法占有为目的，在签订、履

行合同过程中,骗取对方当事人财物,数额较大的行为。合同诈骗犯罪属于目的犯,必须以行为人具有非法占有目的为构成要件。非法占有的目的应当是永久性地非法支配、控制他人财物的意图,但非法占有目的是一种主观心态,具有内在性和不可测性。司法实践中侵占、诈骗类案件的绝大多数被告人出于趋利避害的本能,多辩称自己无非法占有的故意,因此,合同诈骗罪中"非法占有目的"的认定历来是该罪审理的一个难点。在1997年《刑法》修订前,利用签订、履行合同进行诈骗的行为被归入诈骗罪中予以定罪处罚,《最高人民法院关于审理诈骗案件具体应用法律的若干问题的解释》[①](1996年12月16日发布)对如何认定利用经济合同进行诈骗的"非法占有目的",列举了六类行为方式,凡具有其中行为之一的,一般都可以认定为具有主观诈骗的目的。1997年《刑法》修订后,新增了合同诈骗罪,并具体规定了五类情形。审判实践中,无论是适用刑法还是司法解释关于合同诈骗罪的规定,都需要坚持主观、客观相一致的原则,由于大多数借贷类合同诈骗案件实际损失已经造成,以司法推定的方法认定非法占有目的,应当注意避免客观归罪。在审理涉及企业间拆借资金合同的案件中,应在准确认定案件客观事实的基础上,结合具体案情分析判断行为人的辩解是否具有合理性:从筹集资金的目的、用途分析,是否系用于生产经营或与生产经营相关联的借贷,是否有个人挥霍或挪用于其他高风险投资;从企业的经营情况、资产状况分析,是否具备还款的能力,或能否在合同约定的期限内筹集到履行合同所必要的资金、物资、技术资源,或能否提供保证合同履行的足够担保;从筹集资金的单位或行为人的违约原因分析,是主动违约还是被动无法履约,行为人在出现不能兑付借贷本息时的表现,是表明愿意承担继续履约的责任还是携款潜逃或故意回避;等等。

原审判决对倪菊葆及主管企业具有"非法占有"主观目的的裁判理由是倪菊葆及主管企业在与恒某公司协商、签约时已出现众多债务、资不抵债的情况,其依据是案发时即2007年倪菊葆及主管企业已经变相吸收大量的公众存款,

---

① 现已失效。

企业存在巨额债务,在此情形下还从恒某公司获取巨额拆借资金,最终导致拆借资金不能全部归还的损失,因此,在主观上应认定具有非法占有的目的。但该裁判论据并不充分,且与在案有关证据相矛盾。原审卷宗材料中所附拆借合同的签订方即天某油剂厂利润表,被原审判决采信,但该证据显示:2007年度天某油剂厂在2007年1—5月连续盈利,有一定的净利润,企业尚不存在因债务而无法正常经营的情形。原审在案证据材料中倪菊葆作为天某油剂厂的法定代表人与中某公司于2007年1月签订一份承诺书,依据该份承诺书的约定,中某公司协助倪菊葆介绍合作伙伴(又称第三方)为天某油剂厂采购原材料,同时减轻中某公司自身资金压力,凡新介绍的第三方前期资金即头两个月拆借来的资金,倪菊葆保证全部作应付款支付中某公司;中某公司亦保证总额有1300万元至1500万元资金作为倪菊葆个人所有三企业的周转资金。承诺书签订后,倪菊葆按约将前期拆借资金给付了中某公司。但本案中中某公司并未再按照约定向倪菊葆企业提供资金周转的保证。此外,再审中也核实了倪菊葆原企业的《资产转让协议书》,其中约定转制后的倪菊葆主管企业涉及商住用地土地开发收益可偿还企业转制后的经营借款。而从涉案拆借资金合同的实际履行情况看,倪菊葆在签订的持续多笔拆借交易中,案发前已经如约履行多笔拆借,涉案的全部拆借资金中大多数都是如期、足额归还本息的。本案案发系因恒某公司不能按约全部收回借款而向公安机关报案,倪菊葆直至归案前均在继续经营主管企业,未有故意躲避债务的行为,其也表示愿意继续履行拆借协议。因此,原审判决认定倪菊葆及主管企业主观上即具有"非法占有"犯罪目的,证据不足。

2. 倪菊葆及主管企业并未在签订、履行拆借资金合同中实施"虚构事实、隐瞒真相"等合同诈骗行为

合同诈骗罪侵犯的客体是市场经济中合同管理秩序和公私财物的所有权,客观方面表现为在签订、履行合同过程中,骗取对方当事人财物,数额较大的行为。《刑法》第二百二十四条规定,合同诈骗行为主要表现为以下五种行为方式:(1)以虚构的单位或者冒用他人的名义签订合同。即以凭空捏造出来的单

位的名义或者未经他人授权或同意以他人名义签订合同。(2)以伪造、变造、作废的票据或者其他虚假的产权证明作担保。合同担保,是签订合同的当事人根据法律规定或者双方约定,为保证合同的履行而设定的一种权利与义务关系,是减少合同风险和保障合同履行的常规做法。犯罪行为人为了取得对方当事人的信任,往往以伪造、变造、作废的票据或者其他虚假的产权证明作担保,以达到利用合同骗取钱财的目的。票据,是指汇票、本票和支票等金融票据;其他虚假的产权证明,是指证明其对某些本不享有权利的财产享有权利的证明文件,如虚假的土地使用证、房屋所有权证以及其他虚假的动产、不动产权属的证明文件等。(3)没有实际履行能力,以先履行小额合同或者部分履行合同的方法,诱骗对方当事人继续签订和履行合同。这是诈骗犯罪行为人一种惯用的伎俩。履行小额合同或者部分履行合同,往往使对方当事人对其履约能力和诚意信以为真,进而与之签订标的额更大的合同。犯罪行为人以此为诱饵就可以比较容易地取得对方的信任,达到诈骗钱财的目的。(4)收受对方当事人给付的货物、货款、预付款或者担保财产后逃匿。这种行为是一种比较典型的合同诈骗。行为人根本不想履行合同,只要签订了合同,对方当事人给付了货物、货款、预付款或者担保财产,其犯罪目的就已实现,然后便逃跑、隐藏、躲避。(5)以其他方法骗取对方当事人财物。这是一个概括性规定。由于合同诈骗犯罪的手段是多种多样的,法律上不可能穷尽,有必要规定这样一个弹性款项,便于司法机关具体掌握,使犯罪行为人难以逃脱法律的制裁。总之,合同诈骗罪是指行为人以非法占有为目的,在签订、履行合同过程中,骗取他人财物的行为。该罪的成立要求行为人实施了虚构事实、隐瞒真相的欺骗行为,并且该欺骗行为使被害方对于合同交易目的、内容、结果产生错误认识并基于该错误的认识而作出财产处分的决定,最终由此失去对自身财物的控制。

  本案中拆借资金的交易系由中某公司负责人介绍,其分别向倪菊葆及恒某公司推荐了对方,并就合作模式向双方提出了建议,在拆借资金合作协商过程中有关倪菊葆及原审被告单位的具体情况均系中某公司负责人推荐,而非倪菊葆自荐。恒某公司法定代表人在公安机关的陈述,证实其在很大程度上基于对介绍方中某公司系国企这一特殊背景才与倪菊葆合作。因中某公司与案涉资金用途具有一定利害关系,不排除其基于自身利益的考量,为极力促成双方交易而向恒某公司夸大倪菊葆经营状况的可能,但不能就此认定倪菊葆存在虚构事实、隐瞒真相的诈骗行为。特别需要说明的是,即便存在合同一方有夸大甚至欺骗的行为,也需要透过客观现象,分析判断问题的实质。因为以非法占有为目的的合同诈骗行为,应当以永久排除对方当事人对财产的所有权为意图,但欺骗行为并非都具有非法占有目的,如编造理由借以创造签订、履行合同的条件,或隐瞒了不利合同履行的一些客观情况,所以在认定构成合同诈骗行为时要持审慎的态度,判断行为是否符合本罪的客观构成要件。本案中恒某公司法定代表人的陈述证实其对于空货流转、拆借资金的交易模式、内容均是明确知悉,且其曾亲自前往倪菊葆所属的原审被告单位考察并确定倪菊葆具有一定的经济实力后,为了赚取拆借资金利息而出借企业资金。倪菊葆企业也按约归还了前期多笔拆借本息,后确因企业资金周转出现问题,而无力偿付剩余款项。全案没有证据证实恒某公司是在倪菊葆"虚构事实、隐瞒真相"的欺骗之下、基于错误认识将资金出借给倪菊葆。

(二)关于倪菊葆及主管企业与恒某公司之间拆借资金行为的定性

倪菊葆及主管企业,通过中某公司负责人介绍后向恒某公司拆借资金,从表面上看,合同签订与履行符合民间借贷行为的表象特征,但再审结合全案事实、证据的审查,认为倪菊葆及主管企业拆借资金的行为与本案非法吸收公众存款部分中以购买原料等名义,与他人约定高额利息,向他人变相非法吸收公众存款的行为目的、性质相同,符合非法吸收公众存款罪的构成要件。

非法吸收公众存款罪,是指非法吸收公众存款或者变相吸收公众存款,扰乱金融秩序的行为。关于非法吸收公众存款罪入罪标准既有单纯吸收存款数额或者吸收存款对象数量的规定,即行为犯的规定,也有非法集资给存款人造成直接经济损失数额或者造成其他严重后果的规定,即结果犯的规定。对于本罪的犯罪形式虽有结果犯与行为犯的理论之争,但多数学者认为本罪是行为犯,2016年李少平著的《中华人民共和国刑法案典》一书也采纳了行为犯的观点。2010年12月13日《最高人民法院关于审理非法集资刑事案件具体应用法律若干问题的解释》(以下简称2010年《解释》)对非法吸收公众存款与变相吸收公众存款的行为作了明确的规定。其第一条规定,违反国家金融管理法律规定,向社会公众(包括单位和个人)吸收资金的行为,同时具备下列四个条件的,除刑法另有规定的以外,应当认定为《刑法》第一百七十六条规定的"非法吸收公众存款或者变相吸收公众存款":(1)未经有关部门依法批准或者借用合法经营的形式吸收资金;(2)通过媒体、推介会、传单、手机短信等途径向社会公开宣传;(3)承诺在一定期限内以货币、实物、股权等方式还本付息或者给付回报;(4)向社会公众即社会不特定对象吸收资金。未向社会公开宣传,在亲友或者单位内部针对特定对象吸收资金的,不属于非法吸收或者变相吸收公众存款。其第二条又列明符合本解释第一条第一款规定的条件的,具体十一种行为,以非法吸收公众存款罪定罪处罚。由此可见,非法吸收公众存款与变相吸收公众存款的共同特征在于其吸收存款行为的非法性和吸收对象的不特定性。这里的违法必然指违反国家融资管理的相关法律规定,而不特定性一般是指吸收公众存款的行为人是向社会不特定对象吸收资金。另外,需要强调的是,本罪侵犯的客体是国家的金融管理制度,2010年《解释》第三条规定,非法吸收或者变相吸收公众存款,主要用于正常的生产经营活动,能够及时清退所吸收资金,可以免予刑事处罚;情节显著轻微的,不作为犯罪处理。审判实践中应审慎地审查吸收资金的具体用途,正确判断募集资金行为是否合法。

本案中倪菊葆及主管企业经中某公司负责人介绍,与恒某公司协商拆借资金时,为规避当时企业之间资金拆借无效的规定,采用了空转贸易、虚假交易的方式进行融资,该行为从表面特征看,吸收资金的对象是由特定人介绍,似乎不具有社会公众的不特定性,而且在《最高人民法院关于审理民间借贷案件适用法律若干问题的规定》实施后,企业之间通过民间借贷或相互之间拆借资金进行融资也并不违反相关民事法律规定。但案件的审理,应当将所有的涉案行为置于整个案件事实、证据的审查之中。从再审查明事实的路径分析,有关案件事实的认定是一个由点到面、由部分到整体的过程,其中恒某公司拆借资金的行为发生的时间在倪菊葆及主管企业已对外实施变相非法吸收公众存款的期间。从法理上讲,刑法上的连续犯是指基于同一的或者概括的犯罪故意,连续实施性质相同的数个危害行为,触犯同一罪名的犯罪。在对连续实施的多个危害行为是否构成犯罪进行评判时,对主观故意、客观行为均差异不大的数个危害行为分割开来,给予不同的法律评价,必然破坏了案件事实认定的完整性,以致影响法律适用的公正性。恒某公司虽系经特定人介绍参与拆借业务,但与倪菊葆主管企业并无经营往来,之前其公司负责人与倪菊葆并不相识,实际介绍人中某公司也系因倪菊葆主管企业对外宣传后,被其较高的拆借利率吸引而参与拆借并向第三方介绍拆借业务。恒某公司的拆借资金用途除少部分被倪菊葆用于购买生产原料、企业经营外,主要用于归还先前非法吸收公众存款的借款本金及利息,这与本案非法吸收公众存款部分中向他人变相非法吸收公众存款的行为目的、性质相同。倪菊葆及主管企业的行为是以变相提高利率的方式向社会公众吸收存款、违反国家融资管理的法律法规,不仅给拆借资金的双方企业带来巨大的经营风险,也扰乱了金融秩序,其行为符合非法吸收公众存款的构成要件。本案构成单位犯罪,倪菊葆经营的多家企业由其具体安排分别以签订买卖合同、实现转账付款等方式共同完成变相吸收资金的行为,所吸收资金用于原审被告单位生产经营或偿还部分单位借款本金、利息,故原审多家被告单位构成共同犯罪,应共同承担向恒某公司变相吸收资金的刑事责任,恒某公司拆借资金总额应分别计入原审被告单位的各自犯罪数额中。

倪菊葆系江苏吴江地区改革开放后第一代知名企业家之一,曾获"全国优秀女企业家""江苏省'三八'红旗手"等荣誉称号,因为其在企业经营过程中,出现融资困难而实施了违法犯罪行为。本案再审贯彻习近平总书记在民营企业家座谈会上的重要讲话精神,依照《中共中央、国务院关于完善产权保护制度依法保护产权的意见》中提出的"以发展眼光客观看待和依法妥善处理改革开放以来各类企业特别是民营企业经营过程中存在的不规范问题"的要求落到实处。再审坚持实事求是、罪刑法定的原则,还原案件事实真相,坚持全错全纠,部分错部分纠,错到哪里纠到哪里,实现对倪菊葆及主管企业行为的正确定性。

本案的依法改判,一方面体现了人民法院依法甄别纠正历史形成的涉产权冤错案件的鲜明态度,对于稳定民营企业家预期,营造法治化营商环境,保障民营企业家安心干事创业具有重要意义;另一方面也促进民营企业家开展合法经营,加强民营企业的社会责任意识,引导民营企业更好地健康发展。

关联索引:(2019)苏 05 刑再 5 号刑事裁定

撰稿:蒋 伟
审编:邢海莹

案例 13

使用真实身份签订合同，且积极履约，虽未全额支付货款但有合理理由的不认定主观上具有非法占有目的
——李厚胜合同诈骗再审改判无罪案

> **裁判要旨** 行为人使用真实身份签订合同，客观上具备履约能力，并有积极履行合同的行为，虽未全额支付货款但有合理理由，也不存在挥霍、隐匿财产等情形的，不能认定其主观上具有非法占有目的，不构成合同诈骗罪。

一、基本案情

原审被告人李厚胜，原系徐州市某某钢铁有限责任公司经理。

河北省遵化市人民检察院指控被告人李厚胜犯合同诈骗罪，向遵化市人民法院提起公诉。

遵化市人民法院经审理查明：

1997年12月31日，经江苏省徐州市工商局核准，徐州市某某冶金炉料有限公司、徐州市某庚钢铁厂合资成立徐州市某某钢铁有限责任公司，被告人李厚胜为董事长兼公司法定代表人。1998年3月至1998年4月，李厚胜通过张某在遵化市某某经销处购买三次焦炭，李厚胜按约定以现金和以物抵款的方式

案例13 使用真实身份签订合同,且积极履约,虽未全额支付货款但有合理理由的不认定主观上具有非法占有目的

给付了大部分货款,尚欠焦炭款40余万元。1998年5月,张某受李厚胜的委托与遵化市某某经销处以口头方式约定,由遵化市某某经销处为徐州市某庚钢铁厂发运焦炭2800吨,价格为每吨480元,货到付款。1998年5月22日,遵化市某某经销处由义安某某厂通过铁路将2700吨焦炭发至徐州车站,5月23日到站后卸到徐州二煤厂专用线,用于徐州市某庚钢铁厂生产。当李厚胜将该焦炭提到1600余吨时,由于李厚胜未付款,义安某某厂副厂长徐某民和遵化市某某经销处的齐某水等人拒绝让李厚胜继续提焦炭,并继续向李厚胜追讨货款。在此期间,李厚胜未经允许,又将剩余的1000余吨焦炭全部提走用于生产。后李厚胜将办公地址易址,中断原通信方式。1998年9月5日,李厚胜、张某找到遵化市某某经销处齐某水,要求齐某水继续为其发焦炭。因上次焦炭款未付,齐某水未答应。后齐某水与李厚胜在山西省介休市补签了已发的2800吨焦炭协议书,并签订了2800吨焦炭的还款协议。之后,李厚胜分两次共给付遵化市某某经销处货款40万元。李厚胜已提的2700吨焦炭款129.6万元至今未能归还。

遵化市人民法院认为,被告人李厚胜以非法占有为目的,在签订、履行合同过程中,没有实际履行能力,以先履行小额合同或者部分履行合同的方法,诱骗对方当事人继续签订和履行合同,骗取对方当事人财物,数额特别巨大,其行为已构成合同诈骗罪,应依法惩处。依据《刑法》第二百二十四条第一款第三项、第六十四条、第五十二条、第五十三条之规定,判决如下:

被告人李厚胜犯合同诈骗罪,判处有期徒刑十年,并处罚金人民币40万元;继续追缴李厚胜犯罪违法所得人民币129.6万元,发还给被害人齐某水。

宣判后,被告人李厚胜不服,提出上诉。河北省唐山市中级人民法院经审理裁定:驳回上诉,维持原判。

上述裁判发生法律效力后,被告人李厚胜不服,以其行为不构成犯罪为由,向河北省高级人民法院提出申诉。河北省高级人民法院作出再审决定,对本案提审。

再审期间,原审被告人李厚胜辩称:1.公安机关取证程序违法,非法证据应

予排除。用以证明发货情况的第三卷全部系复印件,没有提供人签名、盖章,违反公安部《公安机关办理刑事案件程序规定》。2.认定李厚胜拉走焦炭数量不清,证据不足。3.最后一批焦炭存在质量问题。4.原裁判认定李厚胜诈骗数额不清,证据不足。5.证人张某身份不清楚。6.李厚胜没有非法占有目的。其因生产需要购买焦炭全部用于生产而非个人挥霍。因焦炭存在质量问题及未给其开具增值税发票,李厚胜有拒绝还款的法定事由。7.李厚胜客观上没有实施合同诈骗行为。不存在先小额交易后骗大额的问题。8.李厚胜有履行合同能力。其之所以拒绝付大额焦炭货款,是因为第五次2700吨焦炭存在质量问题,给其造成巨大损失,而不是不具备合同履行能力。事实证明,1998年9月和5月,其以承兑汇票的形式向齐某水付款40万元。9.本案即使构成犯罪,也应当是单位合同诈骗罪。10.本案实属经济纠纷,遵化市公安机关越权违法插手经济纠纷,违反公安部、最高人民检察院、最高人民法院的相关规定,应当依法宣告李厚胜无罪。

河北省人民检察院再审出庭意见:1.李厚胜公司与遵化市某某经销处存在购销焦炭关系及部分货款未履行的基本事实清楚,证据确实、充分。2.本案部分证据存在矛盾。关于双方之间焦炭业务交易次数的证据存在矛盾;关于诈骗焦炭的数量等证据存在矛盾;涉案焦炭是否存在质量问题的证据存在矛盾;李厚胜公司签订、履行合同时履行能力的证据存在矛盾;李厚胜履行部分货款的证据存在矛盾。综上,原审判决认定的李厚胜公司与齐某水之间存在焦炭买卖业务及合同未全部履行的基本事实清楚,但部分证据仍存在矛盾,请依法判决。

河北省高级人民法院经再审查明的事实和证据与遵化市人民法院认定的事实和证据基本一致。

河北省高级人民法院再审认为,原裁判仅依据还款协议认定原审被告人李厚胜诈骗焦炭款129.6万元的事实不清、证据不足;原裁判认定李厚胜没有履行能力,事实不清、证据不足;原裁判认定李厚胜办公地点转移、通信中断、逃避债务的事实不清,以此认定李厚胜具有非法占有目的的证据不足。故原审裁判认定李厚胜犯合同诈骗罪的事实不清、证据不足,适用法律错误,应当予以纠

案例 13　使用真实身份签订合同,且积极履约,虽未全额支付货款　　\ 111
　　　　但有合理理由的不认定主观上具有非法占有目的

正。河北省高级人民法院经该院审判委员会讨论决定,依照《刑事诉讼法》第二百五十六条及《最高人民法院关于适用〈中华人民共和国刑事诉讼法〉的解释》第三百八十九条第二款之规定,作出刑事判决:撤销原一审、二审裁判;改判原审被告人李厚胜无罪。

二、主要问题

如何准确认定合同诈骗罪中的"非法占有为目的"?

三、裁判理由

准确认定合同诈骗罪中的"非法占有为目的"主要可以从以下几方面审查:

1. 关于主体资格是否真实的审查

在正常的经济交易活动中,交易主体签订合同目的是履行合同,达到交易的目的,所以交易的主体是真实的。而在合同诈骗中,行为人签约时往往会以虚假身份出现,以虚构的单位或者假冒他人的名义签订合同从而达到行骗目的。在本案中,原审被告人李厚胜作为徐州市某庚钢铁厂、徐州市某某钢铁有限责任公司等实体企业的经营人,签订合同使用的主体资格真实,未使用虚假身份。

2. 关于行为人有无履约能力的审查

对于行为人的履约能力,切忌单纯根据合同缔结时的亏损状态进行认定,应当结合企业整体经营状况、所从事项目的风险等综合判断,如确有必要,可进行整体资产审计。在司法审查中应注意以下几点:一是行为人虽不具备全部履约条件,但有证据证明其在履行期限内具有相应的生产经营能力,履约有一定保障的;二是行为人缔结合同时有履行合同的能力,但在履行合同过程中,由于客观原因丧失了履约能力,导致无力归还他人财物的;三是行为人签订合同时没有履行合同的能力,但是在取得他人财物后为履行合同做了积极努力,但因其他客观原因丧失归还能力的,上述情形应认定行为人具有一定履约能力。在本案中,被害人齐某,证人贾某、张某均证实李厚胜所经营的徐州市某某钢铁有限责任公司当时经营效益较好,生铁刚出来就被买主买走,且李厚胜主张有价值16万元的徐工科技原始股票和位于徐州市云龙湖西岸的价值140万元的房产一套,有一定履约能力,但侦查机关未对上述财产状况及其还款能力问题进行调查取证、审计,原判决认定李厚胜没有履约能力的事实不清、证据不足。

3. 关于实际履行合同的行为的审查

合同诈骗犯罪的行为人在签订合同时或在履行合同过程中没有履行或继续履行合同的主观意思,其目的在于利用签订合同的手段骗取对方财物,一般没有实际履约行为或为履行合同做出积极努力。即使有一些履行合同行为,也不过是为了掩人耳目,对合同条款细枝末节的部分履行一小部分而骗取更多的财物;行为人虽有履行合同的能力,但签订合同后没有为履行合同做任何努力或者仅履行少部分合同,将取得的他人财物挥霍、用于其他非经营性活动,丧失归还能力的。这些应认定行为人具有非法占有的目的。司法实践中,"拆东墙补西墙"的行为不属于履约行为,应认定为行为人主观上具有非法占有目的。在本案中,虽然李厚胜公司与遵化市某某经销处存在购销焦炭关系及部分货款未履行的基本事实清楚,但本案涉案的前几笔焦炭,李厚胜已经给付了大部分货款。2800吨焦炭发到徐州后,也均用于李厚胜公司生产。1998年9月5日,李厚胜和张某到遵化与齐某水协商再继续发焦炭,然后又签订了2800吨焦炭还款协议,后李厚胜陆续分两次向齐某水支付40万元,其具有积极的履约行为。

4. 关于未履行合同原因的审查

在合同诈骗犯罪和合同经济纠纷中都会出现行为人没有履行合同的情形,但未履行合同并不一定是合同诈骗,还需具体分析其有没有履行合同的主观、客观两方面的原因。在合同诈骗犯罪中,行为人主观上逃避履行合同,客观上没有积极促成合同履行的行为,签订合同或收到货款、货物后肆意挥霍、转移隐匿;而在民事合同纠纷中,行为人为了获取经济利益,往往积极促成合同履行,合同最终未履行或未全部履行的原因常具有正当性、合理性。在本案中,根据

案例13　使用真实身份签订合同,且积极履约,虽未全额支付货款 　\ 113
　　　但有合理理由的不认定主观上具有非法占有目的

李厚胜供述,其因焦炭存在质量问题及未给其开具增值税发票,故对支付剩余货款存在争议,待争议解决后再行付款,未履约原因应具有正当性,属于平等主体协商调节范围内的行为,即使未履约,仍可通过民事途径予以解决。

5. 关于是否隐匿、挥霍财产的审查

行为人主观故意不同,对合同标的物的处置方式也会有所不同。行为人将骗取的财物用于个人挥霍、非法活动、归还欠款、非经营性支出等方面的,一般可以认定行为人具有非法占有目的;对于行为人将骗取的资金用于实际经营活动,即使造成资金一定亏损或无法归还的,也不能以合同诈骗罪定罪处罚。这里财物的主要处置形式,指的是全部或大部分资金的走向、用途。在本案中,李厚胜作为徐州市某庚钢铁厂、徐州市某某钢铁有限责任公司等企业的经营人,有购买焦炭进行生产经营的需要,其向遵化市某某经销处购买焦炭,焦炭运到徐州后,均用于企业生产,未隐匿、转移、挥霍。

6. 关于行为人事后态度是否积极的审查

行为人的事后态度,也是区分行为人主观上有无诈骗故意的重要标志。如果行为人因自己的行为导致合同没有履行之后,不是及时通知对方,积极采取补救措施,以减少对方的损失,而是无正当理由搪塞应付,东躲西藏,避而不见,甚至收受对方财物后逃匿,可以认定其具有非法占有目的;如果行为人事后能积极采取补救措施,用实际行动赔偿或者减少对方损失,不能认定其具有非法占有目的。值得注意的是,逃匿的原因是携款、财物潜逃还是为躲债隐匿,也应有所区别,单纯的因无法履行合同而躲债逃匿,不应直接认定为具有非法占有目的。在本案中,证人贾某等虽然证实,原审被告人李厚胜的办公地点易址、徐州市某某钢铁有限责任公司电话是空号、李厚胜手机停机,但李厚胜在庭审时供述,其下属的经销处办公地点确曾换过地方,但钢厂没有换过地方,公司总部也没有换过地方,被害人齐某水的人去过其钢厂。李厚胜在再审期间提供了徐州市某某钢铁有限责任公司的电话缴费单、工商登记信息,用以证明其电话没有停机,徐州市某某钢铁有限责任公司没有变更过地址。原判决认定李厚胜办公地点转移、通信中断、逃避债务的事实不清。

综上,原审被告人李厚胜作为徐州市某庚钢铁厂、徐州市某某钢铁有限责任公司等企业的经营人,主体资格真实,从事钢铁冶炼生产和销售,有一定的经济实力,其从被害人齐某水处购买的焦炭也全部用于公司生产经营,并以现金和以物抵款的方式,陆续支付了齐某水部分焦炭款,认定其主观上具有非法占有目的的证据不充分,本案应属民事纠纷,再审依法对其改判无罪。

关联索引:(2019)冀刑再5号刑事判决

撰稿:李 霞
审编:石 冰

案例 14

未能依约履行剩余货款系客观原因，且没有充分证据证明其收受对方给付的货物后逃匿的，不构成诈骗罪

——陈家洪合同诈骗再审改判无罪案

裁判要旨　对于购销合同中购货方已履行大部分付款义务，但因政策、市场因素等客观原因造成不能依约履行剩余货款，在没有充分证据证明其具有非法占有货款、货物主观故意的情况下，不宜认定为"收受对方当事人给付的货物、货款、预付款或者担保财产后逃匿"的行为，不构成诈骗罪。

一、基本案情

原审被告人陈家洪。

河北省辛集市人民检察院指控被告人陈家洪犯合同诈骗罪，向辛集市人民法院提起公诉。

辛集市人民法院经审理查明：

2007年5月，经辛集市某某皮业制衣有限公司（以下简称某甲公司）负责销售的谢某申介绍，被告人陈家洪自称在俄罗斯经商多年，有相当的经济实力，可大批订购皮衣服装，遂与公司法定代表人张某强订立口头合同，约定先付款

后发货。随后陈家洪支付张某强人民币30万元作为定金,张某强开始给陈家洪发货。但陈家洪并未按约定全额支付货款,每次都是在多次催促下才给一部分货款。张某强在莫斯科多次寻找陈家洪无果,电话打不通,人也不知去向。截至2009年年底,陈家洪欠张某强货款共计1 500 259元人民币。

辛集市人民法院经一审审理认为,被告人陈家洪以非法占有为目的,与被害人订立口头合同并预付定金,收取被害人价值150.0259万元货物后逃匿,骗取他人财物数额特别巨大,其行为构成合同诈骗罪。依照《刑法》第二百二十四条第(四)项之规定,判决如下:

被告人陈家洪犯合同诈骗罪,判处有期徒刑十三年,并处罚金10万元。

宣判后,被告人陈家洪以其无罪为由提出上诉。河北省石家庄市中级人民法院经审理作出刑事裁定:驳回上诉,维持原判。

上述裁判发生法律效力后,陈家洪亲属向河北省高级人民法院提出申诉。河北省高级人民法院作出再审决定,指令石家庄市中级人民法院再审。

再审期间,原审被告人陈家洪及其辩护人提出:陈家洪从某甲公司订购皮衣价值约1009万元,已合计还款约850万元;陈家洪在履行合同过程中没有非法占有的故意,客观上支付了货款,具有签订、履行合同的能力;陈家洪一直与某甲公司相关业务人员联系并多次见面,因与某甲公司对风险比例分担达不成一致意见,最终欠款数额无法确定,2009年11月陈家洪还与某甲公司会计通过电话;因俄罗斯的手机号码在国内不能使用,故其回国后会关闭手机,但未更换过号码,其并未逃匿;双方对账后仍多次汇款给某甲公司70多万元,陈家洪没有携货、携款逃跑,未能如期还款是市场因素等客观原因导致;本案的涉案金额有待核实;等等。

石家庄市人民检察院再审出庭意见:根据被告人陈家洪当庭供述,其称一直与某甲公司有联系,一直商讨债务的事情,应依法核实。特别是2010年后到案发,陈家洪是否与某甲公司有联系,有没有商讨债务问题,核实后依法作出判决。

石家庄市中级人民法院经再审查明:

案例 14 未能依约履行剩余货款系客观原因,且没有充分证据
证明其收受对方给付的货物后逃匿的,不构成诈骗罪

2007年3月,被告人陈家洪在莫斯科做生意时,认识了某甲公司驻莫斯科销售代表谢某申,陈家洪表示要销售某甲公司的货。2007年5月,陈家洪在谢某申的引见下到某甲公司见到了法定代表人张某强,双方达成口头协议,约定货到后如没有异议就付款,余款年底结清。陈家洪订购了1000多件皮衣,支付定金共计30万元。2007年6月到11月,某甲公司每月发货84批次,共计7636件,价值823 432美元,陈家洪付货款665 746.18美元,欠款折价人民币1 119 569.32元;2008年1月到10月,某甲公司每月发货62批次,共计5413件,价值人民币4 725 760元。2007年双方收款、汇款共计41笔次;2008年双方收款、汇款共计42笔次。

2009年1月,陈家洪想再次进货时被某甲公司拒绝。1月6日,经对账,陈家洪共欠某甲公司货款人民币1 500 259元。双方对账后,陈家洪分别于2009年1月10日汇款4万元,3月16日给付110000卢布(折合人民币21041元),4月10日汇款19 950元、4月退货价值人民币479 465元、现金付款35 901元,5月18日汇款1000元、5月31日2笔共汇款23 910元,5月31日还借款185 000元,共计人民币621 267元(还借款额未计入)。2012年6月、7月,某甲公司张某强两次共收到陈家洪之父汇款30万元。

2009年8月、9月,谢某申与陈家洪在俄罗斯一家咖啡馆见过面。2009年1月6日双方对账后,陈家洪与某甲公司保持着电话联系,因回到国内后俄罗斯的电话无法使用,并未有意关机失去联系。陈家洪在2009年曾主动联系某甲公司员工程某某,程某某也承认陈家洪打过电话要货。

石家庄市中级人民法院再审认为,原审被告人陈家洪在俄罗斯的市场上有固定摊位和摊位证,某甲公司在该市场也有销售代表推销其公司产品。在近两年的经济往来中,双方交易金额达1000多万元人民币,陈家洪付款860多万元人民币,履行了绝大部分付款义务。陈家洪虽有余款未及时结清,但某甲公司对陈家洪的销售和履约能力从未产生或者提出过异议,直至双方对账。原审判决认定陈家洪诈骗后"逃匿",只有证人谢某申一人证言和被害人张某强陈述,没有其他证据印证,证据之间没有形成完整的证据链。双方对欠款数额表述不

一,没有查清。现有证据认定陈家洪犯合同诈骗罪没有达到确实、充分的法定证明标准。因此,原审判决认定陈家洪"收受对方当事人给付的货物、货款、预付款或者担保财产后逃匿"构成合同诈骗罪的事实不清,证据不足,应依法予以纠正。依照《刑事诉讼法》第二百四十五条、《最高人民法院关于适用〈中华人民共和国刑事诉讼法〉的解释》第三百八十九条第二款的规定,石家庄市中级人民法院作出刑事判决:撤销原一审、二审裁判,宣告原审被告人陈家洪无罪。

二、主要问题

1. 如何认定诈骗罪中"非法占有为目的"?
2. 如何理解刑法意义上的"逃匿"?

三、裁判理由

(一)"以非法占有为目的"的认定

在市场交易过程中,合同诈骗罪与合同经济纠纷常常发生混淆。该类型案件是民事纠纷还是刑事犯罪,最主要的区别在于行为人主观上是否具有非法占有的目的。认定是否具有非法占有的目的,应当坚持主观、客观相一致的原则,既要避免单纯依据损害结果客观归罪为"有",也不能仅凭被告人供述和辩解不加区别一律认定为"无",还要注意审查虚构事实、隐瞒真相与损害结果之间是否具有因果关系。司法实践中,由于对行为人主观故意的审查存在困难,出现危害后果就认定为刑事犯罪的情况比较多,这做法违背了主观、客观相一致的原则以及刑法的谦抑性原则,也是导致涉产权冤错案件的常见因素。实践中,对于以"非法占有为目的"的认定,应结合行为人主体资格是否真实、行为人有无履约能力、履约行为、对取得财物的处置情况、事后态度等各方面情况,加以综合分析判断。

本案中,首先,原审被告人陈家洪在俄罗斯的"一只蚂蚁"市场上有固定摊位和摊位证,某甲公司在该市场也有销售代表推销其公司产品,双方签订合同

案例 14 未能依约履行剩余货款系客观原因,且没有充分证据证明其收受对方给付的货物后逃匿的,不构成诈骗罪

的主体真实。在履行合同初期的经济往来中,陈家洪与某甲公司的交易金额达1000多万元人民币,陈家洪付款800多万元人民币,陈家洪履行了绝大部分付款义务,具有履约能力。其次,在履行合同过程中,因受经济危机影响,陈家洪所在的市场被当地政府关闭,造成陈家洪不能及时还款,某甲公司及时终止了供货,双方进行了对账。在合同履行过程中,陈家洪履约不能系由于政策、市场等原因,非个人原因导致。最后,某甲公司报案后,陈家洪退货折款、还款共计60余万元,仅剩余80余万元货款未还。陈家洪始终承认欠某甲公司货款,双方仅仅是对最终的还款数额存有争议,这应属民事纠纷,不宜以欠款未还清为由认定陈家洪主观上具有非法占有的目的。

(二)如何理解刑法意义上的"逃匿"

司法实践中,被告人如在无法还债情况下出现逃匿行为,往往被推定为其主观上具有非法占有财物的故意,进而被认定为构成诈骗罪,这种做法是不妥当的。被告人通过真实主体签订合同,实施真实经营行为,但因经营或市场原因造成亏损,资不抵债后为了躲债而逃匿,不能直接一概推定其主观上具有非法占有的故意。按照《刑法》第二百二十四条合同诈骗罪的规定,实施了收受对方当事人给付的货物、货款、预付款或者担保财产后逃匿的行为,主观上亦具有非法占有的目的的,才构成合同诈骗罪。本案中,原审被告人陈家洪在履行合同过程中,因受经济危机影响,其所在的俄罗斯"一只蚂蚁"市场被当地政府关闭,造成陈家洪经营亏损,无法按照合同约定继续完成付款义务,某甲公司及时终止了供货。虽然证人谢某申和被害人张某强证实陈家洪回国后俄罗斯的手机号无法联系,但并不能据此推断陈家洪构成诈骗罪。

关联索引:(2016)冀01刑再10号刑事判决

撰稿:李 霞
审编:石 冰

案例 15

准确判断行为人合同履行能力，对于暂时存在困难而仍积极履行合同的，不应否认其实际履行能力

——赵守帅合同诈骗再审改判无罪案

> **裁判要旨**
>
> 判断行为人是否具备实际履行能力，要准确衡量行为人的资产数额以及案涉履约能力，对于暂时存在困难而仍积极履行合同的，不应否认其实际履行能力。

一、基本案情

原审被告单位农牧公司。

原审被告人赵守帅，原系农牧公司经理、法定代表人。

河南省新乡市人民检察院指控被告单位农牧公司、被告人赵守帅犯合同诈骗罪，向新乡市中级人民法院提起公诉。

新乡市中级人民法院经审理查明：

1993年10月，甘肃省永昌县农业机械管理局筹建了农牧公司，聘任赵守帅为公司经理。该公司名为集体企业，实为赵守帅个人承包经营。1997年1月1日，农牧公司与拖拉机厂签订了产品购销合同。该拖拉机厂于1997年3月6日

案例15 准确判断行为人合同履行能力,对于暂时存在困难而仍积极履行合同 \ 121
的,不应否认其实际履行能力

开始履行合同。农牧公司从1997年3月6日至4月30日分7次收到或自提各种型号拖拉机77台,价值822 450元。拖拉机厂要求农牧公司按合同规定付货款,并且暂停向其继续供货。同期,农牧公司固定资产已在农行永昌县支行、永昌县城市信用社抵押,且欠贷款及利息,其已无实际履行合同的能力。1997年10月8日,赵守帅再次委派农牧公司李某某持保证书、还款保证到拖拉机厂要求提货。1997年10月28日,农牧公司又提走各种型号拖拉机65台,价值641 080元。至此,农牧公司共收到拖拉机厂的各种型号拖拉机142台,价值1 463 530元。赵守帅收到货后,未按合同约定向厂方付款。为此,拖拉机厂多次派人到永昌县找赵守帅催要货款,赵守帅先以各种理由推脱,而后避而不见,并且隐匿了货款去向。1998年3月16日,赵守帅让其弟赵某某携款30万元,到拖拉机厂要求提货,被厂方将30万元扣下抵货款。扣除农牧公司有依据的,由拖拉机厂业务员与该公司签订的4份降价协议的降价金额388 587元以及业务员借款5000元,农牧公司利用合同共诈骗拖拉机厂货款769 943元。另查明,2000年10月31日农牧公司被永昌县工商行政管理局注销。

新乡市中级人民法院认为,农牧公司和赵守帅以非法占有为目的,在签订、履行合同中,骗取货款,数额特别巨大,其行为构成合同诈骗罪。新乡市人民检察院指控农牧公司和赵守帅的犯罪罪名成立,但认定合同诈骗数额有误。赵守帅在因涉嫌合同诈骗犯罪羁押期间,又因伤害罪被新乡市中级人民法院判处有期徒刑三年,应数罪并罚。判决如下:

一、对被告单位农牧公司犯罪终止审理;

二、被告人赵守帅犯合同诈骗罪,判处有期徒刑十三年,并处罚金3万元,与河南省新乡市中级人民法院(2001)新刑初字第22号刑事判决的有期徒刑三年合并有期徒刑十六年,罚金3万元,决定执行有期徒刑十六年,罚金3万元。犯罪所得的财物应予追缴。

宣判后,被告单位农牧公司、被告人赵守帅未上诉,检察机关未抗诉,该判决发生法律效力。后原审被告单位农牧公司、原审被告人赵守帅向河南省人民检察院提出申诉。河南省人民检察院立案复查后以原判主要事实依据被依法变更、撤销,且有新的证据证明原判决、裁定认定的事实确有错误为由向河南省高级人民法院提出抗诉。河南省高级人民法院经审理作出刑事裁定:撤销原判,发回重审。

新乡市人民检察院再审出庭意见:1. 原审被告单位、被告人与他人签订合同,未虚构主体,也未冒用他人名义,提供的手续都是合法手续。2. 原审证据无法认定农牧公司及其法定代表人赵守帅在签订、履行合同过程中具有非法占有的主观故意;无法认定赵守帅携带财物逃跑,挥霍隐匿财产。3. 原审证据不能认定被告单位农牧公司在签订、履行合同时无履约能力,无法认定农牧公司以先履行小额合同或者部分履行合同的方法,诱骗对方当事人继续签订和履行合同。在合同履行期间,赵守帅有固定资产多处,且有证据证明农牧公司与其他公司有大量经济往来,农牧公司与拖拉机厂签订合同是在抵押贷款之前,贷款没有放贷证明,无法形成证据链条;农牧公司支付货款220万元,农牧公司仅欠80万元左右,不符合先履行部分小额合同诱骗对方的情形。4. 原审据以定罪量刑的主要事实依据被依法撤销、变更。前期认定抵押被告单位固定资产已在农业银行、信用社抵押的判决已被甘肃省高级人民法院撤销。甘肃省金昌市反渎局调取的证据显示,农牧公司在农业银行的42万元贷款已经全部还清,原判决认定的事实和判决确实有错误。

原审被告单位农牧公司以及原审被告人赵守帅均同意新乡市人民检察院出庭检察员的意见,请求依法宣告原审被告单位农牧公司、原审被告人赵守帅无罪。

新乡市中级人民法院再审查明:

1995年12月6日、1996年3月14日、1997年1月1日,原审被告单位农牧公司与拖拉机厂三次签订产品购销合同,合同约定:由拖拉机厂向农牧公司供应拖拉机等农机具,交易方式为,款到付货或货到付款,每年年底结清全部货款。农牧公司、原审被告人赵守帅在与拖拉机厂的经济往来中,结清了1995年的货款,其余货款也大部分得到了履行。法庭另查明在合同履行期间农牧公司和赵守帅所有的房产、土地和到期债权可以保证履约。

案例 15　准确判断行为人合同履行能力，对于暂时存在困难而仍积极履行合同的，不应否认其实际履行能力

新乡市中级人民法院再审认为，原审被告单位农牧公司依法定程序设立，在核定的范围内进行经营，农牧公司及其法定代表人暨原审被告人赵守帅在与拖拉机厂签订、履行合同中，主体资格真实，意思真实，没有采取诈骗手段；在与拖拉机厂经济往来中给付了大部分货款，且同期向其他企业支付货款达 800 余万元，有实际的履约能力；无法认定其在没有实际履行能力的情况下，以先履行小额合同或者部分履行合同，诱骗拖拉机厂继续签订和履行合同；也没有在收到拖拉机厂所供货物或者销售后携款逃匿的行为；农牧公司因资金紧张，虽存在不能按约付款的违约行为，但能向对方说明情况和作出保证；原有证明农牧公司和赵守帅无履约能力，认定公司资产已抵押的判决后已被撤销，新证据证明农行永昌县支行诉农牧公司的贷款，已基本结清；新证据尚能证明案发时其资产可以保证履约，故此，不能认定其具有非法占有的目的，其行为不构成合同诈骗罪。依照《刑事诉讼法》第一百九十五条第（二）项、第二百二十八条之规定，新乡市中级人民法院作出刑事判决：撤销原判，改判原审被告单位农牧公司、原审被告人赵守帅无罪。

二、主要问题

1. 如何准确认定行为人的实际履行能力？
2. 如何正确区分合同纠纷和合同诈骗？

三、裁判理由

（一）坚持证据裁判原则，全面客观认定行为人的实际履行能力

判断行为人是否具备实际的履行能力，不仅要查明行为人的现有资金、土地、厂房等资产，还要梳理其到期债权、抵押贷款能力等，准确衡量行为人的资产数额以及案涉履约能力，对于暂时存在困难而仍积极履行合同的，不应否认其实际履行能力。在本案中，原审判决认定农牧公司与拖拉机厂于 1997 年签订的合同，农牧公司仅支付货款 30 万元，尚有货款未结清。原审证据中，甘肃

省永昌县农业机械管理局证明该局将办公楼一座出售给赵守帅,至案发时赵守帅仍欠该局40万元。农行永昌县支行证明农牧公司在该行存款余额不足7000元,且其1997年在该行共有5笔贷款,余额为256.2万元,欠利息79.2万元。永昌县城市信用社证明农牧公司以本公司经营场地及附着物全部作价30万元作抵押在该社贷款30万元,累计至案发仍欠该社137.8万元。甘肃省金昌市中级人民法院民事判决证明,1997年2月16日至5月5日,农牧公司先后5次向农行永昌县支行申请办理承兑汇票业务10张,计金额300万元,以其办公楼和19套住宅楼作抵押。汇票到期后,农牧公司分文未交。农牧公司欠农行永昌县支行借款本金及违约金合计351.96万元。以上证据证明农牧公司无履约能力。

再审审理中,关于农牧公司履约能力的事实认定出现了新的证据,即后期在农牧公司和赵守帅的申请下,原证明农牧公司和赵守帅无履约能力的判决已被撤销。新判决认定农牧公司仅欠农行永昌县支行2万元。综合再审查明的事实和证据,可以认定农牧公司在与拖拉机厂经济往来中给付了大部分货款,且同期向其他企业支付货款达800余万元,有实际的履约能力;农牧公司因资金紧张,虽存在不能按约付款的违约行为,但能向对方说明情况并作出保证;再审期间的新证据能够证明案发时其资产可以保证履约,故此,其行为不构成合同诈骗罪。

(二)合同纠纷和合同诈骗的区分关键在于是否具有"非法占有的目的"

就本案而言,要正确把握合同纠纷和合同诈骗的区别,关键在于行为人是否具备"以非法占有为目的"。由于以非法占有为目的往往属于行为人的内心活动,在司法实践中往往需要从行为人的客观行为上入手,即从行为人是否具备实际履行能力、是否存在积极的履约行为、在签订履行合同时是否存在欺骗行为、行为人未履行合同的原因以及在取得财物后的处置等方面予以准确区分。

关于行为人是否存在积极的履约行为。根据经验法则,履约行为的有无,能够客观地反映行为人的内心活动,行为人有履行合同的诚意,则会积极地作出履约行为。在本案中,农牧公司及赵守帅在与拖拉机厂经济往来中给付了大

案例15 准确判断行为人合同履行能力,对于暂时存在困难而仍积极履行合同的,不应否认其实际履行能力

部分货款,在农牧公司资金紧张时,虽存在不能按约付款的违约行为,但能向对方说明情况并作出保证,应视为其具有积极的履约行为。

关于在签订履行合同时是否存在欺骗行为。在签订、履行合同时存在欺骗行为,并不能说明行为人就具备合同诈骗的意思表示,也存在积极履行合同义务的可能,所以要结合该欺骗行为在案件中的作用和后果来具体分析。在本案中,农牧公司及赵守帅在签订、履行合同时,主体资格真实,意思真实,没有证据证明其采取了欺骗手段,也无法认定其在没有实际履行能力的情况下,以先履行小额合同或者部分履行合同。

关于行为人未履行合同的原因。影响合同履行的因素有很多,归结起来分为主观、客观两种情况。根据本案查明的事实,在主观上,农牧公司及赵守帅并未有不履行合同的意思表示,且一直积极主动地向拖拉机厂说明情况及作出保证。在客观上,根据再审查明事实,原有证明农牧公司和赵守帅无履约能力,认定公司资产已抵押的判决已被撤销,新证据证明农行永昌县支行诉农牧公司的贷款,已基本结清,这从侧面说明当年农牧公司资产抵押的案件对其资金困难可能产生了一定的影响。因此,从主客观来讲,农牧公司及赵守帅都存在未履行合同的合理性。

关于行为人取得财物后的处置。若行为人取得财物后用于自己挥霍或者从事非法活动,并拒不偿还债务、逃避债务,可以认为其不具备履行合同的能力或者意思。在本案中,赵守帅将拖拉机厂售卖的钱用于房地产开发,导致资金周转困难,其并不具有在收到拖拉机厂所供货物或者销售后携款逃匿的行为,故并未有证据证明其非法占有财物或者具有合同诈骗的意图。

人民法院在审理案件时,要真正厘清合同纠纷和合同诈骗的区别,多方面论证,才能准确把握罪与非罪的界限。

关联索引:(2017)豫07刑初24号刑事判决

撰稿:克仰志 郎心昊
审编:石 冰

案例 16

没有建筑资质承包建筑工程不必然构成合同诈骗罪

——潘亚海合同诈骗再审改判无罪案

> **裁判要旨**　被告人虽然没有建筑资质,但具有建设施工的经历和能力,且按承建合同要求完成了施工行为。其向建设单位主张工程价款,不能认定被告人主观上具有非法占有的目的,不构成合同诈骗罪。

一、基本案情

原审被告人潘亚海。

广东省河源市源城区人民检察院指控被告人潘亚海犯合同诈骗罪,向河源市源城区人民法院提起公诉。

河源市源城区人民法院经审理查明:

(一)被告人潘亚海与永某公司、"某某学校"的纠纷

2010年,永某公司准备在河源市高新区科技八路开发建设总户数为1463户的16栋高18-26层的"某某城"工程。被告人潘亚海没有建筑资质,以不具有建筑资质、虚构注册资金1.5亿元的"环球建设工程集团有限公司"(以下简称环球公司)的委托代理人及代表的名义,于2010年11月28日与永某公司的

案例16　没有建筑资质承包建筑工程不必然构成合同诈骗罪　　\ 127

法定代表人曹某签订了承建"某某城"的《建设工程施工合同》及《补充协议》,约定由环球公司承建"某某城"工程项目,工程造价暂定4.5亿元,环球公司必须保证工程所必须的资质,且必须垫资施工到正负0.00层混凝土结构板后,永某公司才支付首批工程进度款1500万元。

2010年11月28日,被告人潘亚海以环球公司法定代表人的名义,与"某某学校"签订《河源市建设工程施工(单价)合同》,承包"某某学校"高中部大楼主体工程,合同标的为2000万元。

被告人潘亚海称在"某某城"工程和"某某学校"工程已投入1600万元人民币,要求永某公司、"某某学校"及曹某按照一级建筑资质企业结算工程款20 333 744.24元,比侦查机关委托鉴定的工程造价高7 999 042.73元。遭到拒绝后,潘亚海采取雇请保安员霸占"某某城"工地,唆使工人上访,给政府施压等要挟手段,要求给付工程款。

(二)被告人潘亚海与分包人的纠纷

潘亚海承揽"某某城"和"某某学校"工程后,将工程分包给没有资质的人施工,共获取分包人押金263万元、保证金45万元、"借款"60.5万元、建筑材料2 741 173.95元和施工价款2 489 626.75元(合计8 915 800.70元),鉴定机关鉴定的工程造价比该合计款项多3 418 900.81元。

河源市源城区人民法院认为,被告人潘亚海无视国法,以非法占有为目的,冒用他人名义签订合同,骗取他人财物,数额特别巨大,其中潘亚海实施合同诈骗犯罪既遂(诈骗永某公司和"某某学校")数额为891.58007万元,犯罪未遂(诈骗分包人)数额为799.904273万元,其行为已构成合同诈骗罪,判处有期徒刑十二年,并处罚金人民币30万元。

宣判后,潘亚海不服,提出上诉。河源市中级人民法院经审理作出刑事裁定:驳回上诉,维持原判。

上述裁判发生法律效力后,潘亚海的姐姐潘某不服,向河源市中级人民法院申诉。河源市中级人民法院驳回潘某的申诉。潘某不服,向广东省高级人民法院申诉。广东省高级人民法院作出再审决定,指令河源市中级人民法院再审。河源市中级人民法院经再审,裁定维持原审裁定。潘某不服,再次向广东省高级人民法院申诉。广东省高级人民法院作出再审决定,决定提审本案。

再审期间,原审被告人潘亚海辩护人提出,一审、二审、再审的判决、裁定认定事实不清,判决潘亚海犯合同诈骗罪证据不足,潘亚海的行为不构成犯罪。主要理由如下:1.从主观要件分析,潘亚海挂靠环球公司与永某公司签订施工合同,以及为了履行施工合同签订的一系列合同,主观上都是想把"某某城"和"某某学校"的工程建设起来,通过完成合同获得相应的利润。潘亚海投入人民币7 493 533.05元履行合同,主观上没有非法占有对方财物的目的。即使潘亚海及其挂靠的公司不具备相应的建筑资质,但潘亚海有权基于其承建的质量合格的工程建筑向开发商主张工程款及利润。其主张的工程款数额与鉴定的工程造价之间存在差额,是其合理利润,不应认定潘亚海存在诈骗行为。本案是普通民事纠纷,而非刑事案件。2.从客观要件分析,潘亚海并没有采取欺骗的手段签订及履行合同。首先,潘亚海手中的虚假营业执照、生产许可证等,并非潘亚海制作的,而是环球公司的法定代表人冯某制作的。其次,原审法院依据刘某的供述认定《企业法人授权委托书》《关于潘亚海、刘某二位同志的任命》是潘亚海伪造的,是错误的。刘某本身就是环球公司深圳第一分公司的法定代表人,很有可能参与了整个合同的签订,与本案存在极大的利益关系。再次,潘亚海在与小承包商签订分包合同时,基于其真实承包涉案工程的想法将工程分包给小承包商,所购买的建筑材料全部用于涉案工程的建设。3.潘亚海的行为性质并不具备社会危害性。潘亚海的承包行为没有造成任何的财产安全和建筑安全问题。开发商基于潘亚海所承建的基础工程已经将整个楼盘建设完毕并已预售。4.涉案工程的造价远不止司法鉴定的价格,本案司法鉴定在地下室土方部分、人工挖桩部分、基坑支护部分、塔吊基础部分、临时设施部分、"某某学校"板房临时设施、售楼处结构工程、工程地区取费标准、工程排污费等方面存在错误,且未计算文明施工费、营业税及利润,以上累计造价6 943 730元。

广东省人民检察院再审出庭意见:1.原生效刑事裁定认定事实清楚,所采集的证据均经原审庭审质证,应予确认。2.原生效刑事裁定认定潘亚海的犯罪事实清楚,每个环节都有完整的证据链条,证据确实、充分,足以证实潘亚海冒用环球公司副总经理、环球公司的委托代理人及代表等身份,在没有履行合同能力的情况下,冒用空壳的、"注册资金"11.24亿元的环球公司名义,使用环球公司假印章签订合同,骗取工程造价4.5亿元的"某某城"工程和标的为2000万元的"某某学校"高中部主体工程。并以分包工程为诱饵,骗取被害人的财物,作为其诈骗建设单位的犯罪成本。3.潘亚海的行为构成合同诈骗罪,诈骗总额为16 914 843.43元,其中诈骗建设单位7 999 042.73元未遂,诈骗分包人、施工人、供货商8 915 800.70元既遂。

广东省高级人民法院再审对原审查明的事实予以确认,并补充查明原审被告人潘亚海案发前的建筑施工经历:潘亚海先后挂靠湛江市住宅建筑工程公司深圳分公司、茂名市电白建筑工程总公司深圳分公司、茂名市电白建筑工程总公司、深圳市洪涛装饰工程有限公司、广东开平建安集团有限公司对外承揽建设施工工程。

广东省高级人民法院再审认为,原审被告人潘亚海没有建筑资质,以环球公司的名义承建了"某某城"和"某某学校"建设工程,但潘亚海主观上具有履行建设施工合同的目的,客观上实施了履行建设施工合同的行为。在案证据不能证实潘亚海主观上具有非法占有的目的,也不能证实潘亚海客观上实施了骗取他人财物的行为。经该院审判委员会讨论,依照《刑事诉讼法》第二百五十六条及《最高人民法院关于适用〈中华人民共和国刑事诉讼法〉的解释》第三百八十九条第二款之规定,广东省高级人民法院作出刑事判决:撤销原一审、二审裁判,改判原审被告人潘亚海无罪。

二、主要问题

被告人没有建筑资质,以没有资质的公司名义与建设单位签订工程建设合同,随后将建筑工程发包给他人,让分包人缴交押金、保证金和借款,拖欠施工价款,并向供货单位赊购建筑材料,在完成部分建筑工程的基础上向建设单位主张工程价款,是否构成合同诈骗罪?

三、裁判理由

（一）本案证据不能认定潘亚海主观上具有非法占有的目的

根据 2004 年《最高人民法院关于审理建设工程施工合同纠纷案件适用法律问题的解释》①第一条第（一）项的规定，"承包人未取得建筑施工企业资质或者超越资质等级的"，建设工程施工合同无效。第二条规定："建设工程施工合同无效，但建设工程经竣工验收合格，承包人请求参照合同约定支付工程价款的，应予支持。"第三条第一款规定："建设工程施工合同无效，且建设工程经竣工验收不合格的，按照以下情形分别处理：（一）修复后的建设工程经竣工验收合格，发包人请求承包人承担修复费用的，应予支持；（二）修复后的建设工程经竣工验收不合格，承包人请求支付工程价款的，不予支持。"因此，即使认定潘亚海不具备建筑资质与永某公司、"某某学校"签订了建筑施工合同，合同无效，但只要其对建设工程进行施工，工程经验收合格，依法应获取相应的工程价款。涉案工程经侦查机关委托的鉴定机构鉴定，确认"某某城""某某学校"高中部工程已经完成了 12 334 701.51 元的施工建设，证人钟某某作证称潘亚海在"某某城"工地做了临时设施、地下室土方开挖、边城支护、地下室人工挖孔桩等基础工程。"某某学校"则平整好并建好活动板房。目前没有证据证实潘亚海已经实施的工程验收不合格且经修复后仍不合格，潘亚海向曹某主张工程款的《工程造价结算书》中附有在"某某城"花园和"某某学校"的各项工程的具体价款，永某公司和"某某学校"对工程款数额如有异议，可以协商或通过民事诉讼渠道解决。潘亚海与永某公司、"某某学校"的纠纷应属民事纠纷范畴。

另根据辩护人提供的潘亚海从 2004 年至 2011 年多次以"广东开平建某集团有限公司""深圳市洪某装饰工程有限公司"等单位名义对外签约承揽建设施工工程，可以证实潘亚海具有建设施工的经历和能力，且一直有通过挂靠其他公司的形式承揽工程。

综上，潘亚海具有一定的建设施工的经历和能力，其已按承建合同完成了

---

① 现已失效。

部分工程,向永某公司和"某某学校"主张工程款,具有事实和法律依据。即使潘亚海不具备建筑资质而签订建设工程合同,要求工程结算金额偏大,结算过程中有占据工地、煽动工人上访等不当行为,但不能据此认定潘亚海主观上具有非法占有工程价款的目的。

(二)本案证据不能证实潘亚海非法占有了他人的财物,潘亚海的行为在客观方面不符合合同诈骗罪的构成要件

1.潘亚海具有履行"某某城"和"某某学校"建设施工合同的行为

根据永某公司和潘亚海签订的合同内容看,潘亚海与永某公司签订的是承包人垫资承包合同,发包方永某公司、"某某学校"并没有预付工程价款,合同约定只有潘亚海施工建设至合同约定的进度后,才会依约获得首期工程款。截至案发时潘亚海已完成经鉴定价值为 12 334 701.51 元的工程项目,众多分包人也陈述根据潘亚海的分包,实际对"某某城"工地进行了施工,而潘亚海未收到永某公司和"某某学校"的工程款。

综上,潘亚海客观上实施了履行合同行为。

2.潘亚海的行为不具备合同诈骗分包人、供应商财物的客观要件

潘亚海在与永某公司签订建设工程合同后实际承建"某某城"的建设项目。其在此后将"某某城"部分工程实际分包给陈某仁、张某某等人施工建设,各分包人也确实入场进行施工建设。因此,潘亚海并没有虚构建设施工项目骗取保证金、借款。

分包人陈某仁作证称承建工程一般要交押金,是为了保障合同如期履行。分包人丘某作证称收到潘亚海先后支付的 45 万元左右的工程款,徐某、吴某、宋某、范某等分包人作证称潘亚海有部分工程支付过工程款,没有证据证实潘亚海将押金、保证金、借款予以转移、挥霍或隐匿。潘亚海向某某混凝土有限公司、林某等供货单位和个人赊购了混凝土、钢筋、胶合板等建筑材料,但这些材料确实与正在施工的建设工程有关,没有证据证实潘亚海将上述建筑材料另行转移、隐匿或倒卖。潘亚海虽然拖欠分包人部分施工价款,但其辩解待收到建设单位工程款后再支付余额的解释合理,此做法在建设工程分包中亦属常见。根据侦

查机关委托的鉴定机构鉴定,本案"某某城"和"某某学校"高中部已完成部分工程造价达 12 334 701.51 元,结合分包人的证言,可以认定潘亚海将收取的保证金、借款和赊购的建筑材料投入了建设工程项目中,这些财物并未被潘亚海非法占有,且潘亚海已建成的工程造价经鉴定远高于其欠分包人和供货商的价款。

因此,本案证据不能证实潘亚海实施了非法占有分包人或材料供应商财物的行为,潘亚海的行为不符合合同诈骗分包人、材料供应商的客观要件。

关联索引:(2016)粤刑再 10 号刑事判决

撰稿:莫君旱

审编:石　冰

案例 17

行为人未取得商品房预售许可证销售房屋，但依法未明确规定追究刑事责任的，不构成犯罪
—— 顾辉非法经营再审改判无罪案

> **裁判要旨**
>
> 在刑事审判中，应坚持罪刑法定原则，秉持刑法谦抑性，严格区分违法行为和犯罪行为。对于企业家在经营活动中的行政违法行为，《刑法》第九十六条列举"国家规定"未明文规定追究刑事责任的，不能依据《刑法》第二百二十五条第（四）项扩大适用范围，依法不构成犯罪。行为人违反了《城市房地产开发经营管理条例》，不具有房地产开发企业营业执照，未取得商品房预售许可证明，自行销售、委托销售商品房，应当根据相关行政法规追究行政违法责任。

一、基本案情

原审被告人顾辉，原系个体经营户。

江苏省涟水县人民检察院指控被告人顾辉犯非法经营罪向涟水县人民法院提起公诉。

涟水县人民法院经审理查明：

2002年11月15日，被告人顾辉和他人合伙出资人民币90.3万元取得涟水县涟城镇常青路原竹木器厂院内地块土地使用权。后其他投资人先后退伙。被告人顾辉以淮安市涟水工商行政管理局预先核准的某某医药配送公司作为

用地单位从涟水县国土资源局取得上述地块《建设用地批准书》,土地用途为"商业、住宅"。顾辉于2003年至2004年先后办理公司名称预核登记、立项、建筑、规划等手续,用某某医药公司取代某某医药配送公司。2004年10月6日,顾辉以某某医药公司作为发包方,王某乙以某某建筑公司作为承包方,双方签订了《建设工程施工合同》《某某医药综合楼建设工程施工合同补充协议》,约定由承包方垫资建设某某医药综合楼,并自行销售部分房屋以折抵工程款。随后,某某建筑公司办理了工程施工许可证,王某乙以某某建筑公司某某医药综合楼项目部经理身份组织施工。在施工过程中,被告人顾辉在未取得房地产开发企业营业执照和商品房预售许可证的情况下,于2005年3月至2006年11月,以商品房名义对外出售房屋共计4套,得款共计人民币70.91万元。2004年11月至2006年7月,王某乙对外销售房屋共计40套,得款共计人民币683.6002万元,以抵扣顾辉应付的工程款。

涟水县人民法院认为,被告人顾辉违反国家规定,非法经营商品房,扰乱市场秩序,情节严重,其行为构成非法经营罪。依照《刑法》第二百二十五条第(四)项之规定,判决如下:

被告人顾辉犯非法经营罪,判处有期徒刑二年六个月。

宣判后,被告人顾辉以其无罪为由提出上诉。淮安市中级人民法院经审理查明作出刑事裁定:驳回上诉,维持原判。

上述裁判生效后,原审被告人顾辉以"没有犯罪"为由,向江苏省高级人民法院提出申诉。江苏省高级人民法院依法作出再审决定,对本案进行提审。

再审期间,原审被告人顾辉辩称:自己不构成非法经营罪,请求宣判无罪。其辩护人的辩护意见为:1. 顾辉建造、销售4套房屋的行为不应认定为犯罪,其已经过了涟水县相关部门的审核批准。2. 一审、二审裁判适用法律错误。顾辉不存在非法经营的犯罪故意,其销售房屋的行为没有刑事违法性,也没有严重扰乱市场秩序。请求改判顾辉无罪。

江苏省人民检察院出庭意见:1. 顾辉违规销售商品房的行为具有非法经营性质,但不应以非法经营罪处理。原判认定顾辉犯非法经营罪,并无可归结为

案例 17　行为人未取得商品房预售许可证销售房屋,但依法未明确规定追究刑事责任的,不构成犯罪

非法经营犯罪的刑事法律法规或司法解释可以援引,有违罪刑法定原则。2.涟水县相关部门的行为在一定程度上阻却了顾辉的主观故意。3.顾辉违规售房 4 套的行为尚未达到严重扰乱市场秩序的危害程度。建议撤销原判,改判顾辉无罪。

江苏省高级人民法院再审审理查明:

2002 年 11 月 3 日,原审被告人顾辉和其他人合伙出资人民币 90.3 万元参与竞买,竞得涟水县国土资源局挂牌公开出让涟水县涟城镇常青路原竹木器厂院内一块土地使用权。因其他投资人相继退伙,顾辉支付对价、独立获得该地块土地使用权,决定创建医药公司。2003 年,顾辉以淮安市涟水工商行政管理局预先核准的某某医药配送公司作为用地单位,从涟水县国土资源局取得《建设用地批准书》,土地用途为"商业、住宅"。顾辉到淮安市工商局办理了某某医药公司的预核准名称,取代了某某医药配送公司。2004 年 3 月 11 日,涟水县发展计划委员会发文批准顾辉建某某医药综合楼的申请。2004 年 8 月 18 日,顾辉以某某医药公司为用地单位从涟水县国土资源局取得《建设用地批准书》;2004 年 9 月 27 日,顾辉从涟水县建设局取得建设工程规划许可证。

2004 年 10 月 6 日,顾辉以某某医药公司作为发包方,与承包方某某建筑公司委托代理人王某乙签订了《建设工程施工合同》,资金自筹,工期 200 天(自 2004 年 10 月 16 日至 2005 年 5 月 16 日止),造价 548.51192 万元。当日,双方又签订了《某某医药综合楼建设工程施工合同补充协议》,另增加 18 万元,以某某医药综合楼的二至六层住宅部分,按每平方米 1400 元折抵给某某建筑公司作为工程款,房屋对外销售的价格由双方统一定价,约定由承包方垫资建设某某医药综合楼,并自行销售部分房屋以折抵工程款,售房款必须用于建筑购材、工资等,并由双方签字使用。合同签订后,2004 年 11 月 5 日,某某建筑公司从涟水县建筑工程管理局办理了某某医药综合楼工程施工许可证。顾辉以某某医药公司名义向涟水县物价局申请某某医药商住楼商品房预销售价格认证。2004 年 12 月 14 日,涟水县物价局批复基准价格为每平方米 1360 元(含税),可以上下浮动 5%。2005 年 1 月 26 日,某某建筑公司致函某某医药公司,将项目经理刘某军更换为王某乙负责施工。其间,王某乙未按规定将出售某某医药综合楼40套房屋的资金投入建设中,导致某某医药综合楼没有如期竣工。

2006年9月,因某某医药综合楼建设合同纠纷一案,顾辉作为某某医药公司法定代表人向淮安仲裁委员会申请仲裁,被申请人是某某建筑公司,王某乙是委托代理人之一。经仲裁,解除双方于2004年10月6日签订的《建设工程施工合同》《某某医药综合楼建设工程施工合同补充协议》,确定了某某建筑公司赔偿某某医药公司的具体数额。2006年11月30日,某某医药公司、某某建筑公司根据仲裁调解书签订了赔偿协议并予以公证。

2005年3月至2006年11月,顾辉对外销售房屋4套,售房得款共计人民币70.91万元。2004年11月至2006年7月,王某乙对外销售房屋40套后,因工程未能如期竣工、按期交付,导致广大购房户集体到县、市、省三级政府上访。

江苏省高级人民法院再审认为,原判决、裁定认定原审被告人顾辉犯非法经营罪的事实不清,证据不足,适用法律错误。顾辉的辩解、辩护人的辩护意见、检察员的出庭意见均成立,均予以采纳。原公诉机关指控顾辉犯非法经营罪的罪名不成立。依照《刑事诉讼法》第二百五十六条第一款和《最高人民法院关于执行〈中华人民共和国刑事诉讼法〉若干问题的解释》第三百八十九条第二款之规定,江苏省高级人民法院作出刑事判决:撤销原一审、二审裁判,改判原审被告人顾辉无罪。

二、主要问题

1. 如何把握非法经营罪的实质构成要件?行为人有用地、物价等合法手续,但未取得商品房预售许可证,自行或委托施工方销售部分房屋,主观上是否具有非法经营的故意?

2. 如何把握《刑法》第二百二十五条第(四)项规定的"其他严重扰乱市场秩序的非法经营行为"?《刑法》第二百二十五条"国家规定"未规定依法追究刑事责任的,司法实践中如何把握适用范围?

案例17　行为人未取得商品房预售许可证销售房屋,但依法未明确规定追究刑事责任的,不构成犯罪

三、裁判理由

（一）坚持证据裁判原则,认真审查行为人主观上是否具有非法经营的犯罪故意

本案中,顾辉与某某建筑公司签订建设工程施工合同及补充协议后,办理并持有一系列涟水县发展计划委员会批文、建设用地批准书、工程施工许可证、建设工程规划许可证、商品房预销售价格认证等部门批文,但尚未取得房地产开发企业营业执照和商品房预售许可证。顾辉在主观上处于对上述批文的合理信赖之中,不存在《刑法》第十四条第一款规定的"明知自己的行为会发生危害社会的结果,并且希望或者放任这种结果发生"的违法性认识。因此,顾辉主观上不具有非法经营的犯罪故意。

（二）严格把握违法与犯罪的界限

对于虽属违法违规,但不构成犯罪的经营行为,不应以犯罪论处。"违反国家规定"在《刑法》第二百二十五条中是认定非法经营罪的前提。其中,"国家规定"应当以《刑法》第九十六条作为依据,即"本法所称违反国家规定,是指违反全国人民代表大会及其常务委员会制定的法律和决定,国务院制定的行政法规、规定的行政措施、发布的决定和命令"。此条将部门规章中规定的违法行为排除在构成犯罪之外。

非法经营行为在"国家规定"中具有违法性,是构成非法经营罪的前提条件。非法经营罪具有违反行政法规、触犯刑律的双重违法性。认定是否构成非法经营罪时,尤其是在适用《刑法》第二百二十五条第（四）项兜底条款时,应当运用"国家规定"的行政法规中禁止性规定、构成犯罪的指向性条款补足犯罪构成要件。即凡在行政法规中明确规定"构成犯罪的,依法负刑事责任"的,根据规定具体条款指向的犯罪类别,由行政执法机关将案件移送司法机关处理的,才可以依据刑法具体条款定罪。

全国人大常委会法制工作委员会刑法室编撰的《中华人民共和国刑法条文

说明、立法理由及相关规定》①也阐述了其他严重行为扰乱市场秩序的非法经营行为,这是针对现实生活中非法经营犯罪活动的复杂性和多样性所作的概括性的规定,其应当具备三个条件:1.这种行为发生在经营活动中,主要是发生在生产、流通领域;2.违反法律、法规的规定;3.具有社会危害性,严重扰乱市场经济秩序。

对于没有界定的行为,法院是否可以依据兜底条款定罪？根据2015年修正的《立法法》第七条、第二十六条、第五十条,有关犯罪与刑罚的刑事立法权归属于全国人大及其常务委员会制定的法律和决定,法律解释权属于全国人大常委会。涉及审判问题具体应用法律的司法解释权则由最高人民法院、最高人民检察院规定。承此法条,《最高人民法院关于准确理解和适用刑法中"国家规定"的有关问题的通知》第三条明确规定:"各级人民法院审理非法经营犯罪案件,要依法严格把握刑法第二百二十五条第(四)的适用范围。对被告人的行为是否属于刑法第二百二十五条第(四)规定的'其他严重扰乱市场秩序的非法经营行为',有关司法解释未作明确规定的,应当作为法律适用问题,逐级向最高人民法院请示。"该通知中还明确指出,对于违反地方性法规、部门规章的行为,不得认定为"违反国家规定"。由此可见,立法机关设置的兜底条款,司法机关不能够随意扩大适用范围。

本案中,顾辉对某某医药综合楼中房屋的销售没有预售房许可证是客观事实,但《建设部城市商品房预售管理办法》是部门规章,而非"国家规定",且全文中也没有关于无预售房许可证销售房屋应当追究刑事责任的条款。《城市房地产管理法》《城市房地产开发经营管理条例》虽然属于"国家规定",但《城市房地产管理法》第六十八条规定的法律责任中并未涉及犯罪与刑罚,《城市房地产开发经营管理条例》第五章"法律责任"中也没有任何指向性条款和非法经营罪进行结合,均无法构成完整的犯罪构成要件。两部法律法规已有规定的处罚性质均属于行政处罚,不涉及刑事犯罪。可以说,立法本意及其解释均没有扩

---

① 参见全国人大常委会法制工作委员会刑法室编:《中华人民共和国刑法条文说明、立法理由及相关规定》,北京大学出版社2009年版,第458页。

案例17　行为人未取得商品房预售许可证销售房屋,但依法未明确规定追究刑事责任的,不构成犯罪

张至城市商品房销售领域。

非法经营罪指向的"国家规定"作为非法经营罪罪状的有机组成部分,由于是认定要件之一,亦应当受到罪刑法定原则的严格约束,只有明文规定需要承担刑事责任的"国家规定"才能指向非法经营罪,而无明文规定的,则因为不符合罪刑法定原则的要求而不能指向非法经营罪。本案中,房地产开发经营领域的法律法规只规定了行政处罚责任,也在一定程度上说明违反此类规定的行为,处以行政处罚就能达到处罚效果。

《最高人民法院关于充分发挥审判职能作用切实加强产权司法保护的意见》中指出,客观看待企业经营的不规范问题,严格遵循罪刑法定、疑罪从无、从旧兼从轻等原则,依法公正处理。对在生产、经营、融资等活动中的经济行为,除法律、行政法规明确禁止的,不得以犯罪论处。江苏省高级人民法院在再审本案时,坚决贯彻落实党中央、国务院和最高人民法院关于完善产权制度、依法保护产权的政策精神,对案件的法律关系条分缕析,仔细辨别,全面查明原判认定的事实是否清楚,依据的证据是否充分,适用的法律是否正确,裁判的结果是否公正。

本案的再审结果充分体现了人民法院精确把握经济违法行为的入刑标准,围绕犯罪构成的要件进行认真审查,正确区分违法和犯罪之间的界限,分清经济违法行为的不同法律责任,严格执行罪刑法定原则。围绕犯罪构成充分考虑案件的社会危害性、刑事违法性和应受刑罚惩罚性,在做事实判断的同时,一并做好价值考量,真正做到合法性、合理性和合目的性,情、理、法的有机统一。

关联索引:(2019)苏刑再3号刑事判决

撰稿:臧珏杨

审编:邢海莹

案例 18

货物交易型案件中经济纠纷与诈骗犯罪的界限
——赵明利诈骗再审改判无罪案

裁判要旨　对于经济活动中发生的刑事案件,应对行为人的主观方面进行准确认定,防止将行为人未完全履行合同义务的情形一概认定为具有非法占有的目的。特别是连续交易行为中合同纠纷与诈骗犯罪的区分,应综合整体交易过程进行判断,全面考察合同履行的过程和当事人的心理态度,准确认定诈骗犯罪的主观、客观要件,避免混淆经济纠纷与刑事犯罪的界限。

一、基本案情

原审被告人赵明利,原系某铆焊加工厂厂长。

辽宁省鞍山市千山区人民检察院指控被告人赵明利犯诈骗罪,向鞍山市千山区人民检察院提起公诉。

千山区人民法院经审理查明:检察机关指控被告人赵明利犯诈骗罪所依据的有关证据不能证明赵明利具有诈骗的主观故意,证据与证据之间相互矛盾,且没有证据证明赵明利实施了诈骗行为。

千山区人民法院认为,鞍山市千山区人民检察院指控赵明利犯诈骗罪,证据不足。依照相关法律规定,宣告赵明利无罪,并驳回刑事附带民事诉讼原告

案例 18　货物交易型案件中经济纠纷与诈骗犯罪的界限 \ 141

某某联合冷轧板矫直厂（以下简称联合冷轧板矫直厂）提起的刑事附带民事诉讼。

宣判后，千山区人民检察院以一审判决适用法律不当，判决有误等为由，提起抗诉。联合冷轧板矫直厂以一审判决驳回其单位提起的刑事附带民事诉讼不妥，应当判决赵明利所犯诈骗罪成立等为由，提出上诉。

鞍山市中级人民法院查明：被告人赵明利利用某甲冷轧板公司管理不善之机，采取提货不付款的手段，于1992年4月29日、5月4日、5月7日、5月8日从某甲冷轧板公司骗走冷轧板46.77吨（价值人民币134 189.50元）。

鞍山市中级人民法院认为，被告人赵明利在与某甲冷轧板公司购销钢板过程中诈骗公共财物，数额巨大，其行为已构成诈骗罪。一审判决认定赵明利无罪不当，应予改判。检察机关对该起事实的抗诉理由充分，予以支持。但检察机关指控赵明利在与联合冷轧板矫直厂的购销往来中诈骗该单位108.82吨冷轧板证据不足，对该抗诉理由不予支持。联合冷轧板矫直厂要求赵明利赔偿其单位经济损失理由不充分，不予处理，对双方的经济纠纷可另行告诉。判决：撤销一审判决；以诈骗罪判处被告人赵明利有期徒刑五年，并处罚金人民币20万元。

二审宣判后，被告人赵明利先后向鞍山市中级人民法院、辽宁省高级人民法院提出申诉，均被驳回，后赵明利因病死亡。赵明利的妻子马某某向最高人民法院提出申诉。最高人民法院作出再审决定，提审本案。

再审期间，申诉人马某某及其代理人认为，原审被告人赵明利的行为不构成诈骗罪，应当改判赵明利无罪。主要理由如下：第一，赵明利未实施诈骗行为。本案没有关于赵明利实施虚构事实、隐瞒真相行为的证据，亦没有赵明利骗取他人财物的证据。第二，赵明利通过正常程序办理提货，没有诈骗的故意。双方存在持续的多次交易，赵明利始终在履行付款义务，甚至在涉案的4笔货物交易期间及之后，仍向某甲冷轧板公司支付大额货款。第三，双方虽对赵明利是否付清货款发生争议，但在协商过程中，赵明利并未逃匿，不存在非法占有他人财物的目的。

最高人民检察院再审出庭意见：原二审判决认定赵明利犯诈骗罪确有错

误,应当依法改判赵明利无罪。主要理由如下:第一,原二审判决认定事实不全面、不客观。1992年至1993年,赵明利与某甲冷轧板公司存在多次购销冷轧板业务往来,其中大部分货款已结算并支付。实际交易中,提货与付款并不是一次一付、一一对应的关系。赵明利的4次提货仅是多次交易中的一小部分,应当将4次交易行为放在双方多次业务来往和连续交易中进行评价。第二,依据现有证据,不能认定赵明利对4次提取的货物具有非法占有的目的。案发时双方未经最终结算,交易仍在持续,涉案4次提货后,赵明利仍有1次提货结算和2次转账付款行为。赵明利在交易期间具有正常履行支付货款义务的能力,在双方交易中积极履行了大部分支付货款义务,4次提货未结算后亦未实施逃避行为。第三,赵明利的4次未结算行为不符合虚构事实、隐瞒真相的诈骗行为特征。涉案4次提货前,双方已有多次交易,且4次提货前赵明利已预交支票,正常履行了提货手续。某甲冷轧板公司相关员工给赵明利发货,并未陷入错误认识,也非基于错误认识向赵明利交付货物。

最高人民法院经审理查明:

1992年年初,原审被告人赵明利担任厂长并承包经营的某铆焊加工厂与某甲冷轧板公司建立了持续的钢材购销关系。1992年至1993年,赵明利从某甲冷轧板公司多次购买冷轧板。赵明利提货后,通过转账等方式,向某甲冷轧板公司支付了大部分货款。实际交易中,提货与付款并不是一次一付、一一对应的关系。其中,1992年4月29日、5月4日、5月7日、5月8日,赵明利在向某甲冷轧板公司财会部预交了支票的情况下,从某甲冷轧板公司购买冷轧板46.77吨(价值人民币134 189.50元)。提货后,赵明利未将某甲冷轧板公司开具的发货通知单结算联交回某甲冷轧板公司财会部。1992年5月4日、5月29日、1993年3月30日,赵明利支付的货款220 535元、124 384元、2万元分别转至某甲冷轧板公司账户。后双方在赵明利是否付清货款问题上发生争议,产生纠纷。1994年8月11日,某甲冷轧板公司以赵明利诈骗该公司冷轧板为由,向公安机关报案。

最高人民法院认为,原审被告人赵明利在被指控的4次提货行为发生期间及发生后,仍持续向某甲冷轧板公司进行转账支付货款,并具有积极履行支付货款义务的意思表示。事实上,赵明利也积极履行了大部分支付货款的义务,从未否认提货事实的发生,更未实施逃匿行为。虽然在是否已经付清货款问题上,赵明利与某甲冷轧板公司发生了争议,但这是双方对全部交易未经最终对账结算而产生的履约争议,故亦不能认定赵明利存在无正当理由拒不支付货款的行为。因此,赵明利是按照双方认可的交易惯例和方式进行正常的交易,不能认定其对被指控的4次提货未结算的行为主观上具有非法占有的目的。虽然在交易过程中,存在赵明利4次"提货未结算"的情况,但提货未结算,属于符合双方交易惯例且被对方认可的履约行为,且4次提货前,赵明利已向某甲冷轧板公司财会部预交了支票,履行了正常的提货手续。未结算的行为不是虚构事实、隐瞒真相的行为,某甲冷轧板公司相关人员亦未陷入错误认识,更没有基于错误认识向赵明利交付冷轧板。原二审判决将赵明利的行为表述为"采取提货不付款的手段""从某甲冷轧板公司骗走冷轧板46.77吨",属于事实认定错误,不符合案件的客观真相。

综上,赵明利在与某甲冷轧板公司的冷轧板购销交易过程中,主观上没有非法占有的目的,客观上亦未实施虚构事实、隐瞒真相的行为,其行为不符合诈骗罪的构成要件,不构成诈骗罪。原二审判决认定赵明利的行为构成诈骗罪,属于认定事实和适用法律错误,应当依法予以纠正。依照《刑事诉讼法》第二百五十六条第一款,第二百三十六条第一款第(二)项、第(三)项及《最高人民法院关于适用〈中华人民共和国刑事诉讼法〉的解释》第三百八十四条第三款,第三百八十九条第一款第(三)项、第(四)项,第二款和第四百四十五条之规定,最高人民法院作出刑事判决:撤销原二审判决;改判原审被告人赵明利无罪;已执行的罚金依法予以返还。

二、主要问题

在货物交易型案件中,连续交易行为中经济纠纷与诈骗犯罪的界限如何判定?

三、裁判理由

（一）本案中提货未结算的行为是否符合诈骗犯罪的行为特征

首先应明确，经济合同是典型的双务合同，即双方当事人都享有权利和承担义务的合同。买方享有提取货物的权利，履行支付货款的义务；卖方享有收取货款的权利，履行提供货物的义务。经济合同的履行方式包括同时履行，但不限于同时履行，也可以根据具体情况由一方先履行相应义务，另一方后履行相应义务。比如，可以由买方先提货后付款，也可以由买方先付款后提货。本案中，双方实际交易时，提货与付款并不是一次一付、一一对应的关系。无论是由赵明利先从某甲冷轧板公司提货，还是先由其向某甲冷轧板公司付款，均符合双方的交易惯例，均属于履行合同的方式，仅据此不能认定其行为构成诈骗犯罪。

诈骗犯罪客观方面的基本构成要素有：一是行为人实施了虚构事实、隐瞒真相的行为；二是对方因此产生了错误认识；三是对方基于错误认识处分财产；四是行为人取得对方交付的财产；五是被害人遭受财产损失。在上述构成要素中，行为人实施了虚构事实或者隐瞒真相的行为，对方因此产生了错误认识并基于错误认识处分财产，是诈骗罪客观方面基本构成的最主要方面。行为人是否虚构事实或者隐瞒真相，是认定诈骗行为是否成立的核心。所谓虚构事实，就是指捏造并不存在的事实，骗取他人的信任。虚构事实，可以虚构全部事实，也可以虚构部分事实。例如，在交易过程中虚构交易主体或者冒用其他交易主体名义参加交易，使用了伪造的印章、证明文件，等等。所谓隐瞒真相，即指掩盖客观存在的某种事实。可以掩盖全部事实，也可以掩盖部分事实；可以采取积极的行为掩盖事实，也可以采取消极的行为掩盖事实，如应当告知而未告知。另外，需要着重强调的是，某一行为如果本身无法掩盖客观存在的某种事实，即使行为人实施了该行为，亦不能认定该行为属于隐瞒真相的行为。

本案中，赵明利4次提货未结算的行为，属于符合双方交易惯例且被对方认可的履约行为，不符合诈骗行为的特征。一方面，赵明利并未虚构事实或者隐瞒真相。提货前，赵明利已向某甲冷轧板公司财会部预交了支票，履行了正常的提货手续。由此,赵明利系在履行了正常提货手续后提货,并未虚构事实。根据交易流程,某甲冷轧板公司提货所用发货通知单有三联,其中一联留存于销售部、一联留存于成品库、一联(结算联)交回财会部。赵明利提货后,虽然未将发货通知单结算联交回财会部履行结算手续,但另两联仍在销售部和成品库存留。某甲冷轧板公司完全可以通过对账发现以上未结算情况,且亦正是通过存留的发货通知单发现赵明利未结算的情况,进而要求其履行付款义务。由此,赵明利未结算的行为也不属于隐瞒真相。另一方面,某甲冷轧板公司负责开具发货通知单的员工在开具发货通知单之前,已向财会部确认了赵明利预交支票的情况,并经财会部同意后才给赵明利开具了发货通知单。由此,某甲冷轧板公司相关人员未因赵明利未结算的行为陷入错误认识,更没有基于错误认识向赵明利交付冷轧板。综上,赵明利4次未结算的行为显然不是诈骗行为。原二审判决将赵明利的行为表述为"采取提货不付款的手段""从某甲冷轧板公司骗走冷轧板46.77吨",属于事实认定错误,未全面把握赵明利行为的性质。

(二)能否以部分提货不付款的行为认定赵明利主观上具有非法占有的目的

非法占有目的的判断,虽然属于行为人主观心理事实认定的范畴,但必须结合案件的客观事实来综合判定。在货物交易型案件中,据以判断提货方是否存在非法占有目的的客观情况通常包括:提货方是否实施了虚构事实、隐瞒真相的欺骗行为,即是否虚构交易主体或者冒用其他交易主体名义参与交易,是否使用了伪造、失效的印章、证明文件等欺骗对方,以及是否使用其他欺骗手段使交易相对方陷入错误认识而同意其提货;提货方是否具备支付货款的能力;提货方提取货物后,是否继续支付货款;提货方提取货物后,是否承认提货事实;提货方提取货物后,是否无正当理由拒不支付货款;提货方延迟支付货款是否符合双方交易习惯;提货方提取货物后是否逃匿;等等。因而,不能仅仅以形式上存在提货不付款的情形即认定被告人具有非法占有的目的,而应根据案情进行全面的判断。

本案中,赵明利虽然存在提货未同时付款的行为,但如果结合全案情况进行判断,则难以认定赵明利具有非法占有的目的。第一,关于是否实施了诈骗行为。赵明利并未实施虚构事实或者隐瞒真相的行为,某甲冷轧板公司也未基于错误认识交付货物。第二,关于支付货款的能力与意思表示。赵明利在提货时具有支付货款的能力,并未否认提货事实的存在或在提货后逃匿,其在提货后也持续通过转账方式支付货款。在此需要说明,虽然在是否已经付清货款问题上,赵明利与某甲冷轧板公司存在争议,但这是双方对全部交易未经最终对账结算而产生的履约争议,并不足以否认赵明利存在支付货款的能力与意思表示。第三,关于交易双方的交易习惯。在双方的实际交易中,提货与付款并不是一次一付、一一对应的关系,即提货与付款未一一对应符合双方的交易惯例,双方亦是按照该交易惯例持续进行交易。由此,赵明利提货未同时付款并不违反双方交易惯例。综上,赵明利并不具有非法占有的目的。

(三)连续交易行为中经济纠纷与诈骗犯罪界限判定的若干问题

本案最重要的司法意义在于,再审判决认定赵明利的行为不构成诈骗罪的理由,为连续交易行为中经济纠纷与诈骗犯罪界限判定提供了有参考价值的司法样本。

第一,应对整体的连续交易行为进行全面考察。连续交易行为不同于单次交易行为,对其行为的考察也需基于交易整体而非某一笔或几笔交易。对于连续交易行为而言,双方合同义务往往不是同时履行的,不能就某一次交易中买方是否付款作出单独判断,进而将提货未同时付款认定为提货不付款。本案中,赵明利与某甲冷轧板公司形成了长期的交易关系,案发时,双方并没有进行最终结算。虽然双方存在争议,但是即使赵明利欠小部分货款(针对整个交易额来说),在忽略整体交易进程的情况下,仅截取其中部分交易片段,并无视案发后赵明利仍在不断付款的事实,认定赵明利提货不付款,继而认定其行为构成诈骗罪,是不当的。

第二,应审查是否确有必要动用刑法予以规制。在经济活动中,刑事诈骗与经济纠纷的实质界限在于行为人是否通过虚假事实来骗取他人财物并具有严重的社会危害性。刑事诈骗行为超越了民事法律调整的范围和界限,本身具有必须运用刑罚手段予以制裁的必要性。因此,对于市场经济中的正常商业纠纷,如果通过民事诉讼方式可以获得司法救济,就应当让当事人双方通过民事诉讼中平等的举证、质证、辩论来实现权利、平衡利益,而不应动用刑罚这一最后救济手段。换言之,对于市场经济活动中发生的纠纷,如果未造成严重后果,可以通过民事诉讼方式有效处理的,原则上均不应作为刑事案件处理;相反,对于即使造成严重后果,但形式上不符合诈骗罪构成要件的行为,也不得使用刑罚来解决相关纠纷。只有形式上符合诈骗罪的构成要件、实质上具有严重社会危害性的行为,才具有刑事处罚的必要性。本案中,赵明利未及时支付货款的行为,既未实质上违反双方长期认可的合同履行方式,也未给合同相对方造成重大经济损失,尚未超出普通民事合同纠纷的范畴。此外,即使某甲冷轧板公司对赵明利未及时付清货款是否符合双方认可的合同履行方式持有异议,或者认为赵明利的行为构成违约并造成实际损害,也应当通过调解、仲裁或者民事诉讼方式寻求救济。

第三,应对行为本身不构成犯罪还是存疑不认定为犯罪作出明确判断。在审理过程中,围绕本案是认定为确定无罪还是存疑无罪也存在一定的争议。合议庭最终认定赵明利在与某甲冷轧板公司的冷轧板购销交易过程中,主观上没有非法占有的目的,客观上亦未实施虚构事实、隐瞒真相的行为,其行为不符合诈骗罪的构成要件,不构成诈骗罪。

综上,在毫不动摇地保护、鼓励民营经济发展的背景下,优化营商环境,依法守护企业家人身和财产安全,是司法裁判的时代使命。将经济纠纷与刑事诈骗犯罪相混淆,动用刑事强制手段介入正常的民事活动,侵害了平等、自愿、公平、自治的市场交易秩序,也对一个地区的营商环境造成较大损害。改判认定赵明利无罪不仅符合本案事实,也具有营造企业家干事创业的法治环境和改善地区营商环境的重要意义。

关联索引:(2018)最高法刑再6号刑事判决

撰稿:贾　伟
审编:夏建勇

案例 19

虚构借款理由向他人借款,虽未如约清偿,但具备清偿能力,亦未携款逃匿的,不能认定行为人具有非法占有目的
——肖军诈骗再审改判无罪案

裁判要旨 借款人虚构借款理由但使用真实身份向他人借款,出具有效借条,且具备一定还款能力,亦未携款逃匿,虽未如约清偿,但不能认定被告人具有非法占有目的,不构成诈骗罪。

一、基本案情

原审被告人肖军,原系某乙公司董事长。

河北省沧州市运河区人民检察院指控被告人肖军犯诈骗罪,向沧州市运河区人民法院提起公诉。

沧州市运河区人民法院经审理查明:

2014 年 12 月 8 日,被告人肖军以某乙公司上新项目需要资金为由,向被害人张某军借款 300 万元,期限 1 个月,利息 20%(6 万元)。2014 年 12 月 8 日、10 日,张某军通过银行卡转账给肖军名下的中国银行卡分别打款 200 万元和 100 万元,肖军在收到 300 万元后,将其中的 150 万元转入华某英的工商银行卡

案例 19 虚构借款理由向他人借款,虽未如约清偿,但具备清偿能力,亦未携款逃匿的,不能认定行为人具有非法占有目的 \ 149

中,用于归还其欠林某旻的个人借款;将其中 99.99 万元转入高某娣的农业银行卡上,用于归还其欠祁某军的借款;将其中的 8.5 万元用于归还其欠周某的欠款;还分别给张某军、王某转 6 万元、1 万元;还向本人农业银行卡转入 34.5 万元。

另查明,在 2014 年 12 月 8 日之前,被告人肖军及妻子程某梅名下的房产已经全部在银行进行借款抵押和二次借款抵押。

又查明,2015 年 7 月 24 日,沧州市运河区人民法院就张某军诉肖军、程某梅民间借贷纠纷一案作出(2015)运民初字第 1046 号民事判决书,判决肖军、程某梅偿还原告张某军借款本金 300 万元,利息从 2014 年 12 月 8 日起按双方约定的月利率 20% 计算至该案执行完毕止。判决生效后该案进入执行程序,沧州市运河区人民法院执行庭已执行肖军、程某梅名下财产共计 331 161.17 元。2017 年 3 月 21 日,因肖军涉嫌实施本案诈骗犯罪,沧州市运河区人民法院裁定中止(2015)运民初字第 1046 号民事判决书的执行。

沧州市运河区人民法院认为,被告人肖军以非法占有为目的,以虚构事实、隐瞒真相的方法,骗取他人财物 300 万元,数额特别巨大,其行为已构成诈骗罪。依照《刑法》第二百六十六条、第六十四条之规定,判决如下:一、被告人肖军犯诈骗罪,判处有期徒刑十二年,并处罚金 50 万元。二、追缴被告人肖军违法所得 300 万元,返还被害人张某军。

一审宣判后,被告人肖军不服,提出上诉。

沧州市中级人民法院经审理,裁定驳回上诉,维持原判。

上述裁判发生法律效力后,原审被告人肖军的母亲不服,提出申诉。河北省高级人民法院决定提审本案。

河北省高级人民法院经再审审理查明的事实和证据与原审基本一致。

河北省高级人民法院再审认为,虽然原审被告人肖军在向张某军借款时公司确实存在资金缺口,但其在借款时以真实身份出具了借条;肖军在借款时的资产状况侦查机关未进行审计,其在借款时是否具有履约能力的事实不清;肖军在借款后仍从事经营活动,未携款潜逃,且客观上有一定还款行为,原判认定肖军以非法占有为目的实施诈骗行为的事实不清,证据不充分。依照《刑法》第二百六十六条、《刑事诉讼法》第二百五十六条第一款及《最高人民法院关于适用〈中华人民共和国刑事诉讼法〉的解释》第三百八十九条第二款之规定,于2020年10月30日作出刑事判决:撤销原一审、二审裁判,改判原审被告人肖军无罪。

二、主要问题

1. 如何审查欺骗行为对于被害人形成错误认识进而交付财物的影响?
2. 如何审查行为人借款时的还款能力对认定诈骗犯罪的影响?
3. 如何把握已经民事诉讼处理,又进入刑事诉讼的案件?

三、裁判理由

(一)关于被告人采用的欺诈手段,应注重审查虚构事实或隐瞒真相的行为对于被害人形成错误认识进而交付财物是否产生决定性作用

笔者认为,行为人有无采取诈骗的行为手段。手段的非法性是认定主观目的的重要依据。诈骗犯罪中的诈骗行为与民事纠纷中的民事欺诈行为,都含有欺骗的成分,但有欺骗成分的不一定就构成诈骗罪,还应审查欺诈手段在行为完成当中所起的作用。在刑事诈骗中,行为人虚构基本或主要事实、隐瞒真相,欺诈手段在犯罪行为完成过程中起着根本性、绝对性的作用,而民事欺诈虽然对某些内容或部分事实采取了欺骗手段,如夸大数量、质量或自己的信誉、规模,但对行为最终适当、全面履行不存在根本性影响。

在本案中,肖军供称其系因资金周转向张某军借款,未虚构"踢走小股东"等借款理由,但根据被害人张某军陈述、证人胡某阳证言,被告人肖军称因公司想上新项目,但有个小股东不同意,所以想把这个小股东的股权收回来,顺利推进新项目为由向张某军借款,虽然肖军为张某军出具的借条未写明借款事由等内容,但根据相关证据可以认定被告人肖军虚构借款事由的基本事实。但是张

案例 19　虚构借款理由向他人借款，虽未如约清偿，但具备清偿能力，亦未携款逃匿的，不能认定行为人具有非法占有目的

某军决定借款给肖军的主要原因并不是肖军的公司要上新项目，根据其陈述及证人胡某某的证言，张某军在决定借款前经胡某某核实了肖军的还款能力，而并没有核实肖军的公司的经营状况。由此可见，虽然肖军虚构了借款事由，但张某军并不是因这一虚假事由产生错误认识而交付财物。肖军虚构的事实对于借款行为产生一定影响，但并非决定性影响。

（二）借款诈骗案件中，应注重审查行为人借款时的还款能力

民间借贷行为中，行为人虚构借款事由向他人借款，但以真实身份出具借条，具有一定履约能力，亦未携款逃匿，虽未如约还款，但原判未对被告人履约能力等相关证据查清，认定被告人以非法占有为目的证据不充分，不应认定为刑事犯罪。

在本案中，根据本案相关证据，肖军在向张某军借款 300 万元时，其任某乙公司董事长，该公司正在运营中，侦查机关未对该公司的市值进行审计；其辩称房产抵押后的残值以及其他资产、对外债权足以还清 300 万元借款，侦查机关亦未对其资产总体情况进行审计，肖军在向张某军借款时是否具有履约能力的事实不清。肖军向张某军借款后，仍在从事经营活动，并未携款潜逃。肖军与张某军签订的股权转让协议书证实，其在借款到期后，将其拥有的清大某公司全部出资转让给张某军，客观上有一定的还款行为。虽然在借款用途上肖军存在虚构的行为，但综合本案分析，原判认定肖军以非法占有为目的实施诈骗行为的事实不清，证据不足。

（三）追究被告人刑事责任，应当贯彻刑法的谦抑性原则

笔者认为，犯罪行为不仅应具有刑事违法性，还应具有社会危害性。刑法之所以把诈骗行为规定为犯罪，是因为这种行为严重侵犯他人财产权益，犯罪分子骗取他人财产或者隐匿了身份、住址，或者没有留下被害人主张权利的证据，或者将骗取的财产挥霍、藏匿等，被害人无法通过正常的民事救济途径维护其权益，不采用刑事手段制裁不足以维护正常的社会秩序。而在借款诈骗案件中，借款人使用真实身份向出借人借款，出具有效借条，出借人可以凭借有效借条提起民事诉讼，并通过执行程序予以救济。根据刑法谦抑性原则，欺骗行为

造成的损失能够通过民事途径进行救济的,一般不宜认定为诈骗罪。

在本案中,肖军未如约还款后,张某军向人民法院起诉肖军民间借贷纠纷一案,判决肖军偿还原告张某军借款本金300万元。判决生效后该案进入执行程序,该院已扣划肖军执行款331 161.17元。肖军主张其现有资产足以清偿该债务,但需变现时间,其造成的损失可以通过民事诉讼予以救济,社会关系亦能予以修复,不按照犯罪处理符合刑法谦抑性原则。

关联索引:(2020)冀刑再3号刑事判决

撰稿:李 霞
审编:司明灯

案例 20

民营企业不规范行为与犯罪的界限
——张文中诈骗、挪用资金、单位行贿再审改判无罪案

裁判要旨

1. 诈骗罪，主要是指以非法占有为目的，用虚构事实或者隐瞒真相的方法，骗取公私财物的行为。物美集团以国有企业某乙公司下属企业名义申报国债技改贴息，并未使负责审批的主管部门产生错误认识；物美集团申报的物流项目和信息化项目也并非虚构；物美集团在获得国债技改贴息资金后，未专款专用，属于违规行为。故不应认定物美集团为非法占有贴息资金的诈骗行为。

2. "为谋取不正当利益"和"情节严重"是构成单位行贿罪的要件。"情节严重"的认定，既要考虑数额，又要结合其他情节综合认定，不能简单唯数额论。物美集团在收购某丙总社所持某丁公司股份过程中，没有违背公平原则，没有获得不正当利益，亦未损害某丙总社的利益，不属于"情节严重"；物美集团在收购某庚公司所持某丁公司股份后，向李某3公司支付500万元系被索要，且不具有"为谋取不正当利益"而行贿的主观故意，亦不符合单位行贿罪的构成要件。

3. 按照证据裁判原则，认定案件事实，必须以证据为根据。原判认定张文中与他人共谋并利用他人职务上的便利，将某丁公司的4000万元资金转至某己投资咨询中心股票交易账户申购新股的事实清楚，但无证据证实张文中等人占有了申购新股所得盈利。故原判认定张文中挪用资金归个人使用、为个人谋利的事实不清、证据不足，依法不构成挪用资金罪。

一、基本案情

原审被告单位物美集团。

原审被告人张文中,原系物美集团董事长。

原审被告人张某甲,原系物美集团行政总监。

河北省衡水市人民检察院指控被告人张文中、张某甲犯诈骗罪,被告人张文中犯挪用资金罪,被告单位物美集团、被告人张文中犯单位行贿罪,向衡水市人民法院提起公诉。

河北省衡水市中级人民法院经审理查明:

(一)诈骗罪

2002年年初,被告人张文中得知国家对重点企业、重点项目实行国债贴息补贴政策,遂与被告人张某甲、物美集团副总裁张某1等人商议此事,并委派张某甲到原国家经济贸易委员会(以下简称原国家经贸委)等部门进行了咨询。在得知该批国债技改贴息资金主要用于支持国有企业技术改造项目、物美集团作为民营企业不属于国债技改贴息资金支持范围的情况下,张文中与张某甲商量后决定以某乙公司(国有企业)下属企业的名义进行申报。为此,张文中与某乙公司董事长田某1多次联系,田某1答应了张文中的要求。在张文中的指使下,张某甲等人以虚假资料编制了物美集团技改项目《可行性研究报告》,以某乙公司下属企业名义上报原国家经贸委。物流项目获得审批后,物美集团既未实施,也未向银行申请贷款;物美集团以信息化项目为名,以与其关联公司某戊公司签订虚假设备采购合同和开具虚假发票为手段,获得1.3亿元贷款,用于公司日常经营,未实施信息化项目。2003年10月29日,财政部将3190万元国债技改贴息资金拨付到某乙公司,后某乙公司将该款汇入物美集团账户,物美集团将该款用于偿还公司贷款。案发后,已追缴赃款3190万元。

(二)单位行贿罪

2002年,在被告单位物美集团收购某丙总社持有的某丁公司5000万股股份过程中,被告人张文中向某丙总社总经理办公室主任赵某提出让其提供帮助,并承诺给其一笔好处费。在赵某的积极协调、帮助下,2002年年底,物美集团以其关联公司和某戊公司的名义顺利收购了某丙总社持有的5000万股某丁公司股份。张文中遂指派张某1给付赵某30万元。2003年1月至2004年2月,张某1通过物美集团的关联公司某己经济评价中心以报销费用的方式向赵某支付了30万元。

2002年,在被告单位物美集团收购某庚公司持有的某丁公司5000万股股份过程中,被告人张文中向某庚公司总经理梁某承诺事成之后给予梁某个人500万元好处费。2003年年底,物美集团以其关联公司某辛公司的名义收购了某庚公司持有的5000万股某丁公司股份,张文中遂指使张某1通过某壬中心向梁某支付500万元。

(三)挪用资金罪

1997年3月,被告人张文中与某丁公司董事长陈某1商定挪用某丁公司的4000万元资金申购新股谋利。后张文中指使张某1从某丁公司转出4000万元,具体负责申购新股。张文中、陈某1又与某癸公司董事长田某1商定,通过某癸公司所兼管的河南某甲1公司的途径转款,以掩盖挪用情节,炒股所得盈利由张、田、陈三人按3∶3∶4比例分配。其间,中国人民银行检查,三人遂于1997年7月通过河南某甲1公司,又从某丁公司转出5000万元用于归还前次挪用款项。1997年8月19日,张某1归还某丁公司4000万元,同年9月3日和9日又分两次归还了5000万元。其间,炒股共盈利1000余万元。

河北省衡水市中级人民法院认为,被告人张文中、张某甲以非法占有为目的,虚构事实,隐瞒真相,骗取国家贷款贴息,数额特别巨大,其行为均已构成诈骗罪;被告单位物美集团在收购某丁公司股权过程中,给予国家工作人员好处费,其行为已构成单位行贿罪,张文中作为被告单位直接负责的主管人员,应予刑事处罚;张文中伙同他人并利用他人职务上的便利挪用某丁公司资金,归个人使用进行营利活动,数额较大,构成挪用资金罪的共犯,其在追诉期限内又犯新罪,应追究刑事责任。公诉机关指控的犯罪事实及罪名成立,应予支持。衡水市中级人民法院经审理作出刑事判决,认定物美集团犯单位行贿罪,判处罚金人民币530万元;认定张文中犯诈骗罪,判处有期徒刑十五年,并处罚金人民币50万元，犯单位行贿罪，判处有期徒刑三年，犯挪用资金罪，判处有期徒刑一年，决定执行有期徒刑十八年，并处罚金人民币50万元；认定张某甲犯诈骗罪，判处有期徒刑五年，并处罚金人民币20万元；张文中、张某甲违法所得予以追缴，上缴国库。

宣判后，被告人张文中、张某甲、被告单位物美集团不服原判，提出上诉。

河北省高级人民法院经审理认为，张文中、张某甲以非法占有为目的，将物美集团冒充为国有企业的下属企业，通过申报虚假项目，骗取国债技改贴息资金，数额特别巨大，其行为均已构成诈骗罪。物美集团在收购某丁公司股权过程中，违反国家规定，给予国家工作人员好处费，其行为已构成单位行贿罪；张文中作为物美集团直接负责的主管人员，应当承担相应的刑事责任。张文中伙同他人，并利用他人职务上的便利，挪用公司资金归个人使用，进行营利活动，数额较大，其行为已构成挪用资金罪；张文中的上述行为虽然发生于1997年，但其在该罪的追诉期限内又犯新罪，依法应追究刑事责任。张某甲在诈骗犯罪中，起辅助作用，属从犯，可减轻处罚。本案诈骗数额虽然特别巨大，但在案发后所骗款项已被全部追缴，未给国家造成实际经济损失，同时考虑到诈骗犯罪的目的不是个人占有，对张文中、张某甲可酌情予以从轻处罚。一审以诈骗罪判处张文中有期徒刑十五年，量刑偏重，应予改判。河北省高级人民法院经审理作出二审刑事判决，维持一审判决对物美集团、张某甲定罪量刑部分，对张文中、张某甲违法所得追缴部分以及对张文中单位行贿罪、挪用资金罪定罪量刑和诈骗罪定罪部分；撤销一审判决对张文中诈骗罪量刑以及决定执行刑罚部分；认定张文中犯诈骗罪，判处有期徒刑十年，并处罚金人民币50万元，与其所犯单位行贿罪、挪用资金罪并罚，决定执行有期徒刑十二年，并处罚金人民币50万元。

上述判决生效后，被告人张文中不服，向最高人民法院提出申诉。

最高人民法院作出再审决定，提审本案。

再审期间，原审被告人张文中及其辩护人认为，原判认定张文中犯诈骗罪、单位行贿罪和挪用资金罪错误，应当依法改判无罪。主要辩解和辩护意见为：

1.物美集团作为民营企业有资格申报2002年国债技改贴息项目,以某乙公司下属企业名义申报只是上报项目材料的渠道;张文中未参与编制项目《可行性研究报告》,更没有指使张某甲等人以虚假资料编制《可行性研究报告》;物美集团申报的物流项目和信息化项目是真实的,信息化项目的主要内容已经实施并已达到《可行性研究报告》的主要目标,物流项目虽然遇到国家和北京市通州区物流产业园区用地调整等诸多客观障碍,但也通过异地实施的方式实现了当初申报时设定的目标;张文中没有实施骗取国债技改贴息资金的故意和行为,不构成诈骗罪。2.涉案的30万元是给赵某的劳务报酬,500万元是给中间人李某3的中介费,且不是物美集团支付;收购某丙总社股权的是某戊公司,收购某庚公司股权的是某辛公司,物美集团在本案中不具备单位行贿罪的主体要件,不构成单位行贿罪,故张文中作为物美集团直接负责的主管人员,其行为亦不构成单位行贿罪。3.4000万元资金系某己投资咨询中心从某丁公司借出,属于单位之间的资金拆借行为,不属于挪用资金归个人使用,张文中的行为不构成挪用资金罪。

原审被告人张某甲及其辩护人认为,张某甲的行为不构成诈骗罪,应当依法改判无罪。除提出与张文中及其辩护人基本相同的辩解及辩护意见外,还提出张某甲受物美集团董事会指派负责物流项目和信息化项目的申报工作,系职务行为,不具有诈骗罪的主观故意。

原审被告单位物美集团的诉讼代表人同意原审被告人张文中及其辩护人提出的相关辩解和辩护意见,认为物美集团不构成单位行贿罪,应当依法改判无罪。

最高人民检察院再审出庭意见:原判适用法律错误,导致定罪量刑错误,建议依法改判原审被告人张文中、张某甲、原审被告单位物美集团无罪。主要理由为:1.原判认定物美集团不具有申报国债技改贴息资格依据不足;物美集团申报材料中的企业基本情况表和物流项目《可行性研究报告》均有不实内容,但该违规申报行为不是虚构事实、隐瞒真相的诈骗行为,更未因该不实申报行为使国家主管机关陷入错误认识;物美集团将3190万元国债技改贴息资金用于偿还其他贷款，违反了专款专用的规定，但在财务账目上一直将该笔资金列为"应付人民政府款项"，始终没有脱离国家机关的实际管控，物美集团并未非法占有该笔资金。故张文中、张某甲的行为不构成诈骗罪。2. 物美集团是收购某丁公司股份的主体，涉案 30 万元、500 万元分别系给予赵某、梁某的好处费，但物美集团在收购股份过程中未谋取不正当利益，赵某、梁某也没有为物美集团提供不正当帮助，故物美集团及张文中的行为不构成单位行贿罪。3. 张文中与陈某 1、田某 1 共谋从某丁公司挪用 4000 万元炒股谋利，并非单位行为，张文中的行为构成挪用资金罪，但已超过追诉期限。

最高人民法院再审查明：

（一）关于诈骗罪

2002 年年初，原审被告人张文中获悉国债技改贴息政策及原国家经贸委正在组织申报国债技术改造项目后，即与原审被告人张某甲等人商议决定物美集团进行申报，并委派张某甲具体负责。张某甲到原国家经贸委等部门进行了咨询。为方便快捷，张文中与张某甲商量后决定以某乙公司下属企业的名义申报，并征得时任某乙公司董事长田某 1 的同意。物美集团遂以某乙公司下属企业的名义，向原国家经贸委上报了第三方物流改造和信息现代化建设两个国债技改项目（以下分别简称物流项目、信息化项目），并编制报送了项目《可行性研究报告》等申报材料，其中物流项目《可行性研究报告》所附的土地规划意见书及附图不规范且不具有法定效力。上述两个项目经原国家经贸委等部门审批同意后，物美集团与某戊公司签订虚假设备采购合同，开具虚假发票，获得信息化项目贷款 1.3 亿元，后用于公司经营。物流项目由于客观原因未能在原计划地点实施，也未申请到贷款。2003 年 11 月，物美集团通过某乙公司取得物流项目和信息化项目的国债技改贴息资金共计 3190 万元，后用于归还公司其他贷款。案发后，3190 万元被追缴。

（二）关于单位行贿罪

2002 年，原审被告人张文中获悉某丙总社欲转让所持有的 5000 万股某丁公司股份，即通过某丙总社总经理办公室主任赵某（另案处理）向某丙总社负责人明确表达了原审被告单位物美集团收购该股份的意向。张文中请赵某提供帮助,并表示事成后不会亏待赵某。物美集团与某丙总社经多次谈判就收购股份达成一致。2002年6月26日,物美集团以其关联公司某戊公司的名义与某丙总社签订了股权转让协议。根据张文中的安排,2003年1月至2004年2月,张某1通过物美集团的关联公司某己经济评价中心以报销费用的方式分三次向赵某支付了30万元。

2002年,某庚公司为缓解经营困难,决定转让所持有的5000万股某丁公司股份。某丁公司董事长陈某1将这一信息告知原审被告人张文中并建议其收购,张文中表示同意。为促成股权转让,陈某1向某庚公司总经理梁某提出,股权转让后给梁某500万元好处费,并向张文中提出此要求,张文中表示接受。梁某的校友李某3(某甲2广告公司、某甲2文化公司董事长)应陈某1、张文中要求,为帮助原审被告单位物美集团收购股份,也找梁某做工作。之后,物美集团提出以每股1.35元的价格受让某庚公司持有的某丁公司股份,梁某没有同意。经梁某提议,某庚公司按规定委托广州产权交易所挂牌转让,挂牌价为每股1.45元。在无人摘牌的情况下,某庚公司与物美集团经多次谈判,最终以每股1.4元的价格达成一致。2003年3月20日,物美集团以其关联公司某辛公司的名义与某庚公司签订了股权转让协议。数月后,李某3在梁某不知情的情况下,通过陈某1向张文中索要500万元。张文中应陈某1的要求,安排张某1将500万元汇至李某3的公司账户。梁某事后得知,明确表示与其无关,并拒绝接受该笔款项,该款一直被李某3的公司占有。

(三)关于挪用资金罪

1997年3月,原审被告人张文中与某丁公司董事长陈某1、某癸公司董事长田某1商定,用某丁公司的4000万元资金申购新股谋利。同年3月27日,某丁公司的4000万元资金转至物美集团关联公司某己投资咨询中心在国泰证券公司北京方庄营业部开设的股票账户,张某1根据张文中的安排具体负责申购新股。为规避风险,某丁公司计财部与某己投资咨询中心签订了委托投资国债协议及抵押合同。同年7月,因中国人民银行检查,张文中、陈某1与田某1商定,再从某丁公司转出5000万元至某癸公司所兼管的河南某甲1公司。河南某甲1公司将4000万元转至某己投资咨询中心账户,用于向某丁公司归还前次4000万元款项。同年8月19日,某己投资咨询中心归还了某丁公司4000万元。同年9月3日、9日,某己投资咨询中心和河南某甲1公司又分两次共归还某丁公司5000万元。

最高人民法院再审认为,物美集团在申报国债技改贴息项目时,国债技改贴息政策已有所调整,民营企业具有申报资格,且物美集团所申报的物流项目和信息化项目均属于国债技改贴息重点支持对象,符合国家当时的经济发展形势和产业政策。原审被告人张文中、张某甲在物美集团申报项目过程中,虽然存在违规行为,但未实施虚构事实、隐瞒真相以骗取国债技改贴息资金的诈骗行为,并无非法占有3190万元国债技改贴息资金的主观故意,不符合诈骗罪的构成要件。故原判认定张文中、张某甲的行为构成诈骗罪,属于认定事实和适用法律错误,应当依法予以纠正。原审被告单位物美集团在收购某丙总社所持某丁公司股份后,给予赵某30万元好处费的行为,并非为了谋取不正当利益,亦不属于情节严重,不符合单位行贿罪的构成要件;物美集团在收购某庚公司所持某丁公司股份后,向李某3公司支付500万元系被索要,且不具有为谋取不正当利益而行贿的主观故意,亦不符合单位行贿罪的构成要件,故物美集团的行为不构成单位行贿罪,张文中作为物美集团直接负责的主管人员,对其亦不应以单位行贿罪追究刑事责任。原判认定物美集团及张文中的行为构成单位行贿罪,属于认定事实和适用法律错误,应当依法予以纠正。张文中与陈某1、田某1共谋,并利用陈某1职务上的便利,将陈某1所在某丁公司4000万元资金转至某己投资咨询中心股票交易账户进行营利活动的事实清楚,证据确实。但原判认定张文中挪用资金归个人使用、为个人谋利的事实不清、证据不足。故原判认定张文中的行为构成挪用资金罪,属于认定事实和适用法律错误,应当依法予以纠正。最高人民法院作出再审刑事判决,撤销原一审、二审刑事判决,宣告原审被告人张文中、张某甲、原审被告单位物美集团无罪。

二、主要问题

1. 关于诈骗罪,物美集团作为民营企业是否具有申报国债技改项目以获得技改贴息资金的资格?张文中是否实施了骗取国债技改贴息资金的诈骗行为?
2. 关于单位行贿罪,如何把握单位行贿罪的构成要件?
3. 关于挪用资金罪,如何贯彻证据裁判、疑罪从无的司法理念?
4. 对历史形成的涉产权和企业家权益案件,人民法院如何依法妥善处理?

三、裁判理由

(一)关于诈骗罪

本案中,根据1999年国家有关部门下发的政策性文件,虽未明确禁止民营企业申报国债技改贴息项目,但这些项目基本上都投向了国有企业。2002年物美集团申报时,虽然政策有所调整,但民营企业仍然处于弱势地位。物美集团以国有企业某乙公司下属企业的名义申报国债技改贴息项目,与这一特定历史背景不无关系。在物美集团申报的项目真实存在,且获得审批通过后,物美集团采用签订虚假合同等手段申请信息化项目贷款,违规使用已获得的贴息资金,均属违规行为,但并不构成犯罪,不能混淆罪与非罪的界限。具体理由如下:

1. 物美集团作为民营企业具有申报国债技改项目的资格,其以某乙公司下属企业名义申报,并未使负责审批的主管部门产生错误认识

第一,相关政策性文件并未禁止民营企业参与申报国债技改贴息项目,且身为民营企业的物美集团于2002年申报国债技改项目,符合国家当时的国债技改贴息政策。原判认定物美集团作为民营企业不属于国债技改贴息资金支持范围,所依据的是原国家经贸委、原国家发展计划委、财政部、中国人民银行于1999年制定的《国家重点技术改造项目管理办法》《国家重点技术改造项目

国债专项资金管理办法》[①]等政策性文件,但上述文件均未明确禁止民营企业申报国家重点技改项目以获得国债技改贴息资金支持。2001年12月,我国正式加入了世界贸易组织,由于国有企业三年改革与脱困目标基本实现,国家调整了国债技改项目的投向和重点,在规定的范围、专题内,进一步明确了对各种所有制企业实行同等待遇,同时将物流配送中心建设、连锁企业信息化建设列入了国债技改贴息项目予以重点支持。原国家经贸委投资与规划司于2002年2月27日下发的《关于组织申报2002年国债技术改造项目的通知》附件《2002年国债技术改造分行业投资重点》,国务院办公厅于2002年9月27日转发的原国务院体改办、原国家经贸委《关于促进连锁经营发展的若干意见》,以及原国家经贸委于2002年10月16日印发执行的《"十五"商品流通行业结构调整规划纲要》等,对此均有明确规定。2002年物美集团申报国债技改项目时,国家对民营企业的政策已发生变化,国债技改贴息政策已有所调整,物美集团所申报的物流项目和信息化项目属于国债技改贴息资金重点支持的项目范围。物美集团作为国内大型流通企业,积极申报以获取国债技改贴息资金对其物流和信息化建设的支持,符合当时国家经济发展形势和产业政策的要求。

第二,有证据证实,民营企业当时具有申报国债技改贴息项目的资格。(1)一审期间,辩护人提交的中国新闻网2001年11月16日报道《中国国债技改贴息将对各所有制一视同仁》载明,时任原国家经贸委负责人公开表示,从2002年起,改革国债技改贴息办法,对各种所有制企业均实行同等待遇。(2)证人门某证实,2002年国家没有禁止国债技改贴息资金支持民营流通企业的规定,当时的第七批、第八批、第九批国家重点技术改造国债贴息项目中,确实有民营企业得到支持并拿到贴息。(3)辩护人提交的《2003年第二批国债专项资金国家重点技术改造项目投资计划表》和相关企业工商注册登记材料证实,在与物美集团同时获批的企业中,还有数家民营企业获得了国债技改贴息资金。(4)再审期间,证人甘某出具的《关于2002年国债技术改造项目相关情

---

① 现已失效。

况的说明》证实,从 2001 年开始,部分民营企业进入国债技改贴息计划;证人黄某 1 出庭作证称,第八批国债技改贴息对企业的所有制性质没有限制性要求。上述证据足以证实 2002 年民营企业具有申报国债技改贴息项目的资格。

第三,物美集团通过某乙公司以真实企业名称申报国债技改项目,没有隐瞒其民营企业性质,也未使负责审批的主管部门产生错误认识。(1)经查,根据财政部《关于同意中国某乙控股公司财务关系单列的通知》及附件《中国某乙控股公司所属成员单位名单》,物美集团确实不是某乙公司在财政部立户的所属成员单位,但物美集团以某乙公司下属企业名义申报国债技改贴息项目,获得了某乙公司同意,且物美集团在申报材料企业基本情况表中填报的是"北京物美综合超市有限公司"(后经原国家经贸委投资与规划司审批同意,项目承担单位调整为物美集团),其以企业真实名称申报,并未隐瞒。(2)证人黄某 1 的证言及原国内贸易部《关于确定全国第一批连锁经营定点联系企业的函》证实,物美集团是原国内贸易部及原国家经贸委贸易市场局的定点联系企业;证人李某 2 证实,在物美集团申报过程中,其曾听过张文中、张某甲等人的汇报,并考察了物美的超市和物流基地,参与了审批,经审查认为符合国债项目安排原则。可见,作为审批部门的原国家经贸委对物美集团的企业性质是清楚的。张文中、张某甲将物美集团以某乙公司下属企业名义申报国债技改项目,并未使原国家经贸委负责审批工作的相关人员对其企业性质产生错误认识。

2. 物美集团申报的物流项目和信息化项目并非虚构

第一,物流项目并非虚构,项目获批后未按计划实施及未能贷款系客观原因所致,且已异地实施。(1)物流项目本身并非虚构。2002 年 4 月 18 日,物美集团在申报之后,与北京市通州区政府签署的《合作协议书》证实,物美集团积极参与通州区物流产业园区的建设,通州区政府将提供政策和资源支持,协助物美集团在通州建立大型现代化的物流中心;2002 年 9 月,清华大学环境影响评价室出具的《北京市环保局建设项目环境影响评价报告表》证实,该室受物美集团委托,对其在通州区物流产业园区的物流项目进行了环境评估。可见,物美集团申报的物流项目并非虚构。(2)物流项目未能获得贷款和未按计划实施有其客观原因,且已异地实施。证人王某1、吴某1、于某1等人的证言证实:物美集团在北京市通州区的物流项目起初因"非典"推迟,后来在土地出让方式方面,通州区物流产业园区要求购买,而物美集团原计划是租赁土地,因投资成本太高,双方未能达成一致。后物美集团在北京市百子湾等地建了物流中心。证人于某1在侦查阶段还证实,因无法提供用地及开工手续,在北京市通州区的物流项目不能取得银行贷款,后按要求办理异地实施项目的变更手续,但因故最终未能落实。可见,物美集团所申报的物流项目没能按计划在原址实施,未能申请到贷款,系由于"非典"疫情及通州区物流产业园区土地由租改卖等客观原因造成。(3)物美集团报送的物流项目《可行性研究报告》虽有不实之处,但不足以否定该项目的可行性和真实性。物流项目《可行性研究报告》、北京市通州区规划局出具的规划意见书及证明等书证,证人张某1、于某2、孟某等人的证言,以及原审被告人张某甲的供述等证据证实:物美集团在联系编制物流项目《可行性研究报告》过程中,副总裁张某1等人到物流项目所在地北京市通州区物流产业园区考察并要求出具相关土地证明,通州区规划局出具了盖有该局规划管理专用章的规划意见书,同意物美集团在通州区物流产业园区规划建设商业项目,物美集团在规划意见书后附加了拟建项目地理位置图、平面布置图,而非规范的土地地形图。上述规划意见书和附图虽不规范、不具有法定效力,但不能据此否定整个项目的可行性和真实性。

第二,原判认定物美集团申报虚假信息化项目依据不足。(1)物美集团申报的信息化项目主要内容包括:通过改造各业态店铺和总部计算机硬件以及对其软件系统升级改造,建立快速适应市场变化的经营组织及管理模式和运作方式,实施和完善网络支撑系统、现代物流系统、供需链管理系统、电子商务应用系统及经营决策支持系统等。经查,物美集团日常经营中在这些方面已有大量的资金投入。原判因物美集团将以信息化项目名义申请获得的贷款用于公司日常经营,即得出信息化项目完全没有实施的结论,依据不足。(2)物美集团虽然采用签订虚假合同等手段申请信息化项目贷款,但并不能据此认定信息化项目是虚假的。国家发放国债技改贴息的目的在于支持企业的技术改造项目,而物美集团申报的项目经相关部门审核属于政策支持范围。根据申报流程,物美集团申请银行贷款时,其国债技改贴息项目的申报已经获得审批通过。物美集团在此后采用签订虚假合同等手段申请信息化项目贷款,虽然违规,但并非为骗取贴息资金而实施的诈骗行为,也不能据此得出信息化项目是虚构的结论。

3. 物美集团违规使用 3190 万元国债技改贴息资金不属于诈骗行为

物美集团在获得 3190 万元国债技改贴息资金后,将该款用于偿还公司其他贷款,但在财务账目上一直将其列为"应付人民政府款项",并未采用欺骗手段予以隐瞒、侵吞,且物美集团具有随时归还该笔资金的能力。因此,物美集团的行为虽然违反了《国家重点技术改造项目国债专项资金管理办法》中关于国债专项资金应专款专用的规定,属于违规行为,但不应认定为非法占有贴息资金的诈骗行为。

综上,物美集团作为民营企业有资格申报 2002 年国债技改贴息项目,张文中、张某甲没有实施骗取国债技改贴息资金行为,没有诈骗故意,不构成诈骗罪。

(二)关于单位行贿罪

《刑法》第三百九十三条规定,违反国家规定,给予国家工作人员以回扣、手续费,情节严重的,构成单位行贿罪。由此可见,情节严重是构成本罪的必要条件。情节严重的认定,既要考虑数额,又要结合其他情节综合认定,不能简单地唯数额论。物美集团给予赵某 30 万元好处费,但同时具有以下情节:一是在物美集团与某丙总社股权转让过程中没有第三方参与,不存在排斥其他买家、取得竞争优势的情形,双方的交易没有违背公平原则。二是具体的转让价格系某丙总社领导班子联席会议研究决定,最终成交价格也在某丙总社预先确定的价格范围内,物美集团没有获得不正当利益,某丙总社的利益亦未受到损害。三是物美集团承诺给予好处费并非为谋取不正当利益,且赵某在股权交易过程中仅起到沟通联络作用,没有为物美集团谋取不正当利益。综合考虑上述情况,可以认定物美集团的行为尚不属于情节严重,依法不构成单位行贿罪。此外,构成单位行贿罪,不仅要具有客观的行为,还必须具有主观的故意。在某庚公司意欲转让所持有的某丁公司股份的情况下，某丁公司董事长陈某1向梁某提出由物美集团收购，并让张文中给梁某500万元好处费，后又向张文中提出此要求，张文中被动接受；在转让过程中，梁某没有为物美集团提供帮助，物美集团未获得任何不正当利益；签订股权转让协议后，物美集团没有向梁某支付500万元好处费，梁某也再未提及此事。数月之后，在梁某并不知情的情况下，梁某的校友李某3通过陈某1向张文中索要该500万元，张文中才安排他人将款汇至李某3公司的账户。梁某得知此事后拒绝接受该笔款项。该款一直被李某3的公司占有。根据上述事实，不能认定物美集团有为谋取不正当利益而向梁某行贿的主观故意，故物美集团的行为依法不构成单位行贿罪。张文中作为物美集团直接负责的主管人员，对其亦不应以单位行贿罪追究刑事责任。具体理由如下：

1. 物美集团支付给赵某30万元好处费的行为，依法不构成单位行贿罪

根据《刑法》第三百九十三条规定，单位为谋取不正当利益而行贿，或者违反国家规定，给予国家工作人员以回扣、手续费，情节严重的，构成单位行贿罪。物美集团给予赵某30万元好处费，属于违反国家规定，在经济活动中账外给予国家工作人员手续费的情形。但根据某丙总社转让所持某丁公司股权情况、会议纪要、股权转让分析报告、股权转让协议等书证，证人李某7等人的证言以及原审被告人张文中的供述等证据，本起事实具有以下情节：（1）某丙总社为缓解资金紧张意欲转让所持某丁公司股份，经某丁公司董事长陈某1沟通联系，物美集团决定收购并与某丙总社多次谈判后就股权转让达成一致，其间没有第三方参与股权收购，不存在排斥其他买家、取得竞争优势的情形，双方的交易没有违背公平原则。（2）在没有第三方参与、双方自愿达成收购意向的情况下，物美集团承诺给予好处费并非为谋取不正当利益。（3）某丙总社将其所持某丁公司股份转让给物美集团以及具体的转让价格等，均系某丙总社党政领导班子联席会议多次讨论研究决定，双方最终成交价格也在某丙总社预先确定的价格范围内，物美集团没有获得不正当利益，某丙总社的利益亦未受到损害。（4）赵某作为某丙总社总经理办公室主任，其在股权交易过程中仅起到沟通联络作用，没

有为物美集团谋取不正当利益。综合考虑上述情况,可以认定物美集团的行为尚不属于情节严重,依法不构成单位行贿罪。

2.物美集团向李某3公司支付500万元的行为,依法不构成单位行贿罪

第一,在某庚公司意欲转让股份的情况下,陈某1向梁某提出由物美集团收购,并让张文中给梁某500万元好处费,后又向张文中提出该要求。因此,股权转让前,给梁某好处费系陈某1提出,张文中只是被动接受了陈某1的要求。

第二,在案证据证实,梁某并没有同意物美集团提出的受让价格,且提议按高于该价格挂牌转让;物美集团与某庚公司最终的股权交易价格,是在某庚公司挂牌转让未果的情况下,经多次谈判而确定的,且高于物美集团提出的受让价格。因此,梁某在股权转让过程中没有为物美集团提供帮助,物美集团也没有因此获取任何不正当利益。

第三,在案证据证实,签订股权转让协议后,物美集团并没有向梁某支付500万元好处费,梁某也未提及此事。直至数月后,在梁某不知情的情况下,李某3通过陈某1向张文中索要该500万元,张文中才安排张某1将款汇至李某3公司的账户。梁某事后得知,明确表示与其无关,并拒绝接受该笔款项。该款一直被李某3的公司占有。因此,股权转让后,物美集团支付500万元系被李某3索要,并没有为谋取不正当利益而行贿的主观故意。

综上,物美集团、张文中的行为不构成单位行贿罪。

(三)关于挪用资金罪

根据《刑法》规定,挪用资金罪是指公司、企业或者其他单位的工作人员,利用职务上的便利,挪用本单位资金归个人使用或者借贷给他人的行为。原判认定张文中与他人共谋并利用他人职务上的便利,将某丁公司的4000万元资金转至某己投资咨询中心股票交易账户申购新股的事实清楚,但在案证据显示,涉案资金均系在单位之间流转,反映的是单位之间的资金往来关系,无充分证据证实归个人使用。由于缺乏某己投资咨询中心股票账户交易记录等证据,账户内余额是否为申购新股所得盈利不清,且该账户上的具体交易情况及资金流向也不清楚,无证据证实张文中等人占有了申购新股所得盈利。故原判认定张

文中挪用资金归个人使用、为个人谋利的事实不清、证据不足，依法不构成挪用资金罪。具体理由如下：

1.在案书证显示，涉案资金均系在单位之间流转，反映的是单位之间的资金往来，无充分证据证实归个人使用

第一，相关转账支票、进账单、存取款凭单、记账凭证、资金往来发票等书证证实：涉案4000万元资金于1997年3月27日由某丁公司划转至某己投资咨询中心在北京证券交易中心开设的账户，后转至国泰证券公司北京方庄营业部某己投资咨询中心股票交易账户。同年8月19日，涉案4000万元资金又由国泰证券公司北京方庄营业部某己投资咨询中心股票交易账户，通过北京证券登记有限公司、某己投资咨询中心转回某丁公司。涉案资金始终在单位之间流转。

第二，在案的委托投资国债协议、抵押合同，也系某丁公司与某己投资咨询中心两个单位之间签订，客观上成为某丁公司将4000万元借给某己投资咨询中心的凭据。中国人民银行对某丁公司进行检查，发现该笔4000万元资金违规后，要求某丁公司尽快终止合同。某丁公司经总裁室研究决定，向某己投资咨询中心出具了《关于终止委托国债投资协议致某己投资咨询中心的函》，该行为亦是单位之间的行为。

第三，为掩盖4000万元资金的违规行为，某丁公司又转出5000万元资金，经河南某甲1公司过账，用以归还先前挪用的4000万元。该笔资金仍是在单位之间流转。

2.无充分证据证实挪用资金为个人谋利

第一，原审被告人张文中及证人陈某1、田某1虽在侦查阶段承认，挪用资金申购新股的盈利由三人按比例分配，但张文中在审查起诉阶段、陈某1在一审阶段均推翻原供证，称申购新股是为了各自公司的利益，并非为个人谋利。供证前后不一。

第二，原判认定张文中等人挪用某丁公司的4000万元资金申购新股共盈利1000余万元与在案书证不符。国泰证券公司北京方庄营业部客户存取款凭单显示，某己投资咨询中心于1997年8月19日支取第一笔4000万元时，余额

为9335元,同年9月3日支取第二笔4000万元时,余额为423万余元。由于缺乏某己投资咨询中心股票账户交易记录等证据,上述余额是否为申购新股所得盈利不清,且即便是盈利,也与原判认定的盈利数额存在较大出入。

第三,因无某己投资咨询中心股票账户交易记录等证据在案,该账户上的具体交易情况及资金流向均不清楚,无证据证实张文中等人占有了申购新股所得盈利。

综上,被告人张文中的行为不属于挪用资金归个人使用,不构成挪用资金罪。

(四)关于对民营企业产权保护的边界问题

产权制度是社会主义市场经济的基石,保护产权是坚持社会主义基本经济制度的必然要求。党的十八大以来,以习近平同志为核心的党中央高度重视产权保护工作。2016年11月,中共中央、国务院发布了《关于完善产权保护制度依法保护产权的意见》,强调国家保护各种所有制经济产权和合法利益,切实健全以公平为核心原则的产权保护制度,推进产权保护法治化。党的十九大和2017年中央经济工作会议,对完善产权制度和加强产权保护制度建设提出了新要求。依法妥善处理历史形成的产权案件,是全面贯彻落实中央完善产权保护制度、依法保护产权决策部署的重大举措。党的二十大报告强调,要完善产权保护、市场准入、公平竞争、社会信用等市场经济基础制度,优化营商环境。

改革开放初期,我国一些地方存在对民营企业不公平、不平等、不合理对待的现象,对民营企业的正常经营发展设置了门槛,导致民营企业在与国有企业的经济交往中处于弱势地位。一些民营企业家为寻求企业发展,不得不采取挂靠国有企事业单位等方式,即俗称的"戴红帽子"现象,从而实施了一些违规行为。

本案中,张文中的行为虽不构成诈骗罪,但确实存在以下违规甚至一般违法行为:1. 物美集团假借某乙公司下属企业名义申报国债技改项目。物美集团并非某乙公司在财政部立户的所属成员单位,但其在申报材料《企业基本情况表》中填报为某乙公司下属企业。2. 物美集团在编制物流项目《可行性研究报告》时,提供了不具有法定效力的《规划意见书》和不规范的附图。3. 物美集团没有按原计划实施物流项目和信息化项目。其中,物流项目没有在原址实施;信息化项目贷款没有按原申报计划用于信息化项目。4. 物美集团以信息化项目为名,通过与其关联公司某戊公司签订虚假设备采购合同,开具虚假发票,获得信息化项目贷款 1.3 亿元。5. 物美集团将获得的 3190 万元国债技改贴息资金用于偿还公司其他贷款,违反了《国家重点技术改造项目国债专项资金管理办法》中关于国债技改贴息资金应专款专用的规定。

对于民营企业家在企业经营活动中的不规范行为,我们应当用历史的、发展的眼光客观地看待,坚持"罪刑法定""证据裁判""疑罪从无""法不溯及既往"等法律原则,严格区分罪与非罪的界限,厘清触犯刑事法律与一般违法的关系。人民法院要始终坚持实事求是、严格依法办案,体现刑法的谦抑理念,避免采用刑事手段处理一般违法违规行为,依法保护民营企业家的人身权、财产权不受侵犯,以鼓励企业家安心创新创业。

关联索引:(2018)最高法刑再 3 号刑事判决

撰稿:邓　亮
审编:董朝阳

案例 21

民事纠纷同经济犯罪的区别与认定
——赵寿喜诈骗再审改判无罪案

> **裁判要旨** 审理多个利益主体之间的经济纠纷引发的经济犯罪案件时,要严格审查、甄别企业经营过程中的行为是否具有刑事违法性,是否需要刑法调整。司法机关要慎重审查市场主体之间的经济纠纷,如果行为人对另一市场主体没有实施刑法规定的虚构事实、隐瞒真相的行为,对行为人不能以诈骗入罪。

一、基本案情

原审被告人赵寿喜,系金阳县甲矿业有限公司(以下简称甲公司)法定代表人。

四川省金阳县人民检察院指控被告人赵寿喜犯诈骗罪向金阳县人民法院提起公诉。

金阳县人民法院经审理查明:

2005年12月8日,被告人赵寿喜以金阳某浮选厂名义租用金阳县某磷肥厂场地、厂房,签订了租赁合同后成立了甲公司,甲公司股东有赵寿喜、赵某甲、雷某某、梁某某四人,其中赵寿喜占20%的股权,赵某甲占30%的股权,雷某某占25%的股权,梁某某占25%的股权。甲公司法定代表人是赵寿喜。甲公司成立后在金阳县某磷肥厂场地、厂房上修建了洗选厂。因资金跟不上,2006年

12月10日,甲公司将洗选厂以每年90万元的价格租给金阳县乙矿业有限公司(以下简称乙公司)使用,2007年8月前,乙公司先后支付了45万元的租金给赵寿喜。后来,乙公司法定代表人林某某提出要用100万元的价格买甲公司洗选厂,甲公司的股东赵寿喜和梁某某都没同意,2007年8月10日,乙公司支付了甲公司10万元,2007年8月底9月初乙公司又支付了甲公司60万元,至此,甲公司先后共计收到乙公司115万元租金。2008年8月、9月,赵寿喜到金阳县向乙公司索要2008年的租金,乙公司法定代表人林某某不肯支付,赵寿喜就到洗选厂把电闸关了,当天赵寿喜被打了两次,并被威胁不准到洗选厂去,否则要弄死他。赵寿喜不甘心洗选厂被强占,于2009年9月1日,赵寿喜和梁某某代表甲公司的其他股东在四川省成都市某酒店与四川丙矿业有限公司(以下简称丙公司)的全权代表贺某某签订了《委托诉讼协议》,当时丙公司法定代表人吴某某也在场。《委托诉讼协议》中明确说明了,诉讼成功后甲公司只收48万元;甲公司必须保证其意愿即为全体股东的一致决议;如丙公司觉得在诉讼中有较大的胜诉率,提前支付甲公司48万元赔偿金,甲公司就与丙公司签订洗选厂转让合同,并将洗选厂过户给丙公司。并于当日将甲公司的证照、印章等合法有效证件交给了丙公司的全权代表贺某某,贺某某出具了一份丙公司收到甲公司证照、印章清单。2009年9月15日,丙公司又与阿某甲达成协议,让阿某甲参与到诉讼中,诉讼活动由丙公司和阿某甲共同进行,诉讼成功后支付甲公司48万元,丙公司和阿某甲对甲公司洗选厂各占50%的股份。2009年11月3日,丙公司和阿某甲以甲公司的名义向凉山州中级人民法院递交了甲公司诉乙公司租赁合同纠纷的民事诉状之后,赵寿喜天天来找丙公司索要关于甲公司洗选厂的转让费。丙公司法定代表人吴某某被纠缠怕了,同时担心甲公司诉乙公司租赁合同纠纷即使胜诉仍然无法取得诉讼收益,丙公司法定代表人吴某某于2009年11月中旬与阿某甲协商,阿某甲将丙公司之前在甲公司花了的钱给丙公司,甲公司全部股份就归阿某甲,阿某甲同意,当时梁某某、赵寿喜也在场,都同意。丙公司、阿某甲、赵寿喜口头约定,甲公司与乙公司的租赁问题的诉讼,阿某甲仍然按2009年9月1日丙公司与甲公司签订的委托诉讼协议来办理。丙公司

案例 21　民事纠纷同经济犯罪的区别与认定 \ 173

的代表贺某某将甲公司的证照、印章等合法有效证件交给了阿某甲,之后甲公司的全部合法有效证件一直由阿某甲保管使用。甲公司起诉乙公司的相关费用及支付甲公司剩余的转让费都是阿某甲在负责。2011 年 8 月 8 日,丙公司法定代表人吴某某在西昌给阿某甲说,阿某甲花的钱太多了,丙公司之前在甲公司花了的钱你就不要给丙公司了,由丙公司占甲公司 30% 的股权,由阿某甲占 70% 的股权,阿某甲同意了吴某某的提议。在这过程中丙公司和阿某甲先后支付了洗选厂转让费 38 万元。2010 年 4 月 26 日,凉山州中级人民法院公开开庭审理了甲公司诉乙公司租赁合同纠纷一案,并于 2010 年 7 月 3 日作出一审判决,判决甲公司胜诉。一审判决后,乙公司不服判决上诉至四川省高级人民法院,2010 年 11 月四川省高级人民法院作出(2010)川民终字第 402 号民事裁定书裁定将该案发回重审。2011 年 11 月 8 日凉山州中级人民法院作出(2011)川凉中民初字第 71 号民事判决书,判决甲公司胜诉。乙公司仍不服判决,上诉至四川省高级人民法院。乙公司上诉期间,即 2012 年 1 月 3 日,赵寿喜到上海与乙公司法定代表人林某某签订了一份调解协议,在调解协议中,赵寿喜加盖了伪造的"甲公司"公章,以卖厂的名义骗取了乙公司法定代表人林某某 54 万元。并将 54 万元全部用于归还个人在湖南省郴州开矿中所欠的账。

金阳县人民法院认为,被告人赵寿喜于 2012 年 1 月 3 日隐瞒了丙公司和阿某甲两大股东控股甲公司洗选厂的事实真相,以甲公司法定代表人的身份,私刻"甲公司"公章,以《调解协议》的形式将甲公司洗选厂以 54 万元的价格卖给乙公司,并全部占为己有。被告人赵寿喜以非法占有为目的骗取对方当事人钱财,数额达 54 万元,其行为已构成诈骗罪。该院以被告人赵寿喜犯诈骗罪,判处有期徒刑十年;并处罚金 1000 万元。

宣判后,被告人赵寿喜不服,提出上诉。四川省凉山彝族自治州中级人民法院经审理作出刑事裁定:驳回上诉,维持原判。

上述裁判发生法律效力后,原审被告人赵寿喜提出申诉。四川省高级人民法院作出再审决定,提审本案。

再审期间,原审被告人赵寿喜辩称:1. 其没有非法占有目的。甲公司到目前为止还登记在赵寿喜名下,赵寿喜以甲公司名义与乙公司签订调解协议属于有权处分,系依法处置本公司财物的行为。2.赵寿喜系被欺诈、胁迫签订调解协议,系可撤销的法律行为。赵寿喜因乙公司租赁合同纠纷一案发生过肢体冲突,向当地警方多次报警均未得到妥善处理,赵寿喜在林某某的欺骗和胁迫下签订了调解协议,该协议并非赵寿喜的真实意思表示。3.赵寿喜自始至终没有将洗选厂转让给丙公司和阿某甲。从甲公司与丙公司签订的委托诉讼协议和赵寿喜与阿某甲签订的委托协议书中,能够清晰地体现双方签订委托诉讼协议的真实意思表示是委托诉讼而非转让洗选厂。然而,原一审、二审法院却曲解了委托诉讼协议合意达成的真实意思表示。委托诉讼协议中没有任何一条约定双方之间转让洗选厂,其中第十二条是附条件的约定,只有在乙方代理甲方的诉讼有较大的胜诉率后,条件才能成就;且条件成就并非直接过户,而是由双方友好协商另行签订洗选厂转让合同。原一审、二审法院把本应归赵寿喜合法所有的洗选厂归丙公司和阿某甲所有;试想,赵寿喜投资几百万元的洗选厂,租金就90万元/年,委托丙公司诉讼时乙公司已拖欠甲公司租金几百万元,赵寿喜即便再愚蠢也不会以48万元的极低价格把洗选厂转让给丙公司和阿某甲。赵寿喜愿意承担违约责任,但阿某甲不愿意只获得违约金。4.赵寿喜并未实施欺骗行为使乙公司陷入认识错误而处分其财物。因与乙公司人员发生过肢体冲突,为避免惹上麻烦,赵寿喜与乙公司法定代表人林某某签订了调解协议。从林某某自愿出具的证明可以看出,乙公司向赵寿喜支付的54万元系乙公司的自愿支付行为,并非因赵寿喜的欺骗行为而处分其财物。乙公司没有遭受经济损失。5.诈骗犯罪属于财产犯罪,犯罪所得系赃款,但原一审、二审法院均未对"赃款"进行处理。显然因为该案在民事处理和刑事责任上存在矛盾,而回避涉案财物处置。综上,赵寿喜没有非法占有目的,其行为系民事合同纠纷,不符合刑法、司法解释有关诈骗罪构成要件的规定,原一审、二审法院错误地将民事合同纠纷认定为刑事犯罪,判处其有期徒刑十年,属于冤错案件。

四川省人民检察院再审出庭意见:1.由于委托诉讼协议有明确的转让洗选厂的意思表示,赵寿喜出具的收条中明确有转让费和预付款字样,丙公司与阿某甲有付款行为,赵寿喜关于原判认定签订委托诉讼协议已形成洗选厂转让关系错误的理由不能成立;由于赵寿喜没有提交证据证实自己被林某某胁迫,且在上海签订协议后前往四川接受法官询问,整个过程人身自由、言论自由,赵寿喜关于原判认定其将洗选厂再次转让给林某某错误的理由不能成立。2.证人证言笔录出现部分雷同,是记录人员进行归纳,仅限于特定事实叙述的部分语句,并不属于全文高度雷同,不属于非法证据;赵寿喜在侦查阶段的供述均稳定一致,均由其签名捺印,其关于原判采信应当排除的非法证据的理由不能成立。3.赵寿喜与林某某签订调解协议,表面上看是民事行为,但在签订协议过程中隐瞒了已将洗选厂转让的事实,非法占有了林某某的转让款,符合诈骗罪的构成要件,赵寿喜关于原判适用法律错误的意见不能成立。综上,原判认定事实清楚,证据确实、充分,适用罪名准确,量刑适当,建议维持原判。

四川省高级人民法院再审补充查明:

2017年10月31日,四川省高级人民法院对甲公司诉乙公司租赁合同纠纷案作出(2012)川民终字第216号民事判决,认为乙公司与甲公司不存在买卖关系。赵寿喜出具的情况说明及签署的调解协议仅是为了调解而作出的自认,对该调解协议法院未予确认,赵寿喜已撤回该自认。乙公司应当向甲公司支付2007年12月17日至2009年12月31日止的租金。甲公司向乙公司交付了洗选设备,因乙公司客观上已不能返还租赁物原物,综合洗选设备的折旧率以及洗选厂被淹没时所赔偿的设备款金额等因素,酌情确定折价款。据此判决:一、撤销四川省凉山彝族自治州中级人民法院(2011)川凉中民初字第74号民事判决;二、乙公司在本判决生效后15日内向甲公司支付租金(按每年90万元标准,从2007年12月17日起计算至2009年12月31日止,乙公司已支付的24万元应予冲抵);三、乙公司在本判决生效后15日内向甲公司支付不能返还租赁物的折价赔偿款20万元;四、驳回甲公司的其他诉讼请求。该判决已发生法律效力并已移送执行,执行标的额176万元。

四川省高级人民法院再审认为,原判认定事实部分错误,适用法律错误,应当依据法律认定被告人无罪。四川省高级人民法院作出刑事判决:撤销原一审、二审裁判,改判原审被告人赵寿喜无罪。

二、主要问题

赵寿喜的行为属于民事纠纷还是经济犯罪,是否构成诈骗罪?

三、裁判理由

刑事案件的每一个要件性或争议性的待证事实均应有证据证明,对证据的证明力,应当结合案件的具体情况,从各证据与待证事实的关联程度、各证据之间的联系等方面进行审查判断。证据之间具有内在的联系,共同指向同一待证事实,且能合理排除矛盾的,才能作为定案的根据。在此基础上,法律适用应以反映刑事诉讼客观规律的不枉不纵为价值追求;当不枉与不纵的价值发生冲突时,应当首先选择不枉的价值,防止将无辜者错判有罪。具体到本案,公诉机关指控和原一审、二审裁判的逻辑是,甲公司洗选厂已实质转让给丙公司或阿某甲,赵寿喜收取乙公司法定代表人林某某54万元属"一物二卖",构成诈骗罪,乙公司是诈骗罪的被害人。但是,本案形成实质转让关系的事实缺乏证据支持,认定乙公司为被害人缺乏充分证据。赵寿喜的行为不符合诈骗罪的犯罪构成要件,应当依据法律认定其无罪。

(一)在案证据间存在矛盾

证据与证据之间、证据与案件事实之间不存在矛盾或者矛盾得以合理排除是认定"证据确实、充分"的基本条件。本案收集到的证据,不利于被告人的证据数量大于有利于被告人的证据数量。审查时,一旦过于注重证据数量,而忽略各证据之间是否相互印证,必然造成认定事实的证据看似充分但不确实,最终导致认定错误。

1.部分证人证言高度雷同。先后形成的阿某甲,丙公司股东贺某某,甲公司股东梁某某,丙公司法定代表人吴某某询问笔录,属于与被告人有利害冲突的证人所作的对该被告人不利的证言。这些证人证言在叙述案件经过时,对应部分的语言细节、标点符号用法几乎一致,仅是人称指代的替换,不同侦查人员记录的笔录出现笔误的数量、位置亦相同;吴某某询问笔录中,还存在从梁某某询问笔录中直接复制粘贴的明显痕迹。阿某甲、贺某某、梁某某证言的可信度因此降低,应当慎重使用;吴某某证言应当不予采信。原一审、二审对此未予关注。

2. 部分证人证言虚假。原二审期间,阿某甲自认在侦查阶段作出的 2011 年 8 月 8 日当面向赵寿喜给付现金 10 万元、赵寿喜未打收条,48 万元已付清的证言,系虚假陈述;作出与阿某甲一致陈述的梁某某,自认在本案中有超出甲公司股东权益之外的个人私利,赵寿喜被羁押后阿某甲单独给付其 5 万元,承诺还要给付其 10 万元。原二审对此未引起重视,错失修正错误判断的机会。

3. 被告人有罪供述的形成存在疑点。侦查人员讯问赵寿喜,未见录音录像;取得赵寿喜唯一一次对案件全过程的供述,是 2012 年 5 月 23 日晚在广州开往成都的某次列车一包厢内;该次列车不经过金阳,赵寿喜被押送至金阳的时间不明;赵寿喜被送交金阳县看守所羁押时未做体检,后又被提出看守所讯问。原一审、二审在赵寿喜作无罪辩解的情况下,未研究有罪供述形成中的"空白点"问题,影响了对无罪辩解的审查判断。

(二)原审认定的事实不符合常理

本案系与赵寿喜合作的阿某甲报案,而公诉机关提起公诉时认定乙公司法定代表人林某某为被害人。从本案案发前的民事一审判决可以看出,甲公司洗选厂在租赁合同纠纷中的可期待利益超过 300 万元,而起诉认定赵寿喜以 48 万元的价格将洗选厂转让给丙公司、阿某甲,又以 54 万元的价格"一物二卖"给林某某。赵寿喜多次辩解,洗选厂建厂花了 200 多万元,出租给乙公司的年租金为 90 万元,不可能以 48 万元的价格卖掉;委托诉讼协议的性质是风险代理,不是买卖合同。就控辩双方对案件事实认定的上述根本分歧,原一审、二审未能依据在案证据,从常情常理上作出分析和判断,所作有罪判决查明的事实有悖常理。

赵寿喜服刑期间申诉,提交了林某某在二审后签名出具的"赵寿喜根本不存在骗我"的情况说明。在民事生效判决认定乙公司与甲公司之间不存在买卖关系、前者尚欠甲公司上百万元的事实时,原一审、二审判决确定赵寿喜有罪的内心确信基础不复存在。

(三)原判认定事实错误

1. 甲公司洗选厂未转让给丙公司或阿某甲

原一审、二审法院认定,甲公司与丙公司达成了以48万元转让洗选厂的意向,丙公司和阿某甲支付了大部分,已成立无形的转让合同,洗选厂已转让。

经查,依照委托诉讼协议,甲公司与丙公司为授权委托关系,丙公司基于协议代办甲公司诉乙公司有关事务,并基于诉讼活动需要,使用、保管甲公司证照、印章。双方约定,诉讼成功后甲公司只收回48万元,其余利益归丙公司所有。双方还约定,如丙公司代理诉讼并确认有较大的胜诉率,可经过协商,由丙公司提前支付48万元,签订转让合同,甲公司将洗选厂过户给丙公司。虽然赵寿喜两次出具收到洗选厂转让费或预付款各10万元的收条,但该约定的实质是,将"较大的胜诉率"这一双方不能控制的因素作为洗选厂转让的前提条件,在协商基础上,通过依次进行的三个步骤实现转让:第一步,丙公司向甲公司足额支付48万元;第二步,双方签订洗选厂转让合同;第三步,双方办理洗选厂过户手续。

不论每年租金收入90万元、可期待利益累计数百万元的洗选厂以48万元转让是否符合常情常理,仅就实际履行而言,截至本案刑事立案,甲公司收到丙公司和阿某甲陆续支付的资金共计38.9万元。甲公司股东梁某某在赵寿喜被采取刑事强制措施、其本人作出阿某甲已付完48万元的虚假陈述后,单独收受阿某甲给予的5万元,该行为不能代表甲公司,该5万元不应计入向甲公司支付的转让费或预付款。由于支付的资金没有达到48万元的约定数额,转让的第一步尚未完成,第二步、第三步没有启动条件,甲公司未转让洗选厂给丙公司或阿某甲。

2. 甲公司未再次转让洗选厂给乙公司

原一审、二审法院认定,甲公司在将洗选厂转让给丙公司一方后,又通过签订调解协议,将洗选厂以 54 万元再次转让给乙公司。

经查,虽然赵寿喜在乙公司准备的调解协议上签字,一度认可甲公司将洗选厂转让给了乙公司,但此系赵寿喜为取得乙公司付款,作出的于己方不利的自认。民事二审对调解协议未予确认,赵寿喜亦撤回该自认。

民事二审判决认定,甲公司与乙公司就洗选厂是租赁关系而非买卖关系,乙公司应当向甲公司支付租金 176 万元。乙公司向甲公司支付 54 万元后,尚有 122 万元未支付。双方没有转让洗选厂的法律关系。

3. 乙公司及林某某未被诈骗

原一审、二审法院认定,赵寿喜从乙公司林某某处骗得 54 万元,构成诈骗罪。

笔者认为,应从诈骗罪的构成要件分析赵寿喜的行为是否构成犯罪:第一,甲公司洗选厂未转让给他人,甲公司有权处分相应财产。赵寿喜对乙公司及林某某没有虚构、隐瞒的欺骗行为。第二,赵寿喜作为甲公司法定代表人,有权代表公司实施民事法律行为,且相关行为并不因赵寿喜私刻印章而无效。乙公司与甲公司签订的调解协议,由林某某的律师拟定,相关内容为林某某积极促成,乙公司及林某某没有产生认识错误,林某某后来亦承认。第三,乙公司支付甲公司 54 万元,不是基于认识错误处分财产,没有遭受财产损失。第四,赵寿喜没有排除权利人,将他人的财物作为自己的财物支配、利用、处分,没有非法占有的目的。综上,赵寿喜的行为不具备诈骗罪的犯罪构成和责任要素,不构成诈骗罪。

至于赵寿喜代表甲公司与乙公司林某某签订调解协议,基于委托诉讼协议等约定,对合同相对方承担的民事法律责任,可以通过民事纠纷解决机制处理。原判错误地将民事纠纷当成刑事犯罪来处理,把民事责任升格为刑事责任,应予纠正。

关联索引:(2019)川刑再 16 号刑事判决

撰稿:曾 执

审编:陈 娅

案例 22

骗取补贴类诈骗犯罪非法占有目的的认定思路
——刘国明诈骗再审改判无罪案

> **裁判要旨**　非法占有目的是诈骗类犯罪的构成要件之一，虚构事实、隐瞒真相是行为人实施非法占有目的的手段，行为人占有涉案财物，是否出于非法占有目的，对于行为性质的准确判断非常重要。非法占有目的属于行为人主观上的心理活动，一般通过其客观行为进行认定。骗取补贴类诈骗犯罪，查清案涉资金的走向、财物的用途和处置，国家支付补贴资金的社会目的是否落空，对准确界定行为人是否具有非法占有目的以及构成犯罪具有重要意义。

一、基本案情

原审被告人刘国明，原某某养猪合作社法定代表人。

辽宁省海城市人民检察院指控刘国明犯诈骗罪，向辽宁省海城市人民法院提起公诉。

海城市人民法院经审理查明：被告人刘国明于 2009 年 9 月至 2012 年 1 月，利用自己经营管理的某某养猪合作社，在申报辽宁省畜禽标准化养殖小区建设项目过程中，采取虚报养殖规模等手段，骗取国家补偿款人民币 20 万元。经海城市国土资源局八里国土所测绘：某某养猪合作社占地面积为 8.332 亩。

海城市人民法院认为，被告人刘国明以养殖合作社为主体，在不符合申报

案例22　骗取补贴类诈骗犯罪非法占有目的的认定思路

条件的情况下,以非法占有为目的,虚报养殖小区面积,骗取补贴款,其行为构成诈骗罪。据此,作出刑事判决:认定被告人刘国明犯诈骗罪,判处有期徒刑六年,并处罚金人民币十万元;追缴被告人刘国明违法所得,上缴国库。

刘国明提出上诉,认为原测绘机构及测绘人没有资质且程序违法,要求对养猪场面积重新勘测,其不构成犯罪。

鞍山市中级人民法院二审判决查明:上诉人刘国明于2009年9月至2012年1月,利用自己经营管理的某某养猪合作社,在申报辽宁省畜禽标准化养殖小区建设项目的过程中,明知申报标准的养殖场所面积为十亩,采取虚报养殖场所面积的手段,骗取国家补偿款人民币20万元。经海城市国土资源设计测绘技术服务中心对刘国明猪场面积进行勘测,勘测定界图面积为8.5亩。

鞍山市中级人民法院审理期间因刘国明及其辩护人均认为原勘测结论有误,要求重新勘测。检察机关二审期间提供《某某养猪合作社占地情况的勘测报告》一份及相关资质证明。

鞍山市中级人民法院认为,上诉人刘国明在不符合申报条件的情况下,以非法占有为目的,虚报养殖小区面积,骗取补贴款,其行为已构成诈骗罪。关于上诉人刘国明提出原测绘机构及测绘人没有资质且程序违法,要求对猪场面积重新勘测的上诉理由,对此,二审期间,公安机关委托海城市国土资源某服务中心对刘国明养猪场重新勘测。勘测结论为:猪场的面积为8.5亩,包括猪舍和场地、围墙外的粪池面积。鞍山市中级人民法院认为原判定罪准确,量刑适当,审判程序合法,裁定驳回上诉,维持原判。

上述裁判发生法律效力后,原审被告人刘国明以原一审判决、二审裁定认定事实错误,刘国明的行为不符合诈骗罪的构成要件,不能以诈骗罪追究其刑事责任为由提出申诉。最高人民法院于2022年12月15日作出(2021)最高法刑申119号再审决定,指令辽宁省高级人民法院对本案进行再审。

辽宁省高级人民法院再审查明:

某某养猪合作社依据《农民专业合作社法》和《农民专业合作社登记管理条例》经批准于2009年6月4日成立,取得农民专业合作社法人资格,成员有刘国明、刘某涛、刘某艳、白某财、梁某升5人,法定代表人原为刘国明,2011年9月21日变更为刘国明妻子梁某娟。

2009年11月18日,某某养猪合作社申报省级标准化畜禽养殖小区。其间,经海城市、鞍山市、辽宁省三级政府相关部门实地检查验收合格,2011年11月29日鞍山市畜牧兽医局和鞍山市财政局共同发文,按照省畜牧兽医局和省财政厅《辽宁省2010年畜禽标准化养殖小区(财政投资)建设备案情况表》的公示,批复下发鞍山市2010年畜禽标准化养殖小区名单,名单中包括某某养猪合作社,批复明确各县(市)区按照名单下拨扶持资金。2012年1月11日,海城市财政局给某某养猪合作社下拨20万元补助资金。刘国明将此20万元用于支付建设某某养猪合作社欠付的费用。

另查明,2008年8月8日,辽宁省动物卫生监督管理局与省财政厅共同制定了《辽宁省2008-2010年畜禽标准化养殖小区建设项目及财政扶持资金管理办法(试行)》,根据辽宁省的规定,鞍山市动物卫生监督管理局与财政局共同制定了《鞍山市2008-2010年畜禽标准化养殖小区建设项目及财政扶持资金管理办法(试行)》。辽宁省和鞍山市两份文件中关于畜禽标准化养殖小区的建设项目,均强调申报省扶持的养猪小区须符合辽宁省《养猪小区综合生产技术规范》(DB21/T 1297-2004)的要求及其他条件,包括小区选址、生产规模(小区占地面积10亩以上、畜禽存栏数和标准舍建筑面积等)、设施完善及管理严格。

辽宁省《养猪小区综合生产技术规范》(DB21/T 1297-2004)规定,养猪小区总体布局按管理区、生产区、隔离区进行布置;养猪小区建设项目按功能分为:生产建筑、辅助生产建筑、管理区建筑;小区总占地面积、生产建筑面积及辅助建筑面积按年出栏一头商品育肥猪所需面积计算,总占地面积为 $2.5 \sim 3.0 m^2$,生产建筑面积为 $0.8 \sim 1.0 m^2$,辅助建筑面积为 $0.12 \sim 0.15 m^2$。

2019年7月,经辽宁省某某测绘院测量,某某养猪合作社占地面积为12 000.7平方米(18亩);经某某集团海城市测绘有限公司测量,某某养猪合作社占地面积为12 107.6平方米(18.16亩)。

辽宁省高级人民法院再审认为,根据再审查明的事实和证据,可以认定原审被告人刘国明在将某某养猪合作社申报为辽宁省省级标准化畜禽养殖小区的过程中,不存在虚构事实、隐瞒真相的行为,也不具有非法占有的目的,且经相关政府部门检查验收,某某养猪合作社具备申报资格,符合申报条件,原一审、二审裁判认定刘国明的行为构成诈骗罪属于认定事实和适用法律错误,该院予以纠正。该院于2023年11月15日作出(2023)辽刑再1号刑事判决,撤销原判,改判原审被告人刘国明无罪。

二、主要问题

1. 如何正确认定骗取国家补贴类案件中虚构事实、隐瞒真相的行为和手段?

2. 如何准确把握骗取国家补贴类案件中行为人的"非法占有目的"?

三、裁判理由

(一)本案中刘国明是否具有虚构事实、隐瞒真相骗取国家专项补贴款的行为

1. 本案经营实体及经营活动真实存在,且某某养猪合作社的成立和经营,亦符合当时国家政策导向。在案证据证实2009年刘国明作为发起人成立的某某养猪合作社,是一个真实的经营实体,也存在真实的经营行为,且从成立至今一直存在和经营,不是刘国明个人为进行违法犯罪而设立的企业,该企业也不是设立后以实施犯罪为主要活动。依据当时的国家政策,建设畜禽标准化养殖小区是中央到地方鼓励和支持的项目。2007年国务院在《关于促进畜牧业持续健康发展的意见》中提出,扩大对畜牧业的财税支持,各级人民政府和各有关部门要增加资金投入,重点支持畜禽良种推广、种质资源保护、优质饲草基地和标准化养殖小区示范等方面建设。2008年辽宁省《关于加快推进全省畜禽标准化养殖小区建设的实施意见》提出,2008年至2010年全省建设畜禽标准化养殖小区7500个,各级政府是畜禽标准化养殖小区建设的责任主体,按照省政府统一部署全面完成畜禽标准化养殖小区建设任务。由省动物卫生监管局牵头,搞好

畜禽标准化养殖小区建设的总体规划、监督指导、沟通协调及检查验收工作。畜禽标准化养殖小区建设坚持以个人投入为主,政府补贴资金作为引导资金,通过以奖代补、先建后补等形式,吸引畜禽养殖大户、龙头企业等参与到发展现代畜牧业中来。某某养猪合作社符合当时国家对"三农"的政策支持。

2. 原一审、二审裁判用养猪小区的生产区占地面积来替代养猪小区的占地面积,导致错误认定犯罪事实,错误适用法律。依据《辽宁省 2008－2010 年畜禽标准化养殖小区建设项目及财政扶持资金管理办法(试行)》《鞍山市 2008－2010 年畜禽标准化养殖小区建设项目及财政扶持资金管理办法(试行)》,对于申报省、市扶持的养猪小区,须符合《养猪小区综合生产技术规范》(DB21/T 1297－2004)的要求并同时符合选址合理、生产规模、设施完善、管理严格等要求。《养猪小区综合生产技术规范》将养猪小区按生产区、管理区、隔离区进行了区分,三个小区的占地面积总和为养猪小区的占地面积。而原一审、二审错误地使用养猪小区的生产区占地面积来替代整个养猪小区的占地面积,导致本案错误认定犯罪事实。再审经庭审质证,依法采纳检察院和申诉人及其代理人均无异议的辽宁省地矿测绘院和晨光测绘有限公司对某某养猪合作社占地面积的测绘,重新认定此部分事实,纠正了原一审、二审裁判错误认定的犯罪事实。

3. 某某养猪合作社当年被政府相关部门认定为省级标准化畜禽养殖小区,不是刘国明有欺骗行为,也不是有关政府部门人员陷入错误认识,而是某某养猪合作社真实符合国家规定的相关条件。原一审、二审裁判除认定某某养猪合作社的占地面积不符合国家规定,进而认定刘国明构成诈骗犯罪之外,对于某某养猪合作社其他方面的条件符合国家要求,均未予以否定。再审通过纠正原一审、二审查明事实,明确刘国明当年在申报省级标准化养猪小区的过程中不存在虚构事实、隐瞒真相的行为,也认同当年相关政府部门工作人员对某某养猪合作社的各项评选条件,本案不存在相关政府职能部门的工作人员受欺骗而陷入错误认识的情形,再审对当年海城市、鞍山市、辽宁省三级政府相关部门对某某养猪合作社符合省级标准化养猪小区的结论予以支持,体现了行政认定与

案例22 骗取补贴类诈骗犯罪非法占有目的的认定思路 \ 185

司法认定的一致性。

(二)如何准确把握骗取国家补贴类案件中行为人的"非法占有目的"

1.查清案涉资金的走向、财物的用途和处置,这些涉及认定诈骗罪主观故意能否成立的基础性事实,对于被告人行为的准确定性非常必要。诈骗类犯罪本质上属于经济财产型犯罪,通常情况下,行为人犯罪的根本目的是非法占有涉案财物,也即主观上要具有"非法占有目的",虚构事实、隐瞒真相只是行为人实施非法占有目的的手段。本案中,对于获取的案涉财政扶持资金20万元,刘国明始终供述用于支付建设某某养猪合作社的人工费及建设过程中的贷款,即全部用于养猪场的经营建设,卷中没有相反证据推翻或否定。对于案涉资金的用途,原审未在查明事实中予以明确,属于遗漏重要案涉事实,再审时对于申诉人及诉讼代理人所称刘国明将获得补贴全部投入合作社的建设,并未用于其个人消费的意见,出庭检察员未提出异议,结合相关证据,再审予以采纳。

2.从案涉资金的实际使用上来看,不能认定刘国明具有"非法占有目的",即诈骗罪的主观故意。为实现国家和社会产业发展或公共利益目的,国家对地方、企业、个人存在种类繁多的各类补贴。专项补贴资金最显著的特点在于该资金是由国家或者有关部门下拨的,体现的是国家或有关部门对公司、企业或者其他社会主体发展的资金支持,国家或者有关部门与资金的使用主体之间不存在财产交换(或称为交易对价)关系。申请主体只要符合国家或者有关部门规定的申报条件或资格,即可无偿获得专项资金补贴,专项资金补贴体现的是国家或有关部门对申请主体的单方面资金支持。因此,在认定行为人虚构申报条件或资格,从而骗取国家无偿提供的资金补贴的时候,需要综合考虑申报条件或资格的有无以及资金补贴的具体使用情况,以准确认定非法占有目的是否成立,不能简单地以申报条件欠缺或资格有无来确定诈骗罪的成立与否。本案中,刘国明将获取的国家财政扶持资金全部用于案涉养猪场的经营建设,从国家财政资金支出的目的和资金实际使用上来看,国家扶持畜禽标准化养殖小区建设的目的没有落空。

据此,再审根据查明事实和证据,认定原审被告人刘国明在将某某养猪合作社申报为辽宁省省级标准化畜禽养殖小区的过程中,不存在虚构事实、隐瞒真相的行为,也不具有非法占有的目的,且经相关政府部门检查验收,某某养猪合作社具备申报资格,符合申报条件,刘国明的行为不构成诈骗罪。

关联索引:(2023)辽刑再 1 号刑事判决

撰稿:隋福田
审编:邢海莹

案例 23

职务侵占罪的对象限定及竞合型刑民交叉案件审理思路
——董国贤职务侵占再审改判无罪案

> **裁判要旨** 对于竞合型刑民交叉案件,在罪与非罪界限不明时,应保持刑法的谦抑性,严格遵循罪刑法定原则,兼顾法益侵害性和法秩序的统一性,从程序和实体两个维度对行为进行评价认定。可以从实体上分析涉案行为是否属于民商事上的不法行为,根据具体罪名严格分析构成要件的该当性,被害人通过民商事、行政途径救济的可能性等因素;从程序上严格适用刑事诉讼证据规则,综合全案证据,对所认定事实不能达到排除合理怀疑标准的,不能认定为犯罪。

一、基本案情

原审被告人董国贤,原系某旅游公司法定代表人。

河北省乐亭县人民检察院指控被告人董国贤犯职务侵占罪,向乐亭县人民法院提起公诉。

乐亭县人民法院经审理查明:

2004年7月20日,被告人董国贤和李某厚、王甲协商一致,每人投资20万元在乐亭县成立某某度假公司,同年7月在乐亭县以38万元的价格从王某勇处购买了某度假村甲,并由董国贤主持添置了部分设施,开始经营旅游项目。

其间,董国贤认识了同在乐亭县搞海岸旅游的赵某辉,2005年4月7日,经董国贤、赵某辉协商,董国贤以某工程技术公司的名义出资123.6万元购买了赵某辉当时经营的某度假村乙60%的股份(后被称为东村),并于2005年6月6日与赵某辉注册了某度假公司,赵某辉占40%股份,某工程技术公司、某技术公司各占30%股份,法定代表人为董国贤。同时协商扩大规模,在某度假村甲的地址上扩建了西村。

2005年下半年乐亭县政府启动对某度假公司及某度假村甲等所占土地征用拆迁。董国贤与赵某辉口头协商购买当时王某元在某浴场经营的某旅游公司,继续从事沿海旅游事宜,商定购买资金先由董国贤垫付,待拆迁补偿款下来后,赵某辉以应得的拆迁款作为其在某旅游公司的投资,双方仍持原有股份。

2005年9月8日,董国贤以460万元购买某旅游公司,并于同年10月20日在乐亭县工商行政管理局办理了股权变更手续,董国贤将该公司注册为某工程技术公司股权90%,董国贤股权10%,法定代表人为董国贤,实际资产为某浴场137亩左右土地及房屋等建筑。

2006年3月3日,乐亭县拆迁办公室与某度假公司签订《拆迁补偿协议书》,某度假村乙、某度假村丙村内地上附着物及其他附属设施等获得补偿款共计698.59万元。补偿款到位后,经董国贤核算,支付给李某厚20万元,欲给付王甲14万元,因王甲不认可而没有领取。董国贤未提出给付赵某辉应得的2 199 956.75元拆迁款,赵某辉也未提出分割,故该部分补偿款一直由董国贤掌管使用。

2007年5月15日,经王某然介绍,董国贤将某旅游公司以2800万元的价格卖给某房地产公司及王乙,并于8月20日办理了变更登记手续。现买方已付款2200万元。董国贤被指控将赵某辉应分得的880万元占为己有。

乐亭县人民法院认为:被告人董国贤与赵某辉共同出资购买了某旅游公司,综合本案的各种证据,能够证实赵某辉在某旅游公司中的投资数额达到40%,足以认定赵某辉在该公司享有40%的股份。董国贤利用职务上的便利,私自将该公司出售,将已付出售款2200万元全部占为己有,非法侵占应属赵某

辉股份的款项 880 万元,数额巨大,其行为触犯了我国刑法,构成职务侵占罪。判决如下:

一、被告人董国贤犯职务侵占罪,判处有期徒刑五年。

二、被告人董国贤退赔赵某辉人民币 880 万元。

宣判后,董国贤不服,以根据乐亭县工商行政管理局的登记,赵某辉不占有某旅游公司股份,其不构成犯罪等为由提出上诉。河北省唐山市中级人民法院经审理作出刑事裁定:驳回上诉,维持原判。

上述裁判发生法律效力后,原审被告人董国贤提出申诉。最高人民法院作出再审决定,指令北京市高级人民法院对本案进行再审。

再审期间,原审被告人董国贤辩称:原判认定董国贤与赵某辉共同收购某旅游公司,投资额达到 40% 的事实错误,没有任何证据证明。2005 年 9 月出资购买某旅游公司的是某工程技术公司,公司登记的股东为某工程技术公司和董国贤,赵某辉在该公司不占有任何股份。2006 年 3 月到 4 月,包括赵某辉的补偿款在内的 698.59 万元拆迁款领取后,通过某旅游开发公司进入某中心渔港公司,作为注册和启动资金,有银行往来账目为证。上述资金流向清楚地证明赵某辉通过某旅游开发公司持有某中心渔港公司的股份,其财产没有受到任何侵犯。请求撤销原审裁判,依法改判其无罪。辩护人的辩护意见:赵某辉是否具有某旅游公司股东身份,应严格依法认定,无论双方口头上曾如何约定,赵某辉在事实和法律上从未成为该公司的股东,其获得的拆迁款已经汇入某中心渔港公司。原判认定董国贤构成职务侵占罪与事实不符,也没有法律和法理依据,董国贤不存在利用职务便利占有某旅游公司财产的行为。请求依法处理,宣告董国贤无罪。

北京市人民检察院再审出庭意见:1. 根据现有证据,赵某辉履行了一系列出资义务,承担了一部分债务和经营风险,应享有股东权利。赵某辉与董国贤约定收购某旅游公司先由董国贤垫资,赵某辉应得的拆迁款作为其投入,相当于用拆迁款作为对董国贤垫资的偿还,垫资行为的意思是以赵某辉的名义代其收购 40% 股权,赵某辉是公司的实际出资人,应享有股东分配收益。2. 关于法律适用问题,董国贤利用职务便利,私自将某旅游公司转让,隐瞒真实的交易价格,并将转让款据为己有,具有非法占有公司财产的目的,且数额巨大。本案侵犯的客体是公司和赵某辉的财产所有权,而非直接侵占赵某辉对公司的投入款,董国贤的行为符合职务侵占罪的构成要件。原判认定事实清楚,定罪及适用法律正确,量刑适当。

北京市高级人民法院再审补充查明:

2006年3月8日,500万元拆迁款到账后,借给潘某用130万元,另370万元存入某旅游开发公司,同年4月12日198.59万元拆迁款到账后,亦存入某旅游开发公司;2006年4月20日某旅游开发公司将500万元转入乐亭县核算办公室,参加某中心渔港公司的投标,中标后赵某辉依此持有某中心渔港公司的股份。董国贤亦认可将赵某辉的拆迁款份额投入某中心渔港公司。

北京市高级人民法院再审认为:根据再审查明的事实和证据可以认定,因董国贤、赵某辉等人对某度假村乙的投资和投入资金有分歧,所以一直未对拆迁补偿款进行具体分配。双方虽曾对使用拆迁款收购某旅游公司的股权和土地进行协商,但是因双方对拆迁款的分配没有达成一致意见,故对赵某辉的拆迁款份额如何使用处于未确定状态。在拆迁款到账之前,某工程技术公司已出资收购了某旅游公司,没有证据证明收购时使用了拆迁款,亦无证据证明赵某辉出资收购了某旅游公司。董国贤的供述,证人潘某用、马某、杨某等人证言和拆迁款走账情况证明,拆迁补偿款到位后通过赵某辉等人持股的某旅游开发公司参加了某中心渔港公司的竞买,为此赵某辉持有某中心渔港公司的股份。本案没有证据证明董国贤主观上具有非法占有某旅游公司财产的故意,客观上实施了利用职务上的便利,侵占公司财物的行为;亦无证据证明公司或个人的财产遭受了损失。董国贤与赵某辉对拆迁款的分配及投资争议,应属民事纠纷。董国贤的辩解和辩护人的相关辩护意见,法院予以采纳。原判认定董国贤的行为构成职务侵占罪,事实不清,证据不足,适用法律有误。北京市高级人民法院作出刑事判决:撤销原一审、二审刑事裁判;改判原审被告人董国贤无罪。

二、主要问题

1. 如何根据证据裁判原则,审查判断赵某辉是否实际拥有某旅游公司 40% 的股份?

2. 如何把握民事纠纷与刑事犯罪的界限——竞合型刑民交叉案件的审理思路?

三、裁判理由

(一)赵某辉是否实际拥有某旅游公司 40% 的股份

1. 赵某辉的拆迁款数额分歧

关于赵某辉的拆迁款数额,董国贤认为赵某辉应得 185 万余元,赵某辉则认为其应得 219 万余元,董国贤与赵某辉对拆迁款数额存在争议。

2. 就赵某辉的拆迁款是否入股某旅游公司的分歧

对于拆迁款的再投入,董国贤与赵某辉各执一词。

检方及赵某辉主张,董国贤与赵某辉对拆迁款进行了预先分配,口头约定共同出资购买某旅游公司,由董国贤先垫资,待赵某辉的拆迁款下来后作为对董国贤垫资的偿还,具体到资金走向上,拆迁款下来之后赵某辉并未领取,一直由董国贤掌管使用,系作为对某旅游公司实际出资义务的履行,赵某辉参与了某旅游公司的扩建,承担了一部分债务和风险,工商登记仅对第三人发生效力,赵某辉是实际的股东,占 40% 的股权,董国贤私自转让某旅游公司股份并将转让款据为己有的行为构成职务侵占罪。

董国贤则称,虽然前期口头约定投资某旅游公司,但因双方对拆迁款的分配一直没有达成一致,所以赵某辉的入资数额及持股份额也没有确定,此后,包括赵某辉的拆迁款在内的 698.59 万元通过某旅游开发公司进入某中心渔港公司作为注册和启动资金,赵某辉持有某中心渔港公司的股份,其自始至终都没有履行向某旅游公司的出资义务,财产权没有受到任何侵犯。某旅游公司的实际出资方是某工程技术公司和董国贤,工商登记的股东亦如此。董国贤与赵某辉关于拆迁款的数额、去向及股权纠纷，应属于民事纠纷。

3. 原判认定情况

原判认定，赵某辉在某旅游公司享有40%的股份，被告人董国贤利用职务上的便利，私自将某旅游公司出售，非法侵占应属赵某辉股份的款项880万元。认定的依据包括被害人赵某辉的陈述，董国贤、赵某辉、马某的谈话录音U盘，证人刘某某、马某、杨某等人的证言以及董国贤发给赵某辉的电子邮件等证据。

4. 在案证据情况

关于董国贤、赵某辉、马某的谈话录音U盘，形式上，该U盘为复制件，未附有无法调取原件的原因、制作过程等情况，未经鉴定不能作为定案依据；内容上，根据再审司法鉴定意见书，经过人声比对和文字转换后，三人自始至终都在对拆迁款的分配、几个公司的投资情况、收益分配、债权债务、所占股份等问题进行协商，三人的语言表述均不完整，对赵某辉应得的拆迁款，以及是否投入某旅游公司和在公司占有股份的情况均未明确数额及份额。虽然董国贤提出要出售某旅游公司，赵某辉表示要购买，但是对赵某辉是否以股东身份优先购买等事项没有明确的意思表示。

关于证人马某、潘某用、李某成、范某利等人的证言，马某证实董国贤、赵某辉当时是口头约定收购某浴场以及赵某辉占有股份的情况，李某成、范某利等只是听董国贤或者赵某辉说起占有股份的情况，对公司的具体情况不了解，需要通过其他证据补强证明力。

关于董国贤发给赵某辉的电子邮件，董国贤否认发送过该邮件，未查明具体来源，邮件内容为可修改的Word文档，有关收购投入金额、受让人等重要内容为空白，难以证明赵某辉在某旅游公司实际占有股份。

本案的关键在于董国贤与赵某辉口头出资协议是否实际履行，综合本案证据情况，证人证言等传来证据与工商登记的股东不一致，经查，在拆迁款到账之前，某工程技术公司已出资收购了某旅游公司，没有证据证明收购时使用了拆迁款。某旅游公司的工商登记记载股东为某工程技术公司和董国贤，结合拆迁款的走向及董国贤的供述，对证人证言、书证、视听资料、电子数据等证据材料的真实性、证明目的难以排除合理怀疑,在认定赵某辉是否实际将拆迁款投入某旅游公司并占有该公司40%的股份方面,没有形成完整的证据链,未到达确实、充分的证明标准,应以事实不清、证据不足为由判决董国贤无罪。

(二)民事纠纷与刑事犯罪的界限——竞合型刑民交叉案件审理思路

本案系由出资纠纷引发的职务侵占案例,历经多轮审理,最终以事实不清、证据不足、适用法律错误为由判决被告人董国贤无罪。实务中,民事纠纷何时转化为刑事犯罪,民事不法与刑事犯罪的界限是值得思考的问题。

根据理论及实务观点,刑民交叉案件,即既涉及民事法律关系,又涉及刑事法律关系的案件,根据民事法律关系与刑事法律关系的交叉程度,可以分为牵连型刑民交叉案件和竞合型刑民交叉案件。牵连型刑民交叉案件中,同一行为既涉及民事违约或侵权,又涉及刑事犯罪,司法实践的难点在于民事行为的有效性及刑事诉讼与民事诉讼何者优先的问题;竞合型刑民交叉案件中,同一事实应属于民事纠纷还是刑事犯罪存在争议,难点在于区分民事不法与刑事犯罪的界限。[1]

本案的分歧即在于董国贤转让某旅游公司股份的行为属于民商事纠纷还是刑事犯罪。对于竞合型刑民交叉案件,尤其民事纠纷与刑事犯罪界限不明、难以明确划分罪与非罪界限的案件,应保持刑法的审慎和谦抑性,严格遵循罪刑法定原则,同时,确保法秩序的统一性。具体来说,应从以下几个方面进行把握:[2]

1. 涉案行为在民商事上属于不法行为

民事不法性是处理竞合型刑民交叉案件的前提,如果案件在民商事领域属于合法行为,显然不能认定行为构成犯罪。本案中,赵某辉是否拥有某旅游公

---

[1] 相关论述参见陈瑞华:《刑民交叉案件的法律适用问题》,载《中国律师》2018年第12期;陈兴良:《刑民交叉案件的刑法适用》,载《法律科学(西北政法大学学报)》2019年第2期;周光权:《"刑民交叉"案件的判断逻辑》,载《中国刑事法杂志》2020年第3期。

[2] 相关论述参见周光权:《"刑民交叉"案件的判断逻辑》,载《中国刑事法杂志》2020年第3期;陈兴良:《刑民交叉案件的刑法适用》,载《法律科学(西北政法大学学报)》2019年第2期;陈瑞华:《刑民交叉案件的法律适用问题》,载《中国律师》2018年第12期。

司40%的股份,直接关系到董国贤转让某旅游公司股份的行为是否侵害了财产权。如果赵某辉的股份难以被民商法认可,要判定董国贤的行为属于侵权性质的犯罪显然不妥,不宜通过刑事手段予以处理,否则将冲击法秩序的统一性。

2. 严格遵循罪刑法定原则,根据具体罪名的构成要件分析构成要件该当性

处理竞合型刑民交叉案件,关键在于罪与非罪的界限,应准确判断行为是否符合犯罪构成要件,遵循罪刑法定原则。具体到本案涉及的职务侵占罪,应审查主体要件、是否具有非法占有目的、是否实施了将本单位财物非法占为己有的行为、是否造成数额较大的法益侵害后果等。据此,难谓董国贤的行为符合职务侵占罪的客观构成要件。

此外,刑法的机能之一是法益保护,对于财产犯罪,法益侵害性的核心是被害人的财产损失,如果不存在财产损失,或者财产损失数额较小,或者财产损失难以确定,应慎重适用刑法。本案中,根据相关进账单、活期存款凭条等凭证,拆迁补偿款698万余元到账后,除借出130万元,其余款项均存入某旅游开发公司;此后,某旅游开发公司将500万元转出,参加某中心渔港公司的投标,中标后董国贤、赵某辉持有某中心渔港公司股份,没有证据证实赵某辉在某中心渔港公司的股份为干股。在此情况下,并不能认定某旅游公司或者赵某辉因董国贤的股份转让行为存在财产损失,难谓符合客观构成要件。

另,如果存在民事纠纷,即使行为符合财产犯罪的客观构成要件,主观上,较难认定具备无对价地非法占有之目的。[①] 本案中,董国贤、赵某辉对拆迁款的分配存在分歧,结合后续的拆迁款走向,难谓董国贤主观上具有非法占有的目的。

3. 审查被害人通过民商事、行政途径救济的可能性

刑法作为社会治理的最后手段,系以国家公权力对行为进行干预和规制,关涉被告人的生命、自由以及财产,因此必须限制在必要和最低限度内,只有在民事、行政等其他制裁手段的保护力度不足以实现法益保护时,才能加以使用,

---

① 参见陈兴良:《刑民交叉案件的刑法适用》,载《法律科学(西北政法大学学报)》2019年第2期。

对于因经济纠纷引发的刑事诉讼,必须谨慎处理,防止以刑代民。本案中,某旅游公司的工商登记显示股东为某工程技术公司及董国贤,赵某辉主张实际拥有某旅游公司40%股份,民法及公司法对股权出资纠纷设置了相应的救济路径。对于此种情形,可以通过民商事诉讼进行解决,无须刑事手段介入,否则就违背了刑法的谦抑性原则。

4.程序上,严格适用刑事诉讼证据规则,达到证据确实、充分,综合全案证据,对所认定事实已排除合理怀疑的标准

对于证据不足,不能认定被告人有罪的,应当作出证据不足,指控的犯罪不能成立的无罪判决。

结　语

刑法上的犯罪,尤其是财产犯罪,往往与民事法律关系存在密切关联,某一行为,究竟属于民事不法还是属于刑事犯罪,通常缺乏明确的界限。《中共中央、国务院关于完善产权保护制度依法保护产权的意见》第六条规定,对于法律界限不明、罪与非罪不清的,司法机关应严格遵循罪刑法定、疑罪从无、严禁有罪推定的原则,防止把经济纠纷当作犯罪处理。该意见强调采用刑事手段规制经济纠纷时应保持谨慎、谦抑的原则。对于竞合型刑民交叉案件,如果民事纠纷与刑事犯罪的界限不明,应严格遵守罪刑法定原则,综合全案审查犯罪构成要件和证据,兼顾法益侵害性和法秩序的统一性,从程序和实体两个维度对行为进行评价认定。

关联索引:(2016)京刑再1号刑事判决

撰稿:张学梅　杨晓洁
审编:夏建勇

案例 24

公司实际出资人将公司项目和资金流转给关联公司，未损害第三人利益的，不构成犯罪
——麦赞新职务侵占、挪用资金再审改判无罪案

裁判要旨　公司股东虽登记为多人，但公司注册资金和经营资金均由一人提供，实质上是"一人公司"，未实际出资股东仅是"挂名股东"。原审被告人的行为只是使涉案投资项目和资金在公司之间流转，既没有将公司财物非法占为己有，也没有将公司资金挪归个人使用，更没有对公司及公司股东、债权人的财产权益造成刑法意义上的危害，依法不构成犯罪。

一、基本案情

原审被告人麦赞新，原系长某公司、东某公司法定代表人。

广东省东莞市第二市区人民检察院指控被告人麦赞新犯职务侵占罪、挪用资金罪，向东莞市第二人民法院提起公诉。

东莞市第二人民法院经审理查明：

2003年年初，被告人麦赞新与陈某龙、苏某波三人得知东莞市大岭山镇颜屋村委会有土地出让，有意购入该土地进行房地产开发，遂与颜屋村委会进行商谈。2003年4月7日，麦赞新以其和妻子蔡某红经营的长某公司名义支付20万元定金给颜屋村委会。2003年4月18日，麦赞新与陈某龙、苏某波以注册资

案例 24　公司实际出资人将公司项目和资金流转给关联公司,未损害第三人利益 \ 197
的,不构成犯罪

金共 50 万元登记成立以其三人为股东的东某公司,麦赞新任公司法定代表人。2003 年 7 月 10 日,麦赞新代表东某公司与东莞市某房地产开发公司、颜屋村委会在大岭山镇法律服务所见证下签订了《土地使用权转让合同书》,取得颜屋村委会辖区内约 750 亩土地进行开发。随后,东某公司陆续支付土地投资款,在 2003 年 7 月 25 日以东某公司名义支付 610 万元给某资产公司作为商住用地指标费;同年 11 月 11 日,以东某公司名义以 200 万元购买大片美村的用地指标;同年 8 月 1 日、12 月 19 日以东某公司名义各转 100 万元给颜屋村委会。至 2003 年 12 月 19 日止,东某公司共为该土地投资项目支付 1010.05 万元(含 500 元见证费)。2004 年 1 月,麦赞新以东某公司法定代表人的身份要求将上述《土地使用权转让合同书》终止履行,并以长某公司名义重新与颜屋村委会和某房地产开发公司签订新的《土地使用权转让合同书》。此后,麦赞新以其夫妻名下的长某公司等多家公司名义支付上述土地开发相关款项。

2005 年 6 月 9 日,被告人麦赞新与陈某龙用两人共有的厂房作抵押,以东某公司名义向农行长安支行贷款 660 万元,随后麦赞新将上述 660 万元贷款中的 50 万元用于支付该笔贷款利息,余款 610 万元用于麦赞新名下的长某公司等多家公司的经营活动。

2006 年 4 月 30 日,陈某龙以被告人麦赞新私自变更土地开发合同主体,侵害东某公司其他股东权益,涉嫌职务侵占罪为由向东莞市公安局报案。同年 6 月 8 日,公安机关将麦赞新抓获归案。8 月 16 日,麦赞新在取保候审期间提前偿还尚未到期的贷款。

东莞市第二人民法院认为,被告人麦赞新利用担任东某公司法定代表人、保管公司印章的职务便利,私自改变原由东某公司签订并已投入 1030.05 万元开发资金的土地使用权转让合同,将项目开发主体变更为其夫妻所有的长某公司,后又将该土地使用权转让牟利,数额巨大,其行为已构成职务侵占罪;麦赞新挪用东某公司资金归个人使用,数额巨大,其行为又构成挪用资金罪,依法应数罪并罚。依照《刑法》第二百七十一条第一款、第二百七十二条第一款、第六十九条、第六十四条的规定,判决如下:被告人麦赞新犯职务侵占罪,判处有期徒刑九年,并处没收财产人民币500万元;犯挪用资金罪,判处有期徒刑四年。总和刑期十三年,并处没收财产人民币500万元。数罪并罚,决定执行有期徒刑十二年,并处没收财产人民币500万元。

一审宣判后,被告人麦赞新不服,提出上诉。

东莞市中级人民法院经审理认为,原判认定事实不清、证据不足,裁定撤销原判,发回重审。

东莞市第二人民法院经重审认为,公诉机关指控被告人麦赞新犯职务侵占罪和挪用资金罪,事实不清、证据不足,指控的罪名不成立。依照《刑法》第三条、《刑事诉讼法》第一百六十二条第(三)项的规定,判决被告人麦赞新无罪。

宣判后,东莞市第二市区人民检察院不服,提出抗诉。

东莞市中级人民法院经审理作出刑事裁定:驳回抗诉,维持原判。

上述裁判发生法律效力后,广东省人民检察院按照审判监督程序提出抗诉,认为:1.现有证据足以证实陈某龙、苏某波系东某公司股东。有证据证实该二人均系东某公司股东,并实际参与了东某公司的经营活动;不能仅以实际出资作为认定公司股东股权的依据,而不顾垫资等情形。2.现有证据足以证实陈某龙确有出资。陈某龙与原审被告人麦赞新曾以共有厂房、宿舍作抵押担保,向银行贷款用于涉案土地项目;陈某龙、麦赞新还共同委托长某公司等公司向东某公司支付共有资金。3.麦赞新的行为构成职务侵占罪。东某公司是具有法人资格的公司,具有独立财产权。东某公司已为涉案土地项目实际支付投资款1030.05万元。麦赞新将涉案土地项目占为己有,分割了东某公司的财产权及股东的可期待利益。4.麦赞新的行为构成挪用资金罪。麦赞新利用职务上的便利,挪用东某公司的银行贷款610万元归个人使用,超过三个月,其行为构成挪用资金罪。

原审被告人麦赞新及其辩护人提出:1.尽管东某公司登记股东有三人,但陈某龙、苏某波二人没有履行股东的实际出资义务,其二人不具备成为公司股东的实质条件,东某公司实质上是麦赞新的一人公司。2.麦赞新认为东某公司是其所有的一人公司,其对公司财产有完全处置权,其行为不符合职务侵占罪

案例24　公司实际出资人将公司项目和资金流转给关联公司，未损害第三人利益的，不构成犯罪

的主客观要件。3. 涉案660万元贷款由蔡某红、陈某龙办理，由蔡某红使用，麦赞新对此不知情且未参与，认定麦赞新挪用东某公司610万元贷款证据不足，麦赞新的行为不构成挪用公款罪。

广东省高级人民法院经再审查明的事实与东莞市第二人民法院查明的事实基本一致。另查明：1. 2003年4月5日，原审被告人麦赞新代表长某公司与颜屋村委会签订了《土地使用权转让合同书》，约定由长某公司开发涉案土地，后因东莞市大岭山镇政府不认可上述合同，合同未能履行。2. 东某公司注册成立时由麦赞新、蔡某红夫妻二人投入全部注册资金50万元。登记股东为麦赞新、陈某龙和苏某波，其中麦赞新、陈某龙各占42.5%的股份，苏某波占15%的股份，登记股东陈某龙、苏某波未实际出资。

广东省高级人民法院于2018年1月2日作出刑事裁定，认为现有证据不足以证明原审被告人麦赞新的行为构成职务侵占罪和挪用资金罪。广东省人民检察院的抗诉意见不能成立，不予采纳。辩护人关于麦赞新无罪的辩护意见成立，予以采纳。依照《刑事诉讼法》第二百四十五条、第二百二十五条第一款第（一）项及《最高人民法院关于适用〈中华人民共和国刑事诉讼法〉的解释》第三百八十九条第二款之规定，裁定驳回抗诉，维持原无罪判决。

二、主要问题

1. 如何把握职务侵占罪的实质构成要件？对行为人本人是公司大股东，甚至一人公司，存在财产混同的情况下，如何把握该罪的社会危害性特征？

2. 办理涉民营企业案件，如何理解和适用法人人格（单位主体）否认制度，准确区分公司负责人利用职务之便的个人行为与正常职务行为？

三、裁判理由

（一）坚持证据裁判原则，认真审查涉案公司资金来源情况，厘清履行公司出资义务与承担担保风险责任

1. 关于东某公司注册资金来源

（1）现有证据可以证明麦赞新、蔡某红夫妻二人提供了东某公司的注册资金。证人蔡某红及原审被告人麦赞新均称东某公司是其夫妇二人注入资金成立的。麦赞新在原审阶段还提供了蔡某红于 2003 年 4 月 11 日提取现金 55 万元的银行对账单，以及蔡某红于同日填单开户并向麦赞新、陈某龙、苏某波账户共存款 50 万元的存款凭条等原始凭证，印证麦赞新、蔡某红夫妇的上述主张。（2）东某公司三名注册股东的相关个人存折由蔡某红控制并使用。办理注册验资手续和增资手续所用的名为麦赞新、陈某龙、苏某波的三份个人存折由蔡某红保管（三份存折均在长安农信社开户），此节与苏某波、蔡某红证言证明的三个银行存折是由麦、陈、苏三人提供身份证给蔡某红开户的内容相一致。（3）东某公司注册股东之一、证人苏某波明确表示其未出 7.5 万元的注册资金，在办理验资手续时，其提供身份证给蔡某红，蔡去办理，款由麦赞新垫付。（4）陈某龙关于其提供了东某公司注册资金的主张没有其他证据支持。陈某龙实际认可其没有提供增资部分的注册资金，（2005）东法民一初字第 8787 号民事判决可以佐证该情节。（5）东某公司的实际控制人是麦赞新、蔡某红。东某公司的公章、合同、财务等重要事务均由麦赞新、蔡某红负责管理。案发前，陈某龙、苏某波对以上情况未提出过异议。

综上，本案证据足以证明东某公司的注册资金系由麦赞新、蔡某红提供。关于抗诉机关提出在出资过程中的"垫资"情形，因本案没有证据证明东某公司注册股东间有相互垫资的协议，且有证据证明注册股东陈某龙对公司注资和增资均未能实际履行，该抗诉意见不能成立。

2. 关于东某公司经营资金的来源

东某公司的财务情况虽未经评估鉴定，但在案证据证明，东某公司为经营涉案土地项目而成立，未进行其他经营活动，其资金往来相对单一和清晰。经

案例 24　公司实际出资人将公司项目和资金流转给关联公司，未损害第三人利益的，不构成犯罪

逐笔考察东某公司资金来源情况，可以得出以下结论：(1)涉案东某公司账户支付的 1010.05 万元，多数资金来源于长某公司，少数资金来源于麦赞新个人。(2)没有证据证明陈某龙、苏某波个人有资金直接投入东某公司。(3)现有证据证实，陈某龙与麦赞新共同出具的《委托书》对应款项来源于长某公司的贷款。虽然该贷款以麦、陈二人共有的房产作抵押担保，陈某龙与麦赞新个人承担一定的风险，但不能直接认定为二人个人对东某公司的投资。(4)关于陈某龙、麦赞新共同签名委托长某公司、麦赞新的健某厂分 5 次转账支付 783 万元的《委托书》，陈某龙、麦赞新二人均未对该《委托书》的形成原因、委托转出资金的来源、委托后果等事项作出明确的陈述。该《委托书》所涉资金的去向虽为东某公司和颜屋村委会，但抗诉机关抗诉提出"陈某龙、麦赞新存在共同委托长某公司、健某厂向东某公司支付共有资金行为"，可证明陈某龙确有出资，支持该抗诉主张的事实不清，证据不足。

(二)坚持司法文明、善意的理念，平等对待公司法人主体资格的认定，厘清单位责任和个人责任

关于民事行为或犯罪的单位主体资格否认制度，我国法律和司法解释作了原则性的规范。我国 2015 年《公司法》第二十条第三款规定，公司股东滥用公司法人独立地位和股东有限责任，逃避债务，严重损害公司债权人利益的，应当对公司债务承担连带责任。以上规定明确了与公司相关行为的民事责任由法人单位承担还是股东个人连带承担的情形，是我国以法律形式确认的公司法人人格否认制度。一些学者认为，在司法实务中应"严格限制对法人人格否认要件的认定"，慎用公司法人人格否认制度。[①]《最高人民法院关于审理单位犯罪案件具体应用法律有关问题的解释》规定，单位犯罪主体资格的否定只能出于两种情况：一是"个人为进行违法犯罪活动而设立的公司、企业、事业单位实施犯罪的"；二是"公司、企业、事业单位设立后，以实施犯罪为主要活动的，不以单位犯罪论处"。以上司法解释明确了以单位名义实施犯罪不以单位犯罪论处，

[①] 参见赵旭东：《法人人格否认的构成要件分析》，载《人民司法(应用)》2011 年 17 期。

而由个人承担刑事责任的情形。在刑事司法实践中,尤其是对一些涉产权案件认定单位担责还是个人担责,往往是焦点、难点问题。

关于职务侵占罪和挪用资金罪都没有单位犯罪的规定。控方意见认为被告人有罪,是建立在否认长某公司法人人格和单位责任,认定相关行为应由麦赞新个人担责的基础之上的。经审理认为,涉案行为不应认定是麦赞新的个人行为,麦赞新不应承担刑事责任,理由:1.长某公司是独立法人。长某公司是依法注册成立的有限责任公司,长某公司的股东是麦赞新、蔡某红夫妻二人,但不改变长某公司是独立法人的事实。2.长某公司承担项目和资金流转所带来的权利义务,承担相应责任。涉案地产项目的经营主体由东某公司变更为长某公司后,长某公司享有相应的利益,承担相应的责任。长某公司可能从涉案房地产项目中获益,但未有充分理由不宜否认该公司的法人人格,从而认定麦赞新个人将东某公司投资款占为己有。3.没有证据证明长某公司从事非法活动。长某公司获得涉案房地产项目后,继续投资进行了正常的经营活动。以长某公司名义对涉案房地产项目的投资大大超过以东某公司名义进行的投资。4.麦赞新的相关行为是代表公司的职务行为。没有证据证明麦赞新利用担任公司法定代表人的职务之便从事非法行为。本案中,东某公司、长某公司均在麦赞新、蔡某红的实际管控之下,对此相关人员案发前并未提出异议。麦赞新作为长某公司及东某公司的法定代表人,签订、履行、终止合同是代表公司的职务行为,其以法人名义从事的经营活动,由法人承担相应的法律后果。

认为本案被告人个人担责且有罪的观点中还蕴含一个值得关注的情节:东某公司大股东麦赞新和长某公司对东某公司的大量投资被认为是单位行为,由单位承担权责;而将东某公司的项目和资金流转给同样有法人资格的长某公司被认为是麦赞新个人行为,由个人担责。以上认定显然没有采用同一个标准,作了片面化、机械化的解释。再审认为,在确认东某公司是独立法人的前提下,不宜否认长某公司的法人人格。

案例 24　公司实际出资人将公司项目和资金流转给关联公司,未损害第三人利益
　　　　的,不构成犯罪

(三)坚持罪刑法定原则,紧扣犯罪构成的形式要件和实质要件,厘清刑事责任和民事责任

股东将一人公司的财产据为己有可以构成职务侵占罪[1],这在刑法理论上争议不大,在司法实践中也有判例,但具体到个案,应严格审查犯罪构成的形式和实质要件,根据行为人的行为有无对公司及股东的财产权造成损害、有无刑法上的社会危害性等来综合判定。

从犯罪构成的形式要件来看:1.麦赞新没有非法占有本单位财物和挪用东某公司资金的故意。东某公司实质上是麦赞新的一人公司。虽然东某公司登记的股东有三人,但现有证据可以证明东某公司是麦赞新个人提供注册资金成立的。相关财务资料证实,东某公司投资的资金多数来源于麦赞新任法定代表人的长某公司,少数来源于麦赞新个人。虽然陈某龙称其对东某公司投入资金,但在本案的原一审、二审及再审阶段,其均未能提供证明其出资及投资的有效证据。公安机关亦出具说明,证明陈某龙在东某公司出资情况无法查清。东某公司的财务情况虽未经审计,但根据现有证据,不能证明麦赞新非法侵占其他股东的投资款。2.涉案土地开发项目和资金在两个公司之间流转,麦赞新没有将该土地开发项目相关利益及投资款占为个人所有。在 2003 年 4 月初,麦赞新便代表长某公司与颜屋村委会等单位签订合同,并以长某公司的名义和账户支付定金 20 万元。上述合同因当事方以外的原因不能履行,麦赞新又以东某公司的名义与颜屋村委会等单位签订合同,随后又以东某公司的名义终止与颜屋村委会等单位签订的合同。之后,麦赞新又代表长某公司与颜屋村委会、某房地产开发公司签订合同。涉案土地项目合同的最初签订和最终签订均为长某公司,长某公司在最初签订合同后还支付了定金。3.原公诉机关所指控挪用的资金来源于以东某公司名义向银行的贷款,用于长某公司的经营,实质上是企业间的资金拆借行为。麦赞新没有挪用该资金归个人使用,且该银行贷款是以麦赞新个人资产作为担保,没有损害东某公司的财产权。麦赞新的行为不

---

[1]　参见潘素梅:《"一人"公司股东侵占公司财产行为的法律分析》,载《法制与社会》2015 年第 3 期。

符合挪用资金罪的基本犯罪构成。

从犯罪的实质要件看,如前所述,东某公司的初始注册资金和增加注册资金均由麦赞新提供,该公司成立后经营资金亦由麦赞新和长某公司提供,没有证据证明其他两名登记股东对东某公司投入资金。现有证据证实,东某公司是为经营涉案土地项目而成立的公司,该公司成立后在为时不长的经营期间主要从事投资业务,案发前没有进行过涉案土地项目以外的其他经营活动,没有形成其他债权人。没有证据证明麦赞新的行为侵占其他股东的投资款和损害东某公司债权人的利益。麦赞新的行为有不当之处,但不具备构成犯罪所应有的严重社会危害性,不构成犯罪。

报案并主张权利的东某公司登记股东陈某龙在公司经营时做过一些工作,承担了一定的风险,应当享有一定的民事权益。比如,陈某龙是东某公司的登记股东,可能会对公司债务承担民事连带责任;其曾为东某公司的银行借款提供过担保;其曾参与过公司的经营管理,为公司发展做过贡献。陈某龙可依法另寻途径来维护自己的权益。

(四)坚持刑法谦抑性的理念,谨守刑法介入经济活动最后手段性原则,厘清民事纠纷与犯罪

民营企业经营过程中,有时存在不规范的现象,公司的财产并不独立于股东自己的财产,存在财产混同、人格混同等问题,涉及纠纷一般还在民事纠纷范畴。本案是因公司合伙人之间的经济利益之争,是在经济活动中引发的纠纷。对于可以通过和解、调解及民事诉讼等方式来解决的问题,原则上不应通过刑罚手段来解决。原一审曾判决被告人麦赞新有罪并处以刑罚,是未能严格把握民事纠纷与犯罪的界限。

广东省高级人民法院在再审本案时,既严格依法办案,又坚决贯彻落实党中央和最高人民法院关于依法保护民营经济和企业家权益的政策精神,确保产权司法保护政策在具体案件中得到体现,落到实处,取得实效,最终作出了维持麦赞新无罪判决的刑事裁定。

综上,本案的再审结果充分体现了人民法院以历史和发展的眼光客观看待

案例 24　公司实际出资人将公司项目和资金流转给关联公司,未损害第三人利益的,不构成犯罪　　\ 205

民营企业因经营不规范所引发的问题,牢固树立谦抑、文明等理念,严格遵循罪刑法定、疑罪从无原则,坚决防止将民事纠纷当作犯罪处理、将民事责任变为刑事责任。该案对于加大民营企业家的人身自由权利保护力度,增强民营企业的安全感具有重要意义,同时为企业守法合规经营和办案机关办理类似案件提供有益参考。

关联索引:(2015)粤高法审监刑再字第 7 号刑事裁定

撰稿:王兴元

审编:司明灯

案例 25

销售人员未持续领取劳动报酬,在企业默许下占有溢价销售款,不构成职务侵占罪

——冉方贤职务侵占再审改判无罪案

> **裁判要旨**
>
> 职务侵占罪的犯罪主体为特殊主体。行为人以企业办事处名义销售产品,但未与企业签订劳动合同,亦未持续领取劳动报酬,并承担了办事处的经营成本,企业对其占有溢价销售款长期持默许态度,其销售产品所赚取的差价不能认定为犯罪所得,不构成犯罪。

一、基本案情

原审被告人冉方贤,原系昌黎县某红葡萄酒业有限公司(以下简称某红公司)驻广东办事处主任。

河北省昌黎县人民检察院指控被告人冉方贤犯职务侵占罪,向昌黎县人民法院提起公诉。

昌黎县人民法院经审理查明:

经人介绍,被告人冉方贤与某红公司董事长董某国相识。为了开展业务,2007年某红公司在广东省广州市虚设办事处,授权冉方贤为驻广东办事处主任。2009年9月1日,冉方贤代表某红公司与广州客户杨某容等签订了秦宝十年红葡萄酒经销合同,由某红公司卖给杨某容葡萄酒。冉方贤出具了一枚某红

案例 25 销售人员未持续领取劳动报酬,在企业默许下占有溢价销售款,不构成职务侵占罪

公司的收款专用章,且称董某国有一卡一折,本卡一体,卡在冉方贤手上,取得了杨某容及其丈夫蔡某林的信任。杨某容、蔡某林将该酒款 489 212 元分多次付给冉方贤。后冉方贤将 150 369 元通过银行卡打款的方式,汇给董某国,并将 33 450 元货款支付给李某良(十年红葡萄酒经销商之一)。按照某红公司的规定,冉方贤应获得货款 20% 的提成,即 97 842.4 元。故冉方贤侵占了某红公司 207 550.6 元,一直未给付。2011 年 2 月 24 日,冉方贤到昌黎县公安局投案。

昌黎县人民法院经审理认为,被告人冉方贤系某红公司驻广东办事处主任,其代表该公司与客户杨某容、蔡某林签订了葡萄酒经销合同。冉方贤在履行该经销合同过程中,利用职务便利,侵吞该公司葡萄酒款 207 550.6 元,数额巨大,其行为已构成职务侵占罪。虽冉方贤主动投案,但未能如实供述罪行,自首情节不予认定。依据《刑法》第二百七十一条第一款之规定,判决如下:被告人冉方贤犯职务侵占罪,判处有期徒刑五年十一个月。

一审宣判后,被告人冉方贤不服,提出上诉。

河北省秦皇岛市中级人民法院经审理,作出刑事裁定:驳回上诉,维持原判。

上述裁判发生法律效力后,原审被告人冉方贤提出申诉。最高人民法院作出再审决定,指令广东省高级人民法院对本案进行再审。

广东省高级人民法院再审期间,原审被告人冉方贤及其辩护人提出:1. 原审法院认定事实错误。除了 2010 年 4 月以外,冉方贤与某红公司之间并不存在劳动关系,涉案合同履行期间,冉方贤不是某红公司的员工,双方是代理关系。2. 冉方贤并未侵占某红公司的财物。某红公司驻广东办事处是由冉方贤独立经营、自负盈亏的单位。涉案 489 212 元款物交易实际上由广东办事处与杨某容直接发生,某红公司并未遭受财物损失。3. 本案的采证、认证和审理程序不合法,证人董某国旁听了原一审庭审,其证言前后矛盾,不应采信。4. 董某国等人在再审阶段的证言存在大量矛盾之处,且没有银行转账记录等书证予以佐证,属于虚假陈述,不应采信。据此,请求法院再审查明事实,改判冉方贤无罪。

广东省人民检察院出庭检察员提出:依据现有证据可以认定冉方贤案发时系某红公司员工,双方系雇佣关系。冉方贤的行为构成职务侵占罪。主要理由如下:第一,现有证据可以证实冉方贤案发时系某红公司员工。第二,现有证据也可以证实按照某红公司规定,冉方贤不能直接收取公司货款,只能拿销售提成。第三,冉方贤代理律师提供的相关证据实际上也是可以解释的。综上,建议法院维持原有冉方贤构成职务侵占罪的刑事裁定。

广东省高级人民法院经再审查明:原审被告人冉方贤经人介绍与某红公司董事长董某国相识。为了方便开展业务,某红公司虚设广东办事处,授权冉方贤为驻广东办事处主任。自2008年下半年开始,广东办事处由冉方贤自主经营,独立核算,自负盈亏。2009年9月1日,冉方贤以某红公司驻广东办事处名义与客户杨某容等签订秦宝十年红葡萄酒经销合同。在合同履行期间,冉方贤通过低价从某红公司、李某良处购买葡萄酒再高价销售给杨某容夫妇的方式,从中赚取差价310 993元。

广东省高级人民法院再审认为,根据现有证据证明的事实评判,原审被告人冉方贤与某红公司关于葡萄酒货款的纠纷未超出民事纠纷的范畴,冉方贤的行为不符合职务侵占罪的犯罪构成。原审裁判认定冉方贤构成职务侵占罪的事实不清,证据不足。冉方贤及其辩护人关于冉方贤不构成职务侵占罪的意见成立,予以采纳。经该院审判委员会讨论,依照《刑事诉讼法》第二百五十六条及《最高人民法院关于适用〈中华人民共和国刑事诉讼法〉的解释》第三百八十九条第二款之规定,于2020年1月20日作出刑事判决,撤销原一审、二审裁判,宣告原审被告人冉方贤无罪。

二、主要问题

1. 如何认定职务犯罪的主体要件?

2. 如何看待销售人员未持续领取劳动报酬,在企业默许下占有溢价销售款的行为?

三、裁判理由

（一）冉方贤不符合职务犯罪的主体要件

从现有证据来看，原审被告人冉方贤及广东办事处与蔡某林、杨某容夫妇商谈、签订并履行经销合同的时间在 2009 年 8 月至 2010 年 3 月，在此期间缺乏某红公司与冉方贤及其广东办事处员工签订有劳动合同或缴纳个人所得税、社保的相关证据，某红公司驻广东办事处由冉方贤自主经营、独立核算、自负盈亏，难以认定冉方贤在此期间系某红公司员工。虽然有数名证人称冉方贤为某红公司员工，冉方贤名片显示其职务为某红公司销售总经理，但是在案证据不能证实某红公司持续向冉方贤支付工资、提成等劳动报酬，不足以认定冉方贤与某红公司存在事实雇佣关系。

（二）冉方贤不具有非法占有涉案款项的故意和行为

1. 某红公司对于冉方贤占有溢价销售款的行为长期持默许态度。某红公司董事长董某国称，广东办事处是其公司虚设的，没有注册，2007 年开始授权冉方贤为驻广东办事处主任或销售总经理。2008 年下半年以后，某红公司就不再管理，而是由冉方贤自己负责。一部分客户没有同某红公司签经销合同的，冉方贤从公司低价买进，再高价卖出也挣了不少钱，所以从那以后公司就不怎么给冉方贤钱了。办事处员工陈某扬称，为了打开十年红酒的品牌，十年红酒厂同意价格上高出酒厂规定的价格卖给客户。可见，某红公司明知冉方贤的溢价销售行为却没有制止，长期持默许态度。

2. 冉方贤已支付 144 769 元进货款给董某国。在涉案交易中，冉方贤先后向董某国的银行账号转账 144 769 元，董某国和冉方贤对于转账金额均表示认可，但是冉方贤认为上述 144 769 元即其在涉案交易中应付某红公司的全部提货款，董某国则认为冉方贤应将杨某容夫妇支付的全部货款 489 212 元交给公司，再从中拿 20% 的提成。综合全案证据来看，董某国的观点缺乏足够证据证实，且不符合交易常理。第一，关于 20% 的提成比例既无相关书证证实，也无同类业务提成的实例佐证。再审法院发函要求某红公司补充提供 2009 年至 2010 年关于销售提成的规章制度，某红公司亦未能提供。证人郑某成称公司给业务员的提成是3%~8%,最多不超过8%。证人何某称公司以货款的3%~5%给提成。从董某国的几份询问笔录来看,其关于提成比例的陈述前后不一,其关于20%提成比例的说法与证人郑某成、何某的证言矛盾,不应采信。第二,从转款凭证、提货材料来看,因某红公司所发提货单未标全单价,难以认定转账金额与提货单所载货物价值是否完全匹配,亦有部分提货单传真当日没有对应转账记录,但是从转账时间和提货单传真时间来看,冉方贤转账给董某国的时间与其提货时间基本匹配,且呈现出打款多则提货数量多、打款少则提货数量少的规律,冉方贤关于先付款后发货、已足额支付货款的辩解有一定可信度。

3. 不能排除溢价销售款用于办事处日常经营支出。关于溢价销售款的去向,冉方贤供述用于广东办事处的经营支出。从现有证据来看,董某国虽称支付了广东办事处的部分经营成本,但在原审期间董某国及某红公司未提交给办事处员工发放工资、提成和办事处房租、招聘、广告等费用支出的原始凭证与单据,亦未提交办事处其他同类业务的收益分配模式材料。再审法院发函要求某红公司补充提供证明其支付广东办事处房租水电等经营成本的相关材料,如合同文本、财务凭证、银行转账记录等,某红公司均未能提供。

再审期间,冉方贤及其辩护人提交了新的书证和新的证人证言,证明其支付了房租、堆头费、条码费、礼品费等经营成本,其中,证人陈某扬称办事处六七个员工的工资都是冉方贤发的,证人郭某宇称租用办公室、招聘销售人员、管理等由冉方贤负责,冉方贤发工资、打货款的时候差钱,还向郭某宇借过两次钱。以上新证据经庭审举证、质证,足以证明广东办事处的日常经营费用由冉方贤个人承担。

根据现有证据证明的事实评判,原审被告人冉方贤与某红公司关于葡萄酒货款的纠纷未超出民事纠纷的范畴,冉方贤的行为不符合职务侵占罪的犯罪构成。原审裁判认定冉方贤构成职务侵占罪的事实不清,证据不足,再审依法改判冉方贤无罪是正确的。

评析认为:

第一,职务侵占罪的犯罪主体为特殊主体,必须是非国有公司、企业或者其

案例 25 销售人员未持续领取劳动报酬,在企业默许下占有溢价销售款,不构成 211
职务侵占罪

他单位的人员。本案中,虽然冉方贤名片显示其职务为某红公司销售总经理,并以某红公司驻广东办事处的名义对外从事经营活动,但现有证据不足以证明冉方贤与某红公司之间存在雇佣关系。相反,从广东办事处的经营模式、资金往来以及董某国等人的证言来看,足以确认本案诉争业务发生时,广东办事处系独立核算、自负盈亏,并靠购销货物的差价维持生存,考虑到销售行业的特殊性,冉方贤关于以某红公司员工身份与客户做生意、实为十年红葡萄酒经销商的辩解可信度较高,认定广东办事处为独立的经营主体,更符合双方的实际关系。刑法注重的是实质合理性,评判一个人是否为公司员工,不仅要看其是否履行一定的工作职责,还要看其是否领取了相应劳动报酬,若仅履行工作职责但未领取劳动报酬,亦没有无偿劳动的意愿和约定,将其认定为公司员工,不具有实质合理性。

第二,职务侵占罪在客观方面表现为利用职务上的便利,侵占本单位财物,在主观方面必须具有非法占有的故意。从本案现有证据来看,难以认定冉方贤控制并支配溢价销售款的行为具有刑事违法性。一方面,某红公司对于冉方贤溢价销售的行为长期持默许态度。另一方面,关于溢价销售款的去向,冉方贤供述用于办事处的经营支出,且提交了相关支付凭证和证人证言,结合董某国的陈述、办事处员工的证言和冉方贤提供的经营支出凭证来看,广东办事处的日常经营费用由冉方贤承担。虽现有证据无法明确涉案溢价销售款的具体去向,但冉方贤及广东办事处的收入来源较为单一,冉方贤将溢价销售款用于办事处日常经营的可能性较大。从责权利相一致原则和法益保护原则看,既然涉案交易发生之时某红公司并不承担广东办事处的经营成本,冉方贤在董某国默许的情况下,自己持有溢价款并用于摊销广东办事处经营成本的行为,并不侵害某红公司的财产权。原审裁判认定全部涉案销售款均应交付某红公司,拒交则构成职务侵占罪的逻辑与依据,明显与本案实际情况不符。

综上,鉴于广东办事处系独立核算、自负盈亏的经营主体,原审被告人冉方贤从某红公司低价进货后高价卖给杨某容夫妇的行为,是两个独立的购销关系。在交易过程中,冉方贤控制并支配溢价销售款,用于经营费用等支出,得到了某红公司的默许,也符合交易习惯。即便冉方贤未足额向某红公司支付提货款,其拖欠货款的行为亦不宜认定为具有职务侵占故意。在广东办事处运营的近三年内,冉方贤与某红公司存在大量同类交易行为,却无证据证实双方进行过整体债权债务的清算,也无证据显示清算后各自的债权债务额,或无证据证实某红公司曾向冉方贤主张债权遭受拒绝。在此情况下,若仅以冉方贤未将其中一笔业务的销售款足额交付给某红公司,即认定构成职务侵占罪,不利于保护市场经济秩序,亦不符合刑法的谦抑性原则。

关联索引:(2018)粤刑再26号刑事判决

撰稿:余义莲

审编:司明灯

案例 26

被侵占财产权属存在争议的,不构成职务侵占罪
——王银祥职务侵占再审改判无罪案

裁判要旨 企业改制中因财产约定不明引发的职务侵占案件,应当认真审查行为人是否具有非法占有目的,严格区分经济纠纷与经济犯罪。案涉财产权属存在争议,不能认定行为人有非法占有目的的,不构成犯罪。

一、基本案情

原审被告人王银祥,原系海某公司董事长,曾任吉林市龙潭区榆树建筑工程处处长(企业法定代表人)。

吉林省吉林市龙潭区人民检察院以被告人王银祥犯职务侵占罪,向龙潭区人民法院提起公诉。

龙潭区人民法院经审理作出一审判决:认定王银祥犯职务侵占罪,判处有期徒刑五年六个月,并处罚金人民币50万元。

一审宣判后,被告人王银祥不服,提出上诉。

吉林市中级人民法院经审理裁定:撤销原判,发回重审。

龙潭区人民法院经重新审理认定:

吉林市龙潭区榆树建筑工程处(以下简称工程处)系集体企业。本案涉及的五处无籍房(无产权房)、两处有籍房(有产权房)均系工程处早期自行出资

建造、购买,用于本单位生产经营的场所。被告人王银祥于1997年任工程处处长(企业法定代表人)。1999年4月,在该企业改制过程中,王银祥利用职务之便,对上述七处房屋不予申报,于改制结束后,通过吉林市无籍房确权及有籍房更名的方式,将上述七处房产变更到王银祥任法定代表人的海某公司及其亲属王某玲的名下。经评估,七处房产总价值973 479.84元。案发后,王银祥经电话传唤,主动到公安机关说明了有关情况。

龙潭区人民法院经审理认为,被告人王银祥利用职务之便,非法占有本单位财产,其行为已构成职务侵占罪,且数额巨大。公诉机关指控的事实清楚,罪名成立。对于王银祥提出七处房产不是本单位财产的意见,经查,现有证据能够证实,五处无籍房系工程处出资建造并用于该工程处的生产经营,两处有籍房系工程处出资购买,亦用于该工程处生产经营。七处房产虽未在工程处资产账目上体现,但不能改变是工程处的集体财产这一本质属性。对于王银祥提出房产估价报告评估价格过高,评估时其已修葺添附的意见,经查,王银祥未提供修葺房屋、完善设施的相关票据。对于王银祥提出其已经申请整体评估且已将涉案五处无籍房的情况口头告知行政机关,并无侵占故意的意见,经查,在王银祥提交的企业资产清单中并无涉案房屋的账目体现。故上述意见均不予采纳。王银祥在公安机关调查本案时,主动到公安机关接受询问,且能如实供述主要犯罪事实,系自首,具有法定减轻处罚情节。根据王银祥的犯罪情节及悔罪表现,对其适用缓刑对其所居住社区无重大不良影响。综上,判决如下:一、王银祥犯职务侵占罪,判处有期徒刑三年,缓刑五年,并处没收财产人民币50万元;二、王银祥侵占的财产人民币973 479.84元,依法返还原工程处主管单位吉林市龙潭区榆树街道办事处(以下简称榆树街道)。王银祥不服,提出上诉。吉林市中级人民法院认为原审判决认定事实清楚,适用法律正确,于2014年8月1日作出(2014)吉中刑终字第76号刑事裁定,驳回上诉,维持原判。

上述判决、裁定发生法律效力后,原审被告人王银祥提出申诉。吉林省高级人民法院经审查作出再审决定,指令长春市中级人民法院对本案进行再审。

长春市中级人民法院再审认为,涉案七处房产为工程处集体资产,在对工

案例26　被侵占财产权属存在争议的,不构成职务侵占罪　　　\　215

程处资产进行核查时,原审被告人王银祥隐瞒两处有籍房,没有隐瞒五处无籍房,但五处无籍房属于改制前工程处的集体资产,与王银祥无关,当工程处取得土地使用权后,被王银祥通过无籍房政策非法占有。综上,原审认定王银祥在工程处改制过程中,利用职务之便对应当申报评估的五处无籍房和两处有籍房不予申报,并于改制结束后通过确权及更名的方式据为己有的事实清楚,证据确实、充分,遂作出刑事裁定,维持吉林市中级人民法院作出的原审刑事裁定。

裁判生效后,原审被告人王银祥再次提出申诉。吉林省高级人民法院经审查,决定提审本案。

吉林省高级人民再审期间,原审被告人王银祥提出,其行为不构成犯罪。具体理由如下:1.五处无籍房系违章建筑,榆树街道和区里领导均同意不进行资产评估,两处有籍房是承包经营所购,未列工程处账上,其不具有非法占有的主观故意;2.个人举债租赁契约书是王银祥合法取得涉案房产的基本事实根据和法律根据,一年租赁期满申诉人取得工程处集体资产,工程处债权、债务均归申诉人,其没有非法占有涉案房产;3.房地产估价报告书不能作为确定房屋价格的依据,更不能作为定罪量刑的依据;4.修缮房屋的投入应从认定数额中扣除。

吉林省人民检察院认为,本案职务侵占财产数额巨大,原判决、裁定所判决的主刑基本适当,但会影响附加刑并处没收财产的数额和责令退赔的数额,建议人民法院补充鉴定后依法改判。具体理由如下:1.现有证据足以证实七处房产为改制前工程处投入所形成的集体企业财产,虽由王银祥承包经营,但改变不了企业财产集体所有权性质。改制过程中,王银祥隐瞒两处有籍房未经申报评估,明知工程处已从吉化公司取得土地使用权,始终未就地上房屋预期权属问题与榆树街道进行补充协商,利用无籍房政策取得五处无籍房初始登记,达到非法占有集体财产的目的。2.王银祥职务侵占的时间节点应为2002年9月3日龙潭区政府批复完成改制时间,而不是原判决、裁定认定的1999年4月28日,应重新鉴定房屋价值。3.撤销吉林市龙潭区人民法院、吉林市中级人民法院刑事执行裁定。不能简单以"房随地走"方式错误认定房屋所有人或房屋实际所有权的合法权益，造成执行裁定与刑事判决、裁定内容的实质冲突。此外，在本案处理过程中，企业改制职工安置集体上访，王银祥应龙潭区政府要求，已支付企业职工安置资金30万元，应综合纳入全案予以考虑。

吉林省高级人民法院再审查明：

工程处为集体所有制企业，主管部门为榆树街道。1992年4月至1996年末，倪某权作为工程处处长、法定代表人与榆树街道签订承包合同，倪某权与原审被告人王银祥（时任工程处副处长）共同承包工程处，除向榆树街道交纳管理费、税费、保证工程处工人开支后，剩下的收入由倪某权和王银祥作为承包人自行分配，榆树街道不参与。其间，倪某权授意付某自行垫付5万元购买一处平房（涉案房屋9号），倪某权出资购买一处平房（涉案房屋10号），均用于工程处日常经营场所。两处有籍房未计入工程处账目，未落入工程处名下。因工程处经营需要，经榆树街道协调，吉化公司同意借给工程处一块土地使用，要求吉化公司一经需要，工程处则无条件退回土地，并无偿拆除地上建筑。其中三处无籍房为20世纪70年代修建的无人居住的平房（涉案房屋4号、5号、12号），两处无籍房为倪某权承包工程处期间带领工程处职工修建（涉案房屋1号、8号），并对原有三处无籍房进行修缮，建造和修缮成本计入工程处账目。1996年年底，倪某权因工作需要离开工程处，并带走部分工程处的设备。1997年1月王银祥被任命为工程处处长、法定代表人，继续延续倪某权与街道办事处所签的承包合同。在改制核查资产时，王银祥未申报两处有籍房，要求对包含涉案五处无籍房在内的资产作整体评估。经对资产申报表统计评估，改制前工程处净资产为负244万余元。鉴于工程处负债情况，决定对工程处实行举债租赁模式。1999年5月11日，王银祥与榆树街道签订《集体企业资产个人举债租赁契约书》，约定由王银祥交纳租赁费3万元，举债租赁经营工程处一年后，工程处的资产由王银祥享有，并约定了其他事项。王银祥交纳租赁费后，对工程处进行经营，后按契约约定取得了工程处在改制中经清产核资中申报的资产。2001年3月，王银祥在榆树街道的配合下，经与吉化公司协调并签订土地使用协议，吉化公司同意将借给工程处临时使用土地的使用权划拨给工程处管理使用。2001年4

月,工程处取得上述土地的国有土地使用证。2002年4月,工程处提出企业改制实施方案,后经报榆树街道、龙潭区经济体制改革委员会审批,同意王银祥提出的引进他人设备和资金,对工程处资产进行重组,以个人名义成立海某公司。2002年11月26日,海某公司成立,王银祥任法定代表人。

吉林省高级人民法院再审认为,三处无籍房修建于工程处成立之前,后被工程处一直使用并修缮;两处无籍房系倪某权与王银祥共同承包期间借用吉化公司土地修建,经请示龙潭区经济体制改革委员会,五处无籍房因没有合法手续,属于违章建筑,同意不作为工程处固定资产予以申报评估。榆树街道与王银祥签订《集体企业资产个人举债租赁契约书》后,工程处取得国有土地使用证,榆树街道依据此租赁协议协助海某公司办理五处无籍房产权申报。故认定王银祥具有非法占有该五处无籍房目的证据不足。两处有籍房由倪某权与王银祥承包期间经营所得购买,未计入工程处账目,未列工程处名下,虽被工程处使用,但认定为工程处集体资产证据不足。因此,原裁判认定王银祥非法侵占该七处房产,证据不足。关于涉案房产的权属问题,可通过其他途径解决。综上,王银祥主观上没有非法占有目的,客观上未实施非法占有本单位财物的行为,不符合职务侵占罪构成要件。原一审判决、二审裁定、再审裁定认定王银祥构成职务侵占罪事实不清、证据不足,应当依法改判。王银祥提出无罪的意见,予以采纳。对检方提出王银祥利用职务之便非法占有七处房产的意见,不予采纳。经该院审判委员会讨论,依据《刑事诉讼法》第二百三十六条第一款第(三)项及《最高人民法院关于适用〈中华人民共和国刑事诉讼法〉的解释》第三百八十九条第二款之规定,于2020年11月25日作出刑事判决:撤销原审、再审裁判,改判原审被告人王银祥无罪。

二、主要问题

1. 原审被告人王银祥是否具有非法占有本单位财产的目的?
2. 企业改制中因约定不明引发的财产争议用刑事手段解决是否合适?

三、裁判理由

职务侵占罪,是指公司、企业或者其他单位的人员,利用职务上的便利,将本单位财物非法占为己有,数额较大的行为。职务侵占罪的犯罪对象是本单位财物。对本案而言,审查涉案房屋是否属于单位财物,系判断原审被告人王银祥是否犯职务侵占罪的前提和基础。对此,笔者认为,应当根据在案证据,查明涉案房屋的修建、管理、使用及其最终去向等案件事实,在此基础上准确认定其产权归属,而后再对被告人的主观目的进行审查认定。而审查被告人是否具有非法占有目的,则应当坚持主观、客观相统一原则,根据言词证据、被告人的行为表现等事实证据,予以综合评判。

1.认定原审被告人王银祥具有非法占有本单位财物的目的,证据不足

根据本案的事实证据,笔者认为,审查原审被告人王银祥主观上是否具有非法占有本单位财物的目的,可以从以下四个方面着手:

(1)涉案两处有籍房屋是否为本单位财物

在案证据证实,工程处成立于1986年,原系榆树街道下属集体企业,徐某东任工程处处长时,企业的财经大权归街道,倪某权任处长后,人、财、物等财经大权归工程处,工程处除了交税和向榆树街道交管理费外,其余由企业自己说了算,榆树街道不参与。证人倪某权及榆树街道工作人员的证言与原审被告人王银祥供述一致,均证实是承包经营,不是挂靠经营。1992年至1996年,倪某权任处长,王银祥任副处长,二人共同承包工程处,除向榆树街道交管理费和税金外,自负盈亏,二人对承包期间所得收益具有支配权。1996年年底,倪某权离开工程处,并带走部分设备和资金。1997年1月王银祥被任命为工程处处长、法定代表人,继续延续倪某权与榆树街道所签的承包合同。在二人共同承包期间,倪某权授意案外人付某垫付5万元从卢某某处购买一处平房,用于工程处日常经营场所(民工食堂)。倪某权从崔某玉处购买一处平房,亦用于工程处日常经营场所(车队办公室)。倪某权证实与王银祥供述一致,两处有籍房系用承包期间挣的钱购买,矫某某证实没有计入工程处账目,纪某某证实系二人承包期间购买,倪某权离开工程处并带走部分设备、资金后剩下的财产就是王银祥

案例26　被侵占财产权属存在争议的,不构成职务侵占罪 \ 219

的。故现有证据能够证实两处有籍房是由倪某权与王银祥承包期间经营所得购买,未计入工程处账目,不能证实由工程处账上的集体资产出资购买,虽然一直被工程处使用,但是认定为工程处集体资产证据不足。不能认定为本单位财产,即无须再讨论其是否瞒报或具有非法占有目的。

(2)涉案五处无籍房屋是否为本单位财物

在案证据证实,五处房产均在吉化公司土地上建造,其中三处房产在20世纪70年代中期(工程处成立前)修建,后被工程处修缮和使用。在倪某权和王银祥承包工程处期间,因工程处经营需要,经榆树街道协调,吉化公司同意借给工程处一块土地使用,工程处在借来的吉化公司的土地上,又修建了两处建筑,倪某权、矫某某证实及王银祥供述修建成本计入工程处账目,五处无籍房一直由工程处使用,能够认定为工程处集体资产。

(3)王银祥是否隐瞒五处无籍房屋

1999年4月26日,按照吉林市龙潭区的统一部署和改制意见,榆树街道决定成立改造领导小组,对工程处以实行净资产个人租赁形式改变企业产权制度。改造领导小组工作人员在对工程处资产、债权、债务进行核查时,王银祥汇报了包含涉案五处房屋在内的无籍房情况,要求整体评估。工作人员通过核查,并经请示龙潭区经济体制改革委员会,了解到上述无籍房系建立在借来的吉化公司的土地上,没有合法手续,且一旦吉化公司索要土地,需无条件拆除的情况,均同意不作为工程处的固定资产予以申报评估。既然未进行申报和评估,均系榆树街道和区里领导同意认可,就不能认定王银祥瞒报。

(4)王银祥使用、处分涉案无籍房屋是否获得了相关单位的许可

1999年5月,榆树街道与王银祥签订《集体企业资产个人举债租赁契约书》,计算企业总资产和总负债后,工程处净资产为负244万元,由王银祥负债租赁经营一年,租赁费3万元,租赁期届满后企业资产由王银祥享有,债权债务由王银祥承担。2002年4月,工程处提出企业改制实施方案,后经报榆树街道、龙潭区经济体制改革委员会审批,同意王银祥提出的引进他人设备和资金,对工程处资产进行重组,以个人名义成立海某公司。2002年11月26日海某公司

成立,王银祥任法定代表人。王银祥根据改制政策,完成工程处土地划拨手续换证,并经榆树街道协调吉化公司,自行缴纳土地出让金43万余元取得国有土地使用权,以及自行注资500万元完成建筑资质升级,并将工程处的土地、建筑资质过户到自己注册的海某公司名下。《吉林市人民政府办公厅关于印发一次性处理无籍房屋工作方案的通知》规定,"对原机关、企事业单位、军队等在厂区内或自用土地上自建的正规生产、办公用房和住宅楼房,……补交相关费用后发放房屋所有权证"。2002年6月3日榆树街道出具证明,证实工程处原是榆树街道所属的集体企业,根据上级有关规定改制为海某公司,经济性质为股份合作制,该企业所有净资产量化到职工个人作为股权参股,现该企业拟申报办理产权证明的办公楼、生产车间、车库等三处房产,产权归该企业所有。因海某公司工商登记只有王银祥、王某甲、李某某三个股东,王某甲、李某某均不是工程处职工,故榆树街道根据改制规定,将三处房产量化到王银祥个人作为股权参股,成立海某公司。由此可见,从改制到无籍房产权申报过程中,榆树街道对于五处无籍房是明知的,并认可按照租赁协议给王银祥个人入股海某公司。因此,在案证据不能证明王银祥具有非法占有集体财产的目的。

综上,在涉案七处房产中,五处无籍房在改制时虽可以认定为工程处财产,但王银祥没有隐瞒且处置房屋时获得了相关单位的许可,不能认定非法占有目的;两处有籍房属于工程处集体财产的证据不足,不能认定其侵占本单位财产。故王银祥的行为不构成职务侵占罪。

2. 企业改制中因约定不明引发的财产争议使用刑事手段解决并非首选

笔者认为,刑法应当具有谦抑性,体现为刑法的补充性和最后性,对于法律规定不明确、法律政策界限不清的行为,在民事、行政法律手段无法解决时,才能运用刑事手段。本案中,按照改制协议约定,经申报和评估企业资产及改制过程中形成的债权、债务由王银祥承担或享有,但对于改制前遗留的五处无籍房屋如何处置未作出约定。本案系因企业改制时财产约定不明引发的案件,改革开放初期,社会主义市场经济制度不够完善,企业在发展过程中确实存在一些不成熟、不规范行为。《最高人民法院关于依法妥善处理历史形成的产权案件工作实施意见》中要求,要以发展的眼光客观看待民营企业经营过程中的不规范行为,准确认定经济纠纷和经济犯罪的性质,坚决纠正将经济纠纷当作犯罪处理的错误生效裁判。本案属于企业改制时对财产约定不明而形成的历史遗留问题,涉案五处无籍房在改制时具有不确定性,故未作为集体资产予以评估,改制过程中工程处获得了土地,经过若干年后土地、房屋升值,榆树街道安置下岗职工需要资金,才引发了此案。即使现在这些无籍房屋权属存在争议,也应当按照当时的改制政策及改制协议的内容和精神解决,属于民事经济纠纷,不应以刑事手段解决。司法机关对于企业改制形成的历史问题,应当秉持审慎、善意、谦抑理念,坚持罪刑法定、疑罪从无、证据裁判等原则,坚决防止把经济纠纷当作犯罪处理。

关联索引:(2020)吉刑再4号刑事判决

撰稿:刘雅楠 关 睿
审编:司明灯

案例 27

委托代理人取得股东身份及基于此行使民事权利行为性质的认定
——段琪桂职务侵占再审改判无罪案

> **裁判要旨**
>
> 项目公司登记股东与其委托代理人开办的公司签订股权转让协议后因项目未达转让条件而未进行股权变更登记，应根据协议履行情况认定委托代理人为项目公司的实际股东。实际股东根据登记股东授权代为签署合同、章程、董事会决议等股权过户登记文件，以及在项目建设达到转让条件后，经过董事会决议和审计等法定程序将项目与案外人的项目进行股权置换，是行使民事权利的行为，不具有刑事违法性。

一、基本案情

原审被告人段琪桂，原系上海泰某公司董事长、总经理。

广东省中山市人民检察院指控被告人段琪桂犯贪污罪、挪用公款罪向中山市中级人民法院提起公诉。

中山市中级人民法院经审理查明：

1997 年 8 月 8 日，被告人段琪桂利用其受委托担任某旅集团（国有企业）全资下属的某华公司投资的上海泰某公司董事长、总经理的职务便利，私自以上海泰某公司的名义，与某礼公司签订协议，以人民币 3.281 亿元将上海泰某公司开发的"泰某峰"项目(以下简称涉案项目)转让给某礼公司。同年8月27日,段琪桂在香港注册成立了其个人的香港泰某公司。接着又假冒某华公司董事长刘某稀的签名,伪造了内容为1997年9月29日某华公司将其在上海泰某公司的95%股份转让给香港泰某公司的协议书及相关的董事会决议,向上海市外国投资工作委员会、上海市工商行政管理局等有关部门申请办理股权变更手续。同年12月11日,段琪桂又以香港泰某公司的名义与某礼公司签订补充置换协议,将某华公司在上海泰某公司的应有权益占为己有。经审计,至1998年6月30日某礼公司正式接收上海泰某公司时止,某华公司在上海泰某公司的应有权益为人民币4403.068869万元(其中应有利润为3200.641869万元,实收资本为1202.427万元)。某礼公司先后支付了人民币7510万元给上海泰某公司,并支付了人民币2687.5万元给段琪桂。在上述款项中,段琪桂除将其中的人民币8002.382853万元用于上海泰某公司外,尚有人民币2195.117147万元据为己有未退还。

中山市中级人民法院认为,被告人段琪桂身为受国有公司委托管理、经营国有财产的人员,利用职务之便侵吞国有财产,数额特别巨大,其行为已构成贪污罪,依法应予惩处。公诉机关指控段琪桂犯贪污罪事实清楚,证据充分,罪名成立,但指控的其他犯罪证据不足,不予支持。该院判决如下:被告人段琪桂犯贪污罪,判处死刑,剥夺政治权利终身,并处没收个人全部财产;犯挪用资金罪,判处有期徒刑十年,决定执行死刑,剥夺政治权利终身,并处没收个人全部财产;追缴段琪桂尚未退还的贪污款项及其所挪用的款项归还某华公司。

宣判后,段琪桂不服,提出上诉。广东省高级人民法院经审理作出刑事裁定,撤销原判,发回中山市中级人民法院重新审判。中山市中级人民法院经重新审理作出刑事判决,认定被告人段琪桂犯贪污罪,判处死刑,缓期二年执行,剥夺政治权利终身,并处没收个人全部财产;继续追缴段琪桂尚未退出的贪污款项人民币4403.068869万元归还某华公司。宣判后,中山市人民检察院提出抗诉,段琪桂提出上诉。广东省人民检察院后来撤回抗诉。广东省高级人民法院经审理作出刑事判决:准许广东省人民检察院撤回抗诉;维持原判追缴判项,撤销原判对段琪桂的定罪量刑,认定段琪桂犯职务侵占罪,判处有期徒刑十四年。

上述判决发生法律效力后,原审被告人段琪桂提出申诉。最高人民法院作出再审决定,指令广东省高级人民法院对本案进行再审。

再审期间,原审被告人段琪桂辩称,原判认定其犯职务侵占罪错误,应当依法宣告无罪。主要理由是:1. 原一审、二审对主要证据没有组织质证,导致案件基本事实认定错误。本案重审和二审期间段琪桂的辩护人委托公安部物证鉴定中心、最高人民法院司法鉴定中心分别对1997年8月21日《授权书》中的"刘某稀"签名、1997年9月29日某华公司与香港泰某公司的《合同书》中的"某华公司"印文进行鉴定,结论足以证实原判认定段琪桂伪造股权转让协议事实错误。2. 段琪桂申诉提交并经公安部物证鉴定中心鉴定和刘某稀确认为真实的某华公司董事长刘某稀与段琪桂开办的澳门泰某公司于1995年1月6日签订的股权协议书,进一步证明原判认定段琪桂利用职务便利将某华公司在上海泰某公司的股权非法转让给自己开办的公司事实错误。3. 段琪桂与某华公司属股权转让交易关系,原判将本案定性为犯罪,适用法律错误。4. 原判认定段琪桂侵占公司财物依据不足。认定段琪桂侵占的注册资本金人民币1202.427万元尚存于上海泰某公司;认定段琪桂侵占某华公司人民币3200.641869万元的应有权益处于未确定状态。在案证据证实,段琪桂收到某礼公司给付的人民币2687.5万元已全部用于上海泰某公司。

广东省人民检察院再出庭意见:原判认定段琪桂构成职务侵占罪事实不清,证据不足,建议依法改判段琪桂无罪。主要理由为:1. 段琪桂申诉提交的某华公司与澳门泰某公司于1995年1月6日签订的协议书原件、公安部物证鉴定中心出具的公物证鉴字〔2018〕3228号鉴定书、刘某稀自书《证明》等新的证据,与段琪桂称刘某稀在1995年已将涉案项目转让给其的供述、刘某稀在再审庭外调查所作的证言相互印证,可以证明某华公司与段琪桂之间存在股权转让的交易事实。2. 原判认定段琪桂利用职务便利将某华公司在上海泰某公司的股权非法转让给自己注册的香港泰某公司错误。在案证据证实,某华公司已将上海泰某公司的股权实际转让给段琪桂所开办的公司,段琪桂受委托代为签署股权转让文件不具有侵占某华公司财产的主观目的。段琪桂始终承认并表示愿意偿还尚欠某华公司的股权转让款,未能支付不排除有资金周转困难和利息争议较大的原因,不足以证实其有侵吞、窃取、骗取某华公司在上海泰某公司投资款的主观故意。3.段琪桂与某华公司属股权转让交易产生的民事纠纷,原判将本案定性为职务侵占犯罪,属适用法律错误。双方在股权转让过程中虽然存在一些不规范的行为,但不影响股权转让的实质有效性。段琪桂在融资开发完成涉案项目后将股权转让给某礼公司,是股东行使权利的行为,不符合职务侵占罪的构成要件。

广东省高级人民法院再审查明:

1993年5月21日,原审被告人段琪桂受某旅集团全资下属的某华公司董事长刘某稀的委托,代理其主持与卢湾市建合作投资设立的华某公司一切工作,在上海进行项目地块开发。某华公司先后投入人民币2000万元、美元221.85万元、港币43万后无力继续投资。1994年5月23日,刘某稀签署《委托书》,授权段琪桂出任华某公司董事长、总经理。1994年7月,刘某稀代表某华公司与万某公司签订协议,将上述地块的土地使用权转让给万某公司,但万某公司向华某公司支付履行款人民币2000万元后没有继续履行。华某公司收到上述款项后将其中人民币1100万元付给某华公司。同年9月22日,某华公司向上海市土地管理局提交报告,表示要退出华某公司,要求该局将某华公司已支付的前期费用悉数连本带息予以退还。上海市土地管理局没有答复。

1995年1月6日,刘某稀代表某华公司与段琪桂签订协议书,约定某华公司将其在华某公司的全部股份转让给段琪桂开办的澳门泰某公司,澳门泰某公司全额支付某华公司已支付的土地费及股权转让金600万美元。某华公司同意将华某公司更名为上海泰某公司,并同意澳门泰某公司人士代替某华公司出任上海泰某公司董事长。同年10月,某华公司向上海市卢湾区对外经济委员会出具书面文件,授权段琪桂代表某华公司根据某华公司与澳门泰某公司的转股协议办理上海泰某公司的转股申请手续。因《土地使用权出让合同》约定需完成地块可建总面积60%以上工程量后方可转让，某华公司的转股申请未获批准，上海泰某公司的股权仍登记在某华公司名下，但某华公司既不派员参与管理，也不承担融资建设风险。

上述协议签订后，段琪桂在上海先后设立泰某汽贸、泰某置业、泰某水泥等多家个人控制的公司参与对涉案项目的融资过程，至1997年上半年，项目已达转让条件。1997年8月8日，段琪桂以上海泰某公司的名义与某礼公司签订置换协议，约定以人民币2.7亿元将涉案项目与某礼公司位于青岛的价值人民币1.38亿元的"富捷城""金富大厦"项目进行置换，项目差价由某礼公司以现金补足。同月21日，刘某稀签署《授权书》，授权段琪桂代其签署某华公司关于上海泰某公司股权转让合同和董事会决议（向上海外国投资工作委员会报批所需文件）。同月27日，段琪桂在香港注册成立香港泰某公司。同年9月29日，段琪桂代刘某稀签署了同意将某华公司在上海泰某公司的股权变更登记至段琪桂开办的香港泰某公司名下的有关文件。同年11月21日，上海市房屋土地管理局批复同意上述转股协议。同年12月11日，段琪桂又以香港泰某公司的名义与某礼公司签订项目置换补充协议，最终确认上海泰某公司开发项目价值人民币3.29975亿元，与某礼公司的上述项目进行股权置换，差价由某礼公司以现金补足。双方约定此协议为1997年8月8日协议书之延展。同月18日，某华公司与卢湾某总签订协议书，相互同意对方向第三者转让本方在上海泰某公司的全部股权，双方均放弃优先购买权。1998年2月13日，上海市外国投资工作委员会批复同意上述转股协议。

至1999年年底，某礼公司先后支付人民币7510万元给上海泰某公司，代上海泰某公司偿还债务人民币1.16682亿元，并支付人民币2687.5万元给段琪桂，段琪桂除将其中1200万元用于支付项目交易中介费和见证费外，余款全部汇入上海泰某公司。

另查明：1997年3月1日，刘某稀被通知退休，李某毅接任某旅集团总经理兼某华公司董事长，但至同年9月底前仍参与涉案项目投资的后续处置工作。

1997年9月17日，刘某稀、李某毅与段琪桂在中山富华酒店协商还款计

案例27　委托代理人取得股东身份及基于此行使民事权利行为性质的认定 \ 227

划,并签署《会议纪要》,要求段琪桂于1998年2月底前偿还人民币2200万元;1998年6月底前偿还补偿费61.9875万美元以及全部利息(金额另附计算资料)。

1997年9月29日,某华公司与香港泰某公司还签有另一份同名协议,约定股权转让价为某华公司实际出资额并加利息,利息标准另行商定。之后,应某华公司的要求,段琪桂以香港泰某公司名义与某华公司倒签了一份股权转让协议,内容为:某华公司将其在上海泰某公司的全部股份转让给香港泰某公司,香港泰某公司支付土地出让金221.85万美元、定金港币43万元,美元年息10%,某华公司未出资到位的资金1242.6万美元由香港泰某公司投入,项目所有债务与某华公司无关。项目开发达60%并注册资金到位后,某华公司就协助办理股权转让手续。落款时间为1995年10月25日。

1998年2月至1999年5月,某华公司多次致函段琪桂,要求段琪桂以1997年9月17日《会议纪要》的还款方式为计算方式,核对欠款金额,并提出还款计划。段琪桂复函承诺还款,但对补偿费及利息计算方式提出异议。

1999年5月4日,某旅集团举报段琪桂涉嫌贪污、挪用公款,中山市人民检察院于同年6月10日立案侦查,同年7月29日将段琪桂羁押。

广东省高级人民法院再审认为,社会主义市场经济是法治经济。对于发生在经济领域的案件必须坚持罪刑法定和证据裁判原则,依法准确认定案件事实和性质,正确划分刑事犯罪和经济纠纷的界限,依法平等保护各类市场主体的合法权益。本案中,原判决关于段琪桂利用其经营、管理上海泰某公司的职务便利,假冒刘某稀的签名伪造股权转让协议,将某华公司在上海泰某公司的股权非法转让给自己开办的香港泰某公司,将上海泰某公司的资产占为己有,构成职务侵占罪的事实认定和法律评价依据不足。在案证据证实,某华公司已将涉案项目股权实际转让给段琪桂所开办的公司,某华公司与段琪桂之间已由最初基于职务委任形成的管理与被管理关系转化为基于股权转让而形成的平等主体关系,段琪桂处分涉案项目是行使股东权的行为,属于民商事法律的调整范围,不具有刑事违法性。广东省高级人民法院作出刑事判决,撤销原一审、二审判决,改判被告人段琪桂无罪。

二、主要问题

委托代理人取得股东身份后,基于此实施的涉案行为是职务侵占,还是民事法律行为?

三、裁判理由

(一)段琪桂行使涉案行为的性质

《刑法》第二百七十一条规定的职务侵占罪,是指公司、企业或者其他单位的工作人员,利用职务上的便利,侵吞、窃取、骗取或者以其他手段非法占有本单位的财物的行为。构成本罪必须符合以下三个条件:(1)主体是公司、企业或者其他单位的工作人员。(2)行为人必须具有侵占本单位财物的行为,即公司、企业或者其他单位的人员利用职务上的便利,将本单位的财物非法占为己有,且数额较大的行为。例如,经理将应为本单位的财产收入转到个人账户或者私自送给他人;会计人员将公司收入不入账,据为己有等。利用职务上的便利,主要是指行为人利用其在本单位中所担任的职务形成的便利条件将本单位的财物非法占为己有。(3)行为人在主观方面是故意的,犯罪目的是非法占有本单位的财物,过失不能构成本罪。

本案中,原审认定案涉被段琪桂占为己有的公司财产是上海泰某公司的资产中某华公司在上海泰某公司的股权。如果该股权在段琪桂处分时的权属仍归某华公司,那么段琪桂的涉案行为是将上海泰某公司的资产非法占为己有,且数额较大的行为;如果涉案股权的权属已不再属于某华公司而属于段琪桂控制的公司所有,那么段琪桂的涉案行为就不是将上海泰某公司的资产占为己有的行为。笔者认为,段琪桂在先后以上海泰某公司和香港泰某公司名义与某礼公司签订项目(股权)置换协议时,上海泰某公司95%的股权虽然还登记在某华公司的名下,但从在案证据、协议履行情况和前因后果等方面进行综合判断,应当认定某华公司在案发前已经将股权实际转让给段琪桂所控制的公司。理由是：

1. 双方签有股权转让协议。段琪桂申诉提交的 1995 年 1 月 6 日协议书和原在案的 1997 年 9 月 29 日合同书均明确表明某华公司有将其在涉案项目的全部股权转让给段琪桂的澳门泰某公司、香港泰某公司的意思表示。某华公司 1995 年 10 月 27 日致上海市卢湾区对外经济委员会信函，经鉴定该函中某华公司的印文与某旅集团在本案再审期间提供的 8 份样本印文一致，其内容证明某华公司与澳门泰某公司之间确实存在转股协议。某华公司董事长刘某稀虽然在侦查阶段否认某华公司向段琪桂所控制的公司转让股权的事实，但在判决生效后以及本案再审期间，又承认某华公司已经将涉案项目股权转让给段琪桂，并确认 1997 年 8 月 21 日授权段琪桂代其签署股权转让合同书及董事会决议等文件的《授权书》系其本人签名，还亲自书写《证明》自认 1994 年 7 月 30 日某华公司与万某公司签订的土地使用权转让协议书和段琪桂申诉提交的 1995 年 1 月 6 日股权转让协议书均系其本人签名并加盖某华公司的公章。刘某稀原在案否认已转让股权、否认授权段琪桂代签股权转让文件的证言，与在案其他证据矛盾，且无法作出合理解释，根据证据印证规则，应不予采信；而其在原判生效后所作证言与广东省高级人民法院查证属实的书证、鉴定意见等其他证据相互印证，具有真实性，应予采信。

2. 股权转让协议已经部分履行。在案证据证实，某华公司投入涉案项目资金人民币 2000 万元、港币 43 万元、美元 221.85 万元后，至案发时没有再投入新的资金，相反还收回部分投资；在涉案项目建设过程中，某华公司既不派员参与管理，也不承担融资建设风险；段琪桂在股权转让协议签订前后，在上海先后设立泰某汽贸、泰某置业、泰某水泥等多家个人控制的公司参与对涉案项目的融资过程，至上海泰某公司与某礼公司签订置换协议时，双方确认涉案项目已实际投资人民币 2.7 亿余元，表明段琪桂已实际接手某华公司转让的涉案项目股权，并以股东身份行使权利和履行责任。

3. 某华公司没有要求解除股权转让协议。某华公司与万某公司签订的协议、某华公司致上海市土地局关于退出涉案项目及华某公司的报告等书证,以及刘某稀、李某毅的证言证实,某华公司在与某兴公司、卢湾市建合作购买涉案地块后面临公司股权未被确认、无力继续投资的困境,存在退出涉案项目挽回投资损失的心理动机。在案证据证实,某华公司自将项目交给段琪桂后所关心的是其已投入资金及利息能否收回,并无要求行使股东权参与涉案项目管理之意。

(二)段琪桂行使的涉案行为具有正当性

1. 程序方面,段琪桂将涉案项目转让给某礼公司履行了相关法定程序。卢湾某总与广发实业、某华公司与香港泰某公司签订的合同书,上海泰某公司董事会决议,某华公司与卢湾某总签订的协议书,政府相关部门的批复文件等证实,某华公司将上海泰某公司的股权转给段琪桂开办的香港泰某公司已经过董事会的决议程序,并最终获得批准。上海泰某公司、香港泰某公司与某礼公司签订的置换协议等证实,段琪桂在1997年8月8日以上海泰某公司名义与某礼公司签订项目置换协议时虽然存在程序瑕疵,但该协议后被1997年12月11日段琪桂以香港泰某公司名义与某礼公司签订的项目股权置换协议覆盖,该协议的相对方某礼公司与上海泰某公司的另一股东广发某业同属广东发展银行,在置换协议签订前,上海泰某公司已委托专业机构对公司资产负债情况作了全面审计,广发某业对香港泰某公司处置涉案项目及审计结论未提出异议。上述事实证明,段琪桂处分涉案项目是依法公开进行的,并受到政府有关部门及其他股东的监督,虽有不规范之处,但不属于私自处分。

2. 目的方面,段琪桂没有企图侵吞某华公司投资款的主观故意。经查,段琪桂始终承认对某华公司的债务,表示愿意偿还。某旅集团提供的《会议纪要》以及往来信函证实,某旅集团确认与段琪桂之间存在债权债务关系,段琪桂只是对利息过高提出异议,并未否认债务。根据立信会计师事务所、中信会计师事务所出具的审计报告,某礼公司、上海泰某公司出具的情况说明、对账单等在案证据,段琪桂融资建设涉案项目欠下大量债务,与某礼公司进行项目置换是为了回笼资金,所收差价款用于支付和某礼公司代偿的资金主要是建设费用,

案例27　委托代理人取得股东身份及基于此行使民事权利行为性质的认定 \ 231

对某礼公司的剩余应收款在案发时尚未达到给付条件,没有证据证实段琪桂故意赖账不还。

3. 手段方面,原判认定段琪桂假冒刘某稀签名和伪造转让文件依据不足。段琪桂到案后辩称,某华公司已于1995年将涉案项目股权转让给其所开办的公司,故1997年9月29日某华公司与香港泰某公司的股权转让协议及相关报批文件上的"刘某稀"签名是其根据刘某稀于1997年8月21日出具的《授权书》代为签署的,某华公司的公章也是刘某稀给其使用的。刘某稀对段琪桂的辩解表示认可。公安部物证鉴定中心〔2000〕公物证鉴字第2301号物证鉴定书证实,上述《授权书》系刘某稀本人签署;最高人民法院司鉴文字〔2003〕第606号检验意见书证实,1997年9月29日某华公司与香港泰某公司签订的合同书上某华公司的印文与某华公司认可的样本,即1994年7月30日与万某公司签订协议上的印文是同一枚印章所盖印。上述证据相互印证,足以证实涉案股权转让协议及相关文件并非段琪桂伪造。段琪桂基于对刘某稀的身份及其所签署《授权书》的信赖,代刘某稀在股权转让文件上签署名字是为了补办股权转让手续以解决股权登记名实不符问题,不应认定为假冒和伪造。

4. 结果方面,段琪桂行使涉案行为没有损害项目公司或其他股东利益。在案证据证实,段琪桂已将涉案项目转让款全部用于上海泰某公司事务。审计报告等证实,原判认定被段琪桂侵占的注册资本金和应有权益在案发时仍归属于上海泰某公司,段琪桂将上海泰某公司的股东由某华公司变更为香港泰某公司只能导致股东变动,并不会造成上海泰某公司的财产减损。没有证据证实段琪桂已将上述权益占为己有。

(三)段琪桂的涉案行为属于民商法调整范围

笔者认为,意思自治、诚实信用是民商事法律的基本原则,段琪桂基于与某华公司的股权转让协议及实际履行情况要求某华公司出具授权书授权其代为签署合同、章程、股东会决议等股权过户登记文件,是行使合同履行请求权的行为;段琪桂在项目建设达到转让条件后,经过股东会决议和审计程序,将项目与案外人的项目进行股权置换,是行使股东权的行为;至于双方所签订股权转让协议的效力及履行责任问题,属于民商事法律调整的范畴。根据审慎、谦抑刑事司法原则,某华公司在段琪桂转让涉案项目给某礼公司后,还有大量资金尚未回收,并有置换的物业尚未处置的情况下,通过提起民事诉讼即可获得充分的法律救济,直接动用刑事手段不具有必要性和正当性。

关联索引:(2021)粤刑再1号刑事判决

撰稿:魏 海 池菡洁

审编:陈 娅

案例 28

公司实际控制人为方便经营使用与工商部门存档的营业执照不同的证照,但未实施危害社会行为的,不构成犯罪

——张志超伪造国家机关证件再审改判无罪案

裁判要旨

为方便经营持有和使用与工商部门存档的营业执照不同的证照,但未实施危害社会行为的,而且从事的经营活动为社会经济作出贡献,依法不应认定为犯罪。

一、基本案情

原审被告人张志超,原系双某公司法定代表人。

辽宁省朝阳市双塔区人民检察院指控被告人张志超犯伪造国家机关证件罪向双塔区人民法院提起公诉。

双塔区人民法院经审理查明:

1993 年至 2004 年 8 月,被告人张志超担任双某公司的法定代表人。2004 年 8 月 19 日,双某公司因与城建公司联建沈阳白塔镇开发项目,双方协议约定,为方便经营管理,张志超将双某公司的法定代表人变更为纪某 1,此期间纪某 1 不干涉双某公司此项目以外的任何事务。且在联合开发项目结束、清算完

毕之日起 15 日内将法定代表人变更为张志超。同年 9 月 1 日,张志超依照《联建协议书》的约定,将双某公司的法定代表人变更为纪某 1。

2004 年 9 月 1 日至 2015 年 6 月 4 日,双某公司的法定代表人为纪某 1。被告人张志超为该公司监事,占公司 88.13% 的股份。2007 年年初,朝阳市双塔区政府招商引资,被告人张志超以双某公司的名义办理开发朝阳丰某小区项目,向朝阳市国土资源局及朝阳市房地产开发管理办公室提供法定代表人为张志超的双某公司营业执照、双某公司房地产开发企业资质证、组织机构代码证等手续。同年 9 月 20 日,朝阳市房地产开发管理办公室经对该企业资质材料进行审查,同意双某公司入境到朝阳市进行房地产开发经营。此后被告人张志超以双某公司的名义,在朝阳丰某小区进行开发建设。该项目现已全部完工,回迁房及商品房已全部入住,并且向朝阳市交纳 1855.49 万元税款。

另查明,经朝阳市公安司法鉴定中心鉴定,注册号均为 2101002103290(1-1)法定代表人张志超的《企业法人营业执照(副本)》复印件的检材与法定代表人纪某 1 的《企业法人营业执照(副本)》复印件的样本进行比较检验,其检材与样本存在的差异点,是不同版本印刷、打印制作证件形成的特殊本质的、价值高的差异点,符合不同版本制作证件的表现。其鉴定意见为检材与样本不一致。

双塔区人民法院认为,被告人张志超伪造国家机关证件,侵犯了国家机关的正常管理活动,其行为已构成伪造国家机关证件罪。但被告人张志超在 2007 年以双某公司法定代表人的名义在朝阳市开发朝阳丰某小区项目及提供相关营业执照等手续,系经公司全体股东同意认可,张志超的行为具有公司的授权性。其从使用的原因、过程及最终结果上显示,被告人张志超的行为系遵照公司决策的用途进行使用,均不具有危害公司声誉和社会公共秩序的后果。被告人的犯罪情节轻微,可以免予刑事处罚。依照《刑法》第二百八十条第一款、第三十七条的规定,判决被告人张志超犯伪造国家机关证件罪,免予刑事处罚。

宣判后,被告人张志超以其无罪为由提出上诉。辽宁省朝阳市中级人民法院经审理作出裁定:驳回上诉,维持原判。

上述裁判生效后,原审被告人张志超以原判认定其犯伪造国家机关证件罪

案例28　公司实际控制人为方便经营使用与工商部门存档的营业执照不同的证照,但未实施危害社会行为的,不构成犯罪

错误,应当依法改判其无罪提出申诉。朝阳市中级人民法院作出再审决定,对本案提起再审。

朝阳市人民检察院再审出庭意见:现有证据无法认定张志超有罪,同意张志超无罪。

再审查明的事实与原一审、二审查明的事实一致。

朝阳市中级人民法院再审认为,现有证据不足以证明原审被告人张志超的行为构成伪造国家机关证件罪,原审被告人张志超及其辩护人、朝阳市人民检察院出庭检察员关于改判张志超无罪的意见成立,予以采纳。依照《刑事诉讼法》第二百五十六条及《最高人民法院关于适用〈中华人民共和国刑事诉讼法〉的解释》第三百八十九条第一款第(三)项之规定,朝阳市中级人民法院作出刑事判决:撤销原一审、二审裁判,改判原审被告人张志超无罪。

二、主要问题

1. 如何坚持在罪刑法定原则下保护被告人合法权利?
2. 在经营活动中不规范但无社会危害性的行为应否纳入刑事处罚范围?

三、裁判理由

(一)坚持罪刑法定原则保护被告人合法权利,紧扣犯罪构成的形式要件和实质要件,厘清被告人的行为是否构成犯罪

张志超不构成伪造国家机关证件罪,主要基于其在客体要件、客观要件和主观要件方面的不足。

1. **客体要件方面。**原审中认定张志超构成伪造国家机关证件罪的最重要证据是朝阳市公安司法鉴定中心票证检验鉴定书,该鉴定书证实:"注册号均为2101002103290(1-1)法定代表人张志超的《企业法人营业执照(副本)》复印件的检材与法定代表人纪某1的《企业法人营业执照(副本)》复印件的样本进行比较检验,其检材与样本存在的差异点是不同版本印刷、打印制作证件形成

的特殊本质的、价值高的差异点,符合不同版本制作证件的表现。其鉴定意见为检材与样本不一致。"这一鉴定结论并未明确说明张志超持有的《企业法人营业执照(副本)》是伪造的,而且张志超是双某公司的原法定代表人,也是案发时该公司的实际控制人,且在当时的辽宁日报和企业名录网站等许多媒体上公示的双某公司的法定代表人仍是张志超。从卷宗中留存的两份营业执照复印件来看,这两份营业执照的不同之处只是法定代表人的名字不同,其他重要因素如印章、年检章、年检签字都基本相同,用肉眼看不出区别,而且从时间轨迹上看,张志超持有的营业执照在案发前后还进行了年检。在侦查阶段,侦查机关就本案向沈阳市工商行政管理局进行调查,该局对两份营业执照的出现始终含混其词,拒绝承认张志超营业执照系假证。张志超辩解称其持有的营业执照是双某公司员工到沈阳市工商行政管理局的下属工商所打印的,之所以会出现与存档的营业执照不同是因为工商系统电子档案与纸质档案不同步造成的。故现有证据不能认定张志超持有的营业执照系伪造的必然结论。

2. 客观要件方面。本罪客观方面表现为伪造国家机关证件的行为。伪造是指无权制作者制作假的证件;使用是指使证件为某种目的服务。二种行为从性质来讲存在本质区别,在概念内涵、目的以及适用法律等方面存在差异。从本案事实来看,现有证据只能证明张志超使用了与工商机关存档的营业执照不一样的证照,但张志超始终坚称该执照是由其公司工作人员向其提供,故此证件是由谁制作并未查清。现有证据无法认定张志超实施了伪造国家机关证件的行为。

3. 主观要件方面。张志超系双某公司的创始人,除了 2004 年至 2015 年因项目合作,法定代表人变更为纪某 1 外,之前和之后法定代表人均为张志超。张志超始终是双某公司最大的股东,股份占到公司的 88.13%。而且双某公司内部约定,"为方便经营管理,张志超将双某公司的法定代表人变更为纪某 1,此期间纪某 1 不干涉双某公司此项目以外的任何事务。且在联合开发项目结束、清算完毕之日起 15 日内将法定代表人变更为张志超"。可见张志超才是双某公司的实际控制人。因此,张志超如果想使用双某公司的相关资质材料是无须

案例 28 公司实际控制人为方便经营使用与工商部门存档的营业执照不同的证照,但未实施危害社会行为的,不构成犯罪

伪造的,其完全可以要求公司为其出具相关手续,而且其开发的朝阳丰某小区房屋项目也是经过双某公司全体股东大会研究决定的,其行为具有公司授权性,其没有伪造营业执照的主观目的,其行为不具有危害公司声誉和社会公共秩序的后果。

综上,现有证据认定事实存在模糊之处难以正确适用法律时,应坚持有利于被告人原则,作出对被告人有利的裁判。

(二)在经营活动中不规范但无危害社会的行为,不应纳入刑事处罚范围

刑法应当具有谦抑性。刑法谦抑性体现为刑法的补充性和最后性,即对于某种危害社会的行为,国家只有在民事、行政法律手段和措施干预无效时,才能运用刑法的方法。因此,运用刑罚手段解决社会冲突,应当具备以下两个条件:危害行为必须具有相当严重程度的社会危害性;作为对危害行为的反应,刑罚应当具有不可避免性。

张志超的行为不具有社会危害性。张志超是经政府招商引资而入境朝阳,其使用营业执照的目的是开发建设朝阳丰某小区,该项目如期完成,妥善安置动迁户 292 户,出售商品房 597 套,房证手续已办理完毕,缴纳税款 1855.49 万元。对于此类行为应树立谦抑审慎理念下的司法善意,以良法促进发展,保障善治。要达到法律效果和社会效果双赢。

张志超的行为不具有刑罚不可避免性。本案是由于张志超与他人发生经济纠纷,后被经济纠纷人举报至公安机关而案发,这无疑存在司法手段插手经济纠纷之嫌。市场经济飞速发展,但是我们对于市场经济的本质和规律的认识还不够深入,很多制度仍在探索和试验之中,对于一些新生事物,作为"最后法"的刑法更应有所节制,更多地保持一种观望的态度,而不宜贸然介入,更不能陷得太深。

综上,张志超的行为不应归入刑法调整的范畴,而应用其他规范予以处理解决。

习近平总书记在 2018 年 11 月 1 日召开的民营企业座谈会上指出:"对一些民营企业历史上曾经有过的一些不规范行为,要以发展的眼光看问题,按照

罪刑法定、疑罪从无的原则处理，让企业家卸下思想包袱，轻装前进。"可见依法保护产权，应当历史辩证地看待发展中的不规范行为。对于这些不规范行为要严格区分罪与非罪的界限，不能把一般的违法违规行为当作刑事犯罪来处理。人民法院是维护社会公平正义的最后一道防线，要坚持罪刑法定、证据裁判、疑罪从无、法不溯及既往等原则，对于罪与非罪界限不清，或者定罪证据不足的应当依法宣告无罪。

本案是最高人民法院出台《关于充分发挥审判职能作用为企业家创新创业营造良好法治环境的通知》以及辽宁省高级人民法院出台《涉产权案件排查行动通知》后，辽宁省朝阳市中级人民法院经过严格审查，认真研究办理的一起保护民营企业家的涉产权案件。案件的审判效果得到业界和社会的认可。张志超案的再审，切实起到了卸下企业家包袱、纠正冤错案件的重要作用，不仅具有很强的个案针对性，而且具有较强的社会示范效果，充分体现了人民法院平等保护非公有制经济主体，为企业家创新创业营造良好法治环境的决心和态度。

关联索引：(2019)辽13刑再1号刑事判决

撰稿：刘文兴　左颖慧
审编：邢海莹

案例 29

根据从旧兼从轻原则，抽逃出资罪不适用于实行注册资本认缴登记制的公司
——马思驰等人聚众扰乱社会秩序、抽逃出资、骗取贷款再审改判无罪案

裁判要旨

本案群体事件发生的原因是政府部门没有按照置换协议履行义务，对涉及群众利益的事情处理不当。王某乙、吴兰芳夫妇等人到碧桂园工地阻止施工是为了置换土地的协议得到切实履行，获得其在协议中应得的补偿，也非情节严重，不宜以聚众扰乱社会秩序罪追究刑事责任；本案刑事判决生效时间晚于《全国人民代表大会常务委员会关于〈中华人民共和国刑法〉第一百五十八条、第一百五十九条的解释》的施行时间，根据从旧兼从轻原则，涉案企业属于实行注册资本认缴登记制的公司，不能成为抽逃出资罪的主体；骗取贷款罪以给银行或其他金融机构造成重大损失或有其他严重情节为条件。本案中，黄宁在贷款时虽然使用了欺骗方式，但其在贷款时提供了房产超额抵押，案发时提前全额偿还本息，并未给发放贷款的信用社造成实际损失，亦未利用贷款进行非法活动，未给金融管理秩序造成实际危害，因此黄宁的行为不构成骗取贷款罪。

一、基本案情

原审被告人马思驰,原系广东某公司副经理,金某发展公司及鸿某投资公司股东、法定代表人,某兴房地产公司股东。

原审被告人黄宁,原系广东某公司经理助理,某兴房地产公司股东、法定代表人。

原审被告人吴兰芳,原系广东某公司员工。

原审被告人王才华,原系广东某公司建筑承包工。

原审被告人吴平,原系富某咨询公司副主任。

原审被告人黄永东,原系广东某公司员工。

原审被告人罗镜辉,原系广东某公司副总经理。

原审被告人李佑明,原系广东某公司项目经理。

原审被告人许自森,原系广东某公司施工员。

原审被告人叶裕强,原系广东某公司挖掘机司机。

广东省兴宁市人民检察院指控被告人马思驰犯聚众扰乱社会秩序罪、抽逃出资罪,黄宁犯聚众扰乱社会秩序罪、抽逃出资罪、骗取贷款罪,吴兰芳、王才华、罗镜辉、吴平、李佑明、黄永东、许自森、叶裕强犯聚众扰乱社会秩序罪,向兴宁市人民法院提起公诉。

兴宁市人民法院经审理,于2013年11月25日作出刑事判决。马思驰等人不服,提出上诉。

广东省梅州市中级人民法院二审查明:

(一)聚众扰乱社会秩序

兴宁市兴南大道西侧××号区原顺德家私城的土地使用权原属广东某公

案例 29　根据从旧兼从轻原则,抽逃出资罪不适用于实行注册资本认缴登记制的公司　　241

司,该公司的法定代表人王某乙(另案处理)①于 2013 年 1 月 5 日与兴宁市政府签订了该块土地使用权的置换协议,后该块土地划至兴宁市碧桂园开发范围内。王某乙和上诉人吴兰芳夫妇不满该块土地的置换处理情况,王某乙在得知兴宁市碧桂园在该块土地上施工打桩后,遂授意上诉人马思驰、黄宁等人到碧桂园工地造势闹事,阻止碧桂园施工,以解决该块土地的置换问题。2013 年 6 月 29 日,上诉人黄宁制作了三条内容分别为"还我土地""维护百姓合法权益""欢迎中纪委工作组进驻兴宁"的横幅,并打电话给原审被告人叶裕强要求其次日早上 8 时驾驶挖掘机到兴宁市兴南大道碧桂园工地干活,又用电话通知罗某乙要求带着其醒狮队到兴宁市兴南大道原顺德家私城。2013 年 6 月 30 日 8 时许,上诉人马思驰用电话通知上诉人罗镜辉、吴平、王才华到广东某公司开会,要求上诉人罗镜辉、吴平转通知其他人,上诉人王才华带上其工人到兴宁市兴南大道碧桂园工地。上诉人黄宁亦打电话给上诉人李佑明要其到该公司开会。后上诉人罗镜辉邀集上诉人许自森及陈某乙、陈某丙、刘某,上诉人吴平邀集廖某乙、钟某、朱某、黄某庚、袁某、彭某、廖某丙,上诉人许自森则邀集上诉人黄某乙参会。上诉人王才华、李佑明、罗镜辉、吴平、黄永东、许自森及广东某公司的员工等几十人到达该公司一楼大厅后,上诉人马思驰以其公司与兴宁市碧桂园存在土地纠纷为由,纠集并带领在场的人员步行来到兴宁市兴南大道碧桂园施工工地现场阻止施工、聚众闹事。当日 8 时 30 分许,在兴宁市兴南大道碧桂园施工工地上,由上诉人黄宁叫来的罗某丙、罗某乙等人的醒狮队在现场敲锣打鼓,上诉人黄宁安排人员在工地出入口处拉起横幅阻拦车辆进出工地,并调来广东某公司的挖掘机到现场。上诉人黄宁指使原审被告人叶裕强驾驶挖掘机填埋碧桂园施工方在工地上挖好的水沟,后又与上诉人李佑明指使原审被告

---

① 另案被告人王某乙,2014 年 7 月 22 日因犯聚众扰乱社会秩序罪,被梅州市中级人民法院二审判处有期徒刑五年;犯职务侵占罪,判处有期徒刑六年,并处没收财产 50 万元;犯骗取贷款罪,判处有期徒刑一年,并处罚金 10 万元;犯非法占用农用地罪,判处有期徒刑三年,并处罚金 10 万元;犯逃税罪,判处有期徒刑四年,并处罚金 30 万元。数罪并罚,总和刑期十九年,并处罚金 50 万元,没收财产 50 万元。决定执行有期徒刑十五年,并处罚金 50 万元,没收财产 50 万元。2017 年 4 月 13 日经广东省中山市中级人民法院再审改判无罪。

叶裕强用挖掘机在原顺德家私城所在的地块上挖沟作为土地界址,接着上诉人马思驰指使上诉人黄永东、许自森吩咐原审被告人叶裕强驾驶挖掘机破坏碧桂园工地内的预埋管桩。其间,上诉人王才华叫来十多名其公司员工来到碧桂园工地参与围观、造势,阻碍碧桂园施工。兴宁市政府有关工作人员赶到现场劝说上诉人马思驰等人停止闹事,但上诉人马思驰等人仍不肯离开现场。其间,上诉人吴兰芳用电话威胁政府有关工作人员,说该块土地是其与王某乙的共有财产,要拿回该块土地自己开发。上诉人吴兰芳的女儿在上班途中看到广东某公司的员工在闹事,劝阻上诉人马思驰等人未果,又到广东某公司劝说其父母王某乙、吴兰芳,但王某乙和上诉人吴兰芳对女儿的劝说不予理会。兴宁市政府有关领导到该公司与王某乙及上诉人吴兰芳反复做思想工作,上诉人吴兰芳才在王某乙的授意下于当日上午11时30分许打电话给上诉人黄宁及在场人员饶某,叫他们撤离现场。经核价,兴宁市碧桂园工地被破坏的混泥土管状水泥桩的价值为51 320元。

(二)抽逃出资

上诉人黄宁作为某兴房地产公司的股东,在公司变更注册资金后,即2010年11月18日、11月22日两次抽逃出资共计1000万元。上诉人马思驰作为某兴房地产公司、金某发展公司、鸿某投资公司的股东,在公司变更注册资金后,即2010年11月18日、11月22日及2009年2月3日、2月16日、8月14日共5次抽逃出资共计1746万元。具体犯罪事实如下:

1.某兴房地产公司于2002年6月24日成立,注册资本为500万元。2010年7月22日该公司的法人代表变更为上诉人黄宁,同年11月8日该公司的股东变更为上诉人黄宁、马思驰,同年11月24日注册资本变更为1500万元,增资款1000万元由上诉人马思驰出资530万元和上诉人黄宁出资470万元。该1000万元增资款于同年11月17日分两笔存入该公司在兴宁市农村信用合作联社的账户(031596501010××),经兴宁市宁江会计师事务所有限公司验资完毕并出具验资报告后,该1000万元增资款于同年11月18日、22日从该公司账户先后以300万元、700万元分两次转到金某发展公司的农业银行账户

案例29　根据从旧兼从轻原则，抽逃出资罪不适用于实行注册资本认缴登记制的公司 \ 243

(1831010××××××××)。金某发展公司接到上述资金后，又于同年11月26日转到王某玲（另案处理）个人账户(62284814214×××××××)800多万元。

2. 兴宁市金兴发展有限公司于1997年9月19日成立，于1999年5月13日更名为金某发展公司，注册资本为50万元。2005年1月28日该公司的法人代表变更为上诉人马思驰，股东变更为上诉人马思驰和罗某丁。2009年2月4日该公司的注册资本由50万元变更为300万元，增资款250万元由上诉人马思驰出资，并于同年2月3日存入该公司在中国农业银行账户(1831010××××××××)，经兴宁市宁江会计师事务所有限公司验资完毕并出具验资报告后，该笔250万元的增资款中的249万元于同年2月3日从该公司账户分三笔转至上诉人马思驰在农业银行的个人账户(62284814202×××××××)。

2009年2月18日该公司的注册资本又由300万元变更为600万元，增资款300万元由上诉人马思驰出资，并于同年2月13日存入该公司在中国农业银行账户(1831010××××××××)，经兴宁市宁江会计师事务所有限公司验资完毕并出具验资报告后，该增资款300万元于同年2月16日分三笔共计270万元从该公司账户转至上诉人马思驰在农业银行的个人账户(62284814214×××××××)，其余30万元转至王某丙在农业银行的账户(62284814214×××××××)。

3. 鸿某投资公司于2009年4月1日成立，法人代表是上诉人马思驰，股东是上诉人马思驰和王某丙，注册资本为3万元，其中上诉人马思驰出资2万元，王某丙出资1万元。2009年8月12日该公司的注册资本变更为200万元，增资款197万元由上诉人马思驰出资118万元、王某丙出资79万元。该197万元增资款于同年8月13日转入该公司在中国银行的账户(618441×××××××)，经兴宁市宁江会计师事务所有限公司验资完毕并出具验资报告后，该增资款197万元又于同年8月14日转至金某发展公司在农业银行的账户(1831010××××××××)，后该笔197万元又于同月17日、18日分9笔转至他人的账户。

(三) 骗取贷款

上诉人黄宁以其与鸿某投资公司承包工程,需向金某发展公司购买机械设备为由,于2011年5月4日向兴宁市农村信用合作联社永和信用社申请贷款人民币280万元,还款期限为2014年5月20日,并向兴宁市农村信用合作联社永和信用社提供了虚构的其与鸿某投资公司签订的《建筑工程承包合同》,以及虚构的其与金某发展公司签订的《机械设备采购合同》。同时以广东某公司所有的位于兴宁市兴城丰宝一街×号、丰宝一街第×栋×、×号、丰宝二街第×栋×号、丰宝三街××号的房地产作为贷款抵押物。兴宁市农村信用合作联社永和信用社经过相关审批程序后,于2011年7月4日发放贷款人民币280万元给上诉人黄宁,并划入上诉人黄宁的个人账户。2013年12月27日,上诉人黄宁家属已一次性偿还上述贷款本息。

梅州市中级人民法院二审认为,上诉人马思驰、黄宁和王才华、吴平、黄永东、吴兰芳、罗镜辉、李佑明、许自森、叶裕强无视国家法律,以兴宁市碧桂园建设工地与其所在的广东某公司有土地使用权争议为由,组织、策划和纠集多人共同积极参与到该工地,采取敲锣打鼓、举横幅等闹访方式,通过挖掘机填埋建设工地内的水沟和毁坏工地内管桩的手段,导致企业的正常生产和工作等无法进行,社会影响恶劣,并造成严重损失,其行为均已构成聚众扰乱社会秩序罪。马思驰、黄宁作为公司股东,违反《公司法》规定,在公司注册资本的增资资金转入公司账户后,又抽逃出资,数额巨大,其行为又构成抽逃出资罪;黄宁利用虚假的《建筑工程承包合同》和《机械设备采购合同》,谎报贷款用途,骗取金融机构的贷款,情节严重,其行为又构成骗取贷款罪。遂判决:马思驰犯聚众扰乱社会秩序罪,判处有期徒刑五年;犯抽逃出资罪,判处有期徒刑一年,并处罚金人民币80万元。数罪并罚,决定执行有期徒刑五年三个月,并处罚金人民币80万元。黄宁犯聚众扰乱社会秩序罪,判处有期徒刑五年;犯抽逃出资罪,判处有期徒刑九个月,并处罚金人民币50万元;犯骗取贷款罪,单处罚金人民币5万元。数罪并罚,决定执行有期徒刑五年二个月,并处罚金人民币55万元。吴兰芳犯聚众扰乱社会秩序罪,判处有期徒刑一年。王才华犯聚众扰乱社会秩序罪

案例29　根据从旧兼从轻原则,抽逃出资罪不适用于实行注册资本认缴登记制的　　\ 245
公司

判处有期徒刑一年六个月。吴平犯聚众扰乱社会秩序罪判处有期徒刑一年六个月。黄永东犯聚众扰乱社会秩序罪判处有期徒刑一年六个月。罗镜辉犯聚众扰乱社会秩序罪,判处有期徒刑一年。李佑明犯聚众扰乱社会秩序罪,判处有期徒刑一年,缓刑二年。许自森犯聚众扰乱社会秩序罪,判处有期徒刑九个月,缓刑一年。叶裕强犯聚众扰乱社会秩序罪判处有期徒刑一年六个月。

上述判决发生法律效力后,梅州市中级人民法院院长发现本案在认定事实和适用法律上确有错误,需要通过审判监督程序予以纠正。本案经该院审判委员会讨论决定,梅州市中级人民法院作出再审决定,决定另行组成合议庭对本案进行再审。

再审期间,原审被告人黄宁及其辩护人提出:1.黄宁不构成聚众扰乱社会秩序罪。第一,中山市中级人民法院(2016)粤20刑再6号刑事判决认定同案人王某乙不构成聚众扰乱社会秩序罪,故黄宁也不构成聚众扰乱社会秩序罪。第二,兴宁政府部门与广东某公司法定代表人王某乙签订了土地使用权的补偿协议,却不履行该协议,作为签订协议一方的政府相关部门是有过错的。第三,兴宁碧桂园在未取得施工许可证、涉案土地使用权证的情况下,且纠纷未解决之前强行施工,有重大过错。第四,本案不符合聚众扰乱社会秩序罪的构成要件。客体上,碧桂园的行为是侵犯广东某公司合法权益的行为,侵权行为所形成的秩序不是法律保护的法益。主观上,黄宁等人只是出于维护公司利益的目的,而不是制造事端给社会施加压力以实现自己的某种无理要求或借机发泄不满情绪。客观上,黄宁等人采取敲锣打鼓、拉横幅等方式是在自己的建设用地范围内实施的自救行为,不属闹访,更不是扰乱社会秩序。第五,广东某公司要求的是与市政府签订协议的那块土地上的建筑物的补偿款,约价值300万元的建筑物被推倒却没有补偿。原一审判决认为公司代表张建忠代伍振森已经领取补偿款,公司补偿已到位是不属实的。2.黄宁不构成抽逃出资罪。第一,《全国人民代表大会常务委员会关于〈中华人民共和国刑法〉第一百五十八条、第一百五十九条的解释》已于2014年4月24日起实施,抽逃出资罪不适用于实行注册资本认缴登记制的公司。原二审判决在2014年4月25日生效,生效时间后于该法律规定实施时间。根据刑法溯及力从旧兼从轻原则,原二审审理期间,新法已经实施,据此规定黄宁的行为不符合抽逃出资罪。第二,本案涉案的某兴房地产公司、兴宁市金兴发展有限公司、鸿某投资公司是关联公司,公司资金是统一调配的,资金全部用于公司项目开发、工人工资的发放等,没有造成公司、股东、债权人巨额损失。据此,黄宁仍然不构成抽逃出资罪。3. 黄宁不构成骗取贷款罪:第一,黄宁不具有刑法意义上的"以欺骗手段取得银行贷款"的行为。第二,贷款用途并非虚构,280万元有130万元用于采购机械,其余用于公司经营。第三,黄宁的行为未给银行造成实际损失,贷款时提供了广东某公司的房地产作为担保,定期偿还银行利息。第四,黄宁的行为不符合"其他严重情节"的行为。本案涉案额280万元全部偿还本息,没有造成银行实际损失,亦未从事其他非法活动,并未给金融管理秩序造成实际风险,当然也不属于"其他严重情节",不应以该罪追究行为人的刑事责任。第五,王某乙也以同样的方式贷款1980万元,也曾被法院判决骗取贷款罪,但王某乙案的再审判决认为王某乙不构成骗取贷款罪。综上,请求再审法院判决黄宁无罪。

马思驰及其辩护人廖丹提出辩解辩护意见称:马思驰不构成聚众扰乱社会秩序罪、抽逃出资罪。具体事实与理由部分与黄宁的辩护意见陈述得一致。

吴兰芳辩解意见认为,其没有参与被指控的聚众扰乱社会秩序行为,更没有组织、指挥他人参与,只是按市政府领导要求,打电话给现场人员要求他们回家。其行为不符合聚众扰乱社会秩序罪的犯罪构成,其不构成聚众扰乱社会秩序罪。

王才华辩解意见认为,其到现场只是查看公司围墙情况,不具有聚众扰乱社会秩序的主观故意。其行为不符合聚众扰乱社会秩序罪的犯罪构成,其不构成聚众扰乱社会秩序罪。

吴平辩解意见认为,其只是到现场观看,没有实施任何行为。其行为不符合聚众扰乱社会秩序罪的犯罪构成,其不构成聚众扰乱社会秩序罪。

黄永东辩解意见认为,其当时只是在现场,没有实施妨碍行为。其行为不符合聚众扰乱社会秩序罪的犯罪构成,王某乙都已判决无罪,其也不应被判决

案例29　根据从旧兼从轻原则,抽逃出资罪不适用于实行注册资本认缴登记制的　\ 247
公司

犯聚众扰乱社会秩序罪。

罗镜辉辩解意见认为,其虽然在现场,但大部分时间站在现场附近,没有实施其他行为。其行为不符合聚众扰乱社会秩序罪的犯罪构成,其不构成聚众扰乱社会秩序罪。

李佑明辩解意见认为,其只是去现场检查下地块情况。其行为不符合聚众扰乱社会秩序罪的犯罪构成,其不构成聚众扰乱社会秩序罪。

许自森辩解意见认为,其只是到公司土地上看下情况。其行为不符合聚众扰乱社会秩序罪的犯罪构成,其不构成聚众扰乱社会秩序罪。

叶裕强辩解意见认为,当时行为是出于为公司维权,其行为不符合聚众扰乱社会秩序罪的犯罪构成,其不构成聚众扰乱社会秩序罪。

梅州市人民检察院出庭意见:法院原审判决认定本案的犯罪事实清楚,证据确实、充分。关于本案原审被告人是否构成所涉罪名和量刑是否适当的问题:1.本案十名原审被告人行为均构成聚众扰乱社会秩序罪,但鉴于受害方兴宁碧桂园在未获得土地使用权证和施工许可等批文的情况下贸然施工,存在一定过错。原审被告人到碧桂园工地闹事,系因该涉案地块的置换问题未解决,应属于事出有因,且情节较轻,原审被告人的行为是否一定要上升到追究刑事责任并科以实刑值得商榷。2.原审被告人马思驰、黄宁行为当时均触犯了《刑法》第一百五十九条规定,构成抽逃出资罪。但2014年修正的《最高人民法院关于适用〈中华人民共和国公司法〉若干问题的规定(二)》在2014年3月1日开始实施,《全国人民代表大会常务委员会关于〈中华人民共和国刑法〉第一百五十八条、第一百五十九条的解释》也于2014年4月24日通过并施行,本案原审法院对黄宁、马思驰的判决宣告日期是2014年4月24日,根据《最高人民法院关于刑事案件终审判决和裁定何时发生法律效力问题的批复》,终审判决和裁定是自宣告之日起发生法律效力,因此,原审被告人马思驰、黄宁的判决生效时间与新法的实施在同一时间节点,刑法上的溯及力问题法律尚无明确界定,为此,建议本案按照有利于被告人原则,适用从旧兼从轻处理为妥。3.原审被告人黄宁采用欺骗手段骗取贷款280万元,其行为扰乱了金融秩序,已构成骗取贷款罪。鉴于黄宁积极履行还款义务,提前偿还了贷款本息,未给银行造成损失,情节较轻,主观恶性小,对黄宁的行为是否一定要上升到追究刑事责任并科以实刑同样值得商榷。

梅州市中级人民法院再审补充查明:

《全国人民代表大会常务委员会关于〈中华人民共和国刑法〉第一百五十八条、第一百五十九条的解释》(2014年4月24日第十二届全国人民代表大会常务委员会第八次会议通过)在2014年4月24日公布实施。梅州市中级人民法院(2014)梅中法刑终字第15号刑事判决向马思驰、黄宁宣告时间为2014年4月24日,对其余原审上诉人宣告时间为2014年4月25日。梅州市中级人民法院刑事审判庭于2015年4月30日出具法律文书生效证明书,证明(2014)梅中法刑终字第15号上诉人马思驰等10人犯聚众扰乱社会秩序罪一案,已于2014年4月25日发生法律效力。

梅州市中级人民法院再审认为,指控原审上诉人马思驰犯聚众扰乱社会秩序罪、抽逃出资罪,黄宁犯聚众扰乱社会秩序罪、抽逃出资罪、骗取贷款罪,吴兰芳、王才华、罗镜辉、吴平、李佑明、黄永东、许自森、叶裕强犯聚众扰乱社会秩序罪的依据不足,指控的罪名不成立。原审上诉人马思驰、吴兰芳、王才华、罗镜辉、吴平、李佑明、黄永东、许自森、叶裕强的再审辩解意见成立,予以采纳。案经审判委员会讨论决定,依照《中华人民共和国刑事诉讼法》第二百四十五条、第二百二十五条第一款第(三)项,《最高人民法院关于适用〈中华人民共和国刑事诉讼法〉的解释》第三百八十三条,《全国人民代表大会常务委员会关于〈中华人民共和国刑法〉第一百五十八条、第一百五十九条的解释》之规定,梅州市中级人民法院作出刑事判决:撤销原一审、二审刑事判决,改判原审被告人马思驰、黄宁、吴兰芳、王才华、罗镜辉、吴平、李佑明、黄永东、许自森、叶裕强无罪。

二、主要问题

1. 政府部门对涉及群众利益的事件处置不当或工作上的失误而引发的群

案例 29　根据从旧兼从轻原则,抽逃出资罪不适用于实行注册资本认缴登记制的　　\ 249
　　　　公司

体性事件,应当如何正确评价?

2. 根据修改后的《公司法》规定及 2014 年 4 月 24 日施行的《全国人民代表大会常务委员会关于〈中华人民共和国刑法〉第一百五十八条、第一百五十九条的解释》规定,抽逃出资罪不适用于实行注册资本认缴登记制的公司,而本案涉案公司,属于实行注册资本认缴登记制的公司。本案二审判决生效时间为 2014 年 4 月 25 日,抽逃出资罪能否适用于本案再审?

3. 虽然使用了欺骗方式骗取贷款,但贷款时提供了房产超额抵押,案发时提前全额偿还本息,并未给银行或者其他金融机构造成实际损失的行为,是否构成骗取贷款罪?

三、裁判理由

对于聚众扰乱社会秩序罪,《刑法》第二百九十条第一款规定:"聚众扰乱社会秩序,情节严重,致使工作、生产、营业和教学、科研、医疗无法进行,造成严重损失的,对首要分子,处三年以上七年以下有期徒刑;对其他积极参加的,处三年以下有期徒刑、拘役、管制或者剥夺政治权利。"本款规定的"情节严重",一般表现为扰乱的时间长、次数多、纠集的人数多,扰乱重要的工作、生产、营业和教学、科研、医疗活动,造成的影响比较恶劣,等等。"造成严重损失"主要是指使经济建设、教学、科研、医疗等受到严重的破坏和损失。在这里,"情节严重""致使工作、生产、营业和教学、科研、医疗无法进行""造成严重损失",都是构成本罪的要件,缺一不可。① 本案中本次事件造成兴宁碧桂园的财物损失 51 320 元,时间长约 3 个小时,不属于"情节严重"和"造成严重损失";同时,事件发生的原因是政府部门没有按照置换协议履行义务,对涉及群众利益的事情处理不当。王某乙、吴兰芳夫妇等人到碧桂园工地阻止施工,主观上是为了置换土地的协议得到切实履行,获得其在协议中应得的补偿,并非通过扰乱活动以实现其无理要求或者借机发泄不满情绪。对政府部门因涉及群众利益的事处理不

---

① 参见周道鸾、张军主编:《刑法罪名精释》,人民法院出版社 2013 版,第 716 页。

当或工作上的失误以致引起群体性事件,主要应该通过改进工作和说服教育来加以妥善解决,不宜以聚众扰乱社会秩序罪追究。

对于抽逃出资罪,《刑法》第一百五十九条之一规定:"公司发起人、股东违反公司法的规定未交付货币、实物或者未转移财产权,虚假出资,或者在公司成立后又抽逃其出资,数额巨大、后果严重或者有其他严重情节的,处五年以下有期徒刑或者拘役,并处或者单处虚假出资金额或者抽逃出资金额百分之二以上百分之十以下罚金。"本案中,马思驰、黄宁作为公司股东,在公司注册资本的增资资金转入公司账户后,又抽逃出资,数额巨大,其行为符合抽逃出资罪的特征。但是,根据2013年修正的《公司法》规定,除法律、行政法规另有规定以及国务院决定以外,有限责任公司实行注册资本认缴登记制,根据2014年4月24日《全国人民代表大会常务委员会关于〈中华人民共和国刑法〉第一百五十八条、第一百五十九条的解释》的规定,抽逃出资罪不适用于实行注册资本认缴登记制的公司,而本案某兴房地产公司、金某发展公司、鸿某投资公司为有限责任公司,属于实行注册资本认缴登记制的公司。上述立法解释的实施时间为2014年4月24日,本案二审判决生效时间为2014年4月25日,刑事判决生效时间后于立法解释实施时间。因此,根据刑法溯及力从旧兼从轻原则,抽逃出资罪不适用于本案上述公司,故不认为公司股东马思驰、黄宁构成抽逃出资罪。

对于骗取贷款罪,当时的《刑法》第一百七十五条之一规定:"以欺骗手段取得银行或者其他金融机构贷款、票据承兑、信用证、保函等,给银行或者其他金融机构造成重大损失或者有其他严重情节的,处三年以下有期徒刑或者拘役,并处或者单处罚金;给银行或者其他金融机构造成特别重大损失或者有其他特别严重情节的,处三年以上七年以下有期徒刑,并处罚金。"认定本罪应以给银行或其他金融机构造成重大损失或有其他严重情节为条件。本案中,黄宁在贷款时虽然使用了欺骗方式,但其在贷款时提供了房产超额抵押,案发时提前全额偿还本息,并未给银行或者其他金融机构造成实际损失,亦未利用贷款进行任何非法活动,未给金融管理秩序造成实际危害,亦不属于《刑法》第一百七十五条之一规定的"有其他严重情节",因此,黄宁的行为不符合骗取贷款罪的构成要件,不构成骗取贷款罪。

关联索引:(2017)粤14刑再2号刑事判决

撰稿:李美香 廖广京
审编:夏建勇

案例 30

采矿权人在行政机关对其采矿权延续申请暂缓办理期间的开采行为是否属于非法采矿行为

——汤立珍等三人非法采矿再审改判无罪案

裁判要旨 采矿许可证到期后,行政机关对采矿权人的延续申请逾期未作出是否准予决定。采矿权人在行政机关对其采矿权延续申请暂缓办理期间的开采行为,不属于"未取得采矿许可证擅自采矿"情形,不构成非法采矿罪。

一、基本案情

原审被告人汤立珍,原系蕲春县某某采石场(非公司私营企业,投资人为汤某珍,以下简称大同司某采石场)合伙经营者。

原审被告人王自强,原系大同司某采石场合伙经营者。

原审被告人卢华超,原系大同司某采石场合伙经营者。

湖北省蕲春县人民检察院指控被告人汤立珍、王自强、卢华超犯非法采矿罪向蕲春县人民法院提起公诉。

湖北省蕲春县人民法院经审理查明:

汤立珍、王自强、卢华超于 2015 年合伙经营大同司某采石场,进行建筑用角闪岩矿的开采、加工销售。汤立珍为采石场法人代表,全权负责安全、生产、

案例30 采矿权人在行政机关对其采矿权延续申请暂缓办理期间的开采行为是 \ 253
否属于非法采矿行为

销售、债务回收,王自强、卢华超协助汤立珍工作,该采石场的采矿许可证有效期限自2014年8月12日起至2017年3月12日止。2017年2月28日,该采石场向蕲春县国土资源矿产管理办公室(以下简称蕲春矿办)提交了采矿许可证延续申请。2017年3月13日,蕲春矿办向该采石场作出了《关于蕲春县张榜镇大同司某采石场停止生产的通知》(以下简称《停产通知》),在采矿许可证到期且采矿许可证延续申请未被批准的情况下,大同司某采石场继续开采、加工销售建筑用角闪岩矿。自2017年4月以来,该采石场开采、加工建筑用角闪岩矿销售价值700余万元。案发后,三被告人经公安机关口头传唤到案,被告人汤立珍、王自强如实供述了主要犯罪事实,被告人卢华超被采取强制措施前未如实供述犯罪事实,卢华超已向公安机关缴纳人民币10万元。

蕲春县人民法院认为,大同司某采石场在采矿许可证到期前向蕲春矿办提交了采矿许可证延续申请后,蕲春矿办在采矿许可证到期的次日2017年3月13日向该采石场作出了《停产通知》,系对被告人采矿许可证申请延续的告知及答复,即未取得行政机关的批准,不应认定为未作决定视为准予延续。虽然《停产通知》被人民法院依法撤销,但该采石场采矿许可证延续申请未获批准是客观存在的事实,因此该采石场无继续开采的权利。被告人的辩护人提交的采矿权延续申请暂缓办理的《关于蕲春县范家洼矿区建筑用角闪岩矿采矿权延续申请暂缓办理的通知》(以下简称《暂缓通知》)及相关行政判决书等证据与所要待证的事实无关联性。被告人汤立珍、王自强、卢华超违反矿产资源法的规定,在采矿许可证到期未获得行政机关批准延续的情况下开采矿产品,情节特别严重。被告人汤立珍、王自强经口头传唤到案,如实供述主要犯罪事实,是自首,可以从轻或者减轻处罚。被告人卢华超在共同犯罪中起次要作用,是从犯,应当从轻、减轻处罚。被告人王自强在共同犯罪过程中罪责相对较轻,被告人卢华超已退缴10万元违法所得,酌情从轻处罚。三被告人在许可证到期后开采角闪岩矿销售价值700余万元,因此销售的价值应认定为销赃数额,依法应予以追缴。该院作出刑事判决:被告人汤立珍犯非法采矿罪,判处有期徒刑二年,并处罚金人民币10万元;被告人王自强犯非法采矿罪,判处有期徒刑一年八个月,并处罚金人民币8万元;被告人卢华超犯非法采矿罪,判处有期徒刑一年,并处罚金人民币5万元;三被告人违法所得700余万元依法予以追缴,上缴国库。

宣判后,被告人汤立珍、王自强、卢华超均以其行为不构成犯罪为由分别提出上诉。黄冈市中级人民法院经审理作出刑事裁定:驳回上诉,维持原判。

上述裁判发生法律效力后,原审被告人汤立珍、王自强、卢华超分别提出申诉。湖北省高级人民法院作出再审决定,提审本案。

再审期间,原审被告人汤立珍、王自强、卢华超辩称:原裁判认定事实不清,证据不足,适用法律错误,应当依法撤销原裁判并宣告其无罪。1.大同司某采石场已合法取得采矿许可证,且在期限内依法提交了采矿权延续申请,行政机关逾期未作出是否准予延续的决定,应视为准予延续。2.蕲春县国土部门在许可证到期后作出的《停产通知》已被生效行政判决撤销,一审判决以该停产通知作为认定大同司某采石场无证开采的证据,既违背法律逻辑,更违背司法公正。3.2017年6月15日《黄冈市非煤矿山企业复工、复产验收表》载明,大同司某采石场证照齐全有效,符合开采条件,同意恢复生产。4.蕲春县自然资源和规划局于2019年11月21日在《信访事项处理意见书》中明确,待汤立珍释放或产生新的法人代表后,再为其办理采矿许可证。5.蕲春县自然资源和规划局于2021年12月24日给大同司某采石场办理了采矿许可证,说明行政机关已认识到自己的错误并作出了改正。6.汤立珍、王自强在再审庭审中对原裁判认定大同司某采石场2017年4月以后的开采、加工建筑用角闪岩矿销售价值700余万元的事实提出异议。

湖北省人民检察院再审出庭意见:蕲春县人民检察院对本案提起公诉时,与本案相关联的一审行政判决已经作出,但因对方当事人上诉而未生效;本案一审刑事判决和二审刑事裁定均在相关联的行政诉讼一审和二审判决生效之后。本案与相关行政案件事实有关联,判决相互矛盾,认定犯罪的主要证据和法律依据不充分,在诉讼程序上有瑕疵。请再审法庭查明案件事实,依法判决。

湖北省高级人民法院再审补充查明:

案例30 采矿权人在行政机关对其采矿权延续申请暂缓办理期间的开采行为是 \ 255
否属于非法采矿行为

2017年2月28日,大同司某采石场向蕲春矿办提交了采矿权延续申请。同年3月2日,蕲春矿办回复报告收悉,将在两个工作日内组织资料进行申报办理。2017年3月13日,蕲春矿办向大同司某采石场作出了《停产通知》,要求大同司某采石场接到通知后停止一切开采、加工等生产活动,待采矿许可证延续登记手续办理完毕及相关部门证照手续批准后,方可组织生产,若有违反将按无证采矿处理,并中止办理采矿权延续手续。汤立珍于当日收到该通知。2017年7月20日,蕲春矿办向大同司某采石场作出了《暂缓通知》,称大同司某采石场2017年2月28日提交的采矿权延续申请已收悉,并于3月2日组织了相关材料进行申报,但由于受全省石材行业综合整治及蕲春县矿产资源三轮规划等因素影响,现暂缓办理相关采矿权延期手续。大同司某采石场不服上述《停产通知》和《暂缓通知》,于2019年3月12日向湖北省武穴市人民法院分别提起行政诉讼,武穴市人民法院于2019年4月24日分别作出(2019)鄂1182行初40号和(2019)鄂1182行初39号行政判决,撤销蕲春县国土资源局《停产通知》的行政处罚,限被告蕲春县国土资源局在判决生效十日内对大同司某采石场的采矿权延续申请重新作出行政行为。行政判决宣判后,蕲春县自然资源和规划局(机构改革后的职能行使机关)向黄冈市中级人民法院提出上诉,黄冈市中级人民法院分别于2019年8月5日、8月3日作出(2019)鄂11行终102号和(2019)鄂11行终101号行政判决:驳回上诉,维持原判。蕲春矿办经武穴市人民法院执行,于2021年12月24日履行行政判决确定的义务,为大同司某采石场颁发延续后的采矿许可证,有效期限自2021年12月24日至2022年8月24日。

湖北省高级人民法院再审认为,大同司某采石场在采矿许可证有效期届满前已向蕲春矿办提出了采矿权延续申请,蕲春矿办受理后在法定期限内未依法作出是否准予延续的决定,逾期后向大同司某采石场作出《暂缓通知》,已经人民法院行政判决限期对大同司某采石场提出的采矿权延续申请重新作出行政行为,故大同司某采石场的采矿权延续申请在本案一审、二审期间实际处于行政机关逾期未作出是否准予延续决定的状态。根据《行政许可法》第五十条第二款的规定,行政机关逾期未作决定的,视为准予延续,故汤立珍、王自强、卢华超在采矿许可证到期后的开采行为,不属于《刑法》第三百四十三条规定的"未取得采矿许可证擅自采矿"的行为。原裁判认定汤立珍、王自强、卢华超在采矿许可证到期未获得行政机关批准延续的情况下开采矿产品属"未取得许可证擅自采矿",属于认定事实和适用法律错误,应当依法予以纠正。汤立珍、王自强、卢华超及其辩护人关于改判汤立珍、王自强、卢华超无罪的意见和湖北省人民检察院出庭检察员关于原裁判认定犯罪的主要证据和法律依据不充分的意见成立,均予以采纳。湖北省高级人民法院作出刑事判决:撤销原一审、二审裁判,改判原审被告人汤立珍、王自强、卢华超无罪;原审裁判已执行的罚金及追缴的财产,依法予以返还。

二、主要问题

采矿许可证到期后继续开采的行为,能否认定为"未取得采矿许可证擅自采矿"而构成非法采矿罪?

三、裁判理由

(一)如何看待采矿许可证到期后继续开采的行为

非法采矿罪,是指违反矿产资源法的规定,未取得采矿许可证擅自采矿,擅自进入国家规划矿区、对国民经济具有重要价值的矿区和他人矿区范围采矿,或者擅自开采国家规定实行保护性开采的特定矿种,情节严重的行为。本罪的主体是一般主体,既可以是自然人,也可以是单位,主观方面表现为故意。本罪的客体是国家矿产资源保护制度。客观方面表现为行为人实施了非法采矿行为。"非法采矿"包括三种情形:一是行为人之行为违反了矿产资源法的规定。二是行为人具体实施了未取得采矿许可证擅自采矿,或者擅自进入国家规划矿区、对国民经济具有重要价值的矿区和他人矿区范围采矿,或者擅自开采国家规定实行保护性开采的特定矿种。其中,未取得采矿许可证擅自采矿,具体包含下列情形:无采矿许可证开采矿产资源的;采矿许可证被注销、吊销后继续开

案例30　采矿权人在行政机关对其采矿权延续申请暂缓办理期间的开采行为是 \ 257
　　　　否属于非法采矿行为

采矿产资源的;超越采矿许可证规定的矿区范围开采矿产资源的;未按采矿许可证规定的矿种开采矿产资源的(共生、伴生矿种除外);其他未取得采矿许可证开采矿产资源的情形。三是情节严重。情节严重可以是造成矿产资源破坏、多次非法采矿等情形。以上三项内容同时具备才能成立非法采矿罪。

《最高人民法院、最高人民检察院关于办理非法采矿、破坏性采矿刑事案件适用法律若干问题的解释》(以下简称《采矿解释》)第二条对《刑法》第三百四十三条第一款规定的"未取得采矿许可证"有明确的界定,即无许可证的,许可证被注销、吊销、撤销的,超越许可证规定的矿区范围或者开采范围的,超出许可证规定的矿种的,其他未取得许可证的情形,并未将许可证到期列举进去。该解释出台的目的是依法惩处非法采矿、破坏性采矿犯罪活动,实践中采矿许可证到期后继续开采的情形、成因比较复杂,判断是否属于上述规定的"其他未取得许可证"情形应当综合考虑行政机关对采矿权延续申请的受理、是否作出决定和相关矿产资源、环境保护等具体行政行为及采矿行为的危害程度等进行审查,不能一概以"未取得采矿许可证擅自采矿"予以刑事处罚。

本案中,汤立珍等人经营的大同司某采石场本身取得了采矿许可证,在许可证到期前向行政机关提出了延续申请,行政机关受理了延续申请后,存在执法不规范、不作为等问题,没有在行政许可有效期届满前或者法律法规规定的期限内作出是否准予延续的决定;在原裁判执行完毕后,蕲春矿办为大同司某采石场颁发了延续后的采矿许可证。由此可知,原审被告人经营的大同司某采石场本身具有取得采矿许可证的相应资质,在正常情况下其采矿权延续申请能获得批准,因此其在采矿许可证到期后继续开采行为的危害程度远低于《采矿解释》中列明的"未取得采矿许可证"的四种情形,不应当认定为第五项"其他未取得采矿许可证"的情形。

(二)如何看待行政机关对采矿权延续申请逾期未作出是否准予延续决定的行为

本案中,一审认为《停产通知》系对原审被告人采矿许可证申请延续的告知及答复,二审认为《停产通知》虽然在2019年被人民法院依法撤销,但该采石场延期申请未获得批准。首先,一审、二审裁判认定上述事实的证据不确实、不充分。《停产通知》的内容证实该通知并非行政机关对大同司某采石场采矿权延续申请所作出是否准予审批结果的告知或答复。蕲春矿办作出《停产通知》的行政处罚,因程序违法,缺乏事实根据,已被生效行政判决予以撤销。

其次,一审、二审裁判认定大同司某采石场的采矿许可证延续申请未获得批准,与《暂缓通知》和相关行政判决等证据的内容存在矛盾。一是蕲春矿办在受理大同司某采石场的采矿权延续申请后,于2017年7月20日作出的《暂缓通知》,证实大同司某采石场的采矿权延续手续实际处于暂缓办理的程序中。二是行政机关在受理采矿权延续申请后应当在法定期限作出是否许可的决定,大同司某采石场不服《暂缓通知》提起行政诉讼,生效行政判决已限令行政机关在判决生效后十日内对大同司某采石场提出的采矿权延续申请重新作出行政行为。原审法院认为被告人的辩护人提交的《暂缓通知》和相关行政判决书等证据与所要待证的事实无关联性,与事实不符。

最后,蕲春矿办在原裁判执行完毕后为大同司某采石场颁发了延续后的采矿许可证,该新证据证明原判决、裁定认定大同司某采石场的采矿权延续申请未获得批准的事实确有错误。

综上,大同司某采石场的采矿权延续申请在本案一审、二审期间实际处于行政机关逾期未作出是否准予延续决定的状态。根据《行政许可法》第五十条第二款的规定,行政机关应当根据被许可人的申请,在该行政许可有效期届满前作出是否准予延续的决定;逾期未作决定的,视为准予延续。本案中,大同司某采石场不服蕲春矿办作出的《停产通知》《暂缓通知》,提起行政诉讼,生效行政判决已撤销《停产通知》并限令行政机关在判决生效后十日内对大同司某采石场提出的采矿权延续申请重新作出行政行为。蕲春矿办受理了延续申请后,存在执法不规范、不作为等问题,并未在行政许可有效期届满前或者法律法规规定的期限内作出是否准予延续的决定。因此,汤立珍等人取得的采矿许可证在到期后应视为准予延续。本案不属于司法解释规定的"未取得采矿许可证"的情形,汤立珍等人的行为依法不构成非法采矿罪。

案例30　采矿权人在行政机关对其采矿权延续申请暂缓办理期间的开采行为是否属于非法采矿行为

（三）采矿权人在行政机关对其采矿权延续申请暂缓办理期间的开采行为不应入罪

司法是保护市场主体合法权益的最后一道防线。本案中，涉案民营企业大同司某采石场在依法取得采矿许可证并在到期前向行政机关申请延续，由于行政机关的执法不规范、不作为而未能在法定期限内获得采矿许可的延续批准。大同司某采石场经行政诉讼维权后，人民法院作出的生效行政判决已依法维护其合法权利，但本案一审、二审裁判以辩护人提交的有关行政判决书、《暂缓通知》等证据与待证事实无关联未予采纳，导致其经营者被判有罪、涉案企业被迫停止经营。通过本案的再审改判，体现了湖北省高级人民法院积极贯彻落实中央和最高人民法院关于优化法治化营商环境，切实重视涉产权保护案件的审判，平等保护民营企业和民营企业家合法权益的刑事政策，充分发挥审判监督职能，严守法律底线，坚持"罪刑法定""证据裁判"原则，实事求是纠正冤错案件的决心和担当。

综上，本案汤立珍等三名被告人是否构成非法采矿罪，关键在于其在采矿许可证到期后的采矿行为是否属于《刑法》第三百四十三条第一款规定的"未取得采矿许可证擅自采矿"的情形。汤立珍等人经营的大同司某采石场本身取得了采矿许可证，在许可证到期前向行政机关提出了延续申请，行政机关受理了延续申请后，存在执法不规范、不作为等问题，没有在行政许可有效期届满前或者法律法规规定的期限内作出是否准予延续的决定。根据《行政许可法》第五十条第二款的规定，行政机关逾期未作决定的，视为准予延续。汤立珍等人取得的采矿许可证在到期后应视为准予延续，不属于司法解释规定的"未取得采矿许可证"的情形，其行为依法不构成非法采矿罪。原裁判认定汤立珍、王自强、卢华超在采矿许可证到期未获得行政机关批准延续的情况下开采矿产品属"未取得许可证擅自采矿"，属于认定事实和适用法律错误，应当依法予以纠正。

关联索引：(2022)鄂刑再2号刑事判决

撰稿：杨晓东
审编：陈　娅

附录 相关重要文件

中共中央 国务院
关于完善产权保护制度依法保护产权的意见

(2016年11月4日)

产权制度是社会主义市场经济的基石,保护产权是坚持社会主义基本经济制度的必然要求。有恒产者有恒心,经济主体财产权的有效保障和实现是经济社会持续健康发展的基础。改革开放以来,通过大力推进产权制度改革,我国基本形成了归属清晰、权责明确、保护严格、流转顺畅的现代产权制度和产权保护法律框架,全社会产权保护意识不断增强,保护力度不断加大。同时也要看到,我国产权保护仍然存在一些薄弱环节和问题:国有产权由于所有者和代理人关系不够清晰,存在内部人控制、关联交易等导致国有资产流失的问题;利用公权力侵害私有产权、违法查封扣押冻结民营企业财产等现象时有发生;知识产权保护不力,侵权易发多发。解决这些问题,必须加快完善产权保护制度,依法有效保护各种所有制经济组织和公民财产权,增强人民群众财产财富安全感,增强社会信心,形成良好预期,增强各类经济主体创业创新动力,维护社会公平正义,保持经济社会持续健康发展和国家长治久安。现就完善产权保护制度、依法保护产权提出以下意见。

一、总体要求

加强产权保护,根本之策是全面推进依法治国。要全面贯彻党的十八大和十八届三中、四中、五中、六中全会精神,深入学习贯彻习近平总书记系列重要讲话精神,按照党中央、国务院决策部署,紧紧围绕统筹推进"五位一体"总体布局和协调推进"四个全面"战略布局,牢固树立和贯彻落实新发展理念,着力推进供给侧结构性改革,进一步完善现代产权制度,推进产权保护法治化,在事关产权保护的立法、执法、司法、守法等各方面各环节体现法治理念。要坚持以下原则:

——坚持平等保护。健全以公平为核心原则的产权保护制度,毫不动摇巩固和发展公有制经济,毫不动摇鼓励、支持、引导非公有制经济发展,公有制经济财产权不可侵犯,非公有制经济财产权同样不可侵犯。

——坚持全面保护。保护产权不仅包括保护物权、债权、股权,也包括保护知识产权及其他各种无形财产权。

——坚持依法保护。不断完善社会主义市场经济法律制度,强化法律实施,确保有法可依、有法必依。

——坚持共同参与。做到政府诚信和公众参与相结合,建设法治政府、责任政府、诚信政府,增强公民产权保护观念和契约意识,强化社会监督。

——坚持标本兼治。着眼长远,着力当下,抓紧解决产权保护方面存在的突出问题,提高产权保护精准度,加快建立产权保护长效机制,激发各类经济主体的活力和创造力。

二、加强各种所有制经济产权保护

深化国有企业和国有资产监督管理体制改革,进一步明晰国有产权所有者和代理人关系,推动实现国有企业股权多元化和公司治理现代化,健全涉及财务、采购、营销、投资等方面的内部监督制度和内控机制,强化董事会规范运作和对经理层的监督,完善国有资产交易方式,严格规范国有资产登记、转让、清算、退出等程序和交易行为,以制度化保障促进国有产权保护,防止内部人任意支配国有资产,切实防止国有资产流失。建立健全归属清晰、权责明确、监管有效的自然资源资产产权制度,完善自然资源有偿使用制度,逐步实现各类市场主体按照市场规则和市场价格依法平等使用土地等自然资源。完善农村集体产权确权和保护制度,分类建立健全集体资产清产核资、登记、保管、使用、处置制度和财务管理监督制度,规范农村产权流转交易,切实防止集体经济组织内部少数人侵占、非法处置集体资产,防止外部资本侵吞、非法控制集体资产。坚持权利平等、机会平等、规则平等,废除对非公有制经济各种形式的不合理规定,消除各种隐性壁垒,保证各种所有制经济依法平等使用生产要素、公开公平公正参与市场竞争、同等受到法律保护、共同履行社会责任。

三、完善平等保护产权的法律制度

加快推进民法典编纂工作,完善物权、合同、知识产权相关法律制度,清理有违公平的法律法规条款,将平等保护作为规范财产关系的基本原则。健全以企业组织形式和出资人承担责任方式为主的市场主体法律制度,统筹研究清理、废止按照所有制不同类型制定的市场主体法律和行政法规,开展部门规章和规范性文件专项清理,平等保护各类市场主体。加大对非公有财产的刑法保护力度。

四、妥善处理历史形成的产权案件

坚持有错必纠,抓紧甄别纠正一批社会反映强烈的产权纠纷申诉案件,剖析一批侵害产权的案例。对涉及重大财产处置的产权纠纷申诉案件、民营企业和投资人违法申诉案件依法甄别,确属事实不清、证据不足、适用法律错误的错案冤案,要依法予以纠正并赔偿当事人的损失。完善办案质量终身负责制和错案责任倒查问责制,从源头上有效预防错案冤案的发生。严格遵循法不溯及既往、罪刑法定、在新旧法之间从旧兼从轻等原则,以发展眼光客观看待和依法妥善处理改革开放以来各类企业特别是民营企业经营过程中存在的不规范问题。

五、严格规范涉案财产处置的法律程序

进一步细化涉嫌违法的企业和人员财产处置规则,依法慎重决定是否采取相关强制措施。确需采取查封、扣押、冻结等措施的,要严格按照法定程序进行,除依法需责令关闭企业的情形外,在条件允许情况下可以为企业预留必要的流动资金和往来账户,最大限度降低对企业正常生产经营活动的不利影响。采取查封、扣押、冻结措施和处置涉案财物时,要依法严格区分个人财产和企业法人财产。对股东、企业经营管理者等自然人违法,在处置其个人财产时不任意牵连企业法人财产;对企业违法,在处置企业法人财产时不任意牵连股东、企业经营管理者个人合法财产。严格区分违法所得和合法财产,区分涉案人员个

人财产和家庭成员财产，在处置违法所得时不牵连合法财产。完善涉案财物保管、鉴定、估价、拍卖、变卖制度，做到公开公正和规范高效，充分尊重和依法保护当事人及其近亲属、股东、债权人等相关方的合法权益。

六、审慎把握处理产权和经济纠纷的司法政策

充分考虑非公有制经济特点，严格区分经济纠纷与经济犯罪的界限、企业正当融资与非法集资的界限、民营企业参与国有企业兼并重组中涉及的经济纠纷与恶意侵占国有资产的界限，准确把握经济违法行为入刑标准，准确认定经济纠纷和经济犯罪的性质，防范刑事执法介入经济纠纷，防止选择性司法。对于法律界限不明、罪与非罪不清的，司法机关应严格遵循罪刑法定、疑罪从无、严禁有罪推定的原则，防止把经济纠纷当作犯罪处理。严禁党政干部干预司法活动、介入司法纠纷、插手具体案件处理。对民营企业在生产、经营、融资活动中的经济行为，除法律、行政法规明确禁止外，不以违法犯罪对待。对涉及犯罪的民营企业投资人，在当事人服刑期间依法保障其行使财产权利等民事权利。

七、完善政府守信践诺机制

大力推进法治政府和政务诚信建设，地方各级政府及有关部门要严格兑现向社会及行政相对人依法作出的政策承诺，认真履行在招商引资、政府与社会资本合作等活动中与投资主体依法签订的各类合同，不得以政府换届、领导人员更替等理由违约毁约，因违约毁约侵犯合法权益的，要承担法律和经济责任。因国家利益、公共利益或者其他法定事由需要改变政府承诺和合同约定的，要严格依照法定权限和程序进行，并对企业和投资人因此而受到的财产损失依法予以补偿。对因政府违约等导致企业和公民财产权受到损害等情形，进一步完善赔偿、投诉和救济机制，畅通投诉和救济渠道。将政务履约和守诺服务纳入政府绩效评价体系，建立政务失信记录，建立健全政府失信责任追究制度及责任倒查机制，加大对政务失信行为惩戒力度。

八、完善财产征收征用制度

完善土地、房屋等财产征收征用法律制度，合理界定征收征用适用的公共利益范围，不将公共利益扩大化，细化规范征收征用法定权限和程序。遵循及时合理补偿原则,完善国家补偿制度,进一步明确补偿的范围、形式和标准,给予被征收征用者公平合理补偿。

九、加大知识产权保护力度

加大知识产权侵权行为惩治力度,提高知识产权侵权法定赔偿上限,探索建立对专利权、著作权等知识产权侵权惩罚性赔偿制度,对情节严重的恶意侵权行为实施惩罚性赔偿,并由侵权人承担权利人为制止侵权行为所支付的合理开支,提高知识产权侵权成本。建立收集假冒产品来源地信息工作机制,将故意侵犯知识产权行为情况纳入企业和个人信用记录,进一步推进侵犯知识产权行政处罚案件信息公开。完善知识产权审判工作机制,积极发挥知识产权法院作用,推进知识产权民事、刑事、行政案件审判"三审合一",加强知识产权行政执法与刑事司法的衔接,加大知识产权司法保护力度。完善涉外知识产权执法机制,加强刑事执法国际合作,加大涉外知识产权犯罪案件侦办力度。严厉打击不正当竞争行为,加强品牌商誉保护。将知识产权保护和运用相结合,加强机制和平台建设,加快知识产权转移转化。

十、健全增加城乡居民财产性收入的各项制度

研究住宅建设用地等土地使用权到期后续期的法律安排,推动形成全社会对公民财产长久受保护的良好和稳定预期。在国有企业混合所有制改革中,依照相关规定支持有条件的混合所有制企业实行员工持股,坚持同股同权、同股同利,着力避免大股东凭借优势地位侵害中小股东权益的行为,建立员工利益和企业利益、国家利益激励相容机制。深化金融改革,推动金融创新,鼓励创造更多支持实体经济发展、使民众分享增值收益的金融产品,增加民众投资渠道。深化农村土地制度改革,坚持土地公有制性质不改变、耕地红线不突破、粮食生产能力不减弱、农民利益不受损的底线,从实际出发,因地制宜,落实承包地、宅基地、集体经营性建设用地的用益物权,赋予农民更多财产权利,增加农民财产收益。

十一、营造全社会重视和支持产权保护的良好环境

大力宣传党和国家平等保护各种所有制经济产权的方针政策和法律法规,

使平等保护、全面保护、依法保护观念深入人心,营造公平、公正、透明、稳定的法治环境。在坚持以经济建设为中心、提倡勤劳致富、保护产权、弘扬企业家精神等方面加强舆论引导,总结宣传一批依法有效保护产权的好做法、好经验、好案例,推动形成保护产权的良好社会氛围。完善法律援助制度,健全司法救助体系,确保人民群众在产权受到侵害时获得及时有效的法律帮助。有效发挥工商业联合会、行业协会商会在保护非公有制经济和民营企业产权、维护企业合法权益方面的作用,建立对涉及产权纠纷的中小企业维权援助机制。更好发挥调解、仲裁的积极作用,完善产权纠纷多元化解机制。

各地区各部门要充分认识完善产权保护制度、依法保护产权的重要性和紧迫性,统一思想,形成共识和合力,狠抓工作落实。各地区要建立党委牵头,人大、政府、司法机关共同参加的产权保护协调工作机制,加强对产权保护工作的组织领导和统筹协调。各有关部门和单位要按照本意见要求,抓紧制定具体实施方案,启动基础性、标志性、关键性工作,加强协调配合,确保各项举措落到实处、见到实效。

中共中央 国务院关于营造企业家健康成长环境弘扬优秀企业家精神更好发挥企业家作用的意见

(2017年9月8日)

企业家是经济活动的重要主体。改革开放以来,一大批优秀企业家在市场竞争中迅速成长,一大批具有核心竞争力的企业不断涌现,为积累社会财富、创造就业岗位、促进经济社会发展、增强综合国力作出了重要贡献。营造企业家健康成长环境,弘扬优秀企业家精神,更好发挥企业家作用,对深化供给侧结构性改革、激发市场活力、实现经济社会持续健康发展具有重要意义。为此,提出以下意见。

一、总体要求

1. 指导思想

全面贯彻党的十八大和十八届三中、四中、五中、六中全会精神,深入贯彻习近平总书记系列重要讲话精神和治国理政新理念新思想新战略,着力营造依法保护企业家合法权益的法治环境、促进企业家公平竞争诚信经营的市场环境、尊重和激励企业家干事创业的社会氛围,引导企业家爱国敬业、遵纪守法、创业创新、服务社会,调动广大企业家积极性、主动性、创造性,发挥企业家作用,为促进经济持续健康发展和社会和谐稳定、实现全面建成小康社会奋斗目标和中华民族伟大复兴的中国梦作出更大贡献。

2. 基本原则

——模范遵纪守法、强化责任担当。依法保护企业家合法权益,更好发挥企业家遵纪守法、恪尽责任的示范作用,推动企业家带头依法经营,自觉履行社会责任,为建立良好的政治生态、净化社会风气、营造风清气正环境多作贡献。

——创新体制机制、激发生机活力。营造"亲""清"新型政商关系,创新政企互动机制,完善企业家正向激励机制,完善产权保护制度,增强企业家创新活力、创业动力。

——遵循发展规律、优化发展环境。坚持党管人才,遵循市场规律和企业家成长规律,完善精准支持政策,推动政策落地实施,坚定企业家信心,稳定企业家预期,营造法治、透明、公平的政策环境和舆论环境。

——注重示范带动、着力弘扬传承。树立和宣传企业家先进典型,弘扬优秀企业家精神,造就优秀企业家队伍,强化年轻一代企业家的培育,让优秀企业家精神代代传承。

二、营造依法保护企业家合法权益的法治环境

3. 依法保护企业家财产权。全面落实党中央、国务院关于完善产权保护制度依法保护产权的意见,认真解决产权保护方面的突出问题,及时甄别纠正社会反映强烈的产权纠纷申诉案件,剖析侵害产权案例,总结宣传依法有效保护产权的好做法、好经验、好案例。在立法、执法、司法、守法等各方面各环节,加

快建立依法平等保护各种所有制经济产权的长效机制。研究建立因政府规划调整、政策变化造成企业合法权益受损的依法依规补偿救济机制。

4.依法保护企业家创新权益。探索在现有法律法规框架下以知识产权的市场价值为参照确定损害赔偿额度,完善诉讼证据规则、证据披露以及证据妨碍排除规则。探索建立非诉行政强制执行绿色通道。研究制定商业模式、文化创意等创新成果的知识产权保护办法。

5.依法保护企业家自主经营权。企业家依法进行自主经营活动,各级政府、部门及其工作人员不得干预。建立完善涉企收费、监督检查等清单制度,清理涉企收费、摊派事项和各类达标评比活动,细化、规范行政执法条件,最大程度减轻企业负担、减少自由裁量权。依法保障企业自主加入和退出行业协会商会的权利。研究设立全国统一的企业维权服务平台。

三、营造促进企业家公平竞争诚信经营的市场环境

6.强化企业家公平竞争权益保障。落实公平竞争审查制度,确立竞争政策基础性地位。全面实施市场准入负面清单制度,保障各类市场主体依法平等进入负面清单以外的行业、领域和业务。反对垄断和不正当竞争,反对地方保护,依法清理废除妨碍统一市场公平竞争的各种规定和做法,完善权利平等、机会平等、规则平等的市场环境,促进各种所有制经济依法依规平等使用生产要素、公开公平公正参与市场竞争、同等受到法律保护。

7.健全企业家诚信经营激励约束机制。坚守契约精神,强化企业家信用宣传,实施企业诚信承诺制度,督促企业家自觉诚信守法、以信立业,依法依规生产经营。利用全国信用信息共享平台和国家企业信用信息公示系统,整合在工商、财税、金融、司法、环保、安监、行业协会商会等部门和领域的企业及企业家信息,建立企业家个人信用记录和诚信档案,实行守信联合激励和失信联合惩戒。

8.持续提高监管的公平性规范性简约性。推行监管清单制度,明确和规范监管事项、依据、主体、权限、内容、方法、程序和处罚措施。全面实施"双随机、一公开"监管,有效避免选择性执法。推进综合监管,加强跨部门跨地区的市场协同监管。重点在食品药品安全、工商质检、公共卫生、安全生产、文化旅游、资源环境、农林水利、交通运输、城乡建设、海洋渔业等领域推行综合执法,有条件的领域积极探索跨部门综合执法。探索建立鼓励创新的审慎监管方式。清除多重多头执法,提高综合执法效率,减轻企业负担。

四、营造尊重和激励企业家干事创业的社会氛围

9. 构建"亲""清"新型政商关系。畅通政企沟通渠道,规范政商交往行为。各级党政机关干部要坦荡真诚同企业家交往,树立服务意识,了解企业经营情况,帮助解决企业实际困难,同企业家建立真诚互信、清白纯洁、良性互动的工作关系。鼓励企业家积极主动同各级党委和政府相关部门沟通交流,通过正常渠道反映情况、解决问题,依法维护自身合法权益,讲真话、谈实情、建诤言。引导更多民营企业家成为"亲""清"新型政商关系的模范,更多国有企业家成为奉公守法守纪、清正廉洁自律的模范。

10. 树立对企业家的正向激励导向。营造鼓励创新、宽容失败的文化和社会氛围,对企业家合法经营中出现的失误失败给予更多理解、宽容、帮助。对国有企业家以增强国有经济活力和竞争力等为目标、在企业发展中大胆探索、锐意改革所出现的失误,只要不属于有令不行、有禁不止、不当谋利、主观故意、独断专行等情形者,要予以容错,为担当者担当、为负责者负责、为干事者撑腰。

11. 营造积极向上的舆论氛围。坚持实事求是、客观公正的原则,把握好正确舆论导向,加强对优秀企业家先进事迹和突出贡献的宣传报道,展示优秀企业家精神,凝聚崇尚创新创业正能量,营造尊重企业家价值、鼓励企业家创新、发挥企业家作用的舆论氛围。

五、弘扬企业家爱国敬业遵纪守法艰苦奋斗的精神

12. 引导企业家树立崇高理想信念。加强对企业家特别是年轻一代民营企业家的理想信念教育和社会主义核心价值观教育,开展优良革命传统、形势政策、守法诚信教育培训,培养企业家国家使命感和民族自豪感,引导企业家正确处理国家利益、企业利益、员工利益和个人利益的关系,把个人理想融入民族复兴的伟大实践。

13.强化企业家自觉遵纪守法意识。企业家要自觉依法合规经营,依法治企、依法维权,强化诚信意识,主动抵制逃税漏税、走私贩私、制假贩假、污染环境、侵犯知识产权等违法行为,不做偷工减料、缺斤短两、以次充好等亏心事,在遵纪守法方面争做社会表率。党员企业家要自觉做遵守党的政治纪律、组织纪律、廉洁纪律、群众纪律、工作纪律、生活纪律的模范。

14.鼓励企业家保持艰苦奋斗精神风貌。激励企业家自强不息、勤俭节约,反对享乐主义,力戒奢靡之风,保持健康向上的生活情趣。企业发展遇到困难,要坚定信心、迎接挑战、奋发图强。企业经营成功,要居安思危、不忘初心、谦虚谨慎。树立不进则退、慢进亦退的竞争意识。

六、弘扬企业家创新发展专注品质追求卓越的精神

15.支持企业家创新发展。激发企业家创新活力和创造潜能,依法保护企业家拓展创新空间,持续推进产品创新、技术创新、商业模式创新、管理创新、制度创新,将创新创业作为终身追求,增强创新自信。提升企业家科学素养,发挥企业家在推动科技成果转化中的重要作用。吸收更多企业家参与科技创新政策、规划、计划、标准制定和立项评估等工作,向企业开放专利信息资源和科研基地。引导金融机构为企业家创新创业提供资金支持,探索建立创业保险、担保和风险分担制度。

16.引导企业家弘扬工匠精神。建立健全质量激励制度,强化企业家"以质取胜"的战略意识,鼓励企业家专注专长领域,加强企业质量管理,立志于"百年老店"持久经营与传承,把产品和服务做精做细,以工匠精神保证质量、效用和信誉。深入开展质量提升行动。着力培养技术精湛技艺高超的高技术人才,推广具有核心竞争力的企业品牌,扶持具有优秀品牌的骨干企业做强做优,树立具有一流质量标准和品牌价值的样板企业。激发和保护老字号企业企业家改革创新发展意识,发挥老字号的榜样作用。

17.支持企业家追求卓越。弘扬敢闯敢试、敢为天下先、敢于承担风险的精神,支持企业家敏锐捕捉市场机遇,不断开拓进取、拼搏奋进,争创一流企业、一流管理、一流产品、一流服务和一流企业文化,提供人无我有、人有我优、人优我特、人特我新的具有竞争力的产品和服务,在市场竞争中勇立潮头、脱颖而出,培育发展壮大更多具有国际影响力的领军企业。

七、弘扬企业家履行责任敢于担当服务社会的精神

18.引导企业家主动履行社会责任。增强企业家履行社会责任的荣誉感和使命感,引导和支持企业家奉献爱心,参与光彩事业、公益慈善事业、"万企帮万村"精准扶贫行动、应急救灾等,支持国防建设,在构建和谐劳动关系、促进就业、关爱员工、依法纳税、节约资源、保护生态等方面发挥更加重要的作用。国有企业家要自觉做履行政治责任、经济责任、社会责任的模范。

19.鼓励企业家干事担当。激发企业家致富思源的情怀,引导企业家认识改革开放为企业和个人施展才华提供的广阔空间、良好机遇、美好前景,先富带动后富,创造更多经济效益和社会效益。引导企业家认识把握引领经济发展新常态,积极投身供给侧结构性改革,在振兴和发展实体经济等方面作更大贡献。激发国有企业家服务党服务国家服务人民的担当精神。国有企业家要更好肩负起经营管理国有资产、实现保值增值的重要责任,做强做优做大国有企业,不断提高企业核心竞争力。

20.引导企业家积极投身国家重大战略。完善企业家参与国家重大战略实施机制,鼓励企业家积极投身"一带一路"建设、京津冀协同发展、长江经济带发展等国家重大战略实施,参与引进来和走出去战略,参与军民融合发展,参与中西部和东北地区投资兴业,为经济发展拓展新空间。

八、加强对企业家优质高效务实服务

21.以市场主体需求为导向深化"放管服"改革。围绕使市场在资源配置中起决定性作用和更好发挥政府作用,在更大范围、更深层次上深化简政放权、放管结合,优化服务。做好"放管服"改革涉及的规章、规范性文件清理工作。建立健全企业投资项目高效审核机制,支持符合条件的地区和领域开展企业投资项目承诺制改革探索。优化面向企业和企业家服务项目的办事流程,推进窗口单位精准服务。

22.健全企业家参与涉企政策制定机制。建立政府重大经济决策主动向企业家问计求策的程序性规范,政府部门研究制定涉企政策、规划、法规,要听取企业家的意见建议。保持涉企政策稳定性和连续性,基于公共利益确需调整的,严格调整程序,合理设立过渡期。

23. 完善涉企政策和信息公开机制。利用实体政务大厅、网上政务平台、移动客户端、自助终端、服务热线等线上线下载体,建立涉企政策信息集中公开制度和推送制度。加大政府信息数据开放力度。强化涉企政策落实责任考核,充分吸收行业协会商会等第三方机构参与政策后评估。

24. 加大对企业家的帮扶力度。发挥统战部门、国资监管机构和工商联、行业协会商会等作用,建立健全帮扶企业家的工作联动机制,定期组织企业家座谈和走访,帮助解决企业实际困难。对经营困难的企业,有关部门、工商联、行业协会商会等要主动及时了解困难所在、发展所需,在维护市场公平竞争的前提下积极予以帮助。支持再次创业,完善再创业政策,根据企业家以往经营企业的纳税信用级别,在办理相关涉税事项时给予更多便捷支持。加强对创业成功和失败案例研究,为企业家创新创业提供借鉴。

九、加强优秀企业家培育

25. 加强企业家队伍建设规划引领。遵循企业家成长规律,加强部门协作,创新工作方法,加强对企业家队伍建设的统筹规划,将培养企业家队伍与实施国家重大战略同步谋划、同步推进,鼓励支持更多具有创新创业能力的人才脱颖而出,在实践中培养一批具有全球战略眼光、市场开拓精神、管理创新能力和社会责任感的优秀企业家。

26. 发挥优秀企业家示范带动作用。总结优秀企业家典型案例,对爱国敬业、遵纪守法、艰苦奋斗、创新发展、专注品质、追求卓越、诚信守约、履行责任、勇于担当、服务社会等有突出贡献的优秀企业家,以适当方式予以表彰和宣传,发挥示范带动作用。强化优秀企业家精神研究,支持高等学校、科研院所与行业协会商会、知名企业合作,总结富有中国特色、顺应时代潮流的企业家成长规律。

27. 加强企业家教育培训。以强化忠诚意识、拓展世界眼光、提高战略思维、增强创新精神、锻造优秀品行为重点,加快建立健全企业家培训体系。支持高等学校、科研院所、行业协会商会等开展精准化的理论培训、政策培训、科技培训、管理培训、法规培训,全面增强企业家发现机会、整合资源、创造价值、回馈社会的能力。建立健全创业辅导制度,支持发展创客学院,发挥企业家组织的积极作用,培养年轻一代企业家。加大党校、行政学院等机构对企业家的培训力度。搭建各类企业家互相学习交流平台,促进优势互补、共同提高。组织开展好企业家活动日等形式多样的交流培训。

十、加强党对企业家队伍建设的领导

28. 加强党对企业家队伍的领导。坚持党对国有企业的领导,全面加强国有企业党的建设,发挥国有企业党组织领导作用。增强国有企业家坚持党的领导、主动抓企业党建意识,建好、用好、管好一支对党忠诚、勇于创新、治企有方、兴企有为、清正廉洁的国有企业家队伍。教育引导民营企业家拥护党的领导,支持企业党建工作。建立健全非公有制企业党建工作机制,积极探索党建工作多种方式,努力扩大非公有制企业党的组织和工作覆盖。充分发挥党组织在职工群众中的政治核心作用、在企业发展中的政治引领作用。

29. 发挥党员企业家先锋模范作用。强化对党员企业家日常教育管理基础性工作,加强党性教育、宗旨教育、警示教育,教育党员企业家牢固树立政治意识、大局意识、核心意识、看齐意识,严明政治纪律和政治规矩,坚定理想信念,坚决执行党的基本路线和各项方针政策,把爱党、忧党、兴党、护党落实到经营管理各项工作中,率先垂范,用实际行动彰显党员先锋模范作用。

各地区各部门要充分认识营造企业家健康成长环境、弘扬优秀企业家精神、更好发挥企业家作用的重要性,统一思想,形成共识和合力,制定和细化具体政策措施,加大面向企业家的政策宣传和培训力度,狠抓贯彻落实。国家发展改革委要会同有关方面分解工作任务,对落实情况定期督察和总结评估,确保各项举措落到实处、见到实效。

中共中央 国务院关于营造更好发展环境支持民营企业改革发展的意见

(2019年12月4日)

改革开放40多年来,民营企业在推动发展、促进创新、增加就业、改善民生和扩大开放等方面发挥了不可替代的作用。民营经济已经成为我国公有制为主体多种所有制经济共同发展的重要组成部分。为进一步激发民营企业活力和创造力,充分发挥民营经济在推进供给侧结构性改革、推动高质量发展、建设现代化经济体系中的重要作用,现就营造更好发展环境支持民营企业改革发展提出如下意见。

一、总体要求

(一)指导思想。以习近平新时代中国特色社会主义思想为指导,全面贯彻党的十九大和十九届二中、三中、四中全会精神,深入落实习近平总书记在民营企业座谈会上的重要讲话精神,坚持和完善社会主义基本经济制度,坚持"两个毫不动摇",坚持新发展理念,坚持以供给侧结构性改革为主线,营造市场化、法治化、国际化营商环境,保障民营企业依法平等使用资源要素、公开公平公正参与竞争、同等受到法律保护,推动民营企业改革创新、转型升级、健康发展,让民营经济创新源泉充分涌流,让民营企业创造活力充分迸发,为实现"两个一百年"奋斗目标和中华民族伟大复兴的中国梦作出更大贡献。

(二)基本原则。坚持公平竞争,对各类市场主体一视同仁,营造公平竞争的市场环境、政策环境、法治环境,确保权利平等、机会平等、规则平等;遵循市场规律,处理好政府与市场的关系,强化竞争政策的基础性地位,注重采用市场化手段,通过市场竞争实现企业优胜劣汰和资源优化配置,促进市场秩序规范;支持改革创新,鼓励和引导民营企业加快转型升级,深化供给侧结构性改革,不断提升技术创新能力和核心竞争力;加强法治保障,依法保护民营企业和企业家的合法权益,推动民营企业筑牢守法合规经营底线。

二、优化公平竞争的市场环境

(三)进一步放开民营企业市场准入。深化"放管服"改革,进一步精简市场准入行政审批事项,不得额外对民营企业设置准入条件。全面落实放宽民营企业市场准入的政策措施,持续跟踪、定期评估市场准入有关政策落实情况,全面排查、系统清理各类显性和隐性壁垒。在电力、电信、铁路、石油、天然气等重点行业和领域,放开竞争性业务,进一步引入市场竞争机制。支持民营企业以参股形式开展基础电信运营业务,以控股或参股形式开展发电配电售电业务。支持民营企业进入油气勘探开发、炼化和销售领域,建设原油、天然气、成品油储运和管道输送等基础设施。支持符合条件的企业参与原油进口、成品油出口。在基础设施、社会事业、金融服务业等领域大幅放宽市场准入。上述行业、领域相关职能部门要研究制定民营企业分行业、分领域、分业务市场准入具体路径和办法,明确路线图和时间表。

(四)实施公平统一的市场监管制度。进一步规范失信联合惩戒对象纳入标准和程序,建立完善信用修复机制和异议制度,规范信用核查和联合惩戒。加强优化营商环境涉及的法规规章备案审查。深入推进部门联合"双随机、一公开"监管,推行信用监管和"互联网+监管"改革。细化明确行政执法程序,规范执法自由裁量权,严格规范公正文明执法。完善垄断性中介管理制度,清理强制性重复鉴定评估。深化要素市场化配置体制机制改革,健全市场化要素价格形成和传导机制,保障民营企业平等获得资源要素。

(五)强化公平竞争审查制度刚性约束。坚持存量清理和增量审查并重,持续清理和废除妨碍统一市场和公平竞争的各种规定和做法,加快清理与企业性质挂钩的行业准入、资质标准、产业补贴等规定和做法。推进产业政策由差异化、选择性向普惠化、功能性转变。严格审查新出台的政策措施,建立规范流程,引入第三方开展评估审查。建立面向各类市场主体的有违公平竞争问题的投诉举报和处理回应机制并及时向社会公布处理情况。

（六）破除招投标隐性壁垒。对具备相应资质条件的企业，不得设置与业务能力无关的企业规模门槛和明显超过招标项目要求的业绩门槛等。完善招投标程序监督与信息公示制度，对依法依规完成的招标，不得以中标企业性质为由对招标责任人进行追责。

三、完善精准有效的政策环境

（七）进一步减轻企业税费负担。切实落实更大规模减税降费，实施好降低增值税税率、扩大享受税收优惠小微企业范围、加大研发费用加计扣除力度、降低社保费率等政策，实质性降低企业负担。建立完善监督检查清单制度，落实涉企收费清单制度，清理违规涉企收费、摊派事项和各类评比达标活动，加大力度清理整治第三方截留减税降费红利等行为，进一步畅通减税降费政策传导机制，切实降低民营企业成本费用。既要以最严格的标准防范逃避税，又要避免因为不当征税影响企业正常运行。

（八）健全银行业金融机构服务民营企业体系。进一步提高金融结构与经济结构匹配度，支持发展以中小微民营企业为主要服务对象的中小金融机构。深化联合授信试点，鼓励银行与民营企业构建中长期银企关系。健全授信尽职免责机制，在内部绩效考核制度中落实对小微企业贷款不良容忍的监管政策。强化考核激励，合理增加信用贷款，鼓励银行提前主动对接企业续贷需求，进一步降低民营和小微企业综合融资成本。

（九）完善民营企业直接融资支持制度。完善股票发行和再融资制度，提高民营企业首发上市和再融资审核效率。积极鼓励符合条件的民营企业在科创板上市。深化创业板、新三板改革，服务民营企业持续发展。支持服务民营企业的区域性股权市场建设。支持民营企业发行债券，降低可转债发行门槛。在依法合规的前提下，支持资管产品和保险资金通过投资私募股权基金等方式积极参与民营企业纾困。鼓励通过债务重组等方式合力化解股票质押风险。积极吸引社会力量参与民营企业债转股。

（十）健全民营企业融资增信支持体系。推进依托供应链的票据、订单等动产质押融资，鼓励第三方建立供应链综合服务平台。民营企业、中小企业以应收账款申请担保融资的,国家机关、事业单位和大型企业等应付款方应当及时确认债权债务关系。推动抵质押登记流程简便化、标准化、规范化,建立统一的动产和权利担保登记公示系统。积极探索建立为优质民营企业增信的新机制,鼓励有条件的地方设立中小民营企业风险补偿基金,研究推出民营企业增信示范项目。发展民营企业债券融资支持工具,以市场化方式增信支持民营企业融资。

(十一)建立清理和防止拖欠账款长效机制。各级政府、大型国有企业要依法履行与民营企业、中小企业签订的协议和合同,不得违背民营企业、中小企业真实意愿或在约定的付款方式之外以承兑汇票等形式延长付款期限。加快及时支付款项有关立法,建立拖欠账款问题约束惩戒机制,通过审计监察和信用体系建设,提高政府部门和国有企业的拖欠失信成本,对拖欠民营企业、中小企业款项的责任人严肃问责。

四、健全平等保护的法治环境

(十二)健全执法司法对民营企业的平等保护机制。加大对民营企业的刑事保护力度,依法惩治侵犯民营企业投资者、管理者和从业人员合法权益的违法犯罪行为。提高司法审判和执行效率,防止因诉讼拖延影响企业生产经营。保障民营企业家在协助纪检监察机关审查调查时的人身和财产合法权益。健全知识产权侵权惩罚性赔偿制度,完善诉讼证据规则、证据披露以及证据妨碍排除规则。

(十三)保护民营企业和企业家合法财产。严格按照法定程序采取查封、扣押、冻结等措施,依法严格区分违法所得、其他涉案财产与合法财产,严格区分企业法人财产与股东个人财产,严格区分涉案人员个人财产与家庭成员财产。持续甄别纠正侵犯民营企业和企业家人身财产权的冤错案件。建立涉政府产权纠纷治理长效机制。

五、鼓励引导民营企业改革创新

(十四)引导民营企业深化改革。鼓励有条件的民营企业加快建立治理结构合理、股东行为规范、内部约束有效、运行高效灵活的现代企业制度,重视发挥公司律师和法律顾问作用。鼓励民营企业制定规范的公司章程,完善公司股东会、董事会、监事会等制度,明确各自职权及议事规则。鼓励民营企业完善内部激励约束机制,规范优化业务流程和组织结构,建立科学规范的劳动用工、收入分配制度,推动质量、品牌、财务、营销等精细化管理。

（十五）支持民营企业加强创新。鼓励民营企业独立或与有关方面联合承担国家各类科研项目,参与国家重大科学技术项目攻关,通过实施技术改造转化创新成果。各级政府组织实施科技创新、技术转化等项目时,要平等对待不同所有制企业。加快向民营企业开放国家重大科研基础设施和大型科研仪器。在标准制定、复审过程中保障民营企业平等参与。系统清理与企业性质挂钩的职称评定、奖项申报、福利保障等规定,畅通科技创新人才向民营企业流动渠道。在人才引进支持政策方面对民营企业一视同仁,支持民营企业引进海外高层次人才。

（十六）鼓励民营企业转型升级优化重组。鼓励民营企业因地制宜聚焦主业加快转型升级。优化企业兼并重组市场环境,支持民营企业做优做强,培育更多具有全球竞争力的世界一流企业。支持民营企业参与国有企业改革。引导中小民营企业走"专精特新"发展之路。畅通市场化退出渠道,完善企业破产清算和重整等法律制度,提高注销登记便利度,进一步做好"僵尸企业"处置工作。

（十七）完善民营企业参与国家重大战略实施机制。鼓励民营企业积极参与共建"一带一路"、京津冀协同发展、长江经济带发展、长江三角洲区域一体化发展、粤港澳大湾区建设、黄河流域生态保护和高质量发展、推进海南全面深化改革开放等重大国家战略,积极参与乡村振兴战略。在重大规划、重大项目、重大工程、重大活动中积极吸引民营企业参与。

六、促进民营企业规范健康发展

（十八）引导民营企业聚精会神办实业。营造实干兴邦、实业报国的良好社会氛围,鼓励支持民营企业心无旁骛做实业。引导民营企业提高战略规划和执行能力,弘扬工匠精神,通过聚焦实业、做精主业不断提升企业发展质量。大力弘扬爱国敬业、遵纪守法、艰苦奋斗、创新发展、专注品质、追求卓越、诚信守约、履行责任、勇于担当、服务社会的优秀企业家精神，认真总结梳理宣传一批典型案例，发挥示范带动作用。

（十九）推动民营企业守法合规经营。民营企业要筑牢守法合规经营底线，依法经营、依法治企、依法维权，认真履行环境保护、安全生产、职工权益保障等责任。民营企业走出去要遵法守法、合规经营，塑造良好形象。

（二十）推动民营企业积极履行社会责任。引导民营企业重信誉、守信用、讲信义，自觉强化信用管理，及时进行信息披露。支持民营企业赴革命老区、民族地区、边疆地区、贫困地区和中西部、东北地区投资兴业，引导民营企业参与对口支援和帮扶工作。鼓励民营企业积极参与社会公益、慈善事业。

（二十一）引导民营企业家健康成长。民营企业家要加强自我学习、自我教育、自我提升，珍视自身社会形象，热爱祖国、热爱人民、热爱中国共产党，把守法诚信作为安身立命之本，积极践行社会主义核心价值观。要加强对民营企业家特别是年轻一代民营企业家的理想信念教育，实施年轻一代民营企业家健康成长促进计划，支持帮助民营企业家实现事业新老交接和有序传承。

七、构建亲清政商关系

（二十二）建立规范化机制化政企沟通渠道。地方各级党政主要负责同志要采取多种方式经常听取民营企业意见和诉求，畅通企业家提出意见诉求通道。鼓励行业协会商会、人民团体在畅通民营企业与政府沟通等方面发挥建设性作用，支持优秀民营企业家在群团组织中兼职。

（二十三）完善涉企政策制定和执行机制。制定实施涉企政策时，要充分听取相关企业意见建议。保持政策连续性稳定性，健全涉企政策全流程评估制度，完善涉企政策调整程序，根据实际设置合理过渡期，给企业留出必要的适应调整时间。政策执行要坚持实事求是，不搞"一刀切"。

（二十四）创新民营企业服务模式。进一步提升政府服务意识和能力，鼓励各级政府编制政务服务事项清单并向社会公布。维护市场公平竞争秩序，完善陷入困境优质企业的救助机制。建立政务服务"好差评"制度。完善对民营企业全生命周期的服务模式和服务链条。

（二十五）建立政府诚信履约机制。各级政府要认真履行在招商引资、政府与社会资本合作等活动中与民营企业依法签订的各类合同。建立政府失信责任追溯和承担机制，对民营企业因国家利益、公共利益或其他法定事由需要改变政府承诺和合同约定而受到的损失，要依法予以补偿。

八、组织保障

（二十六）建立健全民营企业党建工作机制。坚持党对支持民营企业改革发展工作的领导，增强"四个意识"，坚定"四个自信"，做到"两个维护"，教育引导民营企业和企业家拥护党的领导，支持企业党建工作。指导民营企业设立党组织，积极探索创新党建工作方式，围绕宣传贯彻党的路线方针政策、团结凝聚职工群众、维护各方合法权益、建设先进企业文化、促进企业健康发展等开展工作，充分发挥党组织的战斗堡垒作用和党员的先锋模范作用，努力提升民营企业党的组织和工作覆盖质量。

（二十七）完善支持民营企业改革发展工作机制。建立支持民营企业改革发展的领导协调机制。将支持民营企业发展相关指标纳入高质量发展绩效评价体系。加强民营经济统计监测和分析工作。开展面向民营企业家的政策培训。

（二十八）健全舆论引导和示范引领工作机制。加强舆论引导，主动讲好民营企业和企业家故事，坚决抵制、及时批驳澄清质疑社会主义基本经济制度、否定民营经济的错误言论。在各类评选表彰活动中，平等对待优秀民营企业和企业家。研究支持改革发展标杆民营企业和民营经济示范城市，充分发挥示范带动作用。

各地区各部门要充分认识营造更好发展环境支持民营企业改革发展的重要性，切实把思想和行动统一到党中央、国务院的决策部署上来，加强组织领导，完善工作机制，制定具体措施，认真抓好本意见的贯彻落实。国家发展改革委要会同有关部门适时对支持民营企业改革发展的政策落实情况进行评估，重大情况及时向党中央、国务院报告。

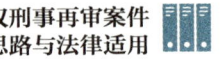

中共中央 国务院关于新时代加快完善社会主义市场经济体制的意见

(2020年5月11日)

社会主义市场经济体制是中国特色社会主义的重大理论和实践创新,是社会主义基本经济制度的重要组成部分。改革开放特别是党的十八大以来,我国坚持全面深化改革,充分发挥经济体制改革的牵引作用,不断完善社会主义市场经济体制,极大调动了亿万人民的积极性,极大促进了生产力发展,极大增强了党和国家的生机活力,创造了世所罕见的经济快速发展奇迹。同时要看到,中国特色社会主义进入新时代,社会主要矛盾发生变化,经济已由高速增长阶段转向高质量发展阶段,与这些新形势新要求相比,我国市场体系还不健全、市场发育还不充分,政府和市场的关系没有完全理顺,还存在市场激励不足、要素流动不畅、资源配置效率不高、微观经济活力不强等问题,推动高质量发展仍存在不少体制机制障碍,必须进一步解放思想,坚定不移深化市场化改革,扩大高水平开放,不断在经济体制关键性基础性重大改革上突破创新。为贯彻落实党的十九大和十九届四中全会关于坚持和完善社会主义基本经济制度的战略部署,在更高起点、更高层次、更高目标上推进经济体制改革及其他各方面体制改革,构建更加系统完备、更加成熟定型的高水平社会主义市场经济体制,现提出如下意见。

一、总体要求

(一)指导思想。以习近平新时代中国特色社会主义思想为指导,全面贯彻党的十九大和十九届二中、三中、四中全会精神,坚决贯彻党的基本理论、基本路线、基本方略,统筹推进"五位一体"总体布局和协调推进"四个全面"战略布局,坚持稳中求进工作总基调,坚持新发展理念,坚持以供给侧结构性改革为主线,坚持以人民为中心的发展思想,坚持和完善社会主义基本经济制度,以完善产权制度和要素市场化配置为重点,全面深化经济体制改革,加快完善社会主义市场经济体制,建设高标准市场体系,实现产权有效激励、要素自由流动、价格反应灵活、竞争公平有序、企业优胜劣汰,加强和改善制度供给,推进国家治理体系和治理能力现代化,推动生产关系同生产力、上层建筑同经济基础相适应,促进更高质量、更有效率、更加公平、更可持续的发展。

(二)基本原则

——坚持以习近平新时代中国特色社会主义经济思想为指导。坚持和加强党的全面领导,坚持和完善中国特色社会主义制度,强化问题导向,把握正确改革策略和方法,持续优化经济治理方式,着力构建市场机制有效、微观主体有活力、宏观调控有度的经济体制,使中国特色社会主义制度更加巩固、优越性充分体现。

——坚持解放和发展生产力。牢牢把握社会主义初级阶段这个基本国情,牢牢扭住经济建设这个中心,发挥经济体制改革牵引作用,协同推进政治、文化、社会、生态文明等领域改革,促进改革发展高效联动,进一步解放和发展社会生产力,不断满足人民日益增长的美好生活需要。

——坚持和完善社会主义基本经济制度。坚持和完善公有制为主体、多种所有制经济共同发展,按劳分配为主体、多种分配方式并存,社会主义市场经济体制等社会主义基本经济制度,把中国特色社会主义制度与市场经济有机结合起来,为推动高质量发展、建设现代化经济体系提供重要制度保障。

——坚持正确处理政府和市场关系。坚持社会主义市场经济改革方向,更加尊重市场经济一般规律,最大限度减少政府对市场资源的直接配置和对微观经济活动的直接干预,充分发挥市场在资源配置中的决定性作用,更好发挥政府作用,有效弥补市场失灵。

——坚持以供给侧结构性改革为主线。更多采用改革的办法,更多运用市场化法治化手段,在巩固、增强、提升、畅通上下功夫,加大结构性改革力度,创新制度供给,不断增强经济创新力和竞争力,适应和引发有效需求,促进更高水平的供需动态平衡。

——坚持扩大高水平开放和深化市场化改革互促共进。坚定不移扩大开放，推动由商品和要素流动型开放向规则等制度型开放转变，吸收借鉴国际成熟市场经济制度经验和人类文明有益成果，加快国内制度规则与国际接轨，以高水平开放促进深层次市场化改革。

二、坚持公有制为主体、多种所有制经济共同发展，增强微观主体活力

毫不动摇巩固和发展公有制经济，毫不动摇鼓励、支持、引导非公有制经济发展，探索公有制多种实现形式，支持民营企业改革发展，培育更多充满活力的市场主体。

（一）推进国有经济布局优化和结构调整。坚持有进有退、有所为有所不为，推动国有资本更多投向关系国计民生的重要领域和关系国家经济命脉、科技、国防、安全等领域，服务国家战略目标，增强国有经济竞争力、创新力、控制力、影响力、抗风险能力，做强做优做大国有资本，有效防止国有资产流失。对处于充分竞争领域的国有经济，通过资本化、证券化等方式优化国有资本配置，提高国有资本收益。进一步完善和加强国有资产监管，有效发挥国有资本投资、运营公司功能作用，坚持一企一策，成熟一个推动一个，运行一个成功一个，盘活存量国有资本，促进国有资产保值增值。

（二）积极稳妥推进国有企业混合所有制改革。在深入开展重点领域混合所有制改革试点基础上，按照完善治理、强化激励、突出主业、提高效率要求，推进混合所有制改革，规范有序发展混合所有制经济。对充分竞争领域的国家出资企业和国有资本运营公司出资企业，探索将部分国有股权转化为优先股，强化国有资本收益功能。支持符合条件的混合所有制企业建立骨干员工持股、上市公司股权激励、科技型企业股权和分红激励等中长期激励机制。深化国有企业改革，加快完善国有企业法人治理结构和市场化经营机制，健全经理层任期制和契约化管理，完善中国特色现代企业制度。对混合所有制企业，探索建立有别于国有独资、全资公司的治理机制和监管制度。对国有资本不再绝对控股的混合所有制企业，探索实施更加灵活高效的监管制度。

（三）稳步推进自然垄断行业改革。深化以政企分开、政资分开、特许经营、政府监管为主要内容的改革，提高自然垄断行业基础设施供给质量，严格监管自然垄断环节，加快实现竞争性环节市场化，切实打破行政性垄断，防止市场垄断。构建有效竞争的电力市场，有序放开发用电计划和竞争性环节电价，提高电力交易市场化程度。推进油气管网对市场主体公平开放，适时放开天然气气源和销售价格，健全竞争性油气流通市场。深化铁路行业改革，促进铁路运输业务市场主体多元化和适度竞争。实现邮政普遍服务业务与竞争性业务分业经营。完善烟草专卖专营体制，构建适度竞争新机制。

（四）营造支持非公有制经济高质量发展的制度环境。健全支持民营经济、外商投资企业发展的市场、政策、法治和社会环境，进一步激发活力和创造力。在要素获取、准入许可、经营运行、政府采购和招投标等方面对各类所有制企业平等对待，破除制约市场竞争的各类障碍和隐性壁垒，营造各种所有制主体依法平等使用资源要素、公开公平公正参与竞争、同等受到法律保护的市场环境。完善支持非公有制经济进入电力、油气等领域的实施细则和具体办法，大幅放宽服务业领域市场准入，向社会资本释放更大发展空间。健全支持中小企业发展制度，增加面向中小企业的金融服务供给，支持发展民营银行、社区银行等中小金融机构。完善民营企业融资增信支持体系。健全民营企业直接融资支持制度。健全清理和防止拖欠民营企业中小企业账款长效机制，营造有利于化解民营企业之间债务问题的市场环境。完善构建亲清政商关系的政策体系，建立规范化机制化政企沟通渠道，鼓励民营企业参与实施重大国家战略。

三、夯实市场经济基础性制度，保障市场公平竞争

建设高标准市场体系，全面完善产权、市场准入、公平竞争等制度，筑牢社会主义市场经济有效运行的体制基础。

（一）全面完善产权制度。健全归属清晰、权责明确、保护严格、流转顺畅的现代产权制度，加强产权激励。完善以管资本为主的经营性国有资产产权管理制度，加快转变国资监管机构职能和履职方式。健全自然资源资产产权制度。健全以公平为原则的产权保护制度，全面依法平等保护民营经济产权，依法严肃查处各类侵害民营企业合法权益的行为。落实农村第二轮土地承包到期后再延长30年政策,完善农村承包地"三权分置"制度。深化农村集体产权制度改革,完善产权权能,将经营性资产折股量化到集体经济组织成员,创新农村集体经济有效组织形式和运行机制,完善农村基本经营制度。完善和细化知识产权创造、运用、交易、保护制度规则,加快建立知识产权侵权惩罚性赔偿制度,加强企业商业秘密保护,完善新领域新业态知识产权保护制度。

(二)全面实施市场准入负面清单制度。推行"全国一张清单"管理模式,维护清单的统一性和权威性。建立市场准入负面清单动态调整机制和第三方评估机制,以服务业为重点试点进一步放宽准入限制。建立统一的清单代码体系,使清单事项与行政审批体系紧密衔接、相互匹配。建立市场准入负面清单信息公开机制,提升准入政策透明度和负面清单使用便捷性。建立市场准入评估制度,定期评估、排查、清理各类显性和隐性壁垒,推动"非禁即入"普遍落实。改革生产许可制度。

(三)全面落实公平竞争审查制度。完善竞争政策框架,建立健全竞争政策实施机制,强化竞争政策基础地位。强化公平竞争审查的刚性约束,修订完善公平竞争审查实施细则,建立公平竞争审查抽查、考核、公示制度,建立健全第三方审查和评估机制。统筹做好增量审查和存量清理,逐步清理废除妨碍全国统一市场和公平竞争的存量政策。建立违反公平竞争问题反映和举报绿色通道。加强和改进反垄断和反不正当竞争执法,加大执法力度,提高违法成本。培育和弘扬公平竞争文化,进一步营造公平竞争的社会环境。

四、构建更加完善的要素市场化配置体制机制,进一步激发全社会创造力和市场活力

以要素市场化配置改革为重点,加快建设统一开放、竞争有序的市场体系,推进要素市场制度建设,实现要素价格市场决定、流动自主有序、配置高效公平。

(一)建立健全统一开放的要素市场。加快建设城乡统一的建设用地市场,建立同权同价、流转顺畅、收益共享的农村集体经营性建设用地入市制度。探索农村宅基地所有权、资格权、使用权"三权分置",深化农村宅基地改革试点。深化户籍制度改革,放开放宽除个别超大城市外的城市落户限制,探索实行城市群内户口通迁、居住证互认制度。推动公共资源由按城市行政等级配置向按实际服务管理人口规模配置转变。加快建立规范、透明、开放、有活力、有韧性的资本市场,加强资本市场基础制度建设,推动以信息披露为核心的股票发行注册制改革,完善强制退市和主动退市制度,提高上市公司质量,强化投资者保护。探索实行公司信用类债券发行注册管理制。构建与实体经济结构和融资需求相适应、多层次、广覆盖、有差异的银行体系。加快培育发展数据要素市场,建立数据资源清单管理机制,完善数据权属界定、开放共享、交易流通等标准和措施,发挥社会数据资源价值。推进数字政府建设,加强数据有序共享,依法保护个人信息。

(二)推进要素价格市场化改革。健全主要由市场决定价格的机制,最大限度减少政府对价格形成的不当干预。完善城镇建设用地价格形成机制和存量土地盘活利用政策,推动实施城镇低效用地再开发,在符合国土空间规划前提下,推动土地复合开发利用、用途合理转换。深化利率市场化改革,健全基准利率和市场化利率体系,更好发挥国债收益率曲线定价基准作用,提升金融机构自主定价能力。完善人民币汇率市场化形成机制,增强双向浮动弹性。加快全国技术交易平台建设,积极发展科技成果、专利等资产评估服务,促进技术要素有序流动和价格合理形成。

(三)创新要素市场化配置方式。缩小土地征收范围,严格界定公共利益用地范围,建立土地征收目录和公共利益用地认定机制。推进国有企事业单位改革改制土地资产处置,促进存量划拨土地盘活利用。健全工业用地多主体多方式供地制度,在符合国土空间规划前提下,探索增加混合产业用地供给。促进劳动力、人才社会性流动,完善企事业单位人才流动机制,畅通人才跨所有制流动渠道。抓住全球人才流动新机遇,构建更加开放的国际人才交流合作机制。

(四)推进商品和服务市场提质增效。推进商品市场创新发展,完善市场运行和监管规则,全面推进重要产品信息化追溯体系建设,建立打击假冒伪劣商品长效机制。构建优势互补、协作配套的现代服务市场体系。深化流通体制改革,加强全链条标准体系建设,发展"互联网+流通",降低全社会物流成本。强化消费者权益保护,探索建立集体诉讼制度。

五、创新政府管理和服务方式,完善宏观经济治理体制

完善政府经济调节、市场监管、社会管理、公共服务、生态环境保护等职能,创新和完善宏观调控,进一步提高宏观经济治理能力。

(一)构建有效协调的宏观调控新机制。加快建立与高质量发展要求相适应、体现新发展理念的宏观调控目标体系、政策体系、决策协调体系、监督考评体系和保障体系。健全以国家发展规划为战略导向,以财政政策、货币政策和就业优先政策为主要手段,投资、消费、产业、区域等政策协同发力的宏观调控制度体系,增强宏观调控前瞻性、针对性、协同性。完善国家重大发展战略和中长期经济社会发展规划制度。科学稳健把握宏观政策逆周期调节力度,更好发挥财政政策对经济结构优化升级的支持作用,健全货币政策和宏观审慎政策双支柱调控框架。实施就业优先政策,发挥民生政策兜底功能。完善促进消费的体制机制,增强消费对经济发展的基础性作用。深化投融资体制改革,发挥投资对优化供给结构的关键性作用。加强国家经济安全保障制度建设,构建国家粮食安全和战略资源能源储备体系。优化经济治理基础数据库。强化经济监测预测预警能力,充分利用大数据、人工智能等新技术,建立重大风险识别和预警机制,加强社会预期管理。

(二)加快建立现代财税制度。优化政府间事权和财权划分,建立权责清晰、财力协调、区域均衡的中央和地方财政关系,形成稳定的各级政府事权、支出责任和财力相适应的制度。适当加强中央在知识产权保护、养老保险、跨区域生态环境保护等方面事权,减少并规范中央和地方共同事权。完善标准科学、规范透明、约束有力的预算制度,全面实施预算绩效管理,提高财政资金使用效率。依法构建管理规范、责任清晰、公开透明、风险可控的政府举债融资机制,强化监督问责。清理规范地方融资平台公司,剥离政府融资职能。深化税收制度改革,完善直接税制度并逐步提高其比重。研究将部分品目消费税征收环节后移。建立和完善综合与分类相结合的个人所得税制度。稳妥推进房地产税立法。健全地方税体系,调整完善地方税税制,培育壮大地方税税源,稳步扩大地方税管理权。

(三)强化货币政策、宏观审慎政策和金融监管协调。建设现代中央银行制度,健全中央银行货币政策决策机制,完善基础货币投放机制,推动货币政策从数量型调控为主向价格型调控为主转型。建立现代金融监管体系,全面加强宏观审慎管理,强化综合监管,突出功能监管和行为监管,制定交叉性金融产品监管规则。加强薄弱环节金融监管制度建设,消除监管空白,守住不发生系统性金融风险底线。依法依规界定中央和地方金融监管权责分工,强化地方政府属地金融监管职责和风险处置责任。建立健全金融消费者保护基本制度。有序实现人民币资本项目可兑换,稳步推进人民币国际化。

(四)全面完善科技创新制度和组织体系。加强国家创新体系建设,编制新一轮国家中长期科技发展规划,强化国家战略科技力量,构建社会主义市场经济条件下关键核心技术攻关新型举国体制,使国家科研资源进一步聚焦重点领域、重点项目、重点单位。健全鼓励支持基础研究、原始创新的体制机制,在重要领域适度超前布局建设国家重大科技基础设施,研究建立重大科技基础设施建设运营多元投入机制,支持民营企业参与关键领域核心技术创新攻关。建立健全应对重大公共事件科研储备和支持体系。改革完善中央财政科技计划形成机制和组织实施机制,更多支持企业承担科研任务,激励企业加大研发投入,提高科技创新绩效。建立以企业为主体、市场为导向、产学研深度融合的技术创新体系,支持大中小企业和各类主体融通创新,创新促进科技成果转化机制,完善技术成果转化公开交易与监管体系,推动科技成果转化和产业化。完善科技人才发现、培养、激励机制,健全符合科研规律的科技管理体制和政策体系,改进科技评价体系,试点赋予科研人员职务科技成果所有权或长期使用权。

(五)完善产业政策和区域政策体系。推动产业政策向普惠化和功能性转型,强化对技术创新和结构升级的支持,加强产业政策和竞争政策协同。健全推动发展先进制造业、振兴实体经济的体制机制。建立市场化法治化化解过剩产能长效机制,健全有利于促进市场化兼并重组、转型升级的体制和政策。构建区域协调发展新机制,完善京津冀协同发展、长江经济带发展、长江三角洲区域一体化发展、粤港澳大湾区建设、黄河流域生态保护和高质量发展等国家重大区域战略推进实施机制,形成主体功能明显、优势互补、高质量发展的区域经济布局。健全城乡融合发展体制机制。

(六)以一流营商环境建设为牵引持续优化政府服务。深入推进"放管服"改革,深化行政审批制度改革,进一步精简行政许可事项,对所有涉企经营许可事项实行"证照分离"改革,大力推进"照后减证"。全面开展工程建设项目审批制度改革。深化投资审批制度改革,简化、整合投资项目报建手续,推进投资项目承诺制改革,依托全国投资项目在线审批监管平台加强事中事后监管。创新行政管理和服务方式,深入开展"互联网+政务服务",加快推进全国一体化政务服务平台建设。建立健全运用互联网、大数据、人工智能等技术手段进行行政管理的制度规则。落实《优化营商环境条例》,完善营商环境评价体系,适时在全国范围开展营商环境评价,加快打造市场化、法治化、国际化营商环境。

(七)构建适应高质量发展要求的社会信用体系和新型监管机制。完善诚信建设长效机制,推进信用信息共享,建立政府部门信用信息向市场主体有序开放机制。健全覆盖全社会的征信体系,培育具有全球话语权的征信机构和信用评级机构。实施"信易+"工程。完善失信主体信用修复机制。建立政务诚信监测治理体系,建立健全政府失信责任追究制度。严格市场监管、质量监管、安全监管,加强违法惩戒。加强市场监管改革创新,健全以"双随机、一公开"监管为基本手段、以重点监管为补充、以信用监管为基础的新型监管机制。以食品安全、药品安全、疫苗安全为重点,健全统一权威的全过程食品药品安全监管体系。完善网络市场规制体系,促进网络市场健康发展。健全对新业态的包容审慎监管制度。

六、坚持和完善民生保障制度,促进社会公平正义

坚持按劳分配为主体、多种分配方式并存,优化收入分配格局,健全可持续的多层次社会保障体系,让改革发展成果更多更公平惠及全体人民。

(一)健全体现效率、促进公平的收入分配制度。坚持多劳多得,着重保护劳动所得,增加劳动者特别是一线劳动者劳动报酬,提高劳动报酬在初次分配中的比重,在经济增长的同时实现居民收入同步增长,在劳动生产率提高的同时实现劳动报酬同步提高。健全劳动、资本、土地、知识、技术、管理、数据等生产要素由市场评价贡献、按贡献决定报酬的机制。完善企业薪酬调查和信息发布制度,健全最低工资标准调整机制。推进高校、科研院所薪酬制度改革,扩大工资分配自主权。鼓励企事业单位对科研人员等实行灵活多样的分配形式。健全以税收、社会保障、转移支付等为主要手段的再分配调节机制。完善第三次分配机制,发展慈善等社会公益事业。多措并举促进城乡居民增收,缩小收入分配差距,扩大中等收入群体。

(二)完善覆盖全民的社会保障体系。健全统筹城乡、可持续的基本养老保险制度、基本医疗保险制度,稳步提高保障水平。实施企业职工基本养老保险基金中央调剂制度,尽快实现养老保险全国统筹,促进基本养老保险基金长期平衡。全面推开中央和地方划转部分国有资本充实社保基金工作。大力发展企业年金、职业年金、个人储蓄性养老保险和商业养老保险。深化医药卫生体制改革,完善统一的城乡居民医保和大病保险制度,健全基本医保筹资和待遇调整机制,持续推进医保支付方式改革,加快落实异地就医结算制度。完善失业保险制度。开展新业态从业人员职业伤害保障试点。统筹完善社会救助、社会福利、慈善事业、优抚安置等制度。加强社会救助资源统筹,完善基本民生保障兜底机制。加快建立多主体供给、多渠道保障、租购并举的住房制度,改革住房公积金制度。

(三)健全国家公共卫生应急管理体系。强化公共卫生法治保障,完善公共卫生领域相关法律法规。把生物安全纳入国家安全体系,系统规划国家生物安全风险防控和治理体系建设,全面提高国家生物安全治理能力。健全公共卫生服务体系,优化医疗卫生资源投入结构,加强农村、社区等基层防控能力建设。完善优化重大疫情救治体系,建立健全分级、分层、分流的传染病等重大疫情救治机制。完善突发重特大疫情防控规范和应急救治管理办法。健全重大疾病医疗保险和救助制度,完善应急医疗救助机制。探索建立特殊群体、特定疾病医药费豁免制度。健全统一的应急物资保障体系,优化重要应急物资产能保障和区域布局,健全国家储备体系,完善储备品类、规模、结构,提升储备效能。

七、建设更高水平开放型经济新体制,以开放促改革促发展

实行更加积极主动的开放战略,全面对接国际高标准市场规则体系,实施更大范围、更宽领域、更深层次的全面开放。

(一)以"一带一路"建设为重点构建对外开放新格局。坚持互利共赢的开放战略,推动共建"一带一路"走深走实和高质量发展,促进商品、资金、技术、人员更大范围流通,依托各类开发区发展高水平经贸产业合作园区,加强市场、规则、标准方面的软联通,强化合作机制建设。加大西部和沿边地区开放力度,推进西部陆海新通道建设,促进东中西互动协同开放,加快形成陆海内外联动、东西双向互济的开放格局。

(二)加快自由贸易试验区、自由贸易港等对外开放高地建设。深化自由贸易试验区改革,在更大范围复制推广改革成果。建设好中国(上海)自由贸易试验区临港新片区,赋予其更大的自主发展、自主改革和自主创新管理权限。聚焦贸易投资自由化便利化,稳步推进海南自由贸易港建设。

(三)健全高水平开放政策保障机制。推进贸易高质量发展,拓展对外贸易多元化,提升一般贸易出口产品附加值,推动加工贸易产业链升级和服务贸易创新发展。办好中国国际进口博览会,更大规模增加商品和服务进口,降低关税总水平,努力消除非关税贸易壁垒,大幅削减进出口环节制度性成本,促进贸易平衡发展。推动制造业、服务业、农业扩大开放,在更多领域允许外资控股或独资经营,全面取消外资准入负面清单之外的限制。健全外商投资准入前国民待遇加负面清单管理制度,推动规则、规制、管理、标准等制度型开放。健全外商投资国家安全审查、反垄断审查、国家技术安全清单管理、不可靠实体清单等制度。健全促进对外投资政策和服务体系。全面实施外商投资法及其实施条例,促进内外资企业公平竞争,建立健全外资企业投诉工作机制,保护外资合法权益。创新对外投资方式,提升对外投资质量。推进国际产能合作,积极开展第三方市场合作。

（四）积极参与全球经济治理体系变革。维护完善多边贸易体制，维护世界贸易组织在多边贸易体制中的核心地位，积极推动和参与世界贸易组织改革，积极参与多边贸易规则谈判，推动贸易和投资自由化便利化，推动构建更高水平的国际经贸规则。加快自由贸易区建设，推动构建面向全球的高标准自由贸易区网络。依托共建"一带一路"倡议及联合国、上海合作组织、金砖国家、二十国集团、亚太经合组织等多边和区域次区域合作机制，积极参与全球经济治理和公共产品供给，构建全球互联互通伙伴关系，加强与相关国家、国际组织的经济发展倡议、规划和标准的对接。推动国际货币基金组织份额与治理改革以及世界银行投票权改革。积极参与国际宏观经济政策沟通协调及国际经济治理体系改革和建设，提出更多中国倡议、中国方案。

八、完善社会主义市场经济法律制度，强化法治保障

以保护产权、维护契约、统一市场、平等交换、公平竞争、有效监管为基本导向，不断完善社会主义市场经济法治体系，确保有法可依、有法必依、违法必究。

（一）完善经济领域法律法规体系。完善物权、债权、股权等各类产权相关法律制度，从立法上赋予私有财产和公有财产平等地位并平等保护。健全破产制度，改革完善企业破产法律制度，推动个人破产立法，建立健全金融机构市场化退出法规，实现市场主体有序退出。修订反垄断法，推动社会信用法律建设，维护公平竞争市场环境。制定和完善发展规划、国土空间规划、自然资源资产、生态环境、农业、财政税收、金融、涉外经贸等方面法律法规。按照包容审慎原则推进新经济领域立法。健全重大改革特别授权机制，对涉及调整现行法律法规的重大改革，按法定程序经全国人大或国务院统一授权后，由有条件的地方先行开展改革试验和实践创新。

（二）健全执法司法对市场经济运行的保障机制。深化行政执法体制改革，最大限度减少不必要的行政执法事项，规范行政执法行为，进一步明确具体操作流程。根据不同层级政府的事权和职能，优化配置执法力量，加快推进综合执法。强化对市场主体之间产权纠纷的公平裁判，完善涉及查封、扣押、冻结和处置公民财产行为的法律制度。健全涉产权冤错案件有效防范和常态化纠正机制。

（三）全面建立行政权力制约和监督机制。依法全面履行政府职能，推进机构、职能、权限、程序、责任法定化，实行政府权责清单制度。健全重大行政决策程序制度，提高决策质量和效率。加强对政府内部权力的制约，强化内部流程控制，防止权力滥用。完善审计制度，对公共资金、国有资产、国有资源和领导干部履行经济责任情况实行审计全覆盖。加强重大政策、重大项目财政承受能力评估。推动审批监管、执法司法、工程建设、资源开发、海外投资和在境外国有资产监管、金融信贷、公共资源交易、公共财政支出等重点领域监督机制改革和制度建设。依法推进财政预算、公共资源配置、重大建设项目批准和实施、社会公益事业建设等领域政府信息公开。

（四）完善发展市场经济监督制度和监督机制。坚持和完善党和国家监督体系，强化政治监督，严格约束公权力，推动落实党委（党组）主体责任、书记第一责任人责任、纪委监委监督责任。持之以恒深入推进党风廉政建设和反腐败斗争，坚决依规依纪依法查处资源、土地、规划、建设、工程、金融等领域腐败问题。完善监察法实施制度体系，围绕权力运行各个环节，压减权力设租寻租空间，坚决破除权钱交易关系网，实现执规执纪执法贯通，促进党内监督、监察监督、行政监督、司法监督、审计监督、财会监督、统计监督、群众监督、舆论监督协同发力，推动社会主义市场经济健康发展。

九、坚持和加强党的全面领导，确保改革举措有效实施

发挥党总揽全局、协调各方的领导核心作用，把党领导经济工作的制度优势转化为治理效能，强化改革落地见效，推动经济体制改革不断走深走实。

（一）坚持和加强党的领导。进一步增强"四个意识"、坚定"四个自信"、做到"两个维护"，从战略和全局高度深刻认识加快完善社会主义市场经济体制的重大意义，把党的领导贯穿于深化经济体制改革和加快完善社会主义市场经济体制全过程，贯穿于谋划改革思路、制定改革方案、推进改革实施等各环节，确保改革始终沿着正确方向前进。

（二）健全改革推进机制。各地区各部门要按照本意见要求并结合自身实际,制定完善配套政策或实施措施。从国情出发,坚持问题导向、目标导向和结果导向相统一,按照系统集成、协同高效要求纵深推进,在精准实施、精准落实上下足功夫,把落实党中央要求、满足实践需要、符合基层期盼统一起来,克服形式主义、官僚主义,一个领域一个领域盯住抓落实。将顶层设计与基层探索结合起来,充分发挥基层首创精神,发挥经济特区、自由贸易试验区(自由贸易港)的先行先试作用。

（三）完善改革激励机制。健全改革的正向激励体系,强化敢于担当、攻坚克难的用人导向,注重在改革一线考察识别干部,把那些具有改革创新意识、勇于改革、善谋改革的干部用起来。巩固党风廉政建设成果,推动构建亲清政商关系。建立健全改革容错纠错机制,正确把握干部在改革创新中出现失误错误的性质和影响,切实保护干部干事创业的积极性。加强对改革典型案例、改革成效的总结推广和宣传报道,按规定给予表彰激励,为改革营造良好舆论环境和社会氛围。

中共中央　国务院
关于加快建设全国统一大市场的意见

（2022年3月25日）

建设全国统一大市场是构建新发展格局的基础支撑和内在要求。为从全局和战略高度加快建设全国统一大市场,现提出如下意见。

一、总体要求

（一）指导思想。以习近平新时代中国特色社会主义思想为指导,全面贯彻党的十九大和十九届历次全会精神,弘扬伟大建党精神,坚持稳中求进工作总基调,完整、准确、全面贯彻新发展理念,加快构建新发展格局,全面深化改革开放,坚持创新驱动发展,推动高质量发展,坚持以供给侧结构性改革为主线,以满足人民日益增长的美好生活需要为根本目的,统筹发展和安全,充分发挥法治的引领、规范、保障作用,加快建立全国统一的市场制度规则,打破地方保护和市场分割,打通制约经济循环的关键堵点,促进商品要素资源在更大范围内畅通流动,加快建设高效规范、公平竞争、充分开放的全国统一大市场,全面推动我国市场由大到强转变,为建设高标准市场体系、构建高水平社会主义市场经济体制提供坚强支撑。

(二)工作原则

——立足内需,畅通循环。以高质量供给创造和引领需求,使生产、分配、流通、消费各环节更加畅通,提高市场运行效率,进一步巩固和扩展市场资源优势,使建设超大规模的国内市场成为一个可持续的历史过程。

——立破并举,完善制度。从制度建设着眼,明确阶段性目标要求,压茬推进统一市场建设,同时坚持问题导向,着力解决突出矛盾和问题,加快清理废除妨碍统一市场和公平竞争的各种规定和做法,破除各种封闭小市场、自我小循环。

——有效市场,有为政府。坚持市场化、法治化原则,充分发挥市场在资源配置中的决定性作用,更好发挥政府作用,强化竞争政策基础地位,加快转变政府职能,用足用好超大规模市场优势,让需求更好地引领优化供给,让供给更好地服务扩大需求,以统一大市场集聚资源、推动增长、激励创新、优化分工、促进竞争。

——系统协同,稳妥推进。不断提高政策的统一性、规则的一致性、执行的协同性,科学把握市场规模、结构、组织、空间、环境和机制建设的步骤与进度,坚持放管结合、放管并重,提升政府监管效能,增强在开放环境中动态维护市场稳定、经济安全的能力,有序扩大统一大市场的影响力和辐射力。

(三)主要目标

——持续推动国内市场高效畅通和规模拓展。发挥市场促进竞争、深化分工等优势,进一步打通市场效率提升、劳动生产率提高、居民收入增加、市场主体壮大、供给质量提升、需求优化升级之间的通道,努力形成供需互促、产销并进、畅通高效的国内大循环,扩大市场规模容量,不断培育发展强大国内市场,保持和增强对全球企业、资源的强大吸引力。

——加快营造稳定公平透明可预期的营商环境。以市场主体需求为导向,力行简政之道,坚持依法行政,公平公正监管,持续优化服务,加快打造市场化法治化国际化营商环境。充分发挥各地区比较优势,因地制宜为各类市场主体投资兴业营造良好生态。

——进一步降低市场交易成本。发挥市场的规模效应和集聚效应,加强和改进反垄断反不正当竞争执法司法,破除妨碍各种生产要素市场化配置和商品服务流通的体制机制障碍,降低制度性交易成本。促进现代流通体系建设,降低全社会流通成本。

——促进科技创新和产业升级。发挥超大规模市场具有丰富应用场景和放大创新收益的优势,通过市场需求引导创新资源有效配置,促进创新要素有序流动和合理配置,完善促进自主创新成果市场化应用的体制机制,支撑科技创新和新兴产业发展。

——培育参与国际竞争合作新优势。以国内大循环和统一大市场为支撑,有效利用全球要素和市场资源,使国内市场与国际市场更好联通。推动制度型开放,增强在全球产业链供应链创新链中的影响力,提升在国际经济治理中的话语权。

二、强化市场基础制度规则统一

(四)完善统一的产权保护制度。完善依法平等保护各种所有制经济产权的制度体系。健全统一规范的涉产权纠纷案件执法司法体系,强化执法司法部门协同,进一步规范执法领域涉产权强制措施规则和程序,进一步明确和统一行政执法、司法裁判标准,健全行政执法与刑事司法双向衔接机制,依法保护企业产权及企业家人身财产安全。推动知识产权诉讼制度创新,完善知识产权法院跨区域管辖制度,畅通知识产权诉讼与仲裁、调解的对接机制。

(五)实行统一的市场准入制度。严格落实"全国一张清单"管理模式,严禁各地区各部门自行发布具有市场准入性质的负面清单，维护市场准入负面清单制度的统一性、严肃性、权威性。研究完善市场准入效能评估指标，稳步开展市场准入效能评估。依法开展市场主体登记注册工作，建立全国统一的登记注册数据标准和企业名称自主申报行业字词库，逐步实现经营范围登记的统一表述。制定全国通用性资格清单，统一规范评价程序及管理办法，提升全国互通互认互用效力。

（六）维护统一的公平竞争制度。坚持对各类市场主体一视同仁、平等对待。健全公平竞争制度框架和政策实施机制，建立公平竞争政策与产业政策协调保障机制，优化完善产业政策实施方式。健全反垄断法律规则体系，加快推动修改反垄断法、反不正当竞争法，完善公平竞争审查制度，研究重点领域和行业性审查规则，健全审查机制，统一审查标准，规范审查程序，提高审查效能。

（七）健全统一的社会信用制度。编制出台全国公共信用信息基础目录，完善信用信息标准，建立公共信用信息同金融信息共享整合机制，形成覆盖全部信用主体、所有信用信息类别、全国所有区域的信用信息网络。建立健全以信用为基础的新型监管机制，全面推广信用承诺制度，建立企业信用状况综合评价体系，以信用风险为导向优化配置监管资源，依法依规编制出台全国失信惩戒措施基础清单。健全守信激励和失信惩戒机制，将失信惩戒和惩治腐败相结合。完善信用修复机制。加快推进社会信用立法。

三、推进市场设施高标准联通

（八）建设现代流通网络。优化商贸流通基础设施布局，加快数字化建设，推动线上线下融合发展，形成更多商贸流通新平台新业态新模式。推动国家物流枢纽网络建设，大力发展多式联运，推广标准化托盘带板运输模式。大力发展第三方物流，支持数字化第三方物流交付平台建设，推动第三方物流产业科技和商业模式创新，培育一批有全球影响力的数字化平台企业和供应链企业，促进全社会物流降本增效。加强应急物流体系建设，提升灾害高风险区域交通运输设施、物流站点等设防水平和承灾能力，积极防范粮食、能源等重要产品供应短缺风险。完善国家综合立体交通网，推进多层次一体化综合交通枢纽建设,推动交通运输设施跨区域一体化发展。建立健全城乡融合、区域联通、安全高效的电信、能源等基础设施网络。

(九)完善市场信息交互渠道。统一产权交易信息发布机制,实现全国产权交易市场联通。优化行业公告公示等重要信息发布渠道,推动各领域市场公共信息互通共享。优化市场主体信息公示,便利市场主体信息互联互通。推进同类型及同目的信息认证平台统一接口建设,完善接口标准,促进市场信息流动和高效使用。依法公开市场主体、投资项目、产量、产能等信息,引导供需动态平衡。

(十)推动交易平台优化升级。深化公共资源交易平台整合共享,研究明确各类公共资源交易纳入统一平台体系的标准和方式。坚持应进必进的原则要求,落实和完善"管办分离"制度,将公共资源交易平台覆盖范围扩大到适合以市场化方式配置的各类公共资源,加快推进公共资源交易全流程电子化,积极破除公共资源交易领域的区域壁垒。加快推动商品市场数字化改造和智能化升级,鼓励打造综合性商品交易平台。加快推进大宗商品期现货市场建设,不断完善交易规则。鼓励交易平台与金融机构、中介机构合作,依法发展涵盖产权界定、价格评估、担保、保险等业务的综合服务体系。

四、打造统一的要素和资源市场

(十一)健全城乡统一的土地和劳动力市场。统筹增量建设用地与存量建设用地,实行统一规划,强化统一管理。完善城乡建设用地增减挂钩节余指标、补充耕地指标跨区域交易机制。完善全国统一的建设用地使用权转让、出租、抵押二级市场。健全统一规范的人力资源市场体系,促进劳动力、人才跨地区顺畅流动。完善财政转移支付和城镇新增建设用地规模与农业转移人口市民化挂钩政策。

(十二)加快发展统一的资本市场。统一动产和权利担保登记,依法发展动产融资。强化重要金融基础设施建设与统筹监管,统一监管标准,健全准入管理。选择运行安全规范、风险管理能力较强的区域性股权市场,开展制度和业务创新试点,加强区域性股权市场和全国性证券市场板块间的合作衔接。推动债券市场基础设施互联互通,实现债券市场要素自由流动。发展供应链金融,提供直达各流通环节经营主体的金融产品。加大对资本市场的监督力度,健全权责清晰、分工明确、运行顺畅的监管体系,筑牢防范系统性金融风险安全底线。坚持金融服务实体经济,防止脱实向虚。为资本设置"红绿灯",防止资本无序扩张。

(十三)加快培育统一的技术和数据市场。建立健全全国性技术交易市场,完善知识产权评估与交易机制,推动各地技术交易市场互联互通。完善科技资源共享服务体系,鼓励不同区域之间科技信息交流互动,推动重大科研基础设施和仪器设备开放共享,加大科技领域国际合作力度。加快培育数据要素市场,建立健全数据安全、权利保护、跨境传输管理、交易流通、开放共享、安全认证等基础制度和标准规范,深入开展数据资源调查,推动数据资源开发利用。

(十四)建设全国统一的能源市场。在有效保障能源安全供应的前提下,结合实现碳达峰碳中和目标任务,有序推进全国能源市场建设。在统筹规划、优化布局基础上,健全油气期货产品体系,规范油气交易中心建设,优化交易场所、交割库等重点基础设施布局。推动油气管网设施互联互通并向各类市场主体公平开放。稳妥推进天然气市场化改革,加快建立统一的天然气能量计量计价体系。健全多层次统一电力市场体系,研究推动适时组建全国电力交易中心。进一步发挥全国煤炭交易中心作用,推动完善全国统一的煤炭交易市场。

(十五)培育发展全国统一的生态环境市场。依托公共资源交易平台,建设全国统一的碳排放权、用水权交易市场,实行统一规范的行业标准、交易监管机制。推进排污权、用能权市场化交易,探索建立初始分配、有偿使用、市场交易、纠纷解决、配套服务等制度。推动绿色产品认证与标识体系建设,促进绿色生产和绿色消费。

五、推进商品和服务市场高水平统一

(十六)健全商品质量体系。建立健全质量分级制度,广泛开展质量管理体系升级行动,加强全供应链、全产业链、产品全生命周期管理。深化质量认证制度改革,支持社会力量开展检验检测业务,探索推进计量区域中心、国家产品质量检验检测中心建设,推动认证结果跨行业跨区域互通互认。推动重点领域主要消费品质量标准与国际接轨,深化质量认证国际合作互认,实施产品伤害监测和预防干预,完善质量统计监测体系。推进内外贸产品同线同标同质。进一步巩固拓展中国品牌日活动等品牌发展交流平台,提高中国品牌影响力和认知度。

（十七）完善标准和计量体系。优化政府颁布标准与市场自主制定标准结构,对国家标准和行业标准进行整合精简。强化标准验证、实施、监督,健全现代流通、大数据、人工智能、区块链、第五代移动通信(5G)、物联网、储能等领域标准体系。深入开展人工智能社会实验,推动制定智能社会治理相关标准。推动统一智能家居、安防等领域标准,探索建立智能设备标识制度。加快制定面部识别、指静脉、虹膜等智能化识别系统的全国统一标准和安全规范。紧贴战略性新兴产业、高新技术产业、先进制造业等重点领域需求,突破一批关键测量技术,研制一批新型标准物质,不断完善国家计量体系。促进内外资企业公平参与我国标准化工作,提高标准制定修订的透明度和开放度。开展标准、计量等国际交流合作。加强标准必要专利国际化建设,积极参与并推动国际知识产权规则形成。

（十八）全面提升消费服务质量。改善消费环境,强化消费者权益保护。加快完善并严格执行缺陷产品召回制度,推动跨国跨地区经营的市场主体为消费者提供统一便捷的售后服务,进一步畅通商品异地、异店退换货通道,提升消费者售后体验。畅通消费者投诉举报渠道,优化消费纠纷解决流程与反馈机制,探索推进消费者权益保护工作部门间衔接联动机制。建立完善消费投诉信息公示制度,促进消费纠纷源头治理。完善服务市场预付式消费管理办法。围绕住房、教育培训、医疗卫生、养老托育等重点民生领域,推动形成公开的消费者权益保护事项清单,完善纠纷协商处理办法。

六、推进市场监管公平统一

（十九）健全统一市场监管规则。加强市场监管行政立法工作,完善市场监管程序,加强市场监管标准化规范化建设,依法公开监管标准和规则,增强市监管制度和政策的稳定性、可预期性。对食品药品安全等直接关系群众健康和生命安全的重点领域,落实最严谨标准、最严格监管、最严厉处罚、最严肃问责。对互联网医疗、线上教育培训、在线娱乐等新业态,推进线上线下一体化监管。加强对工程建设领域统一公正监管,依纪依法严厉查处违纪违法行为。强化重要工业产品风险监测和监督抽查,督促企业落实质量安全主体责任。充分发挥行业协会商会作用,建立有效的政企沟通机制,形成政府监管、平台自律、行业自治、社会监督的多元治理新模式。

(二十)强化统一市场监管执法。推进维护统一市场综合执法能力建设,加强知识产权保护、反垄断、反不正当竞争执法力量。强化部门联动,建立综合监管部门和行业监管部门联动的工作机制,统筹执法资源,减少执法层级,统一执法标准和程序,规范执法行为,减少自由裁量权,促进公平公正执法,提高综合执法效能,探索在有关行业领域依法建立授权委托监管执法方式。鼓励跨行政区域按规定联合发布统一监管政策法规及标准规范,积极开展联动执法,创新联合监管模式,加强调查取证和案件处置合作。

(二十一)全面提升市场监管能力。深化简政放权、放管结合、优化服务改革,完善"双随机、一公开"监管、信用监管、"互联网+监管"、跨部门协同监管等方式,加强各类监管的衔接配合。充分利用大数据等技术手段,加快推进智慧监管,提升市场监管政务服务、网络交易监管、消费者权益保护、重点产品追溯等方面跨省通办、共享协作的信息化水平。建立健全跨行政区域网络监管协作机制,鼓励行业协会商会、新闻媒体、消费者和公众共同开展监督评议。对新业态新模式坚持监管规范和促进发展并重,及时补齐法规和标准空缺。

七、进一步规范不当市场竞争和市场干预行为

(二十二)着力强化反垄断。完善垄断行为认定法律规则,健全经营者集中分类分级反垄断审查制度。破除平台企业数据垄断等问题,防止利用数据、算法、技术手段等方式排除、限制竞争。加强对金融、传媒、科技、民生等领域和涉及初创企业、新业态、劳动密集型行业的经营者集中审查,提高审查质量和效率,强化垄断风险识别、预警、防范。稳步推进自然垄断行业改革,加强对电网、

油气管网等网络型自然垄断环节的监管。加强对创新型中小企业原始创新和知识产权的保护。

（二十三）依法查处不正当竞争行为。对市场主体、消费者反映强烈的重点行业和领域，加强全链条竞争监管执法，以公正监管保障公平竞争。加强对平台经济、共享经济等新业态领域不正当竞争行为的规制，整治网络黑灰产业链条，治理新型网络不正当竞争行为。健全跨部门跨行政区域的反不正当竞争执法信息共享、协作联动机制，提高执法的统一性、权威性、协调性。构建跨行政区域的反不正当竞争案件移送、执法协助、联合执法机制，针对新型、疑难、典型案件畅通会商渠道、互通裁量标准。

（二十四）破除地方保护和区域壁垒。指导各地区综合比较优势、资源环境承载能力、产业基础、防灾避险能力等因素，找准自身功能定位，力戒贪大求洋、低层次重复建设和过度同质竞争，不搞"小而全"的自我小循环，更不能以"内循环"的名义搞地区封锁。建立涉企优惠政策目录清单并及时向社会公开，及时清理废除各地区含有地方保护、市场分割、指定交易等妨碍统一市场和公平竞争的政策，全面清理歧视外资企业和外地企业、实行地方保护的各类优惠政策，对新出台政策严格开展公平竞争审查。加强地区间产业转移项目协调合作，建立重大问题协调解决机制，推动产业合理布局、分工进一步优化。鼓励各地区持续优化营商环境，依法开展招商引资活动，防止招商引资恶性竞争行为，以优质的制度供给和制度创新吸引更多优质企业投资。

（二十五）清理废除妨碍依法平等准入和退出的规定做法。除法律法规明确规定外，不得要求企业必须在某地登记注册，不得为企业跨区域经营或迁移设置障碍。不得设置不合理和歧视性的准入、退出条件以限制商品服务、要素资源自由流动。不得以备案、注册、年检、认定、认证、指定、要求设立分公司等形式设定或者变相设定准入障碍。不得在资质认定、业务许可等方面，对外地企业设定明显高于本地经营者的资质要求、技术要求、检验标准或评审标准。清理规范行政审批、许可、备案等政务服务事项的前置条件和审批标准，不得将政务服务事项转为中介服务事项，没有法律法规依据不得在政务服务前要求企业自行检测、检验、认证、鉴定、公证以及提供证明等，不得搞变相审批、有偿服务。未经公平竞争不得授予经营者特许经营权，不得限定经营、购买、使用特定经营者提供的商品和服务。

（二十六）持续清理招标采购领域违反统一市场建设的规定和做法。制定招标投标和政府采购制度规则要严格按照国家有关规定进行公平竞争审查、合法性审核。招标投标和政府采购中严禁违法限定或者指定特定的专利、商标、品牌、零部件、原产地、供应商，不得违法设定与招标采购项目具体特点和实际需要不相适应的资格、技术、商务条件等。不得违法限定投标人所在地、所有制形式、组织形式，或者设定其他不合理的条件以排斥、限制经营者参与投标采购活动。深入推进招标投标全流程电子化，加快完善电子招标投标制度规则、技术标准，推动优质评标专家等资源跨地区跨行业共享。

八、组织实施保障

（二十七）加强党的领导。各地区各部门要充分认识建设全国统一大市场对于构建新发展格局的重要意义，切实把思想和行动统一到党中央决策部署上来，做到全国一盘棋，统一大市场，畅通大循环，确保各项重点任务落到实处。

（二十八）完善激励约束机制。探索研究全国统一大市场建设标准指南，对积极推动落实全国统一大市场建设、取得突出成效的地区可按国家有关规定予以奖励。动态发布不当干预全国统一大市场建设问题清单，建立典型案例通报约谈和问题整改制度，着力解决妨碍全国统一大市场建设的不当市场干预和不当竞争行为问题。

（二十九）优先推进区域协作。结合区域重大战略、区域协调发展战略实施，鼓励京津冀、长三角、粤港澳大湾区以及成渝地区双城经济圈、长江中游城市群等区域，在维护全国统一大市场前提下，优先开展区域市场一体化建设工作，建立健全区域合作机制，积极总结并复制推广典型经验和做法。

（三十）形成工作合力。各地区各部门要根据职责分工，不折不扣落实本意见要求，对本地区本部门是否存在妨碍全国统一大市场建设的规定和实际情况开展自查清理。国家发展改革委、市场监管总局会同有关部门建立健全促进全国统一大市场建设的部门协调机制,加大统筹协调力度,强化跟踪评估,及时督促检查,推动各方抓好贯彻落实。加强宣传引导和舆论监督,为全国统一大市场建设营造良好社会氛围。重大事项及时向党中央、国务院请示报告。

中共中央 国务院
关于促进民营经济发展壮大的意见

(2023 年 7 月 14 日)

民营经济是推进中国式现代化的生力军,是高质量发展的重要基础,是推动我国全面建成社会主义现代化强国、实现第二个百年奋斗目标的重要力量。为促进民营经济发展壮大,现提出如下意见。

一、总体要求

以习近平新时代中国特色社会主义思想为指导,深入贯彻党的二十大精神,坚持稳中求进工作总基调,完整、准确、全面贯彻新发展理念,加快构建新发展格局,着力推动高质量发展,坚持社会主义市场经济改革方向,坚持"两个毫不动摇",加快营造市场化、法治化、国际化一流营商环境,优化民营经济发展环境,依法保护民营企业产权和企业家权益,全面构建亲清政商关系,使各种所有制经济依法平等使用生产要素、公平参与市场竞争、同等受到法律保护,引导民营企业通过自身改革发展、合规经营、转型升级不断提升发展质量,促进民营经济做大做优做强,在全面建设社会主义现代化国家新征程中作出积极贡献,在中华民族伟大复兴历史进程中肩负起更大使命、承担起更重责任、发挥出更大作用。

二、持续优化民营经济发展环境

构建高水平社会主义市场经济体制,持续优化稳定公平透明可预期的发展环境,充分激发民营经济生机活力。

（一）持续破除市场准入壁垒。各地区各部门不得以备案、注册、年检、认定、认证、指定、要求设立分公司等形式设定或变相设定准入障碍。清理规范行政审批、许可、备案等政务服务事项的前置条件和审批标准，不得将政务服务事项转为中介服务事项，没有法律法规依据不得在政务服务前要求企业自行检测、检验、认证、鉴定、公证或提供证明等。稳步开展市场准入效能评估，建立市场准入壁垒投诉和处理回应机制，完善典型案例归集和通报制度。

（二）全面落实公平竞争政策制度。强化竞争政策基础地位，健全公平竞争制度框架和政策实施机制，坚持对各类所有制企业一视同仁、平等对待。强化制止滥用行政权力排除限制竞争的反垄断执法。未经公平竞争不得授予经营者特许经营权，不得限定经营、购买、使用特定经营者提供的商品和服务。定期推出市场干预行为负面清单，及时清理废除含有地方保护、市场分割、指定交易等妨碍统一市场和公平竞争的政策。优化完善产业政策实施方式，建立涉企优惠政策目录清单并及时向社会公开。

（三）完善社会信用激励约束机制。完善信用信息记录和共享体系，全面推广信用承诺制度，将承诺和履约信息纳入信用记录。发挥信用激励机制作用，提升信用良好企业获得感。完善信用约束机制，依法依规按照失信惩戒措施清单对责任主体实施惩戒。健全失信行为纠正后的信用修复机制，研究出台相关管理办法。完善政府诚信履约机制，建立健全政务失信记录和惩戒制度，将机关、事业单位的违约毁约、拖欠账款、拒不履行司法裁判等失信信息纳入全国信用信息共享平台。

（四）完善市场化重整机制。鼓励民营企业盘活存量资产回收资金。坚持精准识别、分类施策，对陷入财务困境但仍具有发展前景和挽救价值的企业，按照市场化、法治化原则，积极适用破产重整、破产和解程序。推动修订企业破产法并完善配套制度。优化个体工商户转企业相关政策，降低转换成本。

三、加大对民营经济政策支持力度

精准制定实施各类支持政策，完善政策执行方式，加强政策协调性，及时回应关切和利益诉求，切实解决实际困难。

（五）完善融资支持政策制度。健全银行、保险、担保、券商等多方共同参与的融资风险市场化分担机制。健全中小微企业和个体工商户信用评级和评价体系，加强涉企信用信息归集，推广"信易贷"等服务模式。支持符合条件的民营中小微企业在债券市场融资，鼓励符合条件的民营企业发行科技创新公司债券，推动民营企业债券融资专项支持计划扩大覆盖面、提升增信力度。支持符合条件的民营企业上市融资和再融资。

（六）完善拖欠账款常态化预防和清理机制。严格执行《保障中小企业款项支付条例》，健全防范化解拖欠中小企业账款长效机制，依法依规加大对责任人的问责处罚力度。机关、事业单位和大型企业不得以内部人员变更，履行内部付款流程，或在合同未作约定情况下以等待竣工验收批复、决算审计等为由，拒绝或延迟支付中小企业和个体工商户款项。建立拖欠账款定期披露、劝告指导、主动执法制度。强化商业汇票信息披露，完善票据市场信用约束机制。完善拖欠账款投诉处理和信用监督机制，加强对恶意拖欠账款案例的曝光。完善拖欠账款清理与审计、督查、巡视等制度的常态化对接机制。

（七）强化人才和用工需求保障。畅通人才向民营企业流动渠道，健全人事管理、档案管理、社会保障等接续的政策机制。完善民营企业职称评审办法，畅通民营企业职称评审渠道，完善以市场评价为导向的职称评审标准。搭建民营企业、个体工商户用工和劳动者求职信息对接平台。大力推进校企合作、产教融合。推进民营经济产业工人队伍建设，优化职业发展环境。加强灵活就业和新就业形态劳动者权益保障，发挥平台企业在扩大就业方面的作用。

（八）完善支持政策直达快享机制。充分发挥财政资金直达机制作用，推动涉企资金直达快享。加大涉企补贴资金公开力度，接受社会监督。针对民营中小微企业和个体工商户建立支持政策"免申即享"机制，推广告知承诺制，有关部门能够通过公共数据平台提取的材料，不再要求重复提供。

（九）强化政策沟通和预期引导。依法依规履行涉企政策调整程序，根据实际设置合理过渡期。加强直接面向民营企业和个体工商户的政策发布和解读引导。支持各级政府部门邀请优秀企业家开展咨询，在涉企政策、规划、标准的制定和评估等方面充分发挥企业家作用。

四、强化民营经济发展法治保障

健全对各类所有制经济平等保护的法治环境,为民营经济发展营造良好稳定的预期。

(十)依法保护民营企业产权和企业家权益。防止和纠正利用行政或刑事手段干预经济纠纷,以及执法司法中的地方保护主义。进一步规范涉产权强制性措施,避免超权限、超范围、超数额、超时限查封扣押冻结财产。对不宜查封扣押冻结的经营性涉案财物,在保证侦查活动正常进行的同时,可以允许有关当事人继续合理使用,并采取必要的保值保管措施,最大限度减少侦查办案对正常办公和合法生产经营的影响。完善涉企案件申诉、再审等机制,健全冤错案件有效防范和常态化纠正机制。

(十一)构建民营企业源头防范和治理腐败的体制机制。出台司法解释,依法加大对民营企业工作人员职务侵占、挪用资金、受贿等腐败行为的惩处力度。健全涉案财物追缴处置机制。深化涉案企业合规改革,推动民营企业合规守法经营。强化民营企业腐败源头治理,引导民营企业建立严格的审计监督体系和财会制度。充分发挥民营企业党组织作用,推动企业加强法治教育,营造诚信廉洁的企业文化氛围。建立多元主体参与的民营企业腐败治理机制。推动建设法治民营企业、清廉民营企业。

(十二)持续完善知识产权保护体系。加大对民营中小微企业原始创新保护力度。严格落实知识产权侵权惩罚性赔偿、行为保全等制度。建立知识产权侵权和行政非诉执行快速处理机制,健全知识产权法院跨区域管辖制度。研究完善商业改进、文化创意等创新成果的知识产权保护办法,严厉打击侵犯商业秘密、仿冒混淆等不正当竞争行为和恶意抢注商标等违法行为。加大对侵犯知识产权违法犯罪行为的刑事打击力度。完善海外知识产权纠纷应对指导机制。

(十三)完善监管执法体系。加强监管标准化规范化建设,依法公开监管标准和规则,增强监管制度和政策的稳定性、可预期性。提高监管公平性、规范性、简约性,杜绝选择性执法和让企业"自证清白"式监管。鼓励跨行政区域按规定联合发布统一监管政策法规及标准规范,开展联动执法。按照教育与处罚相结合原则,推行告知、提醒、劝导等执法方式,对初次违法且危害后果轻微并及时改正的依法不予行政处罚。

(十四)健全涉企收费长效监管机制。持续完善政府定价的涉企收费清单制度,进行常态化公示,接受企业和社会监督。畅通涉企违规收费投诉举报渠道,建立规范的问题线索部门共享和转办机制,综合采取市场监管、行业监管、信用监管等手段实施联合惩戒,公开曝光违规收费典型案例。

五、着力推动民营经济实现高质量发展

引导民营企业践行新发展理念,深刻把握存在的不足和面临的挑战,转变发展方式、调整产业结构、转换增长动力,坚守主业、做强实业,自觉走高质量发展之路。

(十五)引导完善治理结构和管理制度。支持引导民营企业完善法人治理结构、规范股东行为、强化内部监督,实现治理规范、有效制衡、合规经营,鼓励有条件的民营企业建立完善中国特色现代企业制度。依法推动实现企业法人财产与出资人个人或家族财产分离,明晰企业产权结构。研究构建风险评估体系和提示机制,对严重影响企业运营并可能引发社会稳定风险的情形提前预警。支持民营企业加强风险防范管理,引导建立覆盖企业战略、规划、投融资、市场运营等各领域的全面风险管理体系,提升质量管理意识和能力。

(十六)支持提升科技创新能力。鼓励民营企业根据国家战略需要和行业发展趋势,持续加大研发投入,开展关键核心技术攻关,按规定积极承担国家重大科技项目。培育一批关键行业民营科技领军企业、专精特新中小企业和创新能力强的中小企业特色产业集群。加大政府采购创新产品力度,发挥首台(套)保险补偿机制作用,支持民营企业创新产品迭代应用。推动不同所有制企业、大中小企业融通创新,开展共性技术联合攻关。完善高等学校、科研院所管理制度和成果转化机制,调动其支持民营中小微企业创新发展积极性,支持民营企业与科研机构合作建立技术研发中心、产业研究院、中试熟化基地、工程研究中心、制造业创新中心等创新平台。支持民营企业加强基础性前沿性研究和成果转化。

(十七)加快推动数字化转型和技术改造。鼓励民营企业开展数字化共性技术研发,参与数据中心、工业互联网等新型基础设施投资建设和应用创新。支持中小企业数字化转型,推动低成本、模块化智能制造设备和系统的推广应用。引导民营企业积极推进标准化建设,提升产品质量水平。支持民营企业加大生产工艺、设备、技术的绿色低碳改造力度,加快发展柔性制造,提升应急扩产转产能力,提升产业链韧性。

(十八)鼓励提高国际竞争力。支持民营企业立足自身实际,积极向核心零部件和高端制成品设计研发等方向延伸;加强品牌建设,提升"中国制造"美誉度。鼓励民营企业拓展海外业务,积极参与共建"一带一路",有序参与境外项目,在走出去中遵守当地法律法规、履行社会责任。更好指导支持民营企业防范应对贸易保护主义、单边主义、"长臂管辖"等外部挑战。强化部门协同配合,针对民营经济人士海外人身和财产安全,建立防范化解风险协作机制。

(十九)支持参与国家重大战略。鼓励民营企业自主自愿通过扩大吸纳就业、完善工资分配制度等,提升员工享受企业发展成果的水平。支持民营企业到中西部和东北地区投资发展劳动密集型制造业、装备制造业和生态产业,促进革命老区、民族地区加快发展,投入边疆地区建设推进兴边富民。支持民营企业参与推进碳达峰碳中和,提供减碳技术和服务,加大可再生能源发电和储能等领域投资力度,参与碳排放权、用能权交易。支持民营企业参与乡村振兴,推动新型农业经营主体和社会化服务组织发展现代种养业,高质量发展现代农产品加工业,因地制宜发展现代农业服务业,壮大休闲农业、乡村旅游业等特色产业,积极投身"万企兴万村"行动。支持民营企业参与全面加强基础设施建设,引导民营资本参与新型城镇化、交通水利等重大工程和补短板领域建设。

(二十)依法规范和引导民营资本健康发展。健全规范和引导民营资本健康发展的法律制度,为资本设立"红绿灯",完善资本行为制度规则,集中推出一批"绿灯"投资案例。全面提升资本治理效能,提高资本监管能力和监管体系现代化水平。引导平台经济向开放、创新、赋能方向发展,补齐发展短板弱项,支持平台企业在创造就业、拓展消费、国际竞争中大显身手,推动平台经济规范健康持续发展。鼓励民营企业集中精力做强做优主业,提升核心竞争力。

六、促进民营经济人士健康成长

全面贯彻信任、团结、服务、引导、教育的方针,用务实举措稳定人心、鼓舞人心、凝聚人心,引导民营经济人士弘扬企业家精神。

(二十一)健全民营经济人士思想政治建设机制。积极稳妥做好在民营经济代表人士先进分子中发展党员工作。深入开展理想信念教育和社会主义核心价值观教育。教育引导民营经济人士中的党员坚定理想信念,发挥先锋模范作用,坚决执行党的理论和路线方针政策。积极探索创新民营经济领域党建工作方式。

(二十二)培育和弘扬企业家精神。引导民营企业家增强爱国情怀、勇于创新、诚信守法、承担社会责任、拓展国际视野,敢闯敢干,不断激发创新活力和创造潜能。发挥优秀企业家示范带动作用,按规定加大评选表彰力度,在民营经济中大力培育企业家精神,及时总结推广富有中国特色、顺应时代潮流的企业家成长经验。

(二十三)加强民营经济代表人士队伍建设。优化民营经济代表人士队伍结构,健全选人机制,兼顾不同地区、行业和规模企业,适当向战略性新兴产业、高技术产业、先进制造业、现代服务业、现代农业等领域倾斜。规范政治安排,完善相关综合评价体系,稳妥做好推荐优秀民营经济人士作为各级人大代表候选人、政协委员人选工作,发挥工商联在民营经济人士有序政治参与中的主渠道作用。支持民营经济代表人士在国际经济活动和经济组织中发挥更大作用。

(二十四)完善民营经济人士教育培训体系。完善民营经济人士专题培训和学习研讨机制,进一步加大教育培训力度。完善民营中小微企业培训制度,构建多领域多层次、线上线下相结合的培训体系。加强对民营经济人士的梯次培养,建立健全年轻一代民营经济人士传帮带辅导制度,推动事业新老交接和有序传承。

（二十五）全面构建亲清政商关系。把构建亲清政商关系落到实处,党政干部和民营企业家要双向建立亲清统一的新型政商关系。各级领导干部要坦荡真诚同民营企业家接触交往,主动作为、靠前服务,依法依规为民营企业和民营企业家解难题、办实事,守住交往底线,防范廉政风险,做到亲而有度、清而有为。民营企业家要积极主动与各级党委和政府及部门沟通交流,讲真话、说实情、建诤言,洁身自好走正道,遵纪守法办企业,光明正大搞经营。

七、持续营造关心促进民营经济发展壮大社会氛围

引导和支持民营经济履行社会责任,展现良好形象,更好与舆论互动,营造正确认识、充分尊重、积极关心民营经济的良好社会氛围。

（二十六）引导全社会客观正确全面认识民营经济和民营经济人士。加强理论研究和宣传,坚持实事求是、客观公正,把握好正确舆论导向,引导社会正确认识民营经济的重大贡献和重要作用,正确看待民营经济人士通过合法合规经营获得的财富。坚决抵制、及时批驳澄清质疑社会主义基本经济制度、否定和弱化民营经济的错误言论与做法,及时回应关切、打消顾虑。

（二十七）培育尊重民营经济创新创业的舆论环境。加强对优秀企业家先进事迹、加快建设世界一流企业的宣传报道,凝聚崇尚创新创业正能量,增强企业家的荣誉感和社会价值感。营造鼓励创新、宽容失败的舆论环境和时代氛围,对民营经济人士合法经营中出现的失误失败给予理解、宽容、帮助。建立部门协作机制,依法严厉打击以负面舆情为要挟进行勒索等行为,健全相关举报机制,降低企业维权成本。

（二十八）支持民营企业更好履行社会责任。教育引导民营企业自觉担负促进共同富裕的社会责任,在企业内部积极构建和谐劳动关系,推动构建全体员工利益共同体,让企业发展成果更公平惠及全体员工。鼓励引导民营经济人士做发展的实干家和新时代的奉献者,在更高层次上实现个人价值,向全社会展现遵纪守法、遵守社会公德的良好形象,做到富而有责、富而有义、富而有爱。探索建立民营企业社会责任评价体系和激励机制,引导民营企业踊跃投身光彩事业和公益慈善事业,参与应急救灾,支持国防建设。

八、加强组织实施

（二十九）坚持和加强党的领导。坚持党中央对民营经济工作的集中统一领导，把党的领导落实到工作全过程各方面。坚持正确政治方向，建立完善民营经济和民营企业发展工作机制，明确和压实部门责任，加强协同配合，强化央地联动。支持工商联围绕促进民营经济健康发展和民营经济人士健康成长更好发挥作用。

（三十）完善落实激励约束机制。强化已出台政策的督促落实，重点推动促进民营经济发展壮大、产权保护、弘扬企业家精神等政策落实落细，完善评估督导体系。建立健全民营经济投诉维权平台，完善投诉举报保密制度、处理程序和督办考核机制。

（三十一）及时做好总结评估。在与宏观政策取向一致性评估中对涉民营经济政策开展专项评估审查。完善中国营商环境评价体系，健全政策实施效果第三方评价机制。加强民营经济统计监测评估，必要时可研究编制统一规范的民营经济发展指数。不断创新和发展"晋江经验"，及时总结推广各地好经验好做法，对行之有效的经验做法以适当形式予以固化。

最高人民法院关于充分发挥审判职能作用切实加强产权司法保护的意见

（法发〔2016〕27号　2016年11月28日）

产权制度是社会主义市场经济的基石，保护产权是坚持社会主义基本经济制度的必然要求。党的十八大以来，以习近平同志为核心的党中央高度重视产权保护工作。党的十八届三中、四中、五中全会明确提出，国家保护各种所有制经济产权和合法利益，强调要健全以公平为核心原则的产权保护制度，推进产权保护法治化。2016年11月4日，中共中央、国务院印发《关于完善产权保护制度依法保护产权的意见》,对完善产权保护制度、推进产权保护法治化有关工作进行了全面部署。为充分发挥审判职能作用,切实加强产权司法保护,增强人民群众财产财富安全感,促进经济社会持续健康发展,制定如下意见。

一、坚持产权司法保护的基本原则

1. 坚持平等保护。坚持各种所有制经济权利平等、机会平等、规则平等,对各类产权主体的诉讼地位和法律适用一视同仁,确保公有制经济和非公有制经济财产权不可侵犯。注重对非公有制产权的平等保护。妥善审理各类涉外案件,平等保护中外当事人的诉讼权利和实体权益。

2. 坚持全面保护。既要保护物权、债权、股权,也要保护知识产权及其他各种无形财产权。通过刑事、民事、行政等各种审判及执行活动,依法明确产权归属,制裁各类侵犯产权的违法犯罪行为,特别是利用公权力侵犯私有产权的违法犯罪行为。

3. 坚持依法保护。结合各个时期经济发展的形势和政策,准确把握立法精神,严格公正司法,妥善处理涉及产权保护的各类案件。结合案件审判和司法调研,促进社会主义市场经济法律制度不断健全,推动完善产权保护制度。

二、准确把握、严格执行产权保护的司法政策

4. 依法惩治各类侵犯产权犯罪,平等保护各种所有制经济产权。依法惩治侵吞、瓜分、贱卖国有、集体资产的犯罪,促进资产监督管理制度不断健全。加大对非公有财产的刑法保护力度,依法惩治侵犯非公有制企业产权以及侵犯非公有制经济投资者、管理者、从业人员财产权益的犯罪。对非法占有、处置、毁坏财产的,不论是公有财产还是私有财产,均依法及时追缴发还被害人,或者责令退赔。

5. 客观看待企业经营的不规范问题,对定罪依据不足的依法宣告无罪。对改革开放以来各类企业特别是民营企业因经营不规范所引发的问题,要以历史和发展的眼光客观看待,严格遵循罪刑法定、疑罪从无、从旧兼从轻等原则,依法公正处理。对虽属违法违规、但不构成犯罪,或者罪与非罪不清的,应当宣告无罪。对在生产、经营、融资等活动中的经济行为,除法律、行政法规明确禁止

的，不得以犯罪论处。

6. 严格区分经济纠纷与刑事犯罪，坚决防止把经济纠纷当作犯罪处理。充分考虑非公有制经济特点，严格把握刑事犯罪的认定标准，严格区分正当融资与非法集资、合同纠纷与合同诈骗、民营企业参与国有企业兼并重组中涉及的经济纠纷与恶意侵占国有资产等的界限，坚决防止把经济纠纷认定为刑事犯罪，坚决防止利用刑事手段干预经济纠纷。对于各类经济纠纷，特别是民营企业与国有企业之间的纠纷，不论实际损失多大，都要始终坚持依法办案，排除各种干扰，确保公正审判。

7. 依法慎用强制措施和查封、扣押、冻结措施，最大限度降低对企业正常生产经营活动的不利影响。对涉案企业和人员，应当综合考虑行为性质、危害程度以及配合诉讼的态度等情况，依法慎重决定是否适用强制措施和查封、扣押、冻结措施。在刑事审判中，对已被逮捕的被告人，符合取保候审、监视居住条件的，应当变更强制措施。在刑事、民事、行政审判中，确需采取查封、扣押、冻结措施的，除依法需责令关闭的企业外，在条件允许的情况下可以为企业预留必要的流动资金和往来账户。不得查封、扣押、冻结与案件无关的财产。

8. 严格规范涉案财产的处置，依法维护涉案企业和人员的合法权益。严格区分违法所得和合法财产，对于经过审理不能确认为违法所得的，不得判决追缴或者责令退赔。严格区分个人财产和企业法人财产，处理股东、企业经营管理者等自然人犯罪不得任意牵连企业法人财产，处理企业犯罪不得任意牵连股东、企业经营管理者个人合法财产。严格区分涉案人员个人财产和家庭成员财产，处理涉案人员犯罪不得牵连其家庭成员合法财产。按照公开公正和规范高效的要求，严格执行、不断完善涉案财物保管、鉴定、估价、拍卖、变卖制度。

9. 依法公正审理行政协议案件，促进法治政府和政务诚信建设。对因招商引资、政府与社会资本合作等活动引发的纠纷，要认真审查协议不能履行的原因和违约责任，切实维护行政相对人的合法权益。对政府违反承诺，特别是仅因政府换届、领导人员更替等原因违约毁约的，要坚决依法支持行政相对人的合理诉求。对确因国家利益、公共利益或者其他法定事由改变政府承诺的，要依法判令补偿财产损失。

10. 依法公正审理财产征收征用案件，维护被征收征用者的合法权益。准确把握立法精神，合理把握征收征用适用的公共利益范围，坚决防止公共利益扩大化。遵循及时合理补偿原则，对土地征收和房屋拆迁补偿标准明显偏低的，要综合运用多种方式进行公平合理补偿，充分保护被征收征用者的合法权益。

11. 依法制裁知识产权违法犯罪，加大知识产权保护力度。按照"司法主导、严格保护、分类施策、比例协调"的知识产权司法保护基本政策，加大保护力度，推进知识产权强国建设。积极参与相关法律修订工作，推动完善知识产权侵权损害赔偿制度。适时发布司法解释和指导性案例，通过排除侵权证据妨碍、合理分配当事人的举证责任等途径，依法推进惩罚性赔偿制度的适用。依法审理商标侵权，加强品牌商誉保护。依法审理反不正当竞争纠纷案件，破除行业垄断和市场分割。依法惩治知识产权犯罪，加大对链条式、产业化知识产权犯罪惩治力度。

12. 依法处理历史形成的产权申诉案件，坚决落实有错必纠的要求。建立专门工作机制，抓紧甄别纠正一批社会反映强烈的产权纠纷申诉案件。对涉及重大财产处置的产权纠纷申诉案件、民营企业和投资人犯罪的申诉案件，经审查确属事实不清、证据不足、适用法律错误的，依法及时予以纠正并赔偿当事人损失。严格落实司法责任制，对存在违法审判情形的依法依纪严肃追究，同时完善审判管理，从源头上、制度上有效防范冤错案件的发生。

13. 提高审判执行效率，切实防止因诉讼拖延影响企业生产经营。强化审限监管，严格审限延长、扣除、中止等情形的审批，不断提高审限内结案率，切实解决"隐性"超审限问题。持续开展长期未结诉讼案件和久押不决刑事案件专项清理工作，建立定期通报和督办机制。进一步完善繁简分流审判机制，对符合条件的案件依法适用简易程序、速裁程序。加大执行力度，提升执行速度，及时有效维护胜诉当事人的合法权益。

三、加强产权司法保护的机制建设

14. 坚持党的领导，积极参与产权保护协调工作机制。要主动向党委汇报加强产权司法保护的各项工作部署,积极参与党委牵头,人大、政府、司法机关共同参加的产权保护协调工作机制,形成工作合力。认真听取人大代表、政协委员和专家学者的意见建议,加强与工商联、行业协会的沟通,确保产权司法保护各项举措落到实处、收到实效。

15. 优化资源配置,提升涉产权保护案件审判的专业性和公信力。对法律适用难度较大的涉产权民刑交叉、民行交叉案件,统筹审判资源,组成民刑、民行综合合议庭,确保理清法律关系、准确适用法律。充分发挥北京、上海、广州知识产权法院的示范、引领作用,加快知识产权派出法庭建设,探索设立知识产权上诉法院,完善知识产权审判工作体制机制。推动知识产权民事、行政和刑事案件审判"三合一",提高知识产权司法保护的整体效能。落实京津冀知识产权技术类案件集中管辖,合理布局全国法院知识产权案件管辖,提升知识产权司法保护水平。

16. 做好司法调研,不断完善产权保护司法政策。推进信息技术与审判业务深度融合,充分利用大数据、云计算等信息技术,准确研判涉产权案件的审判形势。深入调研涉产权审判执行工作中的疑难问题,及时总结司法审判经验,切实加强产权保护司法政策研究,不断健全产权司法保护规则。通过制定司法解释、发布指导性案例等方式,统一涉产权案件的司法尺度、裁判标准。

17. 强化法治宣传,推动形成保护产权的良好社会氛围。利用裁判文书上网、庭审直播等司法公开平台,结合案件审判,大力宣传党和国家平等保护各种所有制经济产权的方针政策和法律法规,使平等保护、全面保护、依法保护观念深入人心,营造公平、公正、透明、稳定的法治环境。总结宣传一批依法有效保护产权的好做法、好经验、好案例,推动形成保护产权的良好社会氛围。

最高人民法院关于依法妥善处理历史形成的产权案件工作实施意见

（法发〔2016〕28号　2016年11月28日）

为贯彻落实《中共中央、国务院关于完善产权保护制度依法保护产权的意见》（以下简称《意见》），充分发挥人民法院审判职能，依法妥善处理历史形成的产权案件，现提出如下实施意见。

一、充分认识依法妥善处理历史形成的产权案件的重要意义

1. 依法妥善处理历史形成的产权案件，是全面贯彻落实中央完善产权保护制度、依法保护产权决策部署的重大举措。加强产权保护，是坚持社会主义基本经济制度的必然要求，是全面建成小康社会的必然要求，是夯实党长期执政社会基础的必然要求，也是维护国家长治久安的必然要求。依法妥善处理历史形成的产权案件，是中央加强产权保护决策部署的重要内容和重大举措，对于完善现代产权制度、推进产权保护法治化，对于增强人民群众财产财富安全感、增强社会信心、形成良好预期，对于营造公平公正透明稳定的法治环境、激发各类经济主体创业创新动力，对于维护社会公平正义、促进经济社会持续健康发展，都具有十分重要意义。

2. 依法妥善处理历史形成的产权案件，是人民法院肩负的一项重大而紧迫的政治任务。以习近平同志为核心的党中央高度重视产权保护。党的十八届三中、四中、五中、六中全会均有明确要求。今年党中央、国务院就完善产权制度依法保护产权专门作出系统的决策部署，并就中央有关部门贯彻实施作出明确分工，将依法妥善处理历史形成的产权案件确定为人民法院的工作任务。各级人民法院要讲政治、讲大局，切实把思想和行动统一到中央的决策部署上来，站在统筹推进"五位一体"总体布局和协调推进"四个全面"战略布局的高度，

增强责任感和使命感,以敢于担当的精神和攻坚克难的勇气,充分发挥审判职能作用,坚决完成好此项重大政治任务。

3.依法妥善处理历史形成的产权案件,是一项法律性、政策性很强的审判工作。历史形成的产权案件往往时间跨度较长、形成原因复杂。妥善处理此类案件既有严格的法律性,又有严肃的政策性;既要取得好的法律效果,又要取得好的社会效果和政治效果,充分体现政策导向。各级人民法院要坚持司法为民,公正司法,严格按照中央的统一要求,抓紧甄别纠正社会反映强烈的产权纠纷申诉案件,剖析侵害产权的案件,总结宣传依法有效保护产权的好案例,不断丰富和积累产权保护司法经验,着力提高产权保护精准度,努力推进产权保护的法治化。

二、明确目标任务和总体要求

4.明确办案范围。对于改革开放以来作出的涉及重大财产处置的产权纠纷以及民营企业和投资人违法犯罪的生效裁判,当事人、案外人提出申诉的,人民法院要及时审查,认真甄别;确有错误的,坚决依法纠正。

5.突出工作重点。着重抓好重大典型案件的甄别、纠正和宣传工作。注重查清案件事实和焦点问题,厘清相关法律政策问题,摸清案件背景和社会反应,准确适用法律和有关政策规定,作出妥善处理。对重点案件要逐案制定包括立案、再审、执行、善后在内的一揽子工作方案。

三、正确把握工作原则

6.坚持实事求是原则。尊重历史,实事求是,以发展眼光客观看待和依法妥善处理改革开放以来各类企业特别是民营企业经营过程中存在的不规范问题。

7.坚持平等保护原则。为各类产权主体提供平等的司法保护,坚持法律面前人人平等,畅通产权申诉案件的立案渠道,规范适用再审审理程序,确保诉讼地位平等、诉讼权利平等、法律适用平等。

8.坚持依法纠错原则。坚持以事实为根据,以法律为准绳,严格遵循法不溯及既往、罪刑法定、在新旧法之间从旧兼从轻等原则,严守法定程序。对符合再审条件的申诉案件,依法启动再审程序;对确有错误的生效裁判,坚决予以纠正,维护公平正义,提升司法公信。

9.坚持纠防结合原则。通过对产权错案冤案的甄别和纠正,强化审判监督司法救济、倒逼防错和统一法律适用功能;落实司法责任制,加强源头预防。

四、严格甄别纠正工作程序

10.保障诉讼权利。畅通申诉渠道,做好诉讼服务。充分尊重、依法保障当事人的申请权、申诉权、知情权、陈述权、辩护辩论权和处分权。

11.强化程序监督。对产权申诉案件,要加强审级监督,上级法院可以提审和改判的,不宜指令再审和发回重审,强化对下级法院办理产权案件的监督和指导,防止程序空转。重视检察监督,依法办理检察机关提起的抗诉和检察建议案件。

12.维护程序公正。落实接谈要求,完善询问方式,充分听取申诉人的意见。突出庭审功能,注重裁判说理,强化司法公开。加强司法救助与法律援助,为确有困难的涉诉民营企业及投资人减轻负担。

五、审慎把握司法政策

13.准确把握罪与非罪的法律政策界限。严格区分经济纠纷与经济犯罪特别是合同纠纷与合同诈骗的界限、企业正当融资与非法集资的界限、民营企业参与国有企业兼并重组中涉及的经济纠纷与恶意侵占国有资产的界限。准确把握经济违法行为入刑标准,准确认定经济纠纷和经济犯罪的性质,坚决纠正将经济纠纷当作犯罪处理的错误生效裁判。对于在生产、经营、融资等活动中的经济行为,当时法律、行政法规没有明确禁止而以犯罪论处的,或者虽属违法违规但不构成犯罪而以犯罪论处的,均应依法纠正。

14.坚决纠正以刑事执法介入民事纠纷而导致的错案。对于以刑事手段迫使当事人作出意思表示,导致生效民事裁判错误的,要坚决予以纠正。对于涉及犯罪的民营企业投资人,在当事人被采取强制措施或服刑期间,依法保障其行使财产权利等民事权利。对于民营企业投资人因被限制人身自由而严重影响行使民事诉讼权利,被解除人身自由限制后,针对民事案件事实提供了新的证据,可能推翻生效裁判的,人民法院应当依职权调查核实;符合再审条件的,应当依法启动再审。

15. 依法妥善处理因产权混同引发的申诉案件。在甄别和再审产权案件时,要严格区分个人财产和企业法人财产,对股东、企业经营管理者等自然人违法的案件,要注意审查在处置其个人财产时是否存在随意牵连企业法人财产的问题;对企业违法的案件,在处置企业法人财产时是否存在随意牵连股东、企业经营管理者个人合法财产的问题。要严格区分违法所得和合法财产、涉案人员个人财产和家庭成员财产,要注意审查在处置违法所得时是否存在牵连合法财产和涉案人员家庭成员合法财产的问题,以及是否存在违法处理涉案财物的问题,尤其要注意审查是否侵害了当事人及其近亲属、股东、债权人等相关方的合法权益。对确属因生效裁判错误而损害当事人财产权的,要依法纠正并赔偿当事人损失。

16. 依法妥善处理与政府行为有关的产权申诉案件。甄别和再审产权案件时,对于在招商引资、政府与社会资本合作等活动中与投资主体依法签订的各类合同,因政府换届、领导人员更替而违约毁约侵犯投资主体合法权益的,或者因法定事由改变政府承诺和合同约定,对投资主体受到的财产损失没有依法补偿的,人民法院应当依法再审和改判。对于政府在土地、房屋等财产征收、征用过程中,没有按照补偿范围、形式和标准给予被征收征用者公平合理补偿的错误裁判,人民法院应当依法审查,启动再审。在再审审查和审理中,要注意运用行政和解协调机制、民事调解方式,妥善解决财产纷争。

17. 依法妥善处理涉案财产处置申诉案件。对于因错误实施保全措施、错误采取执行措施、错误处置执行标的物,致使当事人或利害关系人、案外人等财产权利受到侵害的,应当及时解除或变更强制措施、执行回转、返还财产。执行过程中,对执行标的异议所作裁定不服的,当事人、案外人可以通过执行异议之诉或者审判监督程序等法定途径予以救济;造成损害的,受害人有权依照法律规定申请国家赔偿。

18. 依法审理涉及产权保护的国家赔偿案件。对于因产权申诉案件引发的国家赔偿,应当认真审查,符合立案条件的应当依法立案,符合赔偿条件的应当依法赔偿。坚持法定赔偿原则,加大赔偿决定执行力度。

六、狠抓工作落实

19. 坚持党的领导。完善产权保护制度,依法保护产权是党中央、国务院作出的一项重大决策部署,各级人民法院要自觉把产权司法保护工作置于党的统一领导之下,坚持依法独立行使审判权。对于产权保护中的重大事项,要及时向当地党委报告,在党委的统筹协调下,协同有关部门形成处理产权申诉案件的合力。

20. 建立协调机制。各高级人民法院要加强对涉产权错案冤案甄别纠正工作的组织领导,成立专门工作小组,加强统筹协调,提出工作方案,研究解决突出问题,建立健全敏感案件应急预案,加强对下工作指导,及时报告工作进展情况。工作小组办公室统一归口设置在审判监督庭。

21. 做好宣传引导。突出宣传重点和政策导向,加强信息公开,及时回应社会关切。要向社会适时公布产权保护的典型案例。加强法律解读和政策引导,积极弘扬产权保护法治理念,营造良好的产权保护司法环境和舆论氛围。

22. 严格执纪问责。在甄别和纠正产权申诉案件过程中,要认真落实《领导干部干预司法活动、插手具体案件处理的记录、通报和责任追究规定》《最高人民法院关于完善司法责任制的若干意见》等制度,进一步完善办案质量终身负责制和错案责任倒查问责制,从源头上有效预防错案冤案的发生。

最高人民法院关于为改善营商环境提供司法保障的若干意见

(法发〔2017〕23号　2017年8月7日)

为改善投资和市场环境,营造稳定公平透明、可预期的营商环境,加快建设开放型经济新体制提供更加有力的司法服务和保障,结合人民法院审判执行工作实际,制定本意见。

一、依法平等保护各类市场主体,推动完善社会主义市场经济主体法律制度

1. 坚持平等保护原则,充分保障各类市场主体的合法权益。全面贯彻平等保护不同所有制主体、不同地区市场主体、不同行业利益主体的工作要求,坚持各类市场主体法律地位平等、权利保护平等和发展机会平等的原则,依法化解各类矛盾纠纷,推动形成平等有序、充满活力的法治化营商环境。严格落实《最高人民法院关于依法平等保护非公有制经济促进非公有制经济健康发展的意见》,为非公有制经济健康发展提供良好的司法环境。

2. 根据《中华人民共和国民法总则》法人制度的规定,进一步完善法人规则体系。针对《中华人民共和国民法总则》法人制度部分的变化,及时总结具体适用过程中存在的问题,区分情况加以研究解决,推动社会主义市场经济法人制度的进一步完善。

3. 加强中小股东保护,推动完善公司治理结构。适时出台公司法相关司法解释,正确处理公司决议效力、股东知情权、利润分配权、优先购买权和股东代表诉讼等纠纷案件,依法加强股东权利保护,促进公司治理规范化,提升我国保护中小股东权益的国际形象,增强社会投资的积极性。

二、准确把握市场准入标准,服务开放型经济新体制建设

4. 做好与商事制度改革的相互衔接,推动形成更加有利于大众创业、万众创新的营商氛围。妥善应对商事登记制度改革对司法审判工作的影响,切实推动解决注册资本认缴登记制改革后的法律适用问题。利用大数据和现代信息技术,积极推动建立全国统一的各类财产权属登记平台和金融交易登记平台,让市场交易更加便利、透明。

5. 准确把握外商投资负面清单制度,促进外资的有效利用。在处理外商投资企业纠纷的案件中,依法落实外商投资管理体制改革的各项举措,准确把握外商投资负面清单制度的内容以及清单变化情况,妥善处理在逐步放开外商投资领域时产生的涉及外资准入限制和股比限制的法律适用问题,形成更加开放、公平、便利的投资环境。

6. 依法审理各类涉外商事海事案件,服务和保障"一带一路"等国家重大战略的实施。充分发挥审判职能作用,依法行使司法管辖权,公正高效审理各类涉外商事海事案件,平等保护中外当事人程序权利和实体权益。按照《最高人民法院关于人民法院为"一带一路"建设提供司法服务和保障的若干意见》,加强与"一带一路"沿线国家的国际司法协助,完善相关工作机制,及时化解争议纠纷,为"一带一路"建设营造良好法治环境。

7. 加强涉自贸试验区民商事审判工作,为开放型经济新体制建设提供司法保障。落实《最高人民法院关于为自由贸易试验区建设提供司法保障的意见》,积极配合自贸试验区政府职能转变、投资领域开放、贸易发展方式转变、金融领域开放创新等各项改革措施,公正高效审理各类涉自贸试验区案件,依法保障自贸试验区建设的制度创新。对案件审理过程中发现与自贸试验区市场规则有关的制度缺陷问题,及时提出司法建议,持续推进自贸试验区法治建设。

8. 适时提出立法、修法建议和制定、修订司法解释,为外商投资提供良好的法制保障。清理涉及外商投资的司法解释及政策文件,对于已与国家对外开放基本政策、原则不符的司法解释及政策文件,及时修订或废止。对于需要通过制定相关法律法规予以解决的问题,及时提出立法、修法建议;对于需要出台司法解释解决的问题,及时出台司法解释。

三、保障市场交易公平公正,切实维护市场交易主体合法权益

9. 加大产权保护力度,夯实良好营商环境的制度基础。严格落实《中共中央、国务院关于完善产权保护制度依法保护产权的意见》及《最高人民法院关于充分发挥审判职能作用切实加强产权司法保护的意见》,完善各类市场交易规则,妥善处理涉产权保护案件,推动建立健全产权保护法律制度体系。深入研究和合理保护新型权利类型,科学界定产权保护边界,妥善调处权利冲突,切实实现产权保护法治化。

10. 依法审理各类合同案件,尊重契约自由,维护契约正义。尊重和保护市场主体的意思自治,合理判断各类交易模式和交易结构创新的合同效力,促进市场在资源配置中起决定性作用,提升市场经济活力。严格按照法律和司法解释规定,认定合同性质、效力、可撤销、可解除等情形,维护契约正义。通过裁判案件以及适时发布指导性案例等形式,向各类市场主体宣示正当的权利行使规则和违反义务的法律后果,强化市场主体的契约意识、规则意识和责任意识。妥善处理民行、民刑交叉问题,厘清法律适用边界,建立相应机制,准确把握裁判尺度。

11. 妥善审理各类金融案件,为优化营商环境提供金融司法支持。依法审理金融借款、担保、票据、证券、期货、保险、信托、民间借贷等案件,保护合法交易,平衡各方利益。以服务实体经济为宗旨,引导和规范各类金融行为。慎重审查各类金融创新的交易模式、合同效力,加快研究出台相应的司法解释和司法政策。严厉打击各类金融违法犯罪行为,维护金融秩序。加强对金融消费者的保护,切实维护其合法权益。加强金融审判机构和队伍的专业化建设,持续提升金融审判专业化水平。

12. 严格依法审理各类知识产权案件,加大知识产权保护力度,提升知识产权保护水平。严格落实《中国知识产权司法保护纲要(2016—2020)》,持续推进知识产权审判工作。加强对新兴领域和业态知识产权保护的法律问题研究,适时出台司法解释和司法政策,推动知识产权保护法律法规和制度体系的健全完善。加强知识产权法院体系建设,充分发挥审判机构专门化、审判人员专职化和审判工作专业化的制度优势。进一步发挥知识产权司法监督职能,加大对知识产权授权确权行政行为司法审查的深度和广度,推动完善知识产权诉讼中的权利效力审查机制,合理强化特定情形下民事诉讼对民行交叉纠纷解决的引导作用,促进知识产权行政纠纷的实质性解决。综合运用民事、行政和刑事手段从严惩处各类知识产权侵权违法犯罪行为,依法让侵权者付出相应代价。

13. 推动建立统一开放的社会主义市场体系,促进市场有序竞争。严格依据相关竞争法律法规,规制各类垄断行为和不正当竞争行为,妥善处理破坏市场竞争规则的案件,充分发挥司法裁判对公平竞争市场环境的维护和指引作用。进一步规范行政机关的行政许可和审批行为,并通过建立完善与行政区划适当分离的司法管辖制度等方式,打破部门垄断和地方保护,推动形成权责明确、公平公正、透明高效、法治保障的市场监管格局,为维护公平有序的市场竞争环境提供司法保障。

14. 加强执行工作,充分保障胜诉当事人合法权益的实现。全面构建综合治理执行难工作格局,按照《关于落实"用两到三年时间基本解决执行难问题"的工作纲要》要求,完善执行法律规范体系,加强执行信息化建设,加大执行力度,规范执行行为,切实增强执行威慑,优化执行效果。严格依据刑法及司法解释的规定,依法追究拒不执行人民法院判决、裁定的被执行人、协助执行义务人、担保人的刑事责任。

四、加强破产制度机制建设,完善社会主义市场主体救治和退出机制

15. 完善破产程序启动机制和破产企业识别机制,切实解决破产案件立案难问题。按照法律及司法解释的相关规定,及时受理符合立案条件的破产案件,不得在法定条件之外设置附加条件。全力推进执行案件移送破产审查工作,实现"能够执行的依法执行,整体执行不能符合破产法定条件的依法破产"的良性工作格局。积极探索根据破产案件的难易程度进行繁简分流,推动建立简捷高效的快速审理机制,尝试将部分事实清楚、债权债务关系清晰或者"无产可破"的案件,纳入快速审理范围。

16. 推动完善破产重整、和解制度,促进有价值的危困企业再生。引导破产程序各方充分认识破产重整、和解制度在挽救危困企业方面的重要作用。坚持市场化导向开展破产重整工作,更加重视营业整合和资产重组,严格依法适用强制批准权,以实现重整制度的核心价值和制度目标。积极推动构建庭外兼并重组与庭内破产程序的相互衔接机制,加强对预重整制度的探索研究。研究制定关于破产重整制度的司法解释。

17. 严厉打击各类"逃废债"行为,切实维护市场主体合法权益。严厉打击恶意逃废债务行为,依法适用破产程序中的关联企业合并破产、行使破产撤销权和取回权等手段,查找和追回债务人财产。加大对隐匿、故意销毁会计凭证、会计账簿、财务会计报告等犯罪行为的刑事处罚力度。

18. 协调完善破产配套制度,提升破产法治水平。推动设立破产费用专项基金,为"无产可破"案件提供费用支持。将破产审判工作纳入社会信用体系整体建设,对失信主体加大惩戒力度。推动制定针对破产企业豁免债务、财产处置等环节的税收优惠法律法规,切实减轻破产企业税费负担。协调解决重整或和解成功企业的信用修复问题,促进企业重返市场。推进府院联动破产工作统一协调机制,统筹推进破产程序中的业务协调、信息提供、维护稳定等工作。积极协调政府运用财政奖补资金或设立专项基金,妥善处理职工安置和利益保障问题。

19. 加强破产审判组织和破产管理人队伍的专业化建设,促进破产审判整体工作水平的持续提升。持续推进破产审判庭室的设立与建设工作,提升破产审判组织和人员的专业化水平。研究制定关于破产管理人的相关司法解释,加快破产管理人职业化建设。切实完善破产审判绩效考核等相关配套机制,提高破产审判工作效能。

五、推动社会信用体系建设,为持续优化营商环境提供信用保障

20. 充分运用信息化手段,促进社会信用体系建设的持续完善。探索社会信用体系建设与人民法院审判执行工作的深度融合路径,推动建立健全与市场主体信用信息相关的司法大数据的归集共享和使用机制,加大守信联合激励和失信联合惩戒工作力度。

21. 严厉惩处虚假诉讼行为,推进诉讼诚信建设。严格依照法律规定,追究虚假诉讼、妨害作证等行为人的刑事法律责任。适时出台相关司法解释,明确虚假诉讼罪的定罪量刑标准。完善对提供虚假证据、故意逾期举证等不诚信诉讼行为的规制机制,严厉制裁诉讼失信行为。

22. 强化对失信被执行人的信用惩戒力度,推动完善失信惩戒机制。按照中共中央办公厅、国务院办公厅印发的《关于加快推进失信被执行人信用监督、警示和惩戒机制建设的意见》要求,持续完善公布失信被执行人名单信息、限制被执行人高消费等制度规范,严厉惩戒被执行人失信行为。推动完善让失信主体"一处失信、处处受限"的信用惩戒大格局,促进社会诚信建设,实现长效治理。

最高人民法院关于充分发挥审判职能作用为企业家创新创业营造良好法治环境的通知

(法〔2018〕1号　2017年12月29日)

各省、自治区、直辖市高级人民法院,解放军军事法院,新疆维吾尔自治区高级人民法院生产建设兵团分院:

2017年9月8日,中共中央、国务院印发《关于营造企业家健康成长环境弘扬优秀企业家精神更好发挥企业家作用的意见》(以下简称《意见》),这是推进供给侧结构性改革、实施创新发展战略、促进经济持续平稳健康发展的重要举措。为深入贯彻党的十九大精神和《意见》的要求,充分发挥审判职能作用,依法平等保护企业家合法权益,为企业家创新创业营造良好法治环境,现通知如下:

一、深刻认识依法平等保护企业家合法权益的重大意义。企业家是经济活动的重要主体。改革开放以来,一大批优秀企业家在市场竞争中迅速成长,为积累社会财富、创造就业岗位、促进经济社会发展、增强综合国力做出了重要贡献。人民法院充分发挥审判职能作用,依法平等保护企业家合法权益,为企业家创新创业营造良好法治环境,对于增强企业家人身及财产财富安全感,稳定社会预期,使企业家安心经营、放心投资、专心创业,充分发挥企业家在建设现代化经济体系、促进经济持续平稳健康发展中的作用具有重大意义。

二、依法保护企业家的人身自由和财产权利。严格执行刑事法律和司法解释,坚决防止利用刑事手段干预经济纠纷。坚持罪刑法定原则,对企业家在生产、经营、融资活动中的创新创业行为,只要不违反刑事法律的规定,不得以犯罪论处。严格非法经营罪、合同诈骗罪的构成要件,防止随意扩大适用。对于在合同签订、履行过程中产生的民事争议,如无确实充分的证据证明符合犯罪构成的,不得作为刑事案件处理。严格区分企业家违法所得和合法财产,没有充分证据证明为违法所得的,不得判决追缴或者责令退赔。严格区分企业家个人财产和企业法人财产,在处理企业犯罪时不得牵连企业家个人合法财产和家庭成员财产。

三、依法保护诚实守信企业家的合法权益。妥善认定政府与企业签订的合同效力,对有关政府违反承诺,特别是仅因政府换届、领导人员更替等原因违约、毁约的,依法支持企业的合理诉求。妥善审理因政府规划调整、政策变化引发的民商事、行政纠纷案件,对于确因政府规划调整、政策变化导致当事人签订的民商事合同不能履行的,依法支持当事人解除合同的请求。对于当事人请求返还已经支付的国有主体使用权出让金、投资款、租金或者承担损害赔偿责任的,依法予以支持。对企业家财产被征收征用的,要综合运用多种方式进行公平合理的补偿。

四、依法保护企业家的知识产权。完善符合知识产权案件特点的诉讼证据规则,着力破解知识产权权利人"举证难"问题。推进知识产权民事、刑事、行政案件审判三合一,增强知识产权司法保护的整体效能。建立以知识产权市场价值为指引,补偿为主、惩罚为辅的侵权损害司法认定机制,提高知识产权侵权赔偿标准。探索建立知识产权惩罚性赔偿制度,着力解决实践中存在的侵权成本低、企业家维权成本高的问题。坚持依法维护劳动者合法权益与促进企业生存发展并重的原则,依法保护用人单位的商业秘密等合法权益。

五、依法保护企业家的自主经营权。加强金融审判工作,促进金融服务实体经济。对商业银行、典当公司、小额贷款公司等金融机构以不合理收费变相收取高息的,参照民间借贷利率标准处理,降低企业融资成本。加强破产案件审理,对于暂时经营困难但是适应市场需要具有发展潜力和经营价值的企业,综合运用重整、和解等手段,促进生产要素的优化组合和企业转型升级。对违法违规向企业收费或者以各种监督检查的名义非法干预企业自主经营权的,依法予以纠正。严格依法采取财产保全、行为保全等强制措施,防止当事人恶意利用保全手段,侵害企业正常生产经营。对资金暂时周转困难、尚有经营发展前景的负债企业,慎用冻结、划拨流动资金等手段。加强对虚假诉讼和恶意诉讼的审查力度,对于恶意利用诉讼打击竞争企业,破坏企业家信誉的,要区分情况依法处理。

六、努力实现企业家的胜诉权益。综合运用各种强制执行措施,加快企业债权实现。强化对失信被执行人的信用惩戒力度,推动完善让失信主体"一处失信、处处受限"的信用惩戒大格局。同时,营造鼓励创新、宽容失败的社会氛围。对已经履行生效裁判文书义务或者申请人滥用失信被执行人名单的,要及时恢复企业家信用。对经营失败无偿债能力但无故意规避执行情形的企业家,要及时从失信被执行人名单中删除。

七、切实纠正涉企业家产权冤错案件。进一步加大涉企业家产权冤错案件的甄别纠正工作力度,对于涉企业家产权错案冤案,要依法及时再审,尽快纠正。准确适用国家赔偿法,及时启动国家赔偿程序,公正高效审理涉及企业家的国家赔偿案件,加大赔偿决定执行力度,依法保障企业家的合法权益。

八、不断完善保障企业家合法权益的司法政策。进一步加快"智慧法院"建设,充分利用信息技术,深入调研涉企业家案件的审判执行疑难问题,及时总结审判经验,健全裁判规则。加大制定司法解释、发布指导性案例工作力度,统一司法尺度和裁判标准。在制定有关司法政策、司法解释过程中要充分听取企业家的意见、建议。

九、推动形成依法保障企业家合法权益的良好社会氛围。进一步通过公开开庭等生动直观的形式,大力宣传党和国家依法平等保护企业家合法权益弘扬优秀企业家精神的方针政策。持续强化以案释法工作,及时公布一批依法保护企业家合法权益的典型案例和好做法、好经验,推动形成企业家健康成长良好法治环境和社会氛围。

十、增强企业家依法维护权益、依法经营的意识。加大对企业家的法治宣传和培训力度,提高企业家依法维护自身合法权益的意识和能力。依法打击破坏市场秩序、不正当竞争等违法行为,积极引导企业家在经营活动中遵纪守法、诚实守信、公平竞争、恪尽责任,弘扬优秀企业家精神。

各级人民法院要加强组织领导,制定工作方案,切实将依法保障企业家合法权益的工作落到实处。在审判执行工作中遇到新情况新问题的,请及时层报最高人民法院。

最高人民法院关于认真学习贯彻习近平总书记在民营企业座谈会上重要讲话精神的通知

(法〔2018〕297号 2018年11月6日)

各省、自治区、直辖市高级人民法院,解放军军事法院,新疆维吾尔自治区高级人民法院生产建设兵团分院;本院各单位:

2018年11月1日,习近平总书记主持召开民营企业座谈会并发表重要讲话。习近平总书记重要讲话,高屋建瓴、总揽全局、内涵丰富、语重心长,是新时代促进民营经济发展的纲领性文件,是一篇光辉的马克思主义文献,在国内外产生强烈反响。习近平总书记充分肯定民营经济的重要地位和作用,廓清了当前对民营经济的各种错误认识,深入分析民营经济发展遇到的困难和问题,明确提出支持民营企业发展壮大的政策举措,为促进民营企业发展并走向更加广阔的舞台注入了强大动力和坚定信心。11月5日,最高人民法院党组书记、院长周强主持召开党组会议,认真传达学习习近平总书记重要讲话精神,审议讨论有关审判业务部门提出的具体措施,结合法院工作实际研究贯彻落实意见。根据会议精神,现就认真学习贯彻习近平总书记在民营企业座谈会上重要讲话精神通知如下。

一、深刻认识习近平总书记重要讲话的重大理论和实践意义,切实把思想和行动统一到讲话精神上来。各级人民法院要深入学习贯彻习近平总书记在民营企业座谈会上的重要讲话精神,深刻领会讲话的精神实质和实践要求,牢固树立"四个意识",坚定"四个自信",始终做到"两个维护",切实把思想和行动统一到讲话精神上来,牢牢坚持"两个毫不动摇",树立适应新时代要求的司法理念,找准工作结合点、切入点,把党中央各项政策措施落地、落实、落细,进一步加大产权司法保护力度,依法平等保护民营企业合法权益,切实维护民营企业家人身和财产安全,为企业家创新创业营造良好法治环境。

二、坚决贯彻落实党中央决策部署,狠抓加强产权司法保护政策措施的落实落地。按照最高人民法院《关于依法平等保护非公有制经济促进非公有制经济健康发展的意见》(法发〔2014〕27号)、《关于充分发挥审判职能作用切实加强产权司法保护的意见》(法发〔2016〕27号)、《关于充分发挥审判职能作用为企业家创新创业营造良好法治环境的通知》(法〔2018〕1号)等提出的具体要求和工作安排,认真总结加强产权司法保护、甄别纠正涉产权冤错案件经验,查找差距和不足,准确把握司法政策,强化司法为民意识,不断提高诉讼效率,提升司法工作水平,妥善审理各类涉民营企业案件,以实际行动增强企业家人身、财产安全感和干事创业信心。

三、充分运用司法手段,为民营经济发展提供有力司法服务和保障。切实转变司法理念,坚持各类市场主体诉讼地位平等、法律适用平等、法律责任平等,依法保护诚实守信、公平竞争,严格落实罪刑法定、疑罪从无、非法证据排除等法律原则和制度,坚决防止将经济纠纷当作犯罪处理,坚决防止将民事责任变为刑事责任,让民营企业家专心创业、放心投资、安心经营,让财产更加安全,让权利更有保障。妥善审理各类涉产权案件,进一步加大涉民营企业家产权冤错案件依法甄别纠正力度。充分发挥司法保护知识产权的主导作用,加大对侵犯知识产权行为的惩治力度,鼓励民营企业通过技术进步和科技创新实现产业升级,提升核心竞争力。加强反垄断案件、公平竞争案件的审理工作力度,依法制止占有市场支配地位的市场主体滥用垄断地位,为民营经济发展营造统一开放、竞争有序的市场环境。妥善审理民营企业破产案件,积极发挥破产重整程序的特殊功能,帮助民营企业压缩和合并过剩产能,推动转型升级,优化资金、技术、人才等生产要素配置,帮助和支持民营企业恢复生机、重返市场。进一步强化以案释法工作,及时公布依法保护民营企业和企业家合法权益的典型案例和好做法、好经验,推动形成企业家健康成长的良好法治环境和社会氛围。

四、进一步提升执行能力和水平,坚决打赢"基本解决执行难"这场硬仗。加大推进"基本解决执行难"工作力度,综合运用各种强制执行措施,保障民营企业胜诉债权利益及时兑现。在中央政法委领导下,紧紧依靠各级党委政法委,深入开展涉党政机关执行清积专项行动,促进党政机关带头履行生效判决。强化公正执行、善意执行、文明执行理念,依法审慎适用强制措施,禁止超标的、超范围查封、扣押、冻结涉案财物,最大限度减少司法活动对涉案民营企业正常生产经营活动的不利影响。

五、加强调查研究,健全完善涉及民营经济发展的司法政策和司法解释。加大对民营企业股权质押、三角债、互联互保等引发纠纷所涉法律问题的研究力度,合理和准确把握资金借贷的裁判尺度,立足司法职能促进解决民营企业融资难融资贵问题。全面清理、完善司法政策和司法文件,凡是有悖于平等保护民营经济的,要及时废止或调整完善。

六、认真落实全面从严治党、从严治院要求,确保公正廉洁司法。教育引导广大法院干警将依法保护民营企业家人身和财产安全的各项要求落实到立案、审判、执行全过程,着力查纠审判执行工作中不严格、不规范、不公正、不文明问题,以零容忍态度严肃查处利用审判执行权侵害民营企业和企业家合法权益的行为,确保党中央关于鼓励、支持、引导民营经济发展的各项决策部署得到正确贯彻执行,努力让人民群众在每一个司法案件中感受到公平正义。

各高级人民法院要按照本通知要求,组织辖区各级人民法院和广大干警认真学习贯彻习近平总书记在民营企业座谈会上的重要讲话精神,结合实际研究提出贯彻落实的具体措施,确保党中央决策部署在人民法院不折不扣贯彻落实到位。

最高人民法院关于为推动经济高质量发展提供司法服务和保障的意见

(法发〔2019〕26号　2019年10月24日)

为深入学习贯彻习近平新时代中国特色社会主义思想,认真学习贯彻习近平总书记关于经济高质量发展的重要论述,贯彻党中央关于推动经济高质量发展的决策部署,充分发挥人民法院审判职能,为推动经济高质量发展提供高水平司法服务和保障,结合人民法院工作实际,制定如下意见。

一、切实增强服务经济高质量发展的责任感和使命感

现阶段,我国经济发展的基本特征就是由高速增长阶段转向高质量发展阶段。推动高质量发展,是保持经济持续健康发展的必然要求,是适应我国社会主要矛盾变化和全面建成小康社会、全面建设社会主义现代化国家的必然要求,是遵循经济规律发展的必然要求,是党和国家当前和今后一个时期确定发展思路、制定经济政策、实施宏观调控的根本要求。习近平总书记多次就坚持新发展理念、推动高质量发展、深化供给侧结构性改革、打好三大攻坚战、推动全方位对外开放、促进民营经济发展等作出重要指示批示,为人民法院服务经济高质量发展指明了方向,提供了根本遵循。各级人民法院要切实增强责任感和使命感,坚持以习近平新时代中国特色社会主义思想为指导,深入学习贯彻习近平总书记关于经济高质量发展的重要论述,增强"四个意识"、坚定"四个自信"、做到"两个维护",全面贯彻新发展理念,坚持稳中求进工作总基调,坚持服务大局、司法为民、公正司法,充分发挥审判职能作用,为经济持续健康发展和社会大局稳定提供有力司法服务和保障。

二、依法维护国家安全和社会稳定

牢固树立总体国家安全观,坚持底线思维,增强忧患意识,提高风险防控能力,严厉打击各种渗透颠覆破坏、暴力恐怖、民族分裂、宗教极端犯罪,依法惩治各类刑事犯罪,坚决维护国家政治安全特别是政权安全、制度安全。贯彻依法严惩方针,咬定扫黑除恶目标不放松,紧盯涉黑涉恶重大案件不放,紧盯"关系网""保护伞"不放,紧盯黑恶势力经济基础不放,在依法严惩、深化打击、深挖幕后、综合整治上持续发力,探索源头治理、系统治理长效机制,力求依法打深打透、除恶务尽。依法严惩杀人、抢劫、绑架、爆炸等严重暴力犯罪,严厉打击电信网络诈骗、污染环境、危害食品药品安全等群众反映强烈的犯罪,切实增强人民群众安全感。积极参与社会治理创新,加大对"民转刑"案件的分析研判,积极提出防控风险的司法建议,促进社会治安防控体系建设。

三、依法服务保障供给侧结构性改革

认真落实"巩固、增强、提升、畅通"八字方针要求,积极服务深化供给侧结构性改革。依法稳妥审理破产案件,推动完善市场主体救治和退出制度机制。坚持破产审判市场化、法治化、专业化、信息化方向,依法保护各方主体合法权益,促进企业优胜劣汰。坚持精准识别、分类施策,对陷入财务困境但仍具有发展前景和挽救价值的企业,积极适用破产重整、破产和解程序,促进生产要素优化组合和企业转型升级,让企业重新焕发生机活力,让市场资源配置更加高效。探索破产案件繁简分流机制,将符合条件的简单破产案件纳入快速审理范围。完善破产案件集中统一管辖制度,及时妥善处置"执转破"案件,实现"能够执行的依法执行,整体执行不能符合破产法定条件的依法破产"良性工作态势。推进破产审判专业化建设,加快破产法庭建设,增强破产审判能力,提升破产案件审判质效。积极推动完善破产法制及配套机制建设,推动个人破产立法,推动成立破产管理人协会,推动设立破产费用专项基金,推进建立常态化"府院联动"协调机制。依法稳妥审理涉及先进制造业以及各类新交易新模式新业态案件,精准把握裁判尺度,推动降低企业成本,服务新旧动能转换和提升产业链水平。

四、加大知识产权司法保护力度

加强对互联网、大数据、人工智能、区块链、操作系统、集成电路、清洁能源等核心技术和前沿领域技术成果的保护,加强对关键共性技术、前沿引领技术、现代工程技术、颠覆性技术创新等创新程度高的科技成果的保护,加强对制造业领域关键核心技术知识产权的保护。通过公正裁判激励科技创新,促进制造业企业通过技术进步和科技创新实现产业升级,鼓励市场主体通过创新提升核心竞争力。强化知名品牌保护,严厉打击商标恶意抢注、攀附、仿冒等不诚信行为,进一步净化市场竞争环境。依法制止侵犯商业秘密等不正当竞争行为,加快完善互联网领域、数字经济领域的反垄断法适用,营造公平有序、充满活力的市场环境。建立健全体现知识产权价值的侵权损害赔偿制度,充分发挥惩罚性赔偿制度作用,进一步加大侵犯知识产权行为违法成本。深入推进知识产权民事、行政和刑事案件审判"三合一"机制改革,准确把握和贯彻宽严相济刑事政策,正确处理知识产权民事和刑事审判之间的关系,充分发挥刑事审判保护知识产权的威慑作用。持续优化知识产权诉讼管辖布局,完善证据规则,研究制定知识产权诉讼特别程序法。加强知识产权保护国际司法交流合作,积极参与构建国际知识产权保护规则,推动国际知识产权治理体系变革,不断提高我国知识产权保护的公信力、吸引力和影响力,努力把我国建设成为知识产权保护的典范和世界知识产权诉讼优选地。

五、优化法治化营商环境

深入贯彻落实习近平总书记关于"法治是最好的营商环境"重要指示,不断提高司法质量、效率和公信力,更好发挥法治固根本、稳预期、利长远的保障作用,努力营造稳定公平透明、可预期的法治化营商环境。加大产权司法保护力度,切实把全面、依法、平等保护产权要求落到实处。健全涉企冤错案件甄别纠正常态化机制,对裁判确有错误的案件坚决依法纠正。充分尊重和保护意思自治,正确处理意思自治与行政监管的关系,为市场在资源配置中起决定性作用提供有力司法保障。重视发挥司法裁判对市场主体行为的规范和引导作用,促进各类市场主体树立规则意识,依法规范经营。加强股东特别是中小股东权益保护,促进公司治理规范化。积极推进社会诚信建设,依法保护诚实守信、公平竞争,坚决制裁失信违法行为。

六、依法平等保护民营企业和企业家合法权益

依法惩治侵害民营企业和企业家合法权益的违法犯罪行为,切实增强企业家人身和财产安全感,让企业家专心创业、放心投资、安心经营。准确把握罪与非罪的界限,严格区分经济纠纷与经济犯罪、合法财产与犯罪所得、正当融资与非法集资,坚决防止利用刑事手段干预经济纠纷,坚决防止将经济纠纷当作犯罪处理,坚决防止将民事责任变为刑事责任。依法严格把握非法经营罪、合同诈骗罪的构成要件,防止随意扩大适用,妥善解决民刑交叉问题。依法审慎适用强制措施,严禁违反法定权限、程序查封、扣押、冻结涉案财物,严禁明显超范围超标的查封,严禁违法查封案外人财产。依法公正审理涉民营企业金融借款、融资租赁、民间借贷等案件,妥善处理三角债、股权质押、互联互保等纠纷,依法保障民营企业合法权益。依法维护民营经济主体作为行政相对人的合法权益,保障各类市场主体平等使用生产要素、平等享受国家支持政策,依法保护市场主体经营自主权。

七、依法保护消费者权益

依法审理各类涉消费者权益案件,积极回应群众关切,切实维护消费者合法权益。及时制定、完善涉食品药品安全、旅游纠纷及消费民事公益诉讼等相关司法解释,统一裁判尺度,确保法律正确实施。及时公开发布消费者维权指导性案例,坚持支持依法维权、提倡理性维权、抑制不当维权理念。准确把握居民消费升级大趋势,积极适应居民对优质产品和个性化服务的需求变化,切实提升司法保障水平。加强对快递服务、网络约车、信用卡消费、网络购物、网络预付消费、跨境网络交易等新兴消费领域或模式中新情况新问题的研判,坚持鼓励与规范相统一的司法价值取向。进一步加强与行政机关、行业组织、社会组织的沟通协作,推动建立完善多元化纠纷解决机制和在线纠纷解决机制,整合解纷资源,强化诉调对接,进一步降低消费者维权成本,有效化解矛盾纠纷。积极开展消费者权益司法保护国际合作,探索跨境网络交易中消费者权益纠纷的法律适用和国际合作机制。

八、依法服务保障三大攻坚战

依法审理各类金融案件,引导和规范金融交易,严厉打击套取金融资金转贷行为,防止和遏制金融资本"脱实向虚",切实服务实体经济。依法支持符合条件的战略性新兴产业和制造业企业融资创新。依法规制高利贷、超利贷,加大对P2P网络借贷等领域非法吸收公众存款、集资诈骗、"套路贷"等非法金融活动的识别和打击力度,加强预警和研判,防范特定类型案件可能引发的金融风险传递,有效防范化解系统性金融风险。依法妥善审理房地产纠纷案件,防范房地产市场风险对金融风险的传导和转化。依法惩处生产、销售假冒伪劣农药、化肥、种子等坑害农民利益的犯罪,维护农业生产秩序和农村社会稳定。依法严厉打击侵占、挪用、贪污农业投资、种粮补贴等专项资金的违法犯罪行为,确保国家农业政策有效落实。依法妥善审理农村土地承包案件,深入贯彻落实承包地"三权分置"改革政策。依法依规审理农村宅基地"三权分置"、集体经营性建设用地入市等纠纷,保障农村土地制度改革。妥善审理涉及农村产权保护、投资融资权益、农业科技创新等案件,维护农业农村生产经营秩序,切实维护农民权益。精准对接贫困地区群众司法需求,积极服务脱贫攻坚。充分发挥人民法庭在乡村治理中的作用,促进完善乡村自治、法治、德治相结合的治理体系,服务保障乡村振兴战略实施。依法审理涉环境污染和生态破坏的刑事、民事、行政案件,推进环境公益诉讼和生态环境损害赔偿诉讼制度全面实施,探索完善涉及自然资源开发利用以及新能源、气候变化等领域环境资源案件审判规则。依法支持和监督生态环境保护和自然资源管理行政执法行为,加大环境污染行政处罚、排污费征收等非诉行政案件执行力度,切实维护行政执法效力和权威。

九、依法服务开放型经济建设

加强涉外商事海事审判工作,依法平等保护中外当事人合法权益,促进形成法治化国际化便利化的营商环境和公平开放、统一高效的市场环境,积极服务新时代全方位对外开放。围绕服务保障共建"一带一路"、自贸试验区建设、自由贸易港建设、粤港澳大湾区建设以及海洋强国战略实施,完善相关政策机制,加强国际化、专业化的纠纷解决机制建设,及时化解矛盾纠纷,积极提出司法建议。认真落实外商投资法,积极适应外商投资准入前国民待遇加负面清单等制度,依法妥善处理在逐步放开外商投资领域过程中产生的各类纠纷,及时出台外商投资法相关司法解释,依法保护外商投资合法权益。及时清理与国家对外开放基本政策、原则不相符的司法解释及规范性文件,促进贸易和投资自由化便利化,推动形成更加开放、公平、便利的投资环境。完善国际司法协助体制机制建设,提高办理国际司法协助案件专业化水平。充分发挥最高人民法院国际商事法庭和国际商事专家委员会作用,支持开放程度高的地区建立更加专业的国际商事审判机构,完善国际商事纠纷多元化解决机制,提供优质高效的司法服务。深化国际司法交流合作,积极参与有关国际规则制定,充分发挥司法职能作用,为维护多边贸易体制和推动全球经济治理体系改革完善贡献积极力量。

十、加强民生司法保障工作

坚持以人民为中心,妥善审理好涉教育、医疗、养老、住房、环境、劳动就业、社会保障等领域相关案件,更加重视保护弱势群体合法权益,促进保障和改善民生。深化家事审判方式和工作机制改革,促进家事纠纷专业化、社会化、人性化解决,探索推进家事审判与少年审判协同发展。进一步健全完善中国特色社会主义少年司法制度,积极预防未成年人犯罪,加强未成年人权益司法保护。积极参与平安校园建设,加强校园欺凌防治。推进司法保护与行政、家庭、学校、社区保护联动机制试点,加强对空巢老人、留守儿童等合法权益的司法保护。依法严厉打击利用保健品、投资理财等诈骗特殊群体犯罪行为。做好国家赔偿、司法救助工作,推进司法救助与法律援助、社会救助有机衔接,切实保障生活困难群众合法权益。巩固和深化"基本解决执行难"成果,健全解决执行难长效机制,进一步完善失信联合惩戒机制,加大涉民生案件执行力度,切实保障胜诉当事人及时实现权益。

十一、全面提升化解矛盾纠纷和服务人民群众能力

坚持创新发展新时代"枫桥经验",主动融入党委领导的社会治理格局,坚持把非诉讼纠纷解决机制挺在前面,充分发挥人民法院在社会治理中的参与、推动、规范、保障作用,促进从源头上预防化解矛盾纠纷。统筹推进"两个一站式"建设,健全诉讼前端多元化纠纷解决机制,有机衔接各类解纷力量,强化诉讼服务中心实体解纷功能,建好用好类型化专业化纠纷解决平台,为群众提供多途径、多层次、多种类纠纷解决渠道。全面建设集约高效、多元解纷、便民利民、智慧精准、开放互动、交融共享的现代化诉讼服务体系,更好实现一站式多元解纷、一站式诉讼服务。强化诉讼服务大厅、诉讼服务网、12368诉讼服务热线标准化建设,方便当事人"一次办好"各项诉讼服务事务。加快推进智慧诉讼服务,形成"一网通办"诉讼服务新模式,为当事人提供网上查询、咨询、缴费、送达、调解、庭审等一站式电子诉讼服务。加快推进网上立案和跨域立案服务,实现就近能立、多点可立、少跑快立,最大限度方便群众诉讼。探索将审判辅助性、事务性工作集中到诉讼服务中心,推行集约化管理,健全购买社会化服务机制,为人民群众提供更加优质高效便捷的诉讼服务。

十二、建立完善服务保障经济高质量发展工作机制

建立常态化督导评价机制,建立服务和保障高质量发展工作台账,明确岗位职责,量化评价标准,加强督促检查,确保工作实效。加强调研指导,及时调查研究推动高质量发展过程中的司法需求和突出问题,不断总结经验做法,完善相关政策机制。上级法院要加大对疑难复杂和新类型案件指导力度,完善指导性案例制度、类案和新类型案件强制检索报告工作机制,促进统一裁判尺度。充分发挥大数据研究和司法建议作用,依法延伸审判职能,积极服务党委政府决策,推动有关单位完善管理、改进工作,预防和减少社会矛盾纠纷,促进社会治理现代化。加强法治宣传,及时发布服务保障高质量发展的典型案例,积极开展法官"十进"等活动,开展订制式精准普法,充分利用新媒体、自媒体加强法治宣传,为推动高质量发展营造良好法治环境。

最高人民法院关于认真学习贯彻习近平总书记重要讲话精神服务保证各类市场主体实现更大发展的通知

（法〔2020〕205号 2020年8月18日）

各省、自治区、直辖市高级人民法院，解放军军事法院，新疆维吾尔自治区高级人民法院生产建设兵团分院：

7月21日，习近平总书记主持召开企业家座谈会并发表重要讲话，对保护和激发市场主体活力、弘扬企业家精神等提出明确要求，为全社会特别是各类市场主体注入强大动力，为争取全年经济发展好成绩，实现全面建成小康社会，开启全面建设社会主义现代化国家新征程指明了前进方向。为认真学习贯彻习近平总书记重要讲话精神，充分发挥审判职能作用，依法服务保障各类市场主体实现更大发展，现就有关工作通知如下。

一要深入学习领会、坚决贯彻落实习近平总书记重要讲话精神，切实把思想和行动统一到党中央决策部署上来。各级人民法院要坚持以习近平新时代中国特色社会主义思想为指导，深入学习贯彻习近平总书记在企业家座谈会上的重要讲话精神，增强"四个意识"、坚定"四个自信"、做到"两个维护"，增强服务保障各类市场主体发展的责任感、使命感。要把思想和行动统一到习近平总书记重要讲话精神上来，找准服务党和国家工作大局的结合点、切入点，确保党中央重大决策部署在人民法院得到不折不扣贯彻落实。要围绕扎实做好"六稳"工作、全面落实"六保"任务，发挥司法促发展、稳预期、保民生作用，落实好纾困惠企司法政策措施，保护和激发市场主体活力，大力弘扬企业家精神，促进营造市场化、法治化、国际化营商环境，服务经济高质量发展。

二要依法平等保护各类市场主体合法权益。切实实施民法典和相关法律法规,依法平等保护国有企业、民营企业、外资企业、港澳台资企业、个体工商户等各类市场主体合法权益,保障各类市场主体平等使用生产要素、公开公平参与市场竞争、同等受到法律保护、共同履行社会责任。依法妥善审理涉及土地流转、林权转让、股份合作等案件,维护农民合作社、家庭农场等新型农业经营主体的合法权益,促进农业农村现代化。从严惩处"套路贷"、非法放贷、欺行霸市、暴力讨债等黑恶势力违法犯罪,依法严惩制假售假、损害商业信誉、商品声誉等妨害企业生产经营犯罪,严厉打击故意伤害、敲诈勒索、毁坏财物等侵害企业及企业家人身财产权利的违法犯罪,坚决维护企业及企业家合法权益。依法审理涉及要素配置和市场准入的合同纠纷案件,准确把握自然垄断行业、服务业等市场准入放宽对合同效力影响,落实"非禁即入"政策,健全统一开放市场体系,维护公平有序竞争环境。依法妥善处理行政争议,对行政权力坚持"法无授权不可为"原则,对各类市场主体坚持"法无禁止即可为"原则。加大对地方保护、区域封锁等行政行为审查力度,消除隐性壁垒,促进发挥市场在资源配置中的决定性作用。依法保护各类市场主体自主经营权和合法财产所有权,强化对行政处罚、行政强制及征收征用等行政行为的司法审查,明确因行政机关违法行为的充分赔偿和因国家利益需要的充分补偿原则。依法妥善审理涉及产权和企业家权益的国家赔偿案件,及时启动国家赔偿程序,维护企业家合法权益。

三要依法保护和激发市场主体活力。严格遵循罪刑法定、疑罪从无、证据裁判等法律原则,严格区分经济纠纷与经济犯罪、合法财产与违法所得、正当融资与非法集资,把尊重和保障人权贯穿刑事审判全过程。依法甄别纠正历史形成的涉产权冤错案件,健全涉产权冤错案件有效防范和常态化纠错机制,让企业家专心创业、放心投资、安心经营。依法支持能够降低交易成本、实现普惠金融、合法合规的金融交易模式,促进解决中小微企业融资难、融资贵问题。依法保护融资租赁、保理等金融资本与实体经济相融合的融资模式,防范以预扣租金、保证金等方式变相抬高实体经济融资成本。依法认定新类型担保法律效力,拓宽中小微企业融资担保方式。依法完善市场主体救治机制,调整常态化疫情防控下破产审判理念,引导债权人和债务人通过庭外调解、庭外重组、预重整等方式化解债务危机,实现对企业尽早挽救。依法审慎认定破产原因,合理延长重整计划草案提交期限、破产重整计划或者和解协议的执行期限。强化善意文明执行理念,有效运用"活封"措施,坚决杜绝超标的查封、乱查封,最大限度降低对企业生产经营不利影响。依法审慎适用失信惩戒和限制消费措施,对受疫情影响较大、暂时经营困难的企业,尤其是中小微企业要给予宽限期,对符合条件的要及时进行信用修复。依法服务"放管服"改革,落实行政机关负责人出庭应诉制度,加大行政争议实质性化解力度,助推法治政府建设,促进营造亲清政商关系。

四要助力培育和弘扬企业家精神。加强知识产权司法保护,严格落实惩罚性赔偿制度,依法惩治链条式、产业化知识产权犯罪,完善诉讼证据规则、证据披露以及证据妨碍排除规则,降低知识产权维权成本,为企业家弘扬创新精神,加快关键核心技术攻关营造良好法治环境。妥善审理涉及新交易新模式新业态案件,坚持鼓励创新和包容审慎原则,合理确定新经济新业态主体法律责任,加大网络侵权司法救济和保护力度,引导和规范数字经济健康发展。坚持保护劳动者合法权益与保障企业生存发展并重,妥善处理劳动争议等涉企矛盾纠纷,促进稳定就业岗位,促使企业家更好履行社会责任。对暂时存在资金困难但有发展潜力的企业,特别是中小微企业,积极发挥集体协商援企稳岗作用,通过和解、调解等方式鼓励劳动者与企业共渡难关。依法制裁企业在经营活动中不讲诚信甚至违规违法行为,探索建立虚假诉讼失信人名单制度,引导企业家增强法治意识、契约精神、守约观念,推动信用经济、法治经济发展。坚持以供给侧结构性改革为主线,妥善审理涉及生产、分配、流通、消费等领域纠纷,为加快形成以国内大循环为主体、国内国际双循环相互促进的新发展格局提供有力司法保障。妥善审理企业涉外纠纷,加强涉外法律问题指导,帮助防范化解涉外经营风险,保障企业在更高水平对外开放中实现更好发展。全面实施外商投资法及相关法律法规,平等保护中外投资者合法权益,积极参与全球治理体系改革和国际规则制定,服务建设开放型世界经济、构建人类命运共同体。

五要健全符合市场主体需要的司法服务体系。全面推进一站式多元解纷和诉讼服务体系建设,深入推进"分调裁审"机制改革,深化民事诉讼程序繁简分流改革试点,为各类市场主体提供线上线下融合、优质便捷高效的权利救济渠道和诉讼服务。要加强与工商联、商会等合作,促进涉市场主体矛盾纠纷的源头预防化解。要充分发挥司法大数据作用,加强立案、调解、信访等数据资源分析,健全风险预测预警预防机制,为各类市场主体提供更加精准的司法服务。要光明磊落、坦荡真诚与企业交往,多听取企业家意见建议,了解企业司法需求,真正为企业排忧解难。要严格落实防止干预司法"三个规定"等铁规禁令,坚决防止权钱交易等腐败现象发生,确保公正廉洁司法。

各高级人民法院要结合实际认真抓好贯彻落实,充分发挥审判职能作用,依法服务保障各类市场主体实现更大发展,为统筹推进常态化疫情防控和经济社会发展工作,确保完成决战决胜脱贫攻坚目标任务,全面建成小康社会提供有力司法服务和保障。贯彻落实情况,请及时报告最高人民法院。

最高人民法院 国家发展和改革委员会关于为新时代加快完善社会主义市场经济体制提供司法服务和保障的意见

(法发〔2020〕25 号 2020 年 7 月 20 日)

为深入贯彻落实《中共中央 国务院关于新时代加快完善社会主义市场经济体制的意见》精神,充分发挥审判职能作用,营造适应经济高质量发展的良好法治化营商环境,为加快完善新时代社会主义市场经济体制提供有力司法服务和保障,结合经济社会发展需要和人民法院审判执行工作实际,制定本意见。

一、完善市场主体司法保护机制,进一步增强微观主体活力

1. 依法平等保护各类市场主体。坚持公有制经济和非公有制经济法律地位平等、法律适用平等、权利保护平等,不断加强对非公有制经济的司法保护力度。依法平等保护中外当事人的诉讼权利和实体权益,坚定不移扩大高水平开放。坚持严格公正司法,平等保护民营企业和企业家的人格权益和财产权益,保障各类市场主体平等使用生产要素,公开公平参与市场竞争。

2. 完善市场主体司法裁判规则体系。以贯彻实施民法典为契机,及时开展司法解释清理修订工作,废除按照所有制类型区分市场主体和对民营企业不平等的规定。完善营利法人的司法裁判规则,推动形成有利于创新和发展的现代法人制度。针对特别法人制度的最新发展,按照中央创新农村集体经济组织有效组织形式和运行机制的要求,积极应对司法实践中涉及农村集体经济组织基本特征、法人属性、功能作用、运行机制等亟待解决的现实问题。吸收借鉴国际成熟市场主体法律制度的有益经验,规范、扶持和保护高新科技企业、金融业和高端服务业领域存在的有限合伙企业等新型市场主体,健全支持民营经济、外商投资企业发展的司法环境。

3. 推动完善国有企业法人治理结构。按照"加快完善国有企业法人治理结构和市场化经营机制"要求,立足深化国有企业和国有资产监督管理体制改革,进一步明晰国有产权所有者和代理人关系,依法妥善审理因内部人控制、关联交易、法定代表人违规担保等导致国有资产流失的案件,依法追究董事、监事和高级管理人员违反忠实义务、勤勉义务的法律责任,促进国有企业健全完善内部监督制度和内控机制,规范权责定位和行权方式,完善中国特色的现代企业制度。依法支持混合所有制企业探索建立有别于国有独资、全资公司的治理机制,注重维护持股员工、非公有制股东的合法权益,激发新型市场主体的活力。

4. 加强中小股东司法保护。严格落实公司法、证券法优先保护特殊市场主体的立法精神,切实保护中小股东的知情权、利润分配权等合法权益,增强投资者信心。正确处理契约自由与契约正义的关系,合理确定金融机构的适当性管理义务和举证责任,优先保护金融消费者合法权益。依法受理、审理证券欺诈

责任纠纷案件,发挥证券侵权赔偿诉讼的规范、震慑功能,提高资本市场违法违规成本。继续推进证券期货纠纷多元化解机制建设,支持建立非诉讼调解、先行赔付等工作机制,通过支持诉讼、示范判决等方式拓宽投资者索赔的司法路径,切实解决证券市场中小投资者维权难问题。

5. 健全市场主体司法救治退出机制。抓住供给侧结构性改革主线,按照发展改革委《加快完善市场主体退出制度改革方案》要求,加快"僵尸企业"出清,充分发挥破产重整的拯救功能,加强对陷入困境但具有经营价值企业的保护和救治。细化重整程序的实施规则,加强庭外重组制度、预重整制度与破产重整制度的有效衔接。完善政府与法院协调处置企业破产事件的工作机制,探索综合治理企业困境、协同处置金融风险的方法和措施。拓展和延伸破产制度的社会职能,推动建立覆盖营利法人、非营利法人、非法人组织、自然人等各类市场主体在内的社会主义市场主体救治和退出机制。完善跨境破产和关联企业破产规则,推动解决跨境破产、复杂主体破产等司法难题。进一步完善企业破产启动与审理程序,加大执行转破产工作力度。优化管理人制度和管理模式,推动完善市场主体退出过程中相关主体权益的保障机制和配套政策。加强破产审判的专业化和信息化建设,提高破产案件审理质效。

二、加强产权司法保护,夯实市场经济有效运行的制度基础

6. 健全以公平公正为原则的产权保护制度。严格执行产权保护司法政策,全面依法平等保护各种所有制经济产权和合法权益,推动健全归属清晰、权责明确、保护严格、流转顺畅的现代产权制度。明确和统一裁判标准,准确界定产权关系,合理划定责任财产范围,重点解决国有资产流失,利用公权力侵害私有产权,违法查封、扣押、冻结民营企业财产等产权保护中的突出问题。严格区分经济纠纷与经济犯罪,依法慎用刑事强制措施,严格规范涉案财产的保全和处置措施,健全涉产权冤错案件有效防范和常态化纠错机制。坚持法定赔偿原则,加大涉产权冤错案件赔偿决定执行力度。完善和统一执行异议之诉、担保物权实现、破产债权清偿中的权利冲突解决规则。强化善意文明执行理念,严禁超标的查封、乱查封,建立健全查封财产融资偿债和自行处置机制,尽最大可能保持企业财产运营价值。加强对数字货币、网络虚拟财产、数据等新型权益的保护,充分发挥司法裁判对产权保护的价值引领作用。

7.依法惩治各类侵犯产权行为。依法惩治侵吞、瓜分、贱卖国有、集体资产的犯罪,推动完善资产监督管理制度。坚持惩罚犯罪与追赃挽损并重的原则,打击针对企业家和严重危害民营企业发展的违法犯罪行为,依法追缴民营企业被侵占、挪用的财物,完善财产返还和退赔制度。依法制裁知识产权违法犯罪,加大对链条式、产业化知识产权犯罪的惩治力度。合理认定产权侵权行为及其民事责任,及时出台证券纠纷代表人诉讼司法解释,保护上市公司与新三板公司股东权利。依法支持行政机关为保护产权实施的行政执法行为,纠正侵犯产权的违法行政行为,修订完善行政赔偿案件司法解释。

8.服务农村集体产权制度改革。依法加强对农村集体产权制度改革的司法保障,促进集体资产保值增值,不断增加农民收入,推动乡村振兴发展,巩固脱贫攻坚成果。严格实施土地管理法、农村土地承包法和民法典物权编规定,妥善审理农村承包地、宅基地"三权分置"产生的土地权属流转纠纷案件,依法依规认定承包地经营权流转合同、宅基地使用权流转合同的效力,促进土地资源有效合理利用。依法保护农户土地承包权和宅基地资格权,确保农村土地归农民集体所有。依法保护农村集体经济组织成员权益,对农村集体经济组织将经营性资产、资源性资产折股量化到集体经济组织成员的,要依法充分保障农村集体经济组织成员参与经营决策和收益分配的权利。

9.公正审理土地征收征用案件。严格界定公共利益用地范围,对不符合公共利益需要征收、征用土地的行为,依法不予支持。支持行政机关依法打击各种违法占用耕地行为,确保耕地和永久基本农田不受侵犯。遵循及时合理补偿原则,综合运用多种方式对被征收征用者进行公平合理补偿,维护被征收征用者的合法权益。妥善审理承包地征收补偿费用分配纠纷案件,防止农村集体经济组织非法截留土地承包经营权人应得的补偿。

10.加强自然资源的产权保护。依法审理自然资源权属争议,规范自然资源交易流转制度,加强自然资源资产产权保护。贯彻生态环境监管体制改革要求,依法审理自然生态空间确权登记等案件,推进自然资源资产确权登记制度有效实施。修改完善公益诉讼和生态环境损害赔偿诉讼司法解释,全面促进自然资源保护和生态环境修复。促进建立健全协商、调解、仲裁、行政裁决、行政复议和诉讼等有机衔接、相互协调、多元化的自然资源资产产权纠纷解决机制。

11. 服务国家创新体系建设。完善与重大科技攻关、科技成果转化等有关的知识产权归属、保护、利益分配等相关制度,实现知识产权保护范围、强度与其贡献程度相适应,推动形成激励和保护创新的司法保障体系。研究制定专利授权确权、商业秘密、惩罚性赔偿、知识产权民事诉讼证据等司法解释和司法政策,加大对知识产权、商誉权侵权犯罪行为的惩治力度。加强知识产权专门化审判体系和人才队伍建设。积极适应新技术、新领域、新业态对司法保护提出的新要求,强化对科技创新、商业模式创新和技术要素市场的规则指引,为国家创新体系建设和新兴产业发展提供司法保障。

三、保障要素市场化配置改革,推动建立公平公正、竞争有序的市场体系

12. 尊重合同自愿和契约精神。以要素市场化配置改革为重点,坚持诚实信用、意思自治、公平竞争,充分发挥各类合同在市场配置资源中的基础性作用。准确把握自然垄断行业、服务业等市场准入的放宽对合同效力的影响,落实"非禁即入"政策,妥善审理建设工程、房地产、矿产资源以及水、电、气、热力等关系要素配置和市场准入的合同纠纷案件,正确处理合同自愿与行政审批、自然资源开发利用与生态环境保护的关系。适应土地供给的政策调整,统一国有土地使用权出让、转让合同纠纷案件的裁判尺度。合理判断股权融资、双向对赌等交易模式和交易结构创新的合同效力,鼓励市场主体创新创业。及时出台不良资产处置司法解释,优化资本与生产要素配置。

13. 促进金融和民间资本为实体经济服务。依法支持能够降低交易成本、实现普惠金融、合法合规的交易模式,为解决中小微企业融资难、融资贵问题提供司法保障。统筹兼顾利率市场化改革与维护正常金融秩序的关系,对于借贷合同中一方主张的利息、复利、罚息、违约金和其他费用总和超出司法保护上限的,不予支持。对于当事人以预扣利息、租金、保证金或加收中介费、服务费等方式变相提高实体经济融资成本、规避民间借贷利率司法保护上限的行为,按照实际形成的借款关系确定各方权利义务。规范、遏制国有企业贷款通道业务,引导其回归实体经济。抓紧修改完善关于审理民间借贷案件适用法律问题的司法解释,大幅度降低民间借贷利率的司法保护上限,坚决否定高利转贷行为、违法放贷行为的效力,维护金融市场秩序,服务实体经济发展。

14. 依法认定新型担保的法律效力。准确把握物权法定原则的新发展、民法典物权编扩大担保合同范围的新规定,依法认定融资租赁、保理、所有权保留等具有担保功能的非典型担保合同的效力。结合民法典对禁止流押规则的调整和让与担保的司法实践,进一步研究细化让与担保的制度规则和裁判标准,尊重当事人基于意思自治作出的交易安排。依据物权变动规则依法认定担保物权的物权效力,最大限度发挥担保制度的融资功能作用,促进商事交易健康发展。

15. 依法妥善审理互联网交易纠纷案件。注意把握互联网交易合同订立的特殊规则,依法认定互联网交易中电子合同、预约合同、格式合同的成立生效要件。准确界定电子商务平台运营者、平台内经营者、消费者及知识产权权利人的权利义务关系,依法保障各方当事人合法权益。促进电子商务平台经营活动规范有序、健康发展,有效发挥互联网在生产要素配置中的优化集成作用。

16. 依法促进劳动力要素优化配置。妥善审理劳动争议案件,遵循劳动力要素市场化配置要求,促进劳动力和人才的社会性流动。对暂时存在资金困难但有发展潜力的企业,特别是中小微企业,发挥集体协商援企稳岗作用,尽量通过和解、调解等方式,鼓励劳动者与企业共渡难关。对因产能过剩被倒逼退出市场的企业,要防止用人单位对劳动者权益的恶意侵害,打击恶意欠薪行为,加大财产保全、先予执行力度,最大限度保护劳动者合法权益。对地区、行业影响较大的产业结构调整,要提前制定劳动争议处置预案,健全劳动关系风险排查化解机制,形成多层次、全方位的协同联动机制和纠纷化解合力。完善促进人才社会性流动的司法解释和规范性文件,畅通人才跨所有制流通渠道,健全企事业单位人才流动机制,推动建立国际人才交流合作的法律保障机制,为畅通经济运行提供"软保障"。

四、维护社会诚信与市场秩序,营造适应经济高质量发展的法治化营商环境

17.依法支持和服务"放管服"改革。依法审理涉及行政审批、行政许可等行政案件,促进行政机关不断优化行政审批制度、创新行政管理和服务方式,服务法治政府和政务诚信建设。研究制定行政诉讼中规范性文件附带审查的司法解释,加大对行政决策合法性和行政行为合理性的审查力度,促进政府守信践诺。依法审理政府招商引资、政府特许经营、土地房屋征收等行政协议案件,严格把握政府解除行政协议的条件,切实维护行政相对人的合法权益。

18.加强反不正当竞争、反垄断审判工作。准确把握法律标准,恪守竞争中性原则,综合运用效能竞争、比例原则、竞争效果评估方法,建立健全第三方审查和评估机制,依法判断竞争行为的正当性,及时制止不正当竞争、垄断行为,提高违法成本,引导市场主体诚信公平有序竞争,增强市场竞争活力。

19.规范金融市场投融资秩序。依法严惩非法集资犯罪行为,坚决守住不发生系统性金融风险的底线。按照"穿透监管"要求,剔除当事人之间通谋虚伪的意思表示,正确认定多层嵌套金融交易合同下的真实交易关系。按照功能监管要求,对以金融创新为名掩盖金融风险、规避金融监管、进行制度套利的违规行为,以其实际构成的法律关系认定合同效力和权利义务。主动加强与金融监管机构的沟通协调,支持、促进金融监管机构依法履职,加强金融风险行政处置与司法审判的衔接,协助做好金融风险预警预防和化解工作。及时研究和制定针对网络借贷、资管计划、场外配资、资产证券化、股权众筹等金融现象的司法应对举措,提高防范化解重大金融风险的主动性、预判性。严厉打击涉互联网金融或者以互联网金融名义进行的违法犯罪行为,规范和保障互联网金融健康发展。

20.加强"逃废债"清理惩戒机制建设。健全清理拖欠企业债务长效机制,加大强制执行力度,依法适用拘留等强制措施,树立实质穿透执行理念,依法识别和精准打击规避、抗拒执行行为,保障胜诉当事人及时实现权益,降低债权实现成本,助力企业化解债务危机。完善诚信建设长效机制,推进政府部门诚信信息与法院信息共享机制,精准适用、严格规范失信被执行人名单和限制消费等措施,完善信用修复机制,探索建立虚假诉讼失信人名单制度,严厉制裁诉讼失信行为,促进社会诚信建设。

五、强化民生司法保障,实现更高水平的公平正义

21.为常态化疫情防控和经济社会发展提供司法保障。围绕做好"六稳"工作、落实"六保"任务,充分发挥审判职能,及时总结提炼疫情期间经验做法,聚焦复工复产新要求,有针对性调整完善司法政策,推出更多便民利民司法措施,不断提高审判效能。依法惩治影响常态化疫情防控各类犯罪,立足司法职能推动健全公共卫生体系,强化公共卫生法治保障,严惩公共安全、民生保障领域的犯罪行为,坚决维护国家安全、生物安全、生态安全和公共卫生安全。

22.推动完善更加公平的社会保障体系。服务保障扩大内需战略,加大对"互联网+"领域涉及的产品质量、旅游消费、教育培训、通讯服务等消费纠纷案件的审判力度,依法认定设置消费陷阱或者霸王条款等损害消费者权益的不法行为及其法律责任,维护消费者合法权益。加大对促进就业的司法支持力度,坚决纠正就业中的地域、性别等歧视,维护劳动者公平就业权利。保护劳动者创业权利,注重引导劳动者转变就业观念,推动健全网约工、快递员等新业态从业人员的权益保障。强化司法救济,依法支持劳动者和弱势群体在工伤、医疗保险、社会救助等方面的合理诉求,解决养老保险参保率低、断保、保险关系转移接续不畅等现实问题。落实统筹完善社会救助制度的要求,继续深入推进人身损害赔偿标准城乡统一试点,适时修订相关司法解释。

23.加强数据权利和个人信息安全保护。尊重社会主义市场经济规律及数据相关产业发展实践,依法保护数据收集、使用、交易以及由此产生的智力成果,完善数据保护法律制度,妥善审理与数据有关的各类纠纷案件,促进大数据与其他新技术、新领域、新业态深度融合,服务数据要素市场创新发展。贯彻落实民法典人格权编关于人格利益保护的规定,完善对自然人生物性、社会性数据等个人信息权益的司法保障机制,把握好信息技术发展与个人信息保护的边界,平衡好个人信息与公共利益的关系。

24. 依法促进房地产市场平稳健康发展。坚持"房子是用来住的,不是用来炒的"定位,依法妥善审理涉房地产相关纠纷案件,引导房产交易回归居住属性。落实中央加快建立多主体供给、多渠道保障、租购并举的住房制度要求,坚持租购同权,依法保护房屋承租人的优先承租权。准确把握民法典关于居住权的立法目的与成立条件,依法妥善审理涉居住权案件,充分发挥居住权扶弱、施惠的社会保障功能,保护弱势群体的居住权益。积极运用司法手段支持政府严控房价,防范炒地炒房投机行为,保障房地产市场平稳健康发展。

25. 规范完善食品药品安全监管。坚持"四个最严"标准,严格执行食品安全法、药品管理法、疫苗管理法等规定,对生产、销售不安全食品以及假药、劣药构成犯罪的,依法追究刑事责任。正确适用民事赔偿首负责任制、惩罚性赔偿等规定,依法判定不诚信生产经营者的民事责任。加快制定关于审理食品安全民事纠纷的司法解释,统一裁判标准,确保人民群众"舌尖上的安全"。健全完善行政执法与行政、刑事司法衔接机制,对于审判实践中发现的食品、药品、疫苗等突出问题,在依法公正裁判的同时,及时向相关行政部门发出司法建议。坚持保护消费者权益与推动企业发展、维护市场营商环境并重,依法打击涉嫌敲诈勒索等刑事犯罪的违法索赔,保障企业商家正常生产经营。

六、健全涉外司法保障机制,推动建设更大范围、更宽领域、更深层次的全面开放

26. 以"一带一路"建设为重点构建涉外司法保障新机制。完善国际商事纠纷解决机制和机构,加强国际商事法庭建设,深化与"一带一路"沿线国家的国际司法协助,依法妥善化解涉外民商事案件,平等保护中外当事人合法权益,促进内外资企业公平竞争,推进贸易高质量发展。妥善处理在逐步放开外商投资领域时产生的涉及外资准入限制和股比限制的法律适用问题,依法维护外商投资合同效力,保护外资合法权益。服务和保障海洋强国战略,妥善审理海事海商案件,护航海洋经济健康发展。

27. 加快推动涉外民商事审判制度机制建设。积极参与、深入推进国际司法交流合作,严格遵守国际法和公认的国际关系基本准则,吸收借鉴国际成熟司法经验,探索建立健全国际投资仲裁领域的司法审查机制,适时出台涉外国民商事判决承认与执行的规范指引,及时清理不符合扩大对外开放实践需要的司法解释和规范性文件。探索中欧班列、陆海新通道、国际公路运输案件的专业化审判机制,深入研究扩大开放过程中出现的新情况新问题,及时制定完善应对的司法政策和举措,推动构建更高水平的国际经贸规则。

28. 加强涉自贸试验区、自由贸易港的司法保障。认真总结涉自贸试验区民商事审判工作经验,聚焦贸易投资自由化便利化,找准司法审判与深化自贸试验区改革、稳步推进自由贸易港建设的结合点,公正高效审理涉自贸试验区案件,及时出台为海南自由贸易港建设提供司法服务和保障的意见。对案件审理过程中发现与自贸试验区、自由贸易港市场规则有关的行政管理问题,及时提出司法建议,持续推进自贸试验区、自由贸易港法治建设,促进自贸试验区、自由贸易港发挥先行先试的示范作用。

七、以一站式多元解纷为切入点,建设具有中国特色、更加适应市场经济需求、便捷高效的矛盾纠纷化解机制

29. 深化民事、行政诉讼繁简分流改革。按照"统筹推进、分类指导、务求实效"工作原则,围绕优化司法确认、简易程序、小额诉讼程序等内容,有序推进民事、行政诉讼程序改革,建立健全繁简分流、轻重分离、快慢分道的审判执行机制。打好深入推进分调裁审改革组合拳,做好诉讼案件分流引导,加强诉前调解,优化诉讼程序和庭审方式,实现"繁案精审、简案快审",不断提升司法效能。

30. 全面提升一站式多元解纷的质量和水平。统筹推进一站式多元解纷、诉讼服务体系建设,形成从矛盾纠纷源头预防,到诉前多元解纷,再到分层递进、繁简结合、衔接配套的矛盾纠纷预防调处化解综合机制,为市场主体提供分层次、多途径、高效率、低成本的纠纷解决方案。全面推行网上立案、跨域立案服务、网上调解、网上开庭、网上申诉等诉讼服务,建好用好人民法院调解平台,大力推广在线视频调解,努力为人民群众提供一站通办、一网通办、一号通办、一次通办的诉讼服务。

31. 以深化诉源治理推进社会治理融合互动。坚持创新发展新时代"枫桥经验",主动融入党委领导的社会治理体系,坚持把非诉讼纠纷解决机制挺在前面,充分发挥基层法院、人民法庭就地预防化解矛盾纠纷的功能作用和联系人民群众的桥梁纽带作用。积极推进互联网、人工智能、大数据、云计算、区块链、5G等现代科技在司法领域的深度运用,充分发挥司法大数据作用,加强对深化市场化改革、扩大高水平开放中出现的问题研判,有效服务科学决策。

社会主义市场经济体制是中国特色社会主义的重大理论和实践创新,是社会主义基本经济制度的重要组成部分。人民法院为新时代加快完善社会主义市场经济体制提供更加有力的司法服务和保障,使命光荣、责任重大。我们要以习近平新时代中国特色社会主义思想为指导,始终坚持党对人民法院工作的绝对领导,始终坚持走中国特色的社会主义法治道路,始终坚持以人民为中心,进一步增强"四个意识"、坚定"四个自信",做到"两个维护",从战略和全局高度深刻认识加快完善社会主义市场经济体制的重大意义。各级人民法院要以学习贯彻民法典为契机,培养和树立与社会主义市场经济体制相适应的司法理念,着力推进审判体系和审判能力现代化,为加快完善新时代社会主义市场经济体制、推进国家治理体系和治理能力现代化、实现"两个一百年"奋斗目标、实现中华民族伟大复兴的中国梦作出新的更大贡献!

最高人民法院关于为加快建设全国统一大市场提供司法服务和保障的意见

(法发〔2022〕22号　2022年7月14日)

为深入贯彻党的十九大和十九届历次全会精神,认真落实《中共中央、国务院关于加快建设全国统一大市场的意见》,充分发挥人民法院职能作用,为加快建设全国统一大市场提供高质量司法服务和保障,结合人民法院工作实际,制定本意见。

一、总体要求

1. 切实增强为加快建设全国统一大市场提供司法服务和保障的责任感、使命感。加快建设高效规范、公平竞争、充分开放的全国统一大市场，是以习近平同志为核心的党中央从全局和战略高度作出的重大战略部署，是构建新发展格局的基础支撑和内在要求。各级人民法院要切实把思想和行动统一到党中央重大战略部署上来，深刻把握"两个确立"的决定性意义，增强"四个意识"、坚定"四个自信"、做到"两个维护"，不断提高政治判断力、政治领悟力、政治执行力，坚持服务大局、司法为民、公正司法，忠实履行宪法法律赋予的职责，充分发挥法治的规范、引领和保障作用，为加快建设全国统一大市场提供高质量司法服务和保障。

2. 准确把握为加快建设全国统一大市场提供司法服务和保障的切入点、着力点。各级人民法院要紧紧围绕党中央重大决策部署，坚持"两个毫不动摇"，坚持问题导向，完整、准确、全面贯彻新发展理念，强化系统观念、注重协同配合、积极担当作为，统筹立审执各领域、各环节精准发力，统筹市场主体、要素、规则、秩序统一保护，对标对表持续推动国内市场高效畅通和规模拓展、加快营造稳定公平透明可预期的营商环境、进一步降低市场交易成本、促进科技创新和产业升级、培育参与国际竞争合作新优势五大主要目标，有针对性地完善司法政策、创新工作机制、提升司法质效，不断提高司法服务保障工作的实效性，更好发挥市场在资源配置中的决定性作用，为建设高标准市场体系、构建高水平社会主义市场经济体制提供坚强司法支撑。

二、加强市场主体统一平等保护

3. 助力实行统一的市场准入。依法审理建设工程、房地产、矿产资源以及水、电、气、热力等要素配置和市场准入合同纠纷案件，准确把握自然垄断行业、服务业等市场准入放宽对合同效力的影响，严格落实"非禁即入"政策。依法审理涉市场准入行政案件，支持分级分类推进行政审批制度改革，遏制不当干预经济活动特别是滥用行政权力排除、限制竞争行为。加强市场准入负面清单、涉企优惠政策目录清单等行政规范性文件的附带审查,推动行政机关及时清理废除含有地方保护、市场分割、指定交易等妨碍统一市场和公平竞争的规范性文件,破除地方保护和区域壁垒。

4.加强产权平等保护。坚持各类市场主体诉讼地位平等、法律适用平等、法律责任平等,依法平等保护各类市场主体合法权益。严格区分经济纠纷、行政违法与刑事犯罪,坚决防止将经济纠纷当作犯罪处理,坚决防止将民事责任变为刑事责任。依法惩治侵犯产权违法犯罪行为,健全涉案财物追缴处置机制,最大限度追赃挽损。充分贯彻善意文明执行理念,进一步规范涉产权强制措施,严禁超标的、违法查封财产,灵活采取查封、变价措施,有效释放被查封财产使用价值和融资功能。完善涉企产权案件申诉、重审等机制,健全涉产权冤错案件有效防范纠正机制。支持规范行政执法领域涉产权强制措施,依法维护市场主体经营自主权。

5.依法平等保护中外当事人合法权益。研究制定法律查明和国际条约、国际惯例适用等司法解释,准确适用域外法律和国际条约、国际惯例。优化涉外民商事纠纷诉讼管辖机制,研究制定第一审涉外民商事案件管辖司法解释。加强司法协助工作,完善涉外送达机制,推动建成域外送达统一平台。推进国际商事法庭实质化运行,健全国际商事专家委员会工作机制,完善一站式国际商事纠纷解决信息化平台,实现调解、仲裁和诉讼有机衔接,努力打造国际商事纠纷解决新高地。准确适用外商投资法律法规,全面实施外商投资准入前国民待遇加负面清单制度,依法维护外商投资合同效力,促进内外资企业公平竞争。推进我国法域外适用法律体系建设,依法保护"走出去"企业和公民合法权益。

6.完善市场主体救治和退出机制。坚持破产审判市场化、法治化、专业化、信息化方向,依法稳妥审理破产案件,促进企业优胜劣汰。坚持精准识别、分类施策,对陷入财务困境但仍具有发展前景和挽救价值的企业,积极适用破产重整、破产和解程序,促进生产要素优化组合和企业转型升级,让企业重新焕发生机活力,让市场资源配置更加高效。积极推动完善破产法制及配套机制建设,完善执行与破产工作有序衔接机制,推动企业破产法修改和个人破产立法,推动成立破产管理人协会和设立破产费用专项基金,推进建立常态化"府院联动"协调机制。

7.依法及时兑现市场主体胜诉权益。进一步健全完善综合治理执行难工作大格局,加强执行难综合治理、源头治理考评,推动将执行工作纳入基层网格化管理,完善立审执协调配合机制,确保"切实解决执行难"目标如期实现。进一步加强执行信息化建设,拓展升级系统功能,强化执行节点管理,提升执行流程监管自动化、智能化水平。探索建立律师调查被执行人财产等制度,推进落实委托审计调查、公证取证、悬赏举报等制度。探索建立怠于履行协助执行义务责任追究机制,建立防范和制止规避执行行为制度,依法惩戒拒执违法行为。配合做好强制执行法立法工作,制定或修订债权执行等司法解释,完善执行法律法规体系。

三、助力打造统一的要素和资源市场

8.支持健全城乡统一的土地市场。妥善审理涉农村土地"三权分置"纠纷案件,促进土地经营权有序流转。依法审理农村集体经营性建设用地入市纠纷,支持加快建设同权同价、流转顺畅、收益共享的城乡统一建设用地市场。以盘活利用土地为目标,妥善审理涉及国有企事业单位改革改制土地资产处置、存量划拨土地资产产权确定、上市交易等案件。依法审理建设用地使用权转让、出租、抵押等纠纷案件,保障建设用地规范高效利用。适应土地供给政策调整,统一国有土地使用权出让、转让合同纠纷案件裁判尺度。

9.支持发展统一的资本市场。依法严惩操纵市场、内幕交易、非法集资、贷款诈骗、洗钱等金融领域犯罪,促进金融市场健康发展。妥善审理金融借款合同、证券、期货交易及票据纠纷等案件,规范资本市场投融资秩序。依法处理涉供应链金融、互联网金融、不良资产处置、私募投资基金等纠纷,助力防范化解金融风险。完善私募股权投资、委托理财、资产证券化、跨境金融资产交易等新型纠纷审理规则,加强数字货币、移动支付等法律问题研究,服务保障金融业创新发展。

10.支持建设统一的技术和数据市场。加强科技成果所有权、使用权、处置权、收益权司法保护,妥善处理因科技成果权属认定、权利转让、权利质押、价值认定和利益分配等产生的纠纷,依法支持科技创新成果市场化应用。依法保护数据权利人对数据控制、处理、收益等合法权益,以及数据要素市场主体以合法收集和自身生成数据为基础开发的数据产品的财产性权益,妥善审理因数据交易、数据市场不正当竞争等产生的各类案件,为培育数据驱动、跨界融合、共创共享、公平竞争的数据要素市场提供司法保障。加强数据产权属性、形态、权属、公共数据共享机制等法律问题研究,加快完善数据产权司法保护规则。

11. 支持建设全国统一的能源和生态环境市场。依法审理涉油气期货产品、天然气、电力、煤炭交易等纠纷案件,依法严惩油气、天然气、电力、煤炭非法开采开发、非法交易等违法犯罪行为,推动资源合法有序开发利用。研究发布司法助力实现碳达峰碳中和目标的司法政策,妥善审理涉碳排放配额、核证自愿减排量交易、碳交易产品担保以及企业环境信息公开、涉碳绿色信贷、绿色金融等纠纷案件,助力完善碳排放权交易机制。全面准确适用民法典绿色原则、绿色条款,梳理碳排放领域出现的新业态、新权属、新问题,健全涉碳排放权、用水权、排污权、用能权交易纠纷裁判规则。研究适用碳汇认购、技改抵扣等替代性赔偿方式,引导企业对生产设备和生产技术进行绿色升级。

四、依法维护统一的市场交易规则

12. 优化营商环境司法保障机制。法治是最好的营商环境。对照加快建设全国统一大市场要求,探索建立符合我国国情、国际标准的司法服务保障营商环境指标体系,加大服务保障营商环境建设情况在考评工作中的比重。出台服务保障营商环境建设的司法解释和司法政策。配合有关职能部门,开展营商环境创新试点工作,制定出台建设法治化营商环境实施规划,建立营商环境定期会商机制。依托司法大数据,建立法治化营商环境分析研判机制。加大营商环境司法保障工作宣传力度,提振经营者投资信心。探索设立人民法院优化营商环境专家咨询委员会。

13. 助力营造公平诚信的交易环境。切实实施民法典,出台民法典合同编司法解释,贯彻合同自由、诚实信用原则,保护合法交易行为,畅通商品服务流通,降低市场交易成本。完善推动社会主义核心价值观深度融入审判执行工作配套机制,发挥司法裁判明辨是非、惩恶扬善、平衡利益、定分止争功能,引导市场主体增强法治意识、公共意识、规则意识。构建虚假诉讼预防、识别、惩治机制,依法严惩虚假诉讼违法犯罪行为。强化失信被执行人信用惩戒力度,完善失信惩戒系统,细化信用惩戒分级机制,修订完善失信被执行人名单管理规定,探索建立守信激励和失信被执行人信用修复制度。探索社会信用体系建设与人民法院审判执行工作深度融合路径,推动建立健全与市场主体信用信息相关的司法大数据归集共享和使用机制。

14. 支持区域市场一体化建设。健全区域重大战略、区域协调发展司法服务和保障机制,依法支持京津冀、长三角、粤港澳大湾区以及成渝地区双城经济圈、长江中游城市群等区域,在维护全国统一大市场前提下,优先开展区域市场一体化建设工作。充分发挥最高人民法院巡回法庭作用,健全巡回区法院资源共享、联席会议、法官交流等工作机制,积极探索区域司法协作新路径。健全跨域司法联动协作机制,积极推广司法服务保障区域市场一体化的典型经验做法。

15. 推进内地与港澳、大陆与台湾规则衔接机制对接。加强涉港澳台审判工作,探索建立涉港澳台商事案件集中管辖机制。加强司法协助互助,落实内地与澳门仲裁程序相互协助保全安排,落实内地与香港相互认可和协助破产程序机制。探索简化港澳诉讼主体资格司法确认和诉讼证据审查认定程序,拓展涉港澳案件诉讼文书跨境送达途径,拓宽内地与港澳相互委托查明法律渠道。推动建立深港澳调解组织和调解员资质统一认证机制,完善港澳人士担任特邀调解员、陪审员制度,依法保障符合条件的港澳律师在粤港澳大湾区执业权利。完善与港澳台司法交流机制,推动建立粤港澳法官审判专业研讨常态化机制,支持海峡两岸法院开展实务交流。

16. 加强国内法律与国际规则衔接。坚持统筹推进国内法治与涉外法治,大力推进涉外审判体系和审判能力现代化建设,加强重大涉外民商事案件审判指导,探索多语言发布涉外民商事指导性案例,扩大中国司法裁判国际影响力和公信力。实施海事审判精品战略,加快推进国际海事司法中心建设,探索完善航运业务开放、国际船舶登记、沿海捎带、船舶融资租赁等新类型案件审理规则,打造国际海事纠纷争议解决优选地。加强与有关国际组织、国家和地区司法领域合作,加大对走私、洗钱、网络诈骗、跨境腐败等跨境犯罪的打击力度。积极参与国际贸易、知识产权、环境保护、网络空间等领域国际规则制定,提升我国在国际经济治理中的话语权。

五、助力推进商品和服务市场高水平统一

17.强化知识产权司法保护。加大知识产权司法保护力度,服务保障科技创新和新兴产业发展,以创新驱动、高质量供给引领和创造新需求。持续加大对重点领域、新兴产业关键核心技术和创新型中小企业原始创新司法保护力度。严格落实知识产权侵权惩罚性赔偿、行为保全等制度,有效遏制知识产权侵权行为。推动完善符合知识产权案件审判规律的诉讼规范,健全知识产权法院跨区域管辖制度,畅通知识产权诉讼与仲裁、调解对接机制,健全知识产权行政执法和司法衔接机制。

18.依法保护劳动者权益。妥善审理平等就业权纠纷等案件,推动消除户籍、地域、身份、性别等就业歧视,促进劳动力、人才跨地区顺畅流动。加强跨境用工司法保护,准确认定没有办理就业证件的港澳台居民与内地用人单位签定的劳动合同效力。出台服务保障国家新型城镇化建设的司法政策,依法保护进城务工人员合法权益。研究出台涉新业态民事纠纷司法解释,加强新业态从业人员劳动权益保障。积极开展根治欠薪专项行动,依法严惩拒不支付劳动报酬违法犯罪行为,加大欠薪案件审执力度。推动完善劳动争议解决体系。

19.助力提升商品质量。坚决惩处制售假冒伪劣商品、危害食品药品安全等违法犯罪行为。依法从严惩处制假售假、套牌侵权、危害种质资源等危害种业安全犯罪,促进国家种业资源统一保护。依法审理因商品质量引发的合同、侵权纠纷案件,准确适用惩罚性赔偿制度,注重运用民事手段助推商品质量提升。依法审理涉产品质量行政纠纷案件,支持行政机关深化质量认证制度改革,加强全供应链、全产业链、产品全生命周期管理。研究制定审理危害生产安全犯罪案件司法解释,促进安全生产形势持续好转。

20. 支持提升消费服务质量。完善扩大内需司法政策支撑体系,积极营造有利于全面促进消费的法治环境。严惩预付消费诈骗犯罪,妥善处理住房、教育培训、医疗卫生、养老托育等重点民生领域消费者权益保护纠纷案件,提高群众消费安全感和满意度。完善网络消费、服务消费等消费案件审理规则,服务保障消费升级和消费新模式新业态发展。优化消费纠纷案件审理机制,探索建立消费者权益保护集体诉讼制度,完善消费公益诉讼制度,推动建立消费者权益保护工作部门间衔接联动机制,促进消费纠纷源头治理。

六、切实维护统一的市场竞争秩序

21. 依法打击垄断和不正当竞争行为。强化司法反垄断和反不正当竞争,依法制止垄断协议、滥用市场支配地位等垄断行为,严厉打击侵犯商业秘密、商标恶意抢注、攀附仿冒等不正当竞争行为,加强科技创新、信息安全、民生保障等重点领域不正当竞争案件审理。加强对平台企业垄断的司法规制,及时制止利用数据、算法、技术手段等方式排除、限制竞争行为,依法严惩强制"二选一"、大数据杀熟、低价倾销、强制搭售等破坏公平竞争、扰乱市场秩序行为,防止平台垄断和资本无序扩张。依法严厉打击自媒体运营者借助舆论影响力对企业进行敲诈勒索行为,以及恶意诋毁商家商业信誉、商品声誉等不正当竞争行为。完善竞争案件裁判规则,适时出台反垄断民事诉讼司法解释。

22. 监督支持行政机关强化统一市场监管执法。修改完善办理政府信息公开案件司法解释,依法审理市场监管领域政府信息公开案件,促进行政机关严格依照法定权限和程序公开市场监管规则。依法妥善审理涉市场监管自由裁量、授权委托监管执法、跨行政区域联合执法等行政纠纷案件,监督支持行政机关提高综合执法效能、公平公正执法。加强与检察机关协作,通过审理行政公益诉讼案件、发送司法建议等方式,共同推动市场监管部门健全权责清晰、分工明确、运行顺畅的监管体系。加强与市场监管执法部门沟通协作,推进统一市场监管领域行政裁判规则与执法标准。

23. 依法惩处扰乱市场秩序违法犯罪行为。研究制定审理涉税犯罪案件司法解释，依法惩处逃税、抗税、骗税、虚开增值税专用发票等违法犯罪行为，加大对利用"阴阳合同"逃税、文娱领域高净值人群逃税等行为的惩处力度。加强与税务、公安等部门执法司法协同，推动完善税收监管制度。准确把握合同诈骗、强迫交易等违法犯罪行为入刑标准，依法认定相关合同效力，维护市场主体意思自治。依法严惩通过虚假诉讼手段逃废债、虚假破产、诈骗财物等行为。研究制定审理非法经营刑事案件司法解释，严格规范非法经营刑事案件定罪量刑标准。研究制定办理渎职刑事案件适用法律问题司法解释，对国家工作人员妨害市场经济发展的渎职犯罪处理问题作出规定。

24. 助力统筹推进疫情防控和经济社会发展。依法严惩利用疫情诈骗、哄抬物价、囤积居奇、造谣滋事，以及制售假劣药品、医疗器械、医用卫生材料等犯罪，维护疫情防控期间生产生活秩序。妥善处理疫情引发的合同违约、企业债务等纠纷案件，准确适用不可抗力规则，合理平衡当事人利益。精准服务做好"六稳"、"六保"，妥善处理因疫情引发的劳资用工、购销合同、商铺租赁等民商事纠纷，持续完善司法惠民惠企政策，帮助受疫情严重冲击的行业、中小微企业和个体工商户纾困解难。

七、健全司法服务和保障工作机制

25. 深入推进诉讼制度改革。严格按照改革部署要求，系统集成推进司法体制综合配套改革各项工作举措，切实满足市场主体高效便捷公正解决纠纷的司法需求。强化诉权保护理念，坚决贯彻执行立案登记制度。稳妥推进四级法院审级职能定位改革，优化民商事、行政案件级别管辖标准，完善再审申请程序和立案标准，健全案件移送管辖提级审理机制，推动将具有普遍法律适用指导意义、关乎社会公共利益的案件交由较高层级法院审理。认真贯彻落实新修订的民事诉讼法，用足用好繁简分流改革成果，出台民事速裁适用法律问题司法解释，进一步推动案件繁简分流、轻重分离、快慢分道。

26. 完善统一法律适用工作机制。加强司法解释管理，完善案例指导制度，建立全国法院法律统一适用平台，构建类案裁判规则数据库，推行类案和新类型案件强制检索制度，完善合议庭、专业法官会议工作机制，充分发挥审判委员会职责,构建多层次、立体化法律适用分歧解决机制。健全完善司法公开制度体系,加大司法公开四大平台整合力度。推进司法制约监督体系建设,全面推行审判权力责任清单和履职指引制度,完善"四类案件"识别监管机制,构建科学合理的司法责任认定和追究制度。

27.深化一站式多元解纷和诉讼服务体系建设。坚持和发展新时代"枫桥经验",把非诉讼纠纷解决机制挺在前面,推动矛盾纠纷系统治理、综合治理、源头治理,切实降低市场主体纠纷解决成本。突出一站、集约、集成、在线、融合五个关键,建设集约高效、多元解纷、便民利民、智慧精准、开放互动、交融共享的现代化诉讼服务体系。发挥人民法院调解平台集成作用,完善司法调解与人民调解、行政调解联动体系,强化诉讼与非诉讼实质性对接。加大在线视频调解力度,建立健全劳动争议、金融保险、证券期货、知识产权等专业化调解机制。

28.加强互联网司法和智慧法院建设。推进互联网、大数据、人工智能、区块链与审判执行工作深度融合,以司法数据中台和智慧法院大脑为牵引,推动智能协同应用,拓展数据知识服务,构建一体云网设施,提升质效运维水平。推进落实《人民法院在线诉讼规则》《人民法院在线调解规则》《人民法院在线运行规则》,进一步健全完善在线司法程序规范,优化平台建设,推动互联网司法模式成熟定型。深化互联网法院建设,推动完善互联网法院设置和案件管辖范围,充分发挥互联网法院在确立规则、完善制度、网络治理等方面的规范引领作用。

29.提高服务保障能力水平。牢牢坚持党对司法工作的绝对领导,坚持以党建带队建促审判,推动党建与审判业务工作深度融合、互促共进。加大知识产权、环境资源、涉外法治、破产、金融、反垄断等领域高层次审判人才培养力度,培养一批树牢市场化思维、精通相关领域业务的审判业务专家。通过教育培训、案例指导、交流研讨等形式,加强相关领域审判业务指导,最高人民法院适时发布相关领域指导性案例和典型案例。充分用好人民法院各类研究平台和资源,加强对有关重大问题的调查研究,推出高质量研究成果。

30.加强组织实施保障。各级人民法院要把服务保障加快建设全国统一大市场作为重大政治任务,列入党组重要议事日程,及时研究解决工作推进中的新情况新问题,对是否存在妨碍全国统一大市场建设的规定和实际情况开展自查清理。最高人民法院各有关部门要加强条线指导,各地法院要结合本地区经济社会发展实际,细化完善服务保障措施,推出新招硬招实招,确保各项服务保障举措落地见效。要认真总结司法服务保障建设全国统一大市场的好经验好做法,全媒体、多角度、立体化做好宣传、总结、推广,为加快建设全国统一大市场营造良好舆论氛围。